Das Erbschaftssteuergesetz

nebst

Ausführungsbestimmungen, Tabellen und angrenzenden Rechtsvorschriften

von

Dr. Herbert Schachian,
Rechtsanwalt und Notar in Berlin.

Berlin und Leipzig 1921.
Vereinigung wissenschaftlicher Verleger
Walter de Gruyter & Co.
vormals G. J. Göschen'sche Verlagshandlung — J. Guttentag, Verlagsbuchhandlung — Georg Reimer — Karl J. Trübner — Veit & Comp.

Druck von C. Schulze & Co., G. m. b. H., Gräfenhainichen.

Vorwort.

Das Erbschaftssteuergesetz bereitet der Auslegung ungewöhnliche Schwierigkeiten, weil es anknüpft an eine in sich schon so verwickelte Materie wie das bürgerliche Erbrecht, ohne völlig seinen Bestimmungen angepaßt zu sein. Eine sorglose Behandlung der Verhältnisse nach dem Tode wird unter der Wirkung der neuen Erbschaftssteuer aufhören müssen. Der Steuerpflichtige sollte in Zukunft daran denken, schon bei der notwendigen Abänderung eines früheren, bei der Abfassung eines neuen Testaments sich sachkundig unter sorgfältiger Abwägung aller rechtlichen, steuerlichen und wirtschaftlichen Umstände über die Gestaltung seiner Verhältnisse von Todes wegen beraten zu lassen. Nach dem Tode des Erblassers wird von größter Wichtigkeit die richtige Einstellung auf den notwendigen wirtschaftlichen Fortbestand der Hinterbliebenen und auf die Weiterführung bestehender Unternehmungen, zugleich wiederum auf die Anforderungen der Erbschaftssteuer. Der Kommentar möchte bei solchen Fragen mitwirken.

Die vorliegende Erläuterung sieht eine hauptsächliche Aufgabe darin, das Wesen der einzelnen Steuern wissenschaftlich zu untersuchen und alsdann die Zusammenhänge mit den entsprechenden Instituten des bürgerlichen Rechts klarzulegen, um durch Aufdeckung der wechselseitigen Beziehungen, Ergänzungen und Verschiedenheiten zwischen Steuerrecht und bürgerlichem Recht die Einheitlichkeit des Stoffes herbeizuführen, ohne die eine Auslegung unvollständig bleiben muß. Mehr noch als von der Erbschaftssteuer gilt dies von der ebenfalls im Gesetz geregelten Schenkungssteuer, bei der die Diskrepanz zwischen bürgerlich-rechtlicher und steuerrechtlicher Regelung die Praxis des Gesetzes vor die größten Bedenken stellt. Die Vorbemerkung zur Schenkungssteuer vor § 40 des Gesetzes wird in Ergänzung der allgemeinen Einführung vor § 1 und im Verein mit den Vorbemerkungen zu den einzelnen Abschnitten des Gesetzes dieser Aufgabe besonders gewidmet sein.

Die angrenzenden Gesetzesbestimmungen des bürgerlichen und des Steuerrechts, hier vor allem die der Reichsabgabenordnung, sind in die Erläuterungen hineingearbeitet. Die Ausführungsbestimmungen sind, soweit materiellen Inhalts, bei den einzelnen

Gesetzesbestimmungen zum Abdruck gelangt, desgleichen die Tabellen — bei § 15 und § 28 —, im übrigen zum Schluß des Buches.

Es war mein Bestreben, in wissenschaftlicher Methode der Praxis Dienste zu leisten. Herr Regierungsrat Paasche vom Reichsfinanzministerium und Herr Regierungsrat Dr. Witt von der Finanzverwaltung haben mir gütigst ihre Unterstützung zuteil werden lassen; für ihre wertvollen Anregungen spreche ich ihnen auch an dieser Stelle meinen aufrichtigen Dank aus.

Berlin, im Februar 1921.

Der Verfasser.

Inhaltsübersicht.

Seite

Literaturverzeichnis V

Vorbemerkung 1

Das Erbschaftssteuergesetz:

Überblick über die drei Steuern des Gesetzes (Nachlaß-, Erbanfall-, Schenkungssteuer): § 1 4

Erster Teil: Steuerpflicht. Vorbemerkung 11

Erster Abschnitt: Nachlaßsteuer. §§ 2—19 11

Zweiter Abschnitt: Erbanfallsteuer. Vorbemerkung 81

§§ 20—39 82

Dritter Abschnitt: Schenkungssteuer. Vorbemerkung 172

§§ 40—44 177

Zweiter Teil: Veranlagung und Erhebung der Steuern. Vorbemerkung 213

§§ 45—67 213

Dritter Teil: Strafvorschriften, Übergangs- und Schlußvorschriften:

Vorbemerkung 329

§§ 68—74 330

Ausführungsbestimmungen zum Erbschaftssteuergesetze . 356

Alphabetisches Sachverzeichnis 363

Hilfstafel für die Nachlaßsteuer 67

Hilfstafel für die Erbanfall- und Schenkungssteuer 128

Literaturverzeichnis.

Amtliche Mitteilungen des Reichsschatzamtes.
Bankarchiv.
Bartholomäus, Unterliegt der Auslandsdeutsche der Erbanfallsteuerpflicht, in DStBl. 1920. S. 455.
Binder, Die Rechtsstellung des Erben nach dem deutschen Bürgerlichen Gesetzbuch. I. Teil 1901, II. Teil 1903, III. Teil 1905.
Brand, Das Handelsgesetzbuch. Berlin 1911.
Breit, Nacherbenbesteuerung im EStG., in Neuer Steuerrundschau I S. 103 und in JurWoch. 1920 S. 761.
Buck, Kommentar zum Besitzsteuergesetz. 2. Aufl. Düsseldorf.
Buck-Lukas, Die Reichsabgabenordnung. Berlin 1920.
Deutsches Steuerblatt (DStBl.), herausgegeben von Mrozek, Köln, Otto Schmidt.
Deutsche Industrie, Zeitschrift des Reichsverbandes der deutschen Industrie.
Deutsche Steuerzeitung (DStZ.), herausgegeben von Koppe, Berlin.
Dernburg, Das bürgerliche Recht. Halle 1906—1910.
Dernburg, Preußisches Privatrecht. 4./5. Aufl. Halle 1894/1897.
Ebermayer-Lobe-Eichelbaum-Rosenberg, Kommentar zum Reichsstrafgesetzbuch. Berlin 1920.
v. Eheberg, Finanzwissenschaft. 13. Aufl. Leipzig 1915.
v. Eheberg, Steuern, in Conrads Handwörterbuch. Bd. 7 S. 946.
Enneccerus-Kipp-Wolff, Lehrbuch des bürgerlichen Rechts. 6. Aufl.
Entscheidungen des Reichsfinanzhofes.
Entscheidungen des Reichsgerichts in Strafsachen.
Entscheidungen des Reichsgerichts in Zivilsachen.
Entscheidungen des Preußischen Oberverwaltungsgerichts — in Steuersachen —.
Entscheidungen des Sächsischen Oberverwaltungsgerichts.
Entscheidungen des Bayerischen Obersten Landesgerichts.
Finger, Erbschaftssteuergesetz. Berlin 1920.
Finger, Die Zusammenrechnung mehrerer Zuwendungen nach § 38 des EStG., in DJurZtg. 1920 S. 301.
Förster-Eccius, Theorie und Praxis des preußischen Privatrechts. Berlin 1887—1888.
Fürnrohr, Bilanzbewertung und Steuerpflicht. München 1919.
Fürnrohr, Erbschaftssteuerversicherungen, in DStZ. 1920 S. 47.
Fürnrohr, Ist ein Ausstattungsrentenversprechen schenkungssteuerpflichtig, in DStBl. 1920 S. 531.
Fürnrohr, Steuerlich beanstandete Bewertung von Bilanzpassiven, in DStZ. 1919 S. 51.
Gaupp-Stein, Die Zivilprozeßordnung. 10. Aufl. Tübingen 1913.

Gierke, Genossenschaftstheorie.
Gierke, Deutsches Privatrecht. 2. Aufl.
Glaser, Kapitalvermögen nach dem Besitzsteuergesetz. Steuerarchiv 1918 II/III.
Goldmann, Das Handelsgesetzbuch. Berlin 1901—1906.
Gruchot, Beiträge zur Erläuterung des deutschen Rechts.
Handwörterbuch der Staatswissenschaften. 3. Aufl. Jena 1909—1911.
Haußmann, Bewertungs- und Abschreibungsgrundsätze, in Deutsche Industrie 1920 S. 63.
Haußmann, Zur Theorie des Finanzrechts im Lichte der neueren Steuerrechtsentwicklung, in DStBl. 1919 S. 133.
Hellwig, Wesen und subjektive Grenzen der Rechtskraft. Leipzig 1901.
Hellwig, Lehrbuch des Zivilprozeßrechts. Leipzig 1903—1909.
Hellwig, Verträge auf Leistung an Dritte. Leipzig 1899.
Henckel, Die neue Erbschaftssteuer, in Rundschau über Stempel- und Erbschaftssteuer 1920 S. 14.
Hermann, Das Besitzsteuerproblem in Deutschland und Frankreich. Berlin 1912.
Heymann, Steuerversicherung für Nachlaß- und Erbanfallsteuer, in DStZ. 1920 S. 276.
Hoffmann, Kommentar zum Wehrbeitragsgesetz. Berlin 1913.
Hoffmann, Reichserbschaftssteuergesetz. 1906.
Hoffmann-Henckel, Erbschaftssteuergesetz. Berlin und Leipzig 1920.
Höpker, Reichsnotopfer. Berlin 1920.
Jaeger, Kommentar zur Konkursordnung. 5. Aufl. 1916, 2. Aufl. 1904.
Jastrow, Die Vermögenssteuer und ihre Einführung in das preußische Steuersystem, in Conrads Jahrbuch 1892 S. 161.
Jahrbuch für Entscheidungen des Kammergerichts, herausgegeben von Johow.
Jahrbücher für Nationalökonomie und Statistik.
Juristische Wochenschrift.
Karger, Prüfung alter Testamente im Hinblick auf die Erbschaftssteuer, in DStZ. 1920 S. 86.
Kipp, vgl. Enneccerus-Kipp-Wolff.
Klostermann-Fürst, Allgemeines Berggesetz für die preußischen Staaten. Berlin 1911.
Kormann, System der rechtsgeschäftlichen Staatsakte. Berlin 1910.
Lehmann-Ring, Das Handelsgesetzbuch für das deutsche Reich. 2. Aufl. Berlin 1913.
Leipziger Zeitschrift für deutsches Recht.
Leonhard, Erbrecht. 2. Aufl. Berlin 1912.
Leonhard, Der allgemeine Teil des BGB. Berlin 1900.
Lion, Änderung und Errichtung von Testamenten im Hinblick auf die Erbschaftssteuer, in Zeitgem. Steuerfr. II 1919 S. 2.
Lion, Vermögensbilanz, in Zeitgem. Steuerfr. II 1920 S. 71.
Marcus, Erbschaftssteuergesetz. 2. Aufl. Berlin 1920.
Marcus, Berechnung der Erbschaftssteuer, in DStZ. 1920 S. 274.
Mayer, Otto, Deutsch. Verwaltungsrecht. 2. Aufl. München-Leipzig 1917.
Mirre, Erbschaftssteuergesetz. Mannheim, Berlin, Leipzig 1920.
Mrozek, Besitzsteuergesetz. Berlin 1917.
Mrozek, Direkte Kriegssteuer. Berlin 1916.
Mrozek, Kriegssteuer, sowie Besitz- und Ergänzungssteuer, in Rundschau für G. m. b. H. 1917. S. 204.
Mitteilungen des Reichsschatzministeriums.

Neubecker, Wesen des Mitgiftversprechens. Leipzig 1909.
Neumann, Handausgabe d. Bürgerl. Gesetzbuches. 6. Aufl. Berlin 1912.
v. Nostitz, Wertzuwachssteuer, in Conrads Jahrbuch Bd. 8 S. 774.
Nationalversammlungs-Drucksachen.
Oertmann, Kommentar zum Bürgerlichen Gesetzbuch. Allgemeiner Teil. 2. Aufl. 1908. Schuldverhältnisse, 3./4. Aufl. 1910.
Olshausen, Kommentar zum Strafgesetzbuch. 10. Aufl. Berlin 1916.
Parisius-Crüger, Reichsgesetz betr. die Erwerbs- und Wirtschaftsgenossenschaften. 7. Aufl. Berlin 1911.
Petersen-Kleinfeller, Konkursordnung. 4. Aufl. Lahr 1900.
Philipsborn, Nacherbeneinsetzungen und gemeinschaftliche Testamente, in Zeitgem. Steuerfr. II 1920 S. 122.
Planck, Kommentar zum Bürgerlichen Gesetzbuch. 4. Aufl. 1913.
Potthast, Grundsätzliche Entscheidungen des Bundesrats auf Grund des § 36 KStG., in DStBl. 1919 S. 415.
Raape, Das gesetzliche Veräußerungsverbot des BGB. Berlin 1908.
Rabe, Sammlung preußischer Gesetze und Verordnungen. Halle-Berlin 1821.
Rechtsprechung der Oberlandesgerichte.
Rehm, Bilanzen. 2. Aufl. München-Berlin 1914.
Reichsgerichtsräte, Das Bürgerliche Gesetzbuch. 3. Aufl. Berlin 1921.
Reichssteuerblatt, herausgegeben im Reichsfinanzministerium.
Reichstagsdrucksachen.
Reisch-Kreibig, Bilanz und Steuer. 2./3. Aufl. Wien 1908, 1914.
Riedinger, Steuerfreie Vermächtnisse, in DStZ. 1919 S. 206.
Roscher-Gerlach, System der Finanzwissenschaft. 5. Aufl. 1901.
Rosendorff, Die Berücksichtigung der Rentabilität im Umstellungskonto in Zeitgem. Steuerfr. II 1920 S. 69.
Roth, Das neue Erbschaftssteuergesetz, in Marcuse, Das neue Reichssteuerrecht. Berlin 1920.
Rundschau auf dem Gebiete des Stempel- und Erbschaftssteuerwesens. Beilage zur Zollwarte.
Rundschau für Gesellschaften mit beschränkter Haftung.
Rundschau über Stempel- und Erbschaftssteuerwesen, herausgegeben von Meißner.
Schachian, Die Besteuerung des Vermögenszuwachses. Berlin 1920.
Schachian, Die relative Unwirksamkeit der Rechtsgeschäfte. Berlin 1910.
Schachian, Vorerbschaft und Nießbrauch im Reichsnotopfergesetz, in Zeitgem. Steuerfr. II 1920 S. 96.
Schäffle, Die Steuern. Leipzig 1897.
Schmoller, Grundriß der allgemeinen Volkswirtschaftslehre. 4./6. Aufl.
Schneider, Das Abgabeverhältnis. Tübingen 1918.
Scholz, Das jetzt bestehende Provinzialrecht der Kurmark Brandenburg. Berlin 1834.
Seuffert, Deutsches Konkursprozeßrecht. Leipzig 1899.
Seuffert, Archiv für Entscheidungen der obersten Gerichte in den deutschen Staaten.
Siméon, Recht und Rechtsgang im Deutschen Reiche. 9. Aufl. Berlin 1919.
Simon, Die Bilanzen der Aktiengesellschaften. 2. Aufl. Berlin 1898.
Staub, Kommentar zum Handelsgesetzbuch. 10. Aufl. Berlin 1920.
Staudinger, Kommentar zum Bürgerlichen Gesetzbuch. 7./8. Aufl. 1912—1914.

Stenglein, Kommentar zu den strafrechtlichen Nebengesetzen des Deutschen Reichs. 4. Aufl. Berlin 1911—1913.
Stier-Somlo, Kommentar z. Ges. gegen d. Steuerflucht. Berlin 1919.
Stranz-Gerhard, Das preußische Ausführungsgesetz zum Bürgerlichen Gesetzbuch. Berlin 1900.
Strohal, Das deutsche Erbrecht. 3. Aufl. 1903/4.
Strutz, Kommentar zum Kriegssteuergesetz. 2. Aufl. Berlin 1918.
Strutz, Kommentar zum Gesetz über eine Kriegsabgabe vom Vermögenszuwachs. Berlin 1920.
Strutz, Veranlagung der Grundstücke zum Reichsnotopfer, in Zeitgem. Steuerfr. II 1920 S. 86.
Sydow-Busch, Zivilprozeßordnung und Gerichtsverfassungsgesetz. 16. Aufl. Berlin 1920.
v. Thur, Der allgemeine Teil des deutschen bürgerlichen Rechts. München-Leipzig 1914.
Wagner, Finanzwissenschaft. 2. Aufl.
Warneyer, Jahrbuch der Entscheidungen zum Bürgerlichen Gesetzbuch.
Weinbach, Nachlaßanmeldung durch Vermögensverwahrer und -verwalter, in DStZ. 1919 S. 207.
v. Wilmowski-Kurlbaum, Deutsche Reichskonkursordnung. 6. Aufl. Berlin 1906.
Wolff, vgl. Enneccerus-Kipp-Wolff.
Wünschmann, Besteuerung von Schenkungen vor dem 1. 9. 1919 nach dem EStG. vom 10. 9. 1919, in DStBl. 1920 S. 534, 633.
Wünschmann, Besteuerung der Nacherbschaft nach dem EStG., in ZDNotV. 1920 S. 164.
Zeitgemäße Steuerfragen, Beiträge zur Förderung des praktischen Steuerrechts, herausgegeben von Lion, Berlin.
Zeitschrift des Deutschen Notarvereins (ZDNotV.).
Zeitschrift für Zollwesen und Reichssteuern.
Zimmermann, Das Besitzsteuergesetz. Stuttgart 1916.
Zimmermann, Erbschafts- und Schenkungssteuer, in Stengel-Fleischmanns Wörterbuch des deutschen Verwaltungsrechts. 2. Aufl. 1911/1914.
Zimmermann, Kriegssteuergesetz. Stuttgart 1916.
Zimmermann, Die Ausstattung nach § 40 Abs. 3 des EStG. von 1919, in Zeitgem. Steuerfr. II 1920 S. 42.
Zimmermann, Die Lebensversicherungen unter dem EStG. von 1919, in Zeitgem. Steuerfr. II 1920 S. 124.

Erbschaftssteuergesetz.

Vom 10. September 1919 (RGBl. S. 1543)
nebst Ausführungsbestimmungen vom 11. Oktober 1919
(Zentralbl. f. d. D. R. Nr. 43 S. 1211).

Vorbemerkung.

1. **Wesen der Erbschaftssteuer.** Die Erbschaftssteuer enthält die Besteuerung von Vorgängen des bürgerlichen Rechts und zwar in der Hauptsache von solchen des Erbrechts. Das Erbrecht regelt den Übergang des Vermögens beim Tode einer natürlichen Person auf deren Rechtsnachfolger. Die Erbschaftssteuer vermag an jenen Übergang in doppelter Hinsicht anzuknüpfen: sie kann ihn erfassen als „das mobile Element des Produktionsprozesses", d. h. den Übergang des Vermögens wie eine Verkehrssteuer belasten; oder die Erbschaftssteuer kann als „Bereicherungssteuer" die durch den Anfall des Vermögens des Erblassers beim Erben eingetretene Werterhöhung des Erbenvermögens erfassen (vgl. Zimmermann, Erbschafts- und Schenkungssteuer, in Stengel-Fleischmann, Wörterbuch des Deutschen Staats- und Verwaltungsrechts; v. Nostitz, Wertzuwachssteuer, in Conrads Jahrb. Bd. 8 S. 477; Roscher-Gerlach Bd. 2 S. 124 Anm. 1; v. Eheberg, Finanzwissenschaft S. 303; Schäffle Bd. 2 § 282; auch Jastrow, Die Vermögenssteuer und ihre Einführung . . . in Conrads Jahrb. 1892 S. 161; Herrmann, Besitzsteuerproblem). Um das Wesen der Erbschaftssteuer zu erfassen, ist sie scharf abzugrenzen von der Einkommensteuer und der Vermögenszuwachssteuer. Die Einkommensteuer ergreift nach dem Reichseinkommensteuergesetz vom 29. März 1920 trotz des nunmehr maßgebenden erweiterten — Schanzschen — Einkommenbegriffes nicht den Erbanfall (§ 12 Ziff. 1 EinkStG.), sondern nur die Vermehrung der Einkünfte, welche aus dem durch Erbanfall erhöhten Vermögen herrühren. Die Vermögenszuwachssteuer wiederum unterscheidet sich von der Erbschaftssteuer dadurch, daß der Erbanfall nur eine Vermögenserhöhung durch einen Spezialerwerb umfaßt, so daß es trotz eines Erbanfalles an einem Vermögenszuwachs

fehlen kann: wie z. B. in dem Falle, daß jemand zum gleichen Zeitpunkte, zu dem ihm eine Erbschaft von 5000 M. anfällt, 10000 M. durch nachteilige Geschäfte einbüßt, wobei dann im ganzen kein Vermögenszuwachs, sondern trotz des Erbanfalls eine Vermögensminderung sich ergibt (vgl. Schachian, Die Besteuerung des Vermögenszuwachses S. 35 ff., 191). Aus dem verschiedenartigen Charakter der Erbschaftssteuer jeweils als Verkehrssteuer und als Bereicherungssteuer erklärt sich systematisch die vom Erbschaftssteuergesetz zum ersten Male eingeführte doppelte Steuer bei einem Erbfall bestehend in Nachlaßsteuer und Erbanfallsteuer. Das Gesetz läßt freilich diesen systematischen Unterschied wenig erkennen, ebensowenig die Gesetzesmaterialien. Die Nachlaßsteuer erfaßt den Erbfall als Verkehrssteuer, indem sie das Vermögen des Erblassers bei seinem Übergange von Todes wegen auf den Rechtsnachfolger in seiner Gesamtheit besteuert, während die Erbanfallsteuer die Bereicherung des Erben erfaßt, welche dieser durch den Erbanfall erhält. Einzelheiten finden sich in den Erläuterungen zu §§ 1, 2, 25 EStG.

2. **Grundlagen.** Da die Erbschaftssteuer an den bürgerlichen Rechtsvorgang des Erbfalls sich anschließt, so sind die den Erbfall und seine Rechtsfolgen regelnden Vorschriften des bürgerlichen Rechts uneingeschränkt für die Erbschaftssteuer maßgebend, soweit nicht das EStG. selber Abweichungen enthält. Begriff und Tragweite der Rechtsvorgänge auf erbrechtlichem Gebiete sind daher dem Bürgerlichen Gesetzbuch zu entnehmen, welches speziell in seinem 5. Buche das Erbrecht regelt; hinzutreten in örtlicher und zeitlicher Hinsicht Art. 24—28, 213—217 EG. zum BGB., sowie der 5. Abschnitt des Gesetzes über die freiwillige Gerichtsbarkeit vom 17. 5. 1898 (vgl. Reichsfinanzhof vom 16. 9. 1919 I A 118/19 Bd. I S. 207 und vom 12. 11. 1919 II A 291/19 Bd. I S. 283, auch Anm. 14 zu § 72 betr. Märkisches Provinzialrecht). Nach dem Bürgerlichen Gesetzbuch hat jede natürliche Person bei ihrem Tode einen Erben. Der Erbe muß zur Zeit des Todes zum mindesten erzeugt sein (§ 1923 BGB.). Über die Rechtsnachfolge bei Auflösung juristischer Personen und über den Anfall an juristische Personen vgl. die Erläuterungen zu § 1 Anm. 5 c. Dem Erben fällt nach BGB. das Vermögen in seiner Gesamtheit an, unbeschadet des Rechts, es auszuschlagen. Über den Anfall an den Nacherben Einzelheiten zu § 23 EStG. Der Erbe wird kraft Gesetzes oder durch Verfügung des Erblassers (Testament, Erbvertrag) berufen. Da die Erbschaft (über den Begriff der Erbschaft Einzelheiten zu § 1) von Gesetzes wegen auf den Erben übergeht, so entsteht der Anspruch des Fiskus auf die Erbschaftssteuer, ohne daß es einer Handlung des Erben be-

darf (§ 81 Reichsabgabenordnung, Reichsfinanzhof vom 19. März 1920 II A 53/20, Reichssteuerblatt S. 325, Einzelheiten zu § 45 EStG.).

3. **Wesen der Schenkungssteuer.** Im dritten Abschnitt des Gesetzes ist in Ergänzung zur Erbschaftssteuer die sog. Schenkungssteuer enthalten. Diese Schenkungssteuer ist eine Parallelerscheinung zur Erbanfallsteuer, indem sie ihrem Wesen nach eine Bereicherungssteuer für freigebige Zuwendungen unter Lebenden darstellt, also den infolge einer freigebigen Zuwendung unter Lebenden erfolgenden Anfall an den Empfänger erfaßt. Daß diese Steuer den Namen Schenkungssteuer führt, wirkt im Hinblick auf die vorangegangenen Ausführungen über die Bedeutung des bürgerlichen Rechts leicht irreführend. Sie ist eine Steuer auf freigebige Zuwendungen, so daß man ihre Tragweite zutreffend nur versteht, wenn man ihren Charakter als Zuwendungssteuer, nicht als Schenkungssteuer in den Vordergrund stellt. Eingehend ausgeführt in der Vorbemerkung und den Erläuterungen zu § 40 EStG.

4. **Geschichte des EStG.** Nachdem die Erbschaftssteuer früher den Bundesstaaten überlassen war, wurde sie von Reichs wegen zum ersten Male durch RG. vom 3. Juli 1906 (RGBl. S. 659) erhoben. Im ersten Erbschaftssteuergesetz (1. EStG.) fehlte die Nachlaßsteuer, und es wurde die Erbanfallsteuer sowie die Schenkungssteuer bei Anfällen an Ehegatten und Abkömmlinge nicht verlangt. Die politischen Kämpfe, die dieserhalb (in den Jahren 1908/9, 1913, 1916, 1918) wiederholt entbrannten, führten nur zu einer Erhöhung der Sätze der Erbschaftssteuer. Die Einbeziehung der Ehegatten und Abkömmlinge in die Steuer ist erst durch das gegenwärtige EStG. eingeführt, das sich hierdurch, durch die Einführung der Nachlaßsteuer und durch Einführung des Stufensystems bei den Steuersätzen (vgl. zu § 28 EStG.) grundsätzlich vom ersten EStG. unterscheidet. Über die unmittelbare Entstehungsgeschichte des Gesetzes ist Bemerkenswertes nicht zu berichten. Es wurde in der 52. Sitzung der Nationalversammlung mit einer recht dürftigen Begründung eingebracht (Drucksache Nr. 376), dann dem 10. Ausschuß überwiesen (Ausschußbericht Drucksache Nr. 941) und gemäß dessen Beschlüssen am 20. 8. 1919 angenommen.

Die Wirkung des neuen EStG. beginnt mit dem 1. September 1919 unter teilweiser Rückbeziehung der Schenkungssteuer (Näheres zu § 72 EStG.). Ergänzend gelten die Verfahrensvorschriften der Reichsabgabenordnung vom 13. 12. 1919 (RGBl. S. 1999) und zwar rückwirkend für die Erbfälle, die nach Inkrafttreten des EStG., aber vor dem Inkrafttreten der RAO. eingetreten sind (vgl. §§ 1 Ziff. 2, 451, 452, 461 RAO. und das zu § 72 EStG. wiedergegebene Übergangsrecht).

Das EStG. ist geändert durch § 459 RAO. (vgl. Erläuterung zu § 47 EStG.) und durch § 62 Landessteuergesetzes vom 30. März 1920 (RGBl. S. 402) (vgl. zu §§ 69, 71 EStG.).

Das Erbschaftssteuergesetz nebst materiellen Ausführungsbestimmungen.

§ 1.

Der Besteuerung nach den Vorschriften dieses Gesetzes unterliegen

1. der Nachlaß eines Verstorbenen (Nachlaßsteuer),
2. der Erwerb von Todes wegen (Erbanfallsteuer),
3. Schenkungen unter Lebenden (Schenkungssteuer).

1. § 1 gibt einen **Überblick** über die Gegenstände der im Gesetz enthaltenen Besteuerung. Systematisch geht die Einteilung, wie in der Vorbemerkung auseinandergesetzt, darauf zurück, daß die Nachlaßsteuer den Übergang des Nachlasses auf den Erben als Verkehrssteuer erfaßt, also den Nachlaß in seiner Gesamtheit belastet, während die Erbanfallsteuer die Bereicherung des Erben durch den Erbanfall betrifft, wie entsprechend die Schenkungssteuer die Vermögensvermehrung des Beschenkten. Objekt, d. h. die Bemessungsgrundlage für die Erhebung der Steuer ist also bei der Nachlaßsteuer der Nachlaß, bei der Erbanfallsteuer und der Schenkungssteuer der Spezialerwerb des einzelnen Empfängers. Steuerquelle, d. h. die für die Entrichtung der Steuer dienende Masse ist bei der Nachlaßsteuer der Nachlaß, bei der Erbanfallsteuer und der Schenkungssteuer grundsätzlich das Vermögen des Empfängers. Als subsidiäre Steuerquelle ist bei der Erbanfallsteuer und bei der Schenkungssteuer das Nachlaßvermögen bzw. das Vermögen des Schenkers vorgesehen (§ 30 Abs. 3, § 41 EStG.). In der Praxis wird häufig mit Rücksicht auf die Vorschriften des § 28 Abs. 2 Satz 3 EStG. die praktische Haftung des Erben als auf den Anfall beschränkt angesehen. Daß das Gegenteil richtig ist zeigt sich, wenn z. B. der Erbe den Anfall nachträglich einbüßt, aber gleichwohl für die Steuer mit seinem ganzen Vermögen haftbar bleibt.

2. Die **Nachlaßsteuer** wird von dem zur Vererbung gelangenden Vermögen des Erblassers in seiner Gesamtheit erhoben, ohne Rücksicht auf die verschiedenen Wege, welche es infolge der Vererbung geht; es wird also keine Rücksicht genommen auf die Person des Erwerbers und auf Art und Vielfältigkeit der infolge des Erbganges eintretenden Verteilung (Ausnahme: §§ 16, 18 EStG.). Die Nachlaßsteuer fällt

daher praktisch mit einer letzten im Augenblick des Todes vom Erblasser erhobenen Vermögenssteuer zusammen und bildet ihrem Zwecke nach eine Art Kontrollsteuer, welche die Nachprüfung der Vermögens- wie auch der Einkommensteuererklärung des Erblassers ermöglichen soll (Begründung S. 22). Deshalb bringt die Nachlaßsteuer eine weitgehende Offenbarungspflicht und Erklärungspflicht der Erben über die Vermögensverhältnisse des Erblassers mit sich (vgl. §§ 87, 97 RAO., §§ 53, 56, 59 EStG. Einzelheiten in Erläuterungen zu § 19 EStG.). Die nähere Regelung der Nachlaßsteuer enthält der erste Abschnitt des ersten Teiles des EStG., welcher in Anlehnung an die Vorschriften des Besitzsteuergesetzes vom 3. 7. 1913 (RGBl. Nr. 41 S. 524) in §§ 2 ff. EStG. die objektive Steuerpflicht, im § 14 EStG. die persönliche Steuerpflicht, in §§ 15, 16 EStG. die Berechnung der Steuer, in § 17 EStG. die Steuerquelle, in § 18 EStG. Fälle der Anrechnung bei Eintritt eines zweiten Erbfalles und in § 19 EStG. Fälle einer ausgedehnten Haftung behandelt.

3. Die **Erbanfallsteuer** entspricht der Erbschaftssteuer des 1. EStG. unter Einbeziehung der Anfälle an Ehegatten und Abkömmlinge. Sie geht aus von der Bereicherung des Empfängers, des Erwerbers des Anfalles, indem sie daneben das Verwandtschaftsverhältnis des Erwerbers zum Erblasser (Erbenklasse, vgl. zu § 26 EStG.) und das bereits vorhandene Vermögen des Erwerbers (Zuschläge, vgl. zu § 28 EStG.) sowie den Zeitpunkt des Erbanfalles berücksichtigt. Sie wird neben der Nachlaßsteuer erhoben, so daß beim Tode einer Person regelmäßig zwei Steuern zu Erhebung gelangen. — Die näheren Bestimmungen über die Erbanfallsteuer enthält der 2. Abschnitt des 1. Teils des EStG. und zwar regeln die §§ 20—24, 29, 37 die objektive Steuerpflicht, §§ 25—28, 34—36, 39, 52 die Berechnung und Anrechnung der Steuer, § 30 die subjektive Steuerpflicht, §§ 32, 33 Befreiungen, § 38 Zusammenrechnungen verschiedener Steuerfälle und § 54 die Anmeldepflicht des Erwerbers.

4. Die **Schenkungssteuer** ist, wie in der allgemeinen Vorbemerkung Ziff. 3 angedeutet und in der Vorbemerkung zu § 40 EStG. eingehend ausgeführt, eigentlich keine Schenkungssteuer, sondern eine Besteuerung freigebiger Zuwendungen unter Lebenden, welche unter anderen Fällen auch den Tatbestand der Schenkung des bürgerlichen Rechtes (§ 516 BGB.) steuerlich belastet. Sie ist in ihrer steuerlichen Wirkung eine antizipierte, ebenfalls durch Einbeziehung der Ehegatten und Abkömmlinge gegenüber dem ersten EStG. erweiterte Erbanfallsteuer, welche verhindern soll, daß durch Weggabe des Vermögens unter Lebenden die Erbanfallsteuer nicht zur Erhebung gelangt. Die in den

§§ 40—44 ESt G. getroffene Regelung übernimmt die Grundsätze der Erbanfallsteuer. Eine der Nachlaßsteuer entsprechende Gesamtvermögenssteuer wird auf freigebige Zuwendungen unter Lebenden vom Schenker nicht erhoben, vielmehr haftet dieser nur subsidiär für die Anfallsteuer des Beschenkten. Wegen der parallelen Funktionen der Erbanfall- und der Schenkungssteuer werden die Schenkungs- und Erbanfälle durch Zusammenrechnung miteinander in Verbindung gebracht, sowie auch die gezahlte Schenkungssteuer auf die Erbanfallsteuer angerechnet (§ 38 EStG.). Die Nachlaßsteuer bildet bei Berechnung der Erbanfallsteuer und nur bei ihr eine abzugsfähige Verbindlichkeit (Verf. des Reichsfinanzministers III a 1087 vom 11. 2. 1920).

5. In Anbetracht des in der Vorbemerkung dargelegten engen Zusammenhanges des EStG. mit den übrigen Rechtsmaterien müssen einige für die Praxis des Erbschaftssteuergesetzes besonders wichtige Stellen, die nicht gerade dem Erbrecht im engeren Sinne angehören, hervorgehoben werden.

a) Die **Vollmacht.** In zunehmendem Maße waren, um die Legitimationsschwierigkeiten der Erben nach dem Tode des Erblassers zu vermeiden, auch um die Fortführung der Verwaltung über das Vermögen nach dem Tode von dessen Träger sicherzustellen, Vollmachten mit Wirkungen über den Tod hinaus erteilt. Der hauptsächlichste Fall ist die Generalvollmacht mit Wirkung über den Tod hinaus. Sie ist ein Geschäft unter Lebenden, welches den Regeln des 5. Titels des Allgemeinen Teiles des BGB., nicht aber denjenigen des Erbrechts untersteht. Materiell gewährt die Vollmacht mit dem Tode des Vertretenen nicht mehr Vertretungsmacht für den Toten, sondern für die Erben. Deshalb gehört sie auch nicht zum Nachlaß und erscheint weder auf dessen Aktiv-, noch auf dessen Passivseite. Jeder der Erben aber kann sie, da nunmehr er der Träger des Vermögens des Erblassers ist, jederzeit widerrufen (Oertmann, Bank-Archiv Bd. 13 S. 1; Kipp S. 252; OLG. Dresden, Seufferts Archiv 65 S. 138). Bei gemeinschaftlichen Testamenten bietet die Generalvollmacht praktisch einen Vorzug vor der Testamentsvollstreckerschaft dadurch, daß der überlebende Ehegatte, da er nach dem Tode des verstorbenen Ehegatten nicht mehr von Todes wegen verfügen darf (§§ 2270, 2271 BGB.), zwar von sich aus einen Testamentsvollstrecker nicht mehr einsetzen, wohl aber in dem Generalbevollmächtigten den Erben einen Vertreter vom Zeitpunkt seines Todes ab bestimmen kann (Bayr. ObersLG. vom 15. 2. 1919 A I 171, Zeitschr. d. Dt. Notar-Vereins 1920 S. 132).

Die Generalvollmacht endet, wenn in ihr nicht ausdrücklich ihre Dauer über den Tod eines der Beteiligten hinaus festgesetzt ist, mit dem ihrer Erteilung zugrunde liegenden Rechtsverhältnis (§ 168 BGB.). Es gibt Rechtsverhältnisse, die ihrem Inhalte nach sowohl mit dem Tode des Vollmachtgebers wie des Bevollmächtigten enden, solche, die bloß mit dem Tode des Vollmachtgebers endigen (nicht die Regel, vgl. §§ 672, 675 BGB., § 168 BGB.) und soche, die mit dem Tode des Bevollmächtigten endigen (dies die Regel §§ 673, 675 mit 168 BGB.). Strittig ist das Rechtsgebiet der Generalvollmachten ohne Zugrundeliegen eines Kausalverhältnisses. Solche sind nicht eben selten, wie z. B. die Generalvollmacht an die Ehefrau oder an den Freund gelegentlich des Antritts einer Reise. Hier wird man nach den Lebensverhältnissen von Fall zu Fall nur entscheiden können, ob die Vollmacht mit dem Tode des Bevollmächtigten oder des Vollmachtgebers ihr Ende findet (v. Thur Bd. 1 S. 403 unterstellt im Zweifel einen Auftrag. Anderer Meinung Dernburg § 165 Anm. III; Planck § 168 III a).

Verträge zugunsten Dritter (BGB. §§ 328 ff.) haben mit der Vollmacht im Endergebnis gemeinsam, daß infolge eines Geschäfts unter Lebenden gewisse Rechtsveränderungen nach dem Tode des Erblassers eintreten und zwar führen diese Rechtsveränderungen zum unmittelbaren Erwerb von Rechten aus dem Vermögen des Erblassers, ohne daß diese Vermögensteile in den Nachlaß fallen. Das Nähere ist zu erläutern zu § 6 Ziff. 6 EStG., auch in der Vorbemerkung zu § 40. Zu beachten ist jedoch, daß bei Verträgen zugunsten eines Dritten dieser stets nur ein Forderungsrecht erwirbt, nicht aber kraft eines solchen Vertrages Eigentum auf ihn übergeht. Der Erblasser kann daher, was häufig versucht wird, durch Vertrag mit der Bank nicht erreichen, daß sein dort befindliches Depot mit seinem Tode zu Eigentum auf einen Dritten übergeht, sondern es kann nur ein Forderungsrecht des Dritten gegen die Bank zur Entstehung gelangen, während nur der Erbe Eigentum und Verfügungsmacht über das Depot erlangt. In diesem Falle erwirbt durch formlose Anweisung des Verfügenden gegenüber der Bank der Dritte auf Grund des Kontokorrentverhältnisses der Bank zum Verfügenden mit dessen Tode ein unentziehbares Forderungsrecht gegen die Bank, nicht mehr und nicht weniger (RGZ. Bd. 88 S. 138). Eigentum kann der Dritte nur dadurch erwerben, daß er es entweder nach dem Tode des Erblassers vom Erben übertragen erhält, oder daß der Erblasser zu seinen Lebzeiten nicht nur einen Vertrag mit der Bank schließt, sondern seinen Anspruch auf Herausgabe der Wertpapiere gegen die Bank unter gleichzeitiger Einigung über den Eigentumsübergang gemäß § 931 BGB. an den Dritten abtritt, der bloße Vertrag des Erblassers mit der Bank aber genügt hierzu nicht (vgl. Reichsfinanzhof vom 24. 3. 1920 II A 2/20 Bd. 2 S. 243). Über die Schenkungssteuerpflicht solcher Fälle vgl. Vorbemerkung und Erläuterungen zu § 40.

b) **Nachlaßfürsorge und Nachlaßkonkurs.** Es gibt Personen- und Vermögensfürsorgen, welche mit dem Tode des Vermögensträgers endigen (Vormundschaft, Pflegschaft, elterliche Gewalt; Ausnahme für Sammelvermögen § 1914 BGB.) und es gibt Fürsorgen, welche mit dem Erbfall einsetzen (Nachlaßverwalter, Nachlaßpfleger, Nachlaß-Konkursverwalter, Testamentsvollstrecker). Solche Fürsorgen ändern nichts an der materiellen Erbfolge und an der Erbschaftssteuer, auch nicht bezüglich der Bewertung der Nachlaßmasse. Es macht auch keinen Unterschied, in wessen Interesse die Fürsorgen eingerichtet sind, desgleichen ob sie als reine Stellvertretungen anzusprechen sind, oder privaten Amtscharakter haben, zumal meist die Grundsätze der ersteren für den letzteren Geltung haben (RGZ. 80 S. 417, 75, S. 302, 73 S. 312; Hellwig, Lehrbuch des Zivilprozeßrechts I §§ 44 ff.).

Der Nachlaßkonkurs bedarf deshalb besonderer Erwähnung, weil mit ihm gewisse Schichtungen des Vermögens eintreten durch Verselbständigung verschiedener Vermögensteile, welche für die Handhabung der Besteuerung vor allem auch hier für die Bewertung nicht ohne Bedeutung bleiben. Ein schwebendes Konkursverfahren endigt nicht mit dem Tode des Gemeinschuldners. Der Erbe übernimmt die Rechte und Pflichten des verstorbenen Gemeinschuldners. Im übrigen werden auf diese Rechtsstellung zweckmäßig die materiellen Rechtssätze über den Nachlaßkonkurs analog zur Anwendung gebracht (§§ 214 ff. KO.). Das nach der Konkurseröffnung erworbene Vermögen und die nachher entstandenen Schulden bilden zusammen mit der Konkursmasse den Nachlaß des Erblassers (Jaeger Anm. 21 § 214; Seuffert S. 69; abweichend v. Wilmowski-Kurlbaum Vorbem. 16 § 214). So kann es zu einem zweiten Konkurse kommen, einem eigentlichen Nachlaßkonkurse, über diesen außer der Konkursmasse vorhandenen zweiten Vermögensteil des Erblassers. Die Forderungen gegen den Erben bleiben als Aktiven der Masse bestehen, zu der sie von vornherein gehören. Die Forderungen des Erben bleiben Nachlaßschulden in dem schwebenden Konkursverfahren, während die Erbengläubiger an dem Verfahren nicht teilnehmen. Beim eigentlichen Nachlaßkonkurse (Jaeger Anm. 23, 24 § 214), bei dem der Erbe also von vornherein Gemeinschuldner ist, sind auch seine Handlungen vor und während des Konkursverfahrens als solche des Gemeinschuldners zu bewerten (§§ 30 ff., 55 KO.). Die Konkursgläubiger können entsprechend § 14 KO. das sonstige Vermögen des Gemeinschuldners nicht angreifen, also die konkursfreien Nachlaßteile, soweit nicht der Erbe unbeschränkt haftet (v. Wilmowski-Kurlbaum

Vorbem. 2 § 214; Jaeger Anm. 9 § 214). Das Amt des Nachlaßverwalters erlischt infolge des Nachlaßkonkurses (§ 1988 BGB.), wohingegen für eine Tätigkeit des Testamentsvollstreckers schon bei der Verwaltung der beschlagfreien Vermögensteile Raum bleibt, da die Rechtsstellung des Konkursverwalters nicht weiter reicht als diejenige des Erben; insoweit besteht auch die Verwaltungsbefugnis des Testamentsvollstreckers neben derjenigen des Konkursverwalters (Jaeger Anm. 15/19 § 214). Man hat also zu unterscheiden den Erbenkonkurs als Verfahren für das eigene Vermögen des Erben, den Nachlaßkonkurs als Konkurs über den Nachlaß und den Einheitskonkurs über das Gesamtvermögen des Erben bestehend aus seinem ursprünglichen eigenen Vermögen und dem ihm durch den Erbfall angefallenen Vermögen. Der letztere Konkurs über das Einheitsvermögen begreift aber keineswegs den Einzelkonkurs über den Nachlaß in sich, wie auch der Erbenkonkurs neben dem Nachlaßkonkurs einhergeht (Näheres über die im einzelnen umstrittenen Verfahren vgl. Strohal, Erbrecht § 61, wegen des Umfanges der Masse S. 262 II; Binder II S. 174; Jaeger Anm. 1, 4 § 234; v. Wilmowski-Kurlbaum Anm. 2 § 234 KO.).

c) Erbschaftssteuer wird erhoben beim Erlöschen einer natürlichen Person, weil nur bei ihr eine Erbfolge eintritt. Beim **Erlöschen juristischer Personen** kann unter Umständen der Anfall der Liquidationsmasse der Schenkungssteuer unterliegen, niemals aber einer Erbschaftssteuer. In der Regel wird bei satzungsgemäßer Verteilung eines Vereins- oder Stiftungsvermögens, auch bei der Auflösung eines nicht rechtsfähigen Vereins (RGZ. 71 S. 140) eine Schenkung nicht vorliegen. Abweichend bei Familienstiftungen und dem Anfall bei deren Erlöschen (vgl. § 20 Ziff. 5 EStG.), auch bei Auflösung von Fideikommissen (§ 20 Ziff. 2 EStG.) und in gewissen Fällen von Zweckzuwendungen (vgl. näher die Erläuterungen zu §§ 20, 30, 35, EStG.). Die Auflösung einer Gesellschaft des bürgerlichen Rechts (§ 705 BGB.) und einer offenen Handelsgesellschaft nebst Liquidation bilden in der Regel weiter nichts als die Erfüllung von Vertragsverhältnissen, so daß bei ihnen das Erbschaftssteuergesetz regelmäßig nicht eingreift. Das gleiche wird gelten, wenn solche Gesellschaften in Aktiengesellschaften oder Gesellschaften mit beschränkter Haftung umgewandelt werden. Scheidet der Gesellschafter einer Gesellschaft bürgerlichen Rechts infolge seines Todes aus und besteht die Gesellschaft nach § 736 BGB. unter den übrigen Gesellschaftern fort, so gehört sein Anteil, also sein Auseinandersetzungsguthaben zum Nachlaß. Bei der Kommanditgesellschaft hat der Tod des Kommanditisten nach § 177 HGB. die Auflösung der Gesellschaft nicht zur Folge.

Die Erben werden Kommanditisten und sind als solche einzutragen (Staub Anm. 1 § 177; Goldmann Anm. 11 § 177; Lehmann-Ring Anm. 2/177). Beim Ausscheiden von persönlich haftenden Gesellschaftern tritt eine Auflösung dann nicht ein, wenn im Gesellschaftsvertrage entsprechendes bestimmt ist und mindestens zwei persönliche Gesellschafter übrig bleiben (Brandt Anm. 6 § 177), wobei aber auch vereinbart werden kann, daß die Kommanditisten persönliche Gesellschafter alsdann werden (Staub, Anhang zu § 177 Anm. 9 und RGZ. 56 S. 167 bezüglich der Auseinandersetzung). Besteht die offene Handelsgesellschaft oder Kommanditgesellschaft gemäß § 138 HGB. beim Tode eines Gesellschafters unter den übrigen Gesellschaftern fort, so haben die Erben des verstorbenen Gesellschafters nur eine Forderung auf das Auseinandersetzungsguthaben, welches unter Berücksichtigung des Standes der offenen Handelsgesellschaft zu bewerten ist und einen Teil des steuerpflichtigen Nachlasses bildet. Beim Neueintritt eines Gesellschafters wächst diesem ein seiner Quote entsprechender Anteil zum Nachteil der übrigen Gesellschafter ohne besonderen Übertragungsakt an. Diese Anwachsung ist frei von Erbschafts- oder Schenkungssteuer, auch wenn der Eintritt gelegentlich des Ausscheidens eines anderen Gesellschafters durch Tod erfolgt (vgl. zu diesem Vorgang Oertmann Anm. 3 § 736; Hellwig, Verträge zugunsten Dritter S. 397 im Anschluß an Gierke). Schwierig gestaltet sich die Erbschaftsbesteuerung, wenn im Gesellschaftsvertrage der offenen Handelsgesellschaft oder Kommanditgesellschaft bestimmt ist, daß beim Tode eines Gesellschafters die Gesellschaft mit seinen Erben fortgesetzt werden soll. Hier kann nach § 139 HGB. jeder Erbe sein Verbleiben in der Gesellschaft davon abhängig machen, daß ihm mit seinem bisherigen Gewinnanteile die Stellung eines Kommanditisten eingeräumt wird und der auf ihn fallende Teil der Einlage des Erblassers als seine Kommanditeinlage anerkannt wird. Dieses Recht aus § 139 HGB. steht jedem Erben für sich zu und es kann gegenüber jedem der Erben von den Mitgesellschaftern angenommen oder abgelehnt werden (Staub Anm. 7 § 139 HGB.). Man wird für die Nachlaßsteuer ohne weiteres das Auseinandersetzungsguthaben des Erblassers zugrunde legen dürfen. Bei der Erbanfallsteuer wird es sich fragen, ob der Erbe, welcher für seinen Teil Kommanditist bleibt, durch den Anfall der Kommanditeinlage einen anderen Erwerb erhält als derjenige, welcher entweder sein Recht aus § 139 HGB. nicht ausübt, oder der von den Mitgesellschaftern nicht akzeptiert wird. Da der Zeitpunkt des Erbanfalls bei der Bewertung zugrunde zu legen ist (§ 45 Ziff. 2 EStG.) und die Aufnahme als Kommanditist nicht bloß vom Willen des Erben, sondern auch von dem der Mitgesellschafter abhängt, so wird die Erbanfallsteuer ohne Rücksicht auf das Wahlrecht des § 139 HGB., wenngleich zweifelhaft, nach dem Anteil des Erben an der Einlage des verstorbenen Gesellschafters berechnet werden dürfen.

Erster Teil.

Steuerpflicht.

Vorbemerkung.

Die Steuerpflicht ist eine subjektive (wer ist steuerpflichtig? Steuerpflichtiger?) und eine objektive (was ist steuerpflichtig? Besteuerungsgegenstand?).

Steuerpflichtiger ist nach § 79 RAO., wer nach den Steuergesetzen eine Steuer als Steuerschuldner zu entrichten hat. Bei der Nachlaßsteuer ist Steuerpflichtiger der Erbe als Träger des Nachlaßvermögens. § 17 EStG. bestimmt lediglich, daß die Nachlaßsteuer aus dem Nachlaß zu entrichten ist. Der Erbe haftet für die Nachlaßsteuer nach den Vorschriften des bürgerlichen Rechts wie für Nachlaßverbindlichkeiten (RAO. § 95 Abs. 3, BGB. §§ 1967 ff.). Er haftet also entweder beschränkt auf den Nachlaß (§ 1975 BGB.), oder auch mit seinem eigenen Vermögen (über die persönliche Haftung der Rechtsnachfolger, Testamentsvollstrecker, Nachlaßverwalter, Erbschaftsbesitzer usw., vgl. §§ 84, 85, 87, 95 Abs. 3, § 90 RAO., siehe Erläuterungen zu § 19 EStG.). Bei der Erbanfallsteuer ist Steuerpflichtiger der Erwerber (Ausnahme: § 30 EStG.) unter subsidiärer Haftung des Nachlasses, bei der Schenkungssteuer der Beschenkte unter subsidiärer Haftung des Schenkers (§ 41 EStG.). Gegenstand der Besteuerung ist bei der Nachlaßsteuer der Nachlaß (§§ 2 ff. EStG.), bei der Erbanfall- und Schenkungssteuer die Bereicherung des Erwerbers (§ 25 EStG., vgl. näher Anm. 1—4 zu § 1 EStG.).

I. Abschnitt.

Nachlaßsteuer.

§ 2.

Als Nachlaß gilt das gesamte Vermögen des Verstorbenen, das bei seinem Tode vorhanden ist, einschließlich des Vermögens, das er als Vorerbe hatte.

Das zu einem Hausgut, Fideikommiß, Lehen oder Stammgut gehörige oder sonstige auf Grund von landesgesetzlichen

Vorschriften (Art. 57, 58, 59 des Einführungsgesetzes zum Bürgerlichen Gesetzbuch) gebundene Vermögen gilt als Nachlaß des verstorbenen Inhabers.

1. Die Nachlaßsteuer ist eine Vermögenssteuer im eigentlichen Sinne, denn bei ihr ist der Nachlaß sowohl Steuerobjekt wie auch Steuerquelle (über die Begriffe vgl. Anm. 1 zu § 1). Wenn das Gesetz als Nachlaß das gesamte Vermögen des Verstorbenen bezeichnet, so gibt es damit zu erkennen, daß die Steuer nicht nur an einen Teil des Vermögens anknüpft, z. B. an das Kapital, sondern ebenso z. B. das Verbrauchsvermögen umfaßt. Über das Vermögen sind steuerlich zwei Auffassungen möglich: Die eine sieht das Vermögen in seiner wirtschaftlichen Funktion an — dann ist es die Summe der Sachgüter, welche einer Person zur Verfügung stehen, also ein wirtschaftlicher Kraftbegriff, der sich zerlegt nach den Funktionen des Vermögens. — oder das Vermögen wird als Rechtsbegriff gefaßt: dann besteht es aus den wirtschaftlich wertvollen Rechten seines Trägers (vgl. Schäffle Bd. II S. 43; Schmoller S. 180; Wagner, Finanzwissenschaft Bd. 2 § 130; v. Eheberg in Conrads Handwörterb. Bd. 7 S. 946). Das Gesetz knüpft an den Rechtsbegriff des Vermögens an, denn diesen legt auch das BGB § 1922 zugrunde. Daraus folgt, daß nur solche Güter zum Vermögen im Sinne des ESt. zu rechnen sind, welche aus Rechten bestehen, wie z. B. Forderungen, dingliche Rechte, grundsätzlich nicht die auf familienrechtlicher Grundlage erwachsenen Vermögenspositionen. Alle anderen Sachgüter scheiden aus. Wenn auch das BGB., welches das Vermögen z. B. in den §§ 310, 311, 419, 1085 BGB. erwähnt, ein selbständiges Rechtsinstitut des Vermögens nicht aufstellt (Planck Vorbem. 3c vor § 90), so ist sich doch die Rechtswissenschaft darüber einig, daß wirtschaftliche Güter, welche keine Rechte bilden, grundsätzlich nicht zum Vermögen zu rechnen sind (über diese Frage näher Anm. 4 zu § 5).

2. Die **Schulden** sind nicht Teile des Vermögens. Zum Vermögen zählen nur die Aktiven. Die Schulden stehen auf der Passivseite, bilden aber keinen Bestandteil des Vermögens, sondern einen eigenen Abzugsposten, für dessen Begleichung kraft positiver Vorschrift der Erbe einzustehen hat (§ 1967 BGB). Ob die Schulden Bestandteile des Nachlasses sind, ist in der Rechtswissenschaft bestritten (dafür: Strohal Bd. 1 S. 14, 15; Planck Anm. 2a β zu § 1922; wie hier Kipp S. 4; Enneccerus I § 124, 1, 2; Hellwig, Grenzen der Rechtskraft S. 310; wohl auch RGZ. Bd. 69 S. 284; mit feinen Unterscheidungen zwischen Schuld als subjektiver Verpflichtung und objektiver Vermögensbelastung: Gierke Bd. II S. 66 Anm. 80). Steuerlich ist jedenfalls bedenklich die Ansicht

des Kommentars der RGR. (Anm. 5 § 1922), daß es sich um eine bloß akademische Streitfrage handelt. In Anbetracht der verschiedenen Möglichkeiten der Erbenhaftung und der verschiedenen möglichen wirtschaftlichen Zusammenhänge von Schulden mit einzelnen Vermögensteilen, wie solche im EStG. wiederholt erwähnt werden, ist bei der Erbschaftssteuer davon auszugehen, daß der Nachlaß die Summe der vererblichen Rechte einer Person ist. Erst nach seiner Feststellung sind die Schulden unter sorgfältiger Berücksichtigung ihres wirtschaftlichen Zusammenhanges mit einzelnen Aktivgruppen in Abzug zu bringen.

3. Nur die **vererblichen Rechte** gehören zum Nachlaß. Als solche sind zu erwähnen:

a) der Vertragsantrag regelmäßig auf seiten des Antragenden. Er ist nach § 130 Abs. 2 BGB. mit dem Zugehen bindend, auch wenn der Antragende inzwischen verstorben ist. Ob er aber noch angenommen werden kann nach dem Tode des Antragenden, ist damit nicht gesagt, vielmehr ist es Auslegungsfrage, die freilich gemäß § 153 BGB. für den Zweifel zu bejahen ist. Ob der Antrag beim Tode des Empfängers auch für dessen Erben gelten soll, wird sich danach richten, ob er seinem Inhalte nach sich auf die Person des Empfängers beschränken sollte oder nicht. Der Tod des Antragenden schon vor Zugehen des Antrages beim Empfänger hebt die Annahmebereitschaft des Antrages auf (vgl. RG. in JW. 1911 S. 752; Gruchot Bd. 53 S. 835; Planck Anm. 3 § 153; RGR. Anm. 2 § 153; Enneccerus I § 152, III, im einzelnen nicht gleichmäßig);

b) die Anwartschaft des Nacherben in der Zeit zwischen Erbfall und Nacherbfall und die Position als Ersatzerbe sind nach dem Erbfall vererblich (näher § 2108 II BGB.; Strohal Bd. I § 25, § 26 VI Anm. 33; Dernburg V § 51 IV; Planck Anm. 2 § 2096 und über Ausnahmen Anm. 4 zu § 48 EStG.). Nacherbe ist ein Erbe, der erst eintritt, wenn zunächst ein anderer Erbe geworden ist (§ 2100 BGB.). Ersatzerbe ist ein solcher, der für den Fall eintritt, daß der erstberufene Erbe vor oder nach dem Eintritt des Erbfalles wegfällt (§ 2096 BGB.). Bei der Nacherben-Anwartschaft ist entsprechend wie bei der Bewertung des Nacherbenrechtes der Abzug des Vorerbenrechtes vorzunehmen (im einzelnen in den Erläuterungen zu §§ 23, 26, aber auch § 51 EStG.). Beim Ersatzerben ist der Eintritt als mit dem Erbfall geschehen anzusehen und auf diesen Zeitpunkt bei der Bewertung einzustellen. Der Nacherbe ist im Zweifel auch als

Ersatzerbe eingesetzt und in Zweifelsfällen gilt der Eingesetzte als Ersatzerbe, jedoch enthält die Ersatzerbeneinsetzung nicht zugleich die Einsetzung als Nacherbe (§ 2102 BGB.). Für das Nachvermächtnis gelten die Vorschriften über die Nacherbschaft entsprechend (§ 2191 BGB.);

c) der Auftrag (§ 672 BGB.). Ihm folgt die Vollmacht im Zweifel (§ 168 BGB.). (Über diese im einzelnen Anm. 5a zu § 1.);

d) die Besitzposition (§ 857 BGB.);

e) das Ausschlagungsrecht des Erben und des Vermächtnisnehmers (§ 1952, 2180 BGB.);

f) das Vorkaufsrecht der Miterben in Ansehung der übrigen Miterbenanteile (§ 2034 BGB.);

g) der Pflichtteilsanspruch nach dem Erbfall (§ 231 BGB.);

h) gewisse persönliche Güter und Errungenschaften, soweit sie zu selbständigen Rechten erhoben sind, z. B. das Firmenrecht (§ 22 HGB.), das Warenzeichenrecht (§ 7 WzGes. vom 12. 5. 1894), Urheber- und Erfinderrecht (§ 3 MusterschutzGes. vom 11. 1. 1876, § 10 KunstschutzGes. vom 9. 1. 1907, § 6 PatentGes. vom 7. 4. 1891, § 8 UrhGes. vom 19. 7. 1901, § 7 Gebr.MusterschutzGes. vom 1. 6. 1891).

4. **Zum Nachlaß gehören nicht:**

a) das Namensrecht im Sinne des § 12 BGB., das nur nach familienrechtlichen Grundsätzen übertragen, aber nicht vererbt werden kann;

b) die Vereinsmitgliedschaft, sofern die Satzung nicht anderes bestimmt (§ 38 und 40 BGB.);

c) das Vorkaufsrecht, sofern nicht die Vererblichkeit bestimmt ist; als solche Bestimmung gilt die Beschränkung auf eine gewisse Zeit (§§ 514, 1098 BGB., wegen des Vorkaufsrechts des Miterben vgl. § 2034 BGB.);

d) im Zweifel der Anspruch auf Dienstleistungen (§ 613 BGB.);

e) im Zweifel der Auftrag beim Tode des Beauftragten (§ 673 BGB.);

f) der Anspruch auf Fortsetzung der Gesellschaft, sofern sich nicht aus dem Gesellschaftsvertrage ein anderes ergibt (§ 727 Abs. 1 BGB.); offene Handelsgesellschaft (HGB. §§ 131 Ziff. 4, 139), Kommanditgesellschaft (HGB. § 161, II); indes bei Tod des Kommanditisten siehe § 177 HGB. Im einzelnen oben Anm. 5c zu § 1;

g) der Anspruch auf Auszahlung einer Leibrente nach der Auslegungsregel des § 759, 1 BGB;

h) der Nießbrauch (§ 1061 BGB.), die beschränkte Dienstbarkeit (§ 1090 BGB.), das Wohnungsrecht (§§ 1093, 1090 II BGB.);

i) das Recht des Erblassers, als überlebender Ehegatte bei der Auseinandersetzung der fortgesetzten Gütergemeinschaft das Gesamtgut oder einzelne Gegenstände desselben gegen Wertersatz zu übernehmen (§ 1502 I BGB.);

k) der Unterhaltsanspruch des Ehegatten (§§ 1360, 1580, 1583, 1351 BGB.), des bedürftigen Verwandten (§ 1615), des unehelichen Kindes (§ 1713 BGB.), des verarmten Schenkers (§ 528 BGB.);

l) das Widerrufsrecht:

aa) des Stifters, nachdem er das Genehmigungsgesuch eingereicht oder das beurkundende Gericht oder den Notar mit dieser Einreichung betraut hat (§ 21 II BGB.),

bb) des Schenkers wegen Undanks des Beschenkten, ausgenommen im Falle vorsätzlicher und widerrechtlicher Tötung oder Verhinderung am Widerrufe (§ 530 BGB.),

cc) des unschuldigen Ehegatten, hinsichtlich der dem allein für schuldig erklärten Ehegatten gemachten Geschenke (§ 1580 Abs. 3 BGB.),

dd) wegen der Rückforderung der Brautgeschenke vgl. § 1301 BGB.:

m) der Anspruch auf Ersatz des immateriellen Schadens, es sei denn, daß dieser rechtshängig geworden oder durch Vertrag anerkannt ist (§ 847 BGB.); der Deflorationsanspruch der Braut (§ 1300 II BGB.);

n) bei der allgemeinen Güter- und der Fahrnisgemeinschaft:

aa) der Anteil des überlebenden Gatten am gütergemeinschaftlichen Gesamtgute bei beerbter Ehe (§ 1483 BGB.);

bb) der Anteil des anteilsberechtigten Abkömmlings an dem Gesamtgut der fortgesetzten Gütergemeinschaft (§ 1490 BGB.);

o) Rechte, die kraft ausdrücklicher Vorschrift erlöschen, z. B. das Urheberrecht an Werken der Tonkunst oder Literatur, an bildenden Künsten oder der Photographie erlischt, soweit es dem Erblasser zusteht, wenn der Fiskus oder eine andere juristische Person Erbe ist (§ 1936 BGB., § 8 LitUG., § 10 Kunstschutzgesetz). (Vgl. zu dieser Zusammenstellnug Kipp S. 2ff. und Neumann, Handausgabe Anm. b zu § 1922 BGB.)

5. Dem Tode einer Person steht die **Todeserklärung** gleich. Hier weicht jedoch das Steuerrecht vom materiellen Recht erheblich ab. Während § 18 BGB. unter Anwendung gewisser materieller Vermutungszeiten bestimmt, daß der Verschollene zu dem Zeitpunkt verstorben ist, der als solcher in dem die Todeserklärung enthaltenden Urteil festgelegt ist, bestimmt § 81 RAO. letzter Absatz, daß bei Verschollenen der Tag, mit dessen Ablauf das Ausschlußurteil rechtskräftig wird, als Todestag gilt. Der Zweck dieser Vorschrift ist die Vermeidung von Rückveranlagungen, ihre Folge das Auseinanderfallen von zivilrechtlichem Todestag und steuerrechtlichem Todestag und damit die Notwendigkeit, daß, falls zwischen dem zivilrechtlichen Todestage und dem steuerrechtlichen Todestage Erbfälle eingetreten sind, steuerlich nur der letzte Erbe vor dem steuerlichen Zeitpunkt der Todeserklärung in Betracht kommt. Die weitere Folge ist, daß entgegen den Grundregeln des BGB. dann steuerlich jemand als Erbe gilt, der nach zivilrechtlichem Grundsatze zu dem nach diesem angenommenen Zeitpunkte des Todes noch nicht als Erbe existent war (vgl. Buck-Lucas Anm. 7 § 81 RAO.).

6. Zum Nachlaß soll nach § 2 EStG. auch das Vermögen gehören, das der **Erblasser als Vorerbe** hatte. Die Nacherbfolge (über den Begriff vorstehend Anm. 3b) beruht stets auf dem Willen des Erblassers, der in gewissen Fällen vom Gesetz vermutet wird (§§ 2101, 2106, 1923, 2, 2104, 2105 BGB., von Siméon I, 2 S. 1179 fälschlich „konstruktive Nacherbfolge" genannt). Die Fälle gehen auf den gemeinsamen Gesichtspunkt zurück, daß der Nacherbe eintritt, nachdem ein anderer, der Vorerbe, eine Zeitlang die Erbschaft inne gehabt hat. Die Nacherbschaft ist zeitlich im wesentlichen begrenzt auf die Dauer von 30 Jahren nach dem Erbfall oder auf die Dauer des Lebens einer schon damals lebenden Person (§ 2109 BGB.). (Über die Beziehungen zur Ersatzerbschaft vgl. oben Anm. 3b.) *Für die Nachlaßsteuer* gilt der Grundsatz des § 80 RAO. in Verbindung mit § 2 EStG., laut dem der Vorerbe so behandelt wird wie ein wahrer Erbe auf Zeit mit gewissen Verfügungsbeschränkungen, entsprechend auch den Vorschriften des BGB. §§ 2100ff. *Für die Erbanfallsteuer* hingegen wird der Vorerbe nur als Nießbraucher angesehen (hierüber § 23 EStG. und Erläuterungen hierzu). Es entspricht aber dem Charakter der *Nachlaßsteuer* als einer reinen Vermögenssteuer, daß sie den Vorerben als zeitlichen Eigentümer behandelt. Die Vorerbschaft bildet also zusammen mit dem sonstigen Vermögen des Erblassers dessen Nachlaß.

7. Bei der Miterbschaft ist die **Forderung gegen einen Miterben** Teil des Nachlasses. Ist der Miterbe zahlungsunfähig, so ist sie schwierig zu bewerten. Die Streitfrage wird zu § 25 EStG. bei der Erbanfallsteuer eingehend zu behandeln sein. Mit Rücksicht darauf, daß die Nachlaßsteuer eine reine Vermögenssteuer ist, wird man, im Gegensatz zur Erbanfallsteuer, hier die Forderung gegen den zahlungsunfähigen Miterben, der zugleich Schuldner ist, nur mit dem Werte als zum Nachlaß gehörig ansetzen dürfen, den sie als Aktivum der Gesamtmasse wirklich hat. Der Umstand, daß der zahlungsunfähige Miterbe durch den Erbfall sein Erbteil überkommt, also bis zu einem gewissen Maße zahlungsfähig wird, ist zwar von Bedeutung in seinem Innenverhältnis zu den übrigen Erben. Für die Totalität des Nachlaßbestandes als solche sollten aber Verschiebungen innerhalb der Erbengemeinschaft außer Ansatz bleiben. Es gehört daher meines Erachtens für die Nachlaßsteuer die Forderung des Erblassers gegen den zahlungsunfähigen Miterben nicht zum steuerbaren Nachlaß (vgl. Anm. 4 zu § 25 EStG., Mirre Anm. 3 § 2).

8. Nichts mit der Nachlaßsteuer zu tun hat alles, was mit der **Erbschaftsauseinandersetzung** zusammenhängt. Für den Bestand des Vermögens zur Zeit des Erbfalles ist seine Verteilung ohne Bedeutung. Das gilt sowohl für die eigentlichen Erbauseinandersetzungsverträge zwischen Miterben (BGB. §§ 2042 ff.) wie auch für die häufig als „Erbauseinandersetzungsvertrag" bezeichnete vorzeitige Aushändigung der Erbschaft oder eines Teiles der Erbschaft von seiten des Vorerben an den Nacherben. Wenn z. B. die Witwe als Vorerbin den bei ihrem Todesfall als Nacherben eingesetzten Kindern noch zu ihren Lebzeiten Nachlaßteile aushändigt, so kann hierdurch nicht der letztwillig auf den Todesfall der Witwe festgelegte Zeitpunkt des Eintritts der Nacherbfolge vorverlegt werden. Es ist nicht etwa Nachlaßsteuer zu erheben, vielmehr fällt ein solcher Vertrag als Geschäft unter Lebenden unter die Schenkungssteuer und ist gemäß § 40 EStG. zu versteuern (§ 40 Ziff. 4 EStG., näher Anm. 19 zu § 40 über die Höhe der Steuer).

9. Der **Anfall** und der **Umfang** des steuerbaren Vermögens werden an sich ausschließlich bestimmt durch die Sätze des bürgerlichen Rechts. Nicht selten aber ist der Fall, daß zwischen mehreren Erbschaftsprätendenten ein Streit darüber ausbricht, wer von ihnen der Erbe ist, was zum Nachlaß gehört, und was jeder aus dem Nachlaß erhält. Solche Streitigkeiten werden entweder ausgetragen im Wege des Zivilprozesses durch Urteil, oder sie werden erledigt durch einen gerichtlichen oder außergerichtlichen Vergleich. Die Steuerbehörde ist an sich weder an das Urteil noch an den Vergleich unbedingt gebunden. Sie wird vor allem

nachzuprüfen haben, ob Urteil und Vergleich nicht herbeigeführt worden sind, um Rechtsänderungen nach dem Erbfall auf diesem Wege zu tätigen. Ist dies aber nicht der Fall und gehen Urteil oder Vergleich nur darauf aus, die durch den Erbfall gegebenen Rechtsverhältnisse festzustellen, so wird regelmäßig die Steuerbehörde sich an die Ergebnisse zu halten haben, welche in redlichem Bemühen durch Urteil oder Vergleich festgestellt worden sind. Auch dann, wenn die Steuerbehörde anderer Rechtsauffassung ist als die im Urteil oder im Vergleich festgelegte, wird nach der übereinstimmenden Rechtsprechung des Reichsgerichts und des Reichsfinanzhofs, falls kein Anlaß zu Zweifeln an der Redlichkeit der Festlegung vorliegt, die Steuerbehörde an das Urteil oder an den Vergleich sich halten müssen. Das gilt für die Nachlaßsteuer vor allem für die Festlegung des Umfanges des Nachlasses (vgl. RG. vom 15. 2. 1901, RGZ. 48 S. 301 vom 25 9. 1908, RGZ. 69 S 321, Reichsfinanzhof Bd. 1 S. 1 ff.).

10. Das **Nachlaßvermögen** ist im einzelnen in den nachfolgenden Paragraphen des EStG. abgegrenzt im Anschluß an die Bestimmungen des Besitzsteuergesetzes vom 3. Juli 1913.

11. Abs. 2 § 2 EStG. läßt im Anschluß an § 9 BesitzStG. das zu den **gebundenen Gütermassen** gehörige Vermögen zusammen mit dem freien Vermögen des letzten Inhabers als dessen Gesamtnachlaß gelten für den Fall, daß es den gleichen Personen anfällt. Diese Einschränkung ergibt sich aus § 16 EStG. Nachdem Art. 155 Abs. 2 der RV. vom 11. 8. 1919 die Auflösung der Fideikommisse verfügt hat, ist z. B. in Preußen durch Verordnung vom 10. 3. 1919 die Auflösung der Familiengüter verfügt und die Errichtung neuer Familiengüter sowie deren Vergrößerung untersagt worden, auch ist ein Zwangsauflösungsverfahren durch das Staatsministerium vorgesehen (PrGS. 1919 S. 39). Das Preußische Gesetz vom 23. 6. 1920 ordnet die Auflösung der durch Hausrecht gebundenen Güter (Hausvermögen) einschließlich der landesherrlichen Hausgüter bei Vermeidung der Zwangsauflösung durch das Staatsministerium bis zum 1. 4. 1923 an und gibt Übergangsvorschriften auch über die erbrechtlichen Verhältnisse des Allodvermögens (PrGS. vom 23. 6. 1920 S. 367, ferner Verordnung vom 19. 11. 1920, PrGS. S. 463). Als Familiengüter im Sinne jener Bestimmungen gelten landesherrliche Hausvermögen, Familien- Fideikommisse, Lehen und Erbstammgüter (§ 1 Abs. 5 Verordnung vom 10. 3. 1919). In Übereinstimmung mit § 80 RAO. gilt der Inhaber des gebundenen Gutes als Eigentümer und gehört dieses zu dem der Nachlaßsteuer unterliegenden steuerbaren Nachlaß (vgl. auch zu § 2, 2 EStG. Reichsfinanzhof vom 5. 11. 1919 A 119/19 I S. 258).

§ 3.

Als Vermögen im Sinne des § 2 gelten:

1. Grundstücke, einschließlich des Zubehörs (Grundvermögen);
2. das dem Betriebe der Land- oder Forstwirtschaft, des Bergbaues oder eines Gewerbes dienende Vermögen (Betriebsvermögen);
3. das gesamte sonstige Vermögen, das nicht Grund- oder Betriebsvermögen ist (Kapitalvermögen).

1. Die **Einteilung** des Vermögens in Grundvermögen, Betriebsvermögen und Kapitalvermögen ist übernommen aus dem Besitzsteuergesetz vom 3. 7. 1913 § 2. Betriebsvermögen und Kapitalvermögen sind in den §§ 5 und 6 ESt G. im einzelnen umschrieben, nur über das Grundvermogen verhält sich ausschließlich § 3 Ziff. 1 ergänzt durch § 4. Den Inhalt des § 3 kann man im Zusammenhang mit § 7 EStG. dahin zusammenfassen, daß nachlaßsteuerpflichtig das besitzsteuerpflichtige Vermögen ist. Damit ist innerhalb der zu § 2 EStG. näher erläuterten rechtlichen Kategorie des Vermögens weniger ein Ausschnitt gemacht — einen solchen bringt nur die Ausnahme des § 7 EStG. mit sich —, als ein Einteilungsprinzip für das steuerbare Vermögen gegeben. Über die örtliche Steuerpflichtigkeit des Vermögens vgl. § 14 EStG.

2. **Zu Ziffer 1: Grundstücke** im rechtlichen Sinne umfassen einen Flächenabschnitt der Erdoberfläche. Zu ihm gehören seine wesentlichen Bestandteile, d. h. nach § 93 BGB. solche Bestandteile, die nicht voneinander getrennt werden können, ohne daß der eine oder der andere der Bestandteile (nicht etwa das Ganze) in seinem Wesen verändert wird. Als solche führt das BGB. in § 94 auf die mit dem Grund und Boden fest verbundenen Sachen insbesondere Gebäude, sowie die Erzeugnisse des Grundstücks, solange sie mit dem Grundstücke zusammenhängen, Samen mit dem Einsäen, Pflanzen mit dem Einpflanzen. Zu den wesentlichen Bestandteilen des Grundstücks gehören ferner die Gebäude und die sämtlichen zur Herstellung des Gebäudes eingefügten Sachen. Ferner zählen hierhin die mit dem Eigentum an einem Grundstück verbundenen Rechte, wie z. B. Grunddienstbarkeiten des Grundstücks und subjektiv dingliche Reallasten §§ 96, 1018, 1110 BGB.), ferner nach Landesrecht Apothekerprivilegien, Forst- und Weiderechte usw. Die wesentlichen Bestandteile des Grundstücks zeichnen sich vor den unwesentlichen Bestandteilen dadurch aus, daß sie nach § 93 BGB. nicht Gegenstand besonderer Rechte sein können. Als Zubehör sind

nach § 97 BGB. anzusehen bewegliche Sachen, die, ohne Bestandteil der Hauptsache zu sein, dem wirtschaftlichen Zwecke der Hauptsache zu dienen bestimmt sind und zu ihr in einem entsprechenden räumlichen Verhältnis stehen, ohne daß eine abweichende Auffassung des Verkehrs über die Zubehöreigenschaft besteht. Weder die vorübergehende Benutzung dieser Sache für den wirtschaftlichen Zweck einer anderen, noch vorübergehende Trennung von der Hauptsache hebt die Zubehöreigenschaft auf. § 98 BGB. enthält gewisse Vermutungen für Zubehöreigenschaft von dort aufgezählten Sachen, insbesondere für Betriebsmaschinen und Gerätschaften bei Fabriken und Mühlen, für Betriebsgeräte und Vieh bei Landgütern, jedoch gelten deise Vermutungen nur unter dem Vorbehalt, daß jene Sachen nicht wesentliche Bestandteile sind. Wann dies der Fall ist, dafür erklärt das Reichsgericht nach früheren Schwankungen nunmehr als entscheidend, ob nach der Verkehrsauffassung nur eine Sache in Gestalt des für den betreffenden gewerblichen Betrieb dauernd eingerichteten Komplexes vorliegt und die Sache und der restliche Komplex ohne sie voneinander nicht getrennt werden können, ohne daß sie oder der restliche Komplex in ihrem Wesen zerstört oder verändert werden. Maschinen insbesondere können danach sowohl Zubehör sein entsprechend der Vermutung des § 98 BGB. als auch Bestandteile und zwar sowohl unwesentliche wie auch wesentliche Bestandteile. Zunächst ist also stets festzustellen, ob eine Sache Bestandteil oder Zubehör einer anderen ist, je nachdem die beiden Sachen zusammen nach der Verkehrsanschauung als eine Sache gelten oder nicht, und erst wenn dies bejaht wird, ist zu prüfen, ob ihr Zusammenhang ein so enger ist, daß durch ihre Trennung voneinander eine von beiden in ihrem Wesen verändert wird. Wenngleich § 3 Ziff. 1 EStG. sowohl die Bestandteile als auch das Zubehör zu dem Grundstücke zählt, so ist jene Einteilung doch von Bedeutung zur Abgrenzung des Nachlaßkomplexes. Da wesentliche Bestandteile nach § 93 BGB. nicht Gegenstand besonderer Rechte sein können so ist z. B. bei vom Erblasser unter Eigentumsvorbehalt gekauften Maschinen von Bedeutung, ob sie wesentliche Bestandteile eines Grundstückes des Erblassers sind oder nicht, da sie letzteren Falles, auch wenn sie unter Eigentumsvorbehalt erworben sind, zum Nachlaß gehören und nur die Forderung des Verkäufers auf Rückgewähr auf der Passivseite erscheint.

Es ist noch zu erwähnen, daß solche Sachen nicht zu den Bestandteilen des Grundstücks gehören, die nur zu einem vorübergehenden Zwecke mit ihm verbunden oder in ein Gebäude eingefügt sind, insbesondere gilt dies von einem Gebäude oder anderem Werke, das in Ausübung eines Rechts an einem fremden Grundstück, z. B. vom Nießbraucher, Mieter oder Pächter mit dem Grundstück verbunden worden ist (vgl. zum vorstehenden RG. in RGZ. 67 S. 32, JW. 1911 S. 574 Nr. 4, überholt RGZ. 63 S. 173).

3. **Zu Ziffern 2 und 3:** Bezüglich des Betriebsvermögens vgl. die Erläuterungen zu § 5 ESt G., bezüglich des Kapitalvermögens vgl. die Erläuterungen zu § 6 EStG., über die Bewertung des Grundvermögens vgl. § 47 EStG. und Erläuterungen.

§ 4.

Den Grundstücken (§ 3 Nr. 1) stehen gleich Berechtigungen, auf welche die Vorschriften des bürgerlichen Rechtes über Grundstücke Anwendung finden.

1. Als Grundstücke gelten für die Nachlaßsteuer auch die selbständigen Rechte, welche im bürgerlichen Rechte gleich Grundstücken behandelt werden. Hier kommen in Frage das Erbbaurecht (BGB. §§ 1012ff. und Verordnung vom 22. 7. 1915), vor allem die nach § 63 EG. z. BGB. und kraft landesgesetzlicher Vorschrift als grundstücksgleiche Rechte anzusehenden Erbpachtrechte, Büdnerrechte, Häuslerrechte, ferner Rechte, welche die Belastung eines Grundstücks mit dem vererblichen und veräußerlichen Recht zur Gewinnung eines den bergrechtlichen Vorschriften nicht unterliegenden Minerals gestatten (Art. 68 EG. z. BGB.), das Bergwerkseigentum (Art. 67 EG. z. BGB. § 50 PrAllgBergG.), ferner Schiffsmühlengerechtigkeiten, Fischereigerechtigkeiten und Fährgerechtigkeiten (Art. 65 EG. z. BGB.), Apothekerprivilegien, Abdeckereiprivilegien. Da das EG. z. BGB. auf die Landesgesetze verweist, so ist hervorzuheben, daß nach Art. 40 PrAG. z. BGB. regelmäßig die Vorschriften über das Eigentum bei jenen Arten von Rechten (abgesehen von den Kohlenabbaugerechtigkeiten) nur Anwendung finden, wenn die Gerechtigkeit ein Grundbuchblatt erhalten hat; andernfalls gehören sie nicht zum Grundvermögen. Auch in Zukunft wird noch die Anlegung neuer Grundbuchblätter für selbständige Gerechtigkeiten statthaft sein (RGZ. 74 S. 318. Es ist zu verweisen auf PrALR. II 8 §§ 462, 463 II 15, 229–232, §§ 51, 73ff. Auch auf das Pr. Edikt vom 2. 11. 1810 und die PrGewO. von 1845 und 1869). Sind die Gerechtigkeiten nicht eingetragen, so zählen sie in Preußen zum Kapitalvermögen, soweit sie nicht einem Betriebe angehören (zum preußischen Recht vgl. Stranz-Gerhard PrAG. zu Art. 40).

2. Für die Zugehörigkeit des Rechts zum Grundvermögen werden danach örtlich diejenigen Rechtsvorschriften maßgebend sein, welche für den Bestand des Rechts als solchen entscheidend sind: beim Erbbaurecht das BGB., sonst dasjenige deutsche Landesrecht, welches für

den Bestand des Rechtes als solchen gilt, soweit das EG. z. BGB. dem Landesrecht Raum läßt. Ausländische Rechte sind, sofern für sie, wie zu erwarten, das Recht des Auslandes maßgebend ist, niemals als solche zu bezeichnen, auf die „die Vorschriften des bürgerlichen Rechts über Grundstücke Anwendung finden". Das EG. wird nach allgemeinem Grundsatze nicht dahin zu verstehen sein, daß der ausländische Gesetzgeber die Befugnis haben soll, auch nur steuerlich ausländische Rechte deutschem Grundvermögen gleichzustellen (anderer Meinung: Mirre Anm. 2 § 4).

§ 5.

Zum Betriebsvermögen (§ 3 Nr. 2) gehören alle dem Unternehmen gewidmeten Gegenstände.

Als Betriebsvermögen gelten auch aus dem Betriebe herrührende und andere Vorräte, die zur Weiterveräußerung bestimmt sind.

1. Der Betrieb muß zur Zeit des Erbfalles bestehen. Inländisches Betriebsvermögen ist nach § 14 EStG. ausnahmslos nachlaßsteuerpflichtig (vgl. näher Erläuterungen zu § 14 EStG.).

2. **Zum Betriebsvermögen gehören** alle dem Unternehmen gewidmeten „Gegenstände", also nach § 90 BGB. sowohl Sachen als Rechte. Die planmäßige Dauer der Zugehörigkeit zum Betriebe ist nicht entscheidend. Notwendig ist aber, daß sie dem Unternehmen tatsächlich gewidmet sind, die bloße Aufführung in den Büchern und in der Bilanz ist nicht entscheidend. Sie bietet einen wichtigen Fingerzeig. Durch die bloße Buchung werden aber andererseits Vermögensgegenstände nicht betriebszugehörig, wie auch umgekehrt die Fortlassung von solchen Gegenständen in den Büchern die zum Betriebsvermögen tatsächlich gehörenden Gegenstände nicht dieser Zugehörigkeit entkleidet.

Die Geschäftsschulden sind die Passiven, welche dem Betriebsvermögen gegenüberstehen. Zum Betriebsvermögen können (Art. 10 III AusfAnw. zum. PrErgStG.) insbesondere gehören:

a) die dem Betriebe dienenden Grundstücke, Gebäude, baulichen Anlagen, Wasserkräfte, Maschinen, Gerätschaften, Werkzeuge, Tiere und Futtervorräte, Vorräte an Erzeugnissen des Betriebes, fertigen Waren, Roh- und Hilfsstoffen einschließlich der in der Bearbeitung, auf dem Transport, auf Niederlagen oder auswärtigen Lägern befindlichen;

b) die Vorräte an Geld, Gold und Silber, Papiergeld, Banknoten, Wechseln, Schuldscheinen und sonstigen Wertpapieren, die aus dem Betriebe herrührenden Außenstände, einschließlich der laufenden Guthaben;

c) Gewerbeberechtigungen, Rechte auf Gebrauch oder Nutzung fremder Grundstücke, Wege, Kanäle, Privatflüsse, Seen u. dgl. sonstige selbständige Rechte (Art. 10 III Abs. 2 der AusfAnw. z. PrErgStG.).

3. Bei der **Abgrenzung des Betriebsvermögens** ist von besonderer Bedeutung § 137 Abs. 2 RAO., welcher lautet:

„Was als wirtschaftliche Einheit zu gelten hat, ist nach den Anschauungen des Verkehrs zu entscheiden; die örtliche Gewohnheit, die tatsächliche Übung sowie die Zweckbestimmung und wirtschaftliche Zusammengehörigkeit oder Abhängigkeit der einzelnen Gegenstände sind zu berücksichtigen."

Nach ihrem Zusammenhange enthält die Vorschrift in erster Linie einen Bewertungsgrundsatz und wird als solcher nochmals bei der Behandlung der Bewertungsvorschrift des § 47 EStG. erörtert werden. Die Vorschrift enthält aber neben dieser Bedeutung zugleich einen Grundsatz für die Abgrenzung des Betriebsvermögens. Die in ihr aufgezählten Faktoren sind in Unterstützung der Anschauungen des Verkehrs für die Abgrenzung des Betriebsvermögens als Vermögenskomplex von maßgebender Bedeutung. Sie sind bestimmend dafür, ob Gegenstände überhaupt als „dem Unternehmen gewidmet" im Sinne des § 5 EStG. anzusehen sind. Insoweit enthält § 137 Abs. 2 RAO. nur den Niederschlag der Anschauungen, welche auch bisher in der Steuerpraxis als maßgebend erachtet worden sind.

Es ist in letzter Zeit in den großstädtischen Verhältnissen üblich geworden, infolge des Raummangels mehrere Betriebe räumlich auf einem Grundstück unterzubringen. Das ist entweder so geschehen, daß jeder Betrieb auf dem Grundstück räumlich eine abgegrenzte Betriebsstätte hat, z. B. ein eigenes Stockwerk, oder daß die Betriebsstätten der einzelnen Betriebe ganz oder teilweise zusammengelegt werden, z. B. Trennung der Werkstatt aber gemeinsames Büro; dann werden auch wieder mehrere Betriebsstätten zu einem Betriebe vereinigt, — das Wort Betriebsstätte hier verstanden nicht im steuerlichen Sinne, sondern im Sinne des Handelsregisters, für welches als Betriebsstätte z. B. ein Saal für mehrere Werkstätten genügt, wenn in ihnen eine abgeschlossene Produktion in Tätigkeit ist. Subjektiv zergliedern sich solche räumlich zusammenhängenden Betriebe wiederum häufig dadurch, daß einer von ihnen z. B. den Erblasser als alleinigen Inhaber hat, daß ein anderer zum Betriebsvermögen einer offenen Handelsgesellschaft gehört, deren Teilhaber der Erblasser ist, und ein dritter auf demselben Grundstück befindlicher Betrieb einer Gesellschaft mit beschränkter Haftung zugehört, bei der der Erblasser Geschäftsführer oder nur Gesellschafter oder beides ist. Die Erbschaftssteuer darf hier nicht mit einer gewissen Großzügigkeit wegen des räumlichen und wirtschaftlichen Zusammenhanges einheitlich erhoben werden, vielmehr ist in jedem einzelnen Falle sorgfältig zu prüfen, welcher der in Frage kommenden natürlichen und juristischen Person der einzelne Betrieb zugehört und inwieweit der Erblasser daran beteiligt ist, wo also bei dem erwähnten Beispiel das Betriebsvermögen des Erblassers aufhört und das der offenen Handelsgesellschaft oder der Gesellschaft mit beschränkter Haftung anfängt. Es kommt nicht selten vor, daß die Betriebe so in ihrer räumlichen Anordnung schwer voneinander zu trennen sind und sich mit Mühe nur feststellen läßt, ob mehrere Betriebsstätten eines Steuerpflichtigen oder ein gemeinsames Betriebsvermögen mehrerer Steuerpflichtiger vorliegt. Die in § 137 Abs. 2 RAO. angeführten Kriterien werden auch hier zu beachten sein.

4. Einer besonderen Erörterung bedarf die Zugehörigkeit der sog. **ökonomischen Potenzen,** auch **immaterielle Werte** genannt, zum Betriebsvermögen. Die ökonomischen Potenzen sind Vermögensgüter im wirtschaftlichen Sinne, welche im rechtlichen Sinne nicht zum Vermögen gehören, weil sie sich nicht zu Rechten verdichtet haben. Hierher gehören z. B. die Kundschaft eines Geschäfts, die Beziehungen für eine Anstellung, die Neuanlegung einer Straße für ein Grundstück, der Ruf eines Geschäfts, eine Fabrikationsmethode, Geschäftsgeheimnisse, Bezugs- und Absatzquellen einer Fabrik, die Organisation als Gliederung der Betriebstätigkeit. Der Stamm an Abnehmern eines Geschäfts wird vom Kaufmann als Teil des Geschäfts angesehen, weil die sichere Absatzmöglichkeit der Güter, welche ein fester Abnehmerstamm gewährleistet, das Geschäft erst zu einer ertragsreichen Produktionsquelle macht. Entsprechendes gilt für die Zahl der Lieferanten in Zeiten der Warenknappheit, wie umgekehrt für den festen Stamm der Abnehmer. Ein alteingeführtes Geschäft mit Kredit und Kundschaft ist nicht das gleiche wie ein neues Geschäft. Es gibt Herstellungsmethoden für Waren, welche, ohne mit Patentrecht ausgestattet zu sein, im Wege einer geschickten Arbeitsverteilung und Materialverwendung einen wesentlichen Teil der Fabrik als eines laufenden Betriebes bilden. Die Schwierigkeit bei der Feststellung, ob solche ökonomischen Potenzen zum steuerlichen Betriebsvermögen im Sinne der Nachlaßsteuer zu zählen sind, liegt darin, daß der wirtschaftliche und der rechtliche Vermögensbegriff hier auseinanderfallen und solche Potenzen zwar stets zum wirtschaftlichen Vermögensbegriff aber nicht immer zum rechtlichen Vermögensbegriff gehören, wie solcher für das EStG. entscheidend ist (vgl. hierüber Anm. 1 zu § 2). Es kommt hinzu,

das manche ökonomischen Potenzen, ohne Rechte zu sein, gleichwohl vom bürgerlichen Recht als bedeutungsvoll beachtet werden, wie z. B. beim Schadensersatz für entgangenen Gewinn (§252 BGB. auch §§ 842, 843 BGB.). Nur die Firma hat das Gesetz (§ 37 HGB. auch § 23 HGB.) für ein einen Vermögensteil bildendes Recht erklärt.

Für die Bedeutung solcher ökonomischen Potenzen entscheidend ist nur, ob sie bloß als Bewertungsmomente des Vermögens einen mittelbaren Einfluß bei der Bewertung anderer Vermögensrechte haben, oder ob sie Bestandteile des Betriebsvermögens als solche sind. Das PrOVG. hat sich regelmäßig gegen die Aufnahme „rein persönlicher Immaterialrechte als eigener Vermögensteile" im Steuerrecht ausgesprochen (OVG. 26. 2. 1916 EStG. IVa 2 und OVGSt. Bd. 6 S. 38, auch neuerlich OVG. vom 29. 1. 1919 $\frac{\text{B 13 c 9}}{\text{K 13 c 25}}$). Demgegenüber hat das SächsOVG. (vom 25. 11. 1915: Mitteilungen des Reichsschatzamtes 1916 S. 95) und die Verwaltungspraxis (Rundschr. des Reichsschatzamtes vom 5. 2. 1914, Amtl. Mitteil. 1914 S. 57, auch die nicht soweit gehenden Entscheidungen des SächsOVG. Bd. 5 S. 361ff., 7 S. 362ff., 14 S. 95ff.) die Auffassung vertreten, daß solche ökonomischen Potenzen dann eigene Bestandteile des Betriebsvermögens sind, wenn sie gegen Entgelt erworben sind. Das entspricht den Grundsätzen des Bilanzrechts, nach denen solche ökonomischen Potenzen bei entgeltlichem Erwerb unter die Aktiva als Eigentumsposten einzusetzen sind, weil alsdann ihre Umsetzbarkeit einwandfrei festzustellen ist (Rehm S. 362 S. 12, 14ff.; dazu die buchtechnischen Gründe von Simon S. 167ff.; Reisch und Kreibig I § 278, RG. in JW. 1901 S. 653 Nr. 12). Der Reichsfinanzhof stellt sich (I A 108 vom 27. 11. 1919) folgendermaßen: „Ideele Werte wie die Kundschaft sind regelmäßig nur werterhöhende Eigenschaften, die den Wert des Geschäfts mehren und das steuerbare Betriebsvermögen erhöhen. Sie können ausnahmsweise aus besonderen Gründen auch als selbständige Vermögensgegenstände einzusetzen sein, z. B. wenn die Kundschaft gegen Entgelt erworben und mit dem Betrage des Entgelts in die Bilanz eingestellt ist. Hier sind sie selbst steuerbares Vermögen." Es wird sich zeigen, ob die amtlichen Grundsäze für die Wertermittlung zum Reichsnotopfer vom 11. 9. 1920 Nr. 4 ausführbar sind, sofern sie weitergehend annehmen: „Bei der Veranschlagung des gesamten Vermögens sind auch die sog. immateriellen Werte zu berücksichtigen, gleichviel ob die Werte vom Steuerpflichtigen entgeltlich erworben wurden oder nicht." Sind solche Werte ohne Entgelt erworben, so sind sie nicht buchungsfähig für den Kaufmann (Rehm-Simon a. a. O.). Sie sind alsdann auch nicht bilanzfähig, weil es kaufmännischen Bilanzgrundsätzen widerspricht, ein Aktivum aufzunehmen, dessen Wert nicht als solcher sondern nur in seiner werterhöhenden Einwirkung auf andere Aktivposten zum Ausdruck kommt. Bei selbständiger Ansetzung als Aktivposten wäre die Gegenbuchung eines Ausgleichspostens auf der Passivseite erforderlich, um nicht zu imaginären Gewinnen zu gelangen. Wie die Steuerbehörde die hiernach nicht buchungs- und bilanzfähigen ökonomischen Potenzen, die sich im Nachlaßvermögen finden, bewerten soll, wenn sie nach kaufmännischen Grundsätzen eigene Bilanzposten nicht darstellen, wird schwer zu entscheiden sein. Es muß daher, um eine sichere Steuererhebung zu gewährleisten, die Grenze der Bilanzierungsmöglichkeit eingehalten werden, und es ist in Übereinstimmung mit der angeführten Rechtsprechung und Wissenschaft, insbesondere dem Reichsfinanzhof, an der vorgenannten Abgrenzung der Besteuerung festzuhalten. Praktisch wird bei der Veranlagung am besten so zu verfahren sein, daß man feststellt, ob derartige Momente in der Bilanz des Erblassers erscheinen, oder ob der Erblasser eine solche ökonomische Potenz, die er hätte bilanzieren sollen oder können, zu bilanzieren unterlassen hat. Diesenfalls liegt ein selbständiger Teil des Betriebsvermögens vor. Anderenfalls handelt es sich nur um unselbständige Bewertungsmomente (zum Vorstehenden vgl. Schachian, Die Besteuerung des Vermögenszuwachses S. 20ff., 63ff.: Strutz § 3 Anm. 3 C, b).

5. Zur **Einteilung des Gewerbebetriebes** laut § 3 Ziff. 2 ESt.G.:

a) Land- und Forstwirtschaft. Die landwirtschaftlichen Nebenbetriebe und die forstwirtschaftlichen Nebenbetriebe gehören hierher, z. B. Brennereien, Brauereien, Stärkefabriken, Sand-, Lehm-, Tongruben für die Landwirtschaft, Brettschneidemühlen für die Forstwirtschaft (PrOVG. Bd. 5 S. 181 Bd. 3 S. 336, ferner Art. 12 AG. z. PrEinkStG.). Der Unterschied der Landwirtschaft von der Gärtnerei liegt darin, daß sich erstere mit dem Anbau von Getreide und Viehfutter, letztere mit dem von Gemüse, Blumen, Obst, Wein usw. befaßt (Mrozek BesitzStG. § 2. Anm. 8).

b) Bergbau. Maßgebend ist für Preußen das AllgBergG. vom 24. 6. 1865, aufrecht erhalten durch Art. 67 EG. z. BGB.; über die übrigen deutschen Gesetze vgl. Neumann Anm. 3 Art. 67 EG. z. BGB.).

c) Gewerbe. Der Begriff ist im Sinne der Rechtsprechung des PrOVG. zu fassen als die in der Absicht der Gewinnerzielung unternommene selbständige berufsmäßige und erlaubte Tätigkeit, welche sich als Beteiligung am allgemeinen wirtschaftlichen Verkehr darstellt. Der Beruf braucht nicht der Hauptberuf zu sein, aber er muß in persönlicher Unabhängigkeit ausgeübt werden. Die sog. freien Berufe künstlerischer und wissenschaftlicher Art, insbesondere der Beruf des Rechtsanwalts und Arztes gehören nicht zu den Gewerben (OVG. St. Bd. 7 S. 420, Bd. 3 S. 320, 351, 243 und Mrozek Anm. 11).

6. Abs. 2 § 5 EStG. bezieht in das Betriebsvermögen **Vorräte** ein, die bei jemandem sich finden, der keinen Betrieb mehr hat oder auch früher einen solchen nicht gehalten hat, sofern nur die Vorräte zum Weiterverkauf bestimmt sind.

7. Vermögensteile, welche an sich dem Grundvermögen oder dem Kapitalvermögen zugehören, sind dem Betriebsvermögen zuzuzählen, sobald sie dem Unternehmen gewidmet sind (vgl. Anm. 4 § 47 EStG.). Über die örtliche Abgrenzung des Betriebsvermögens vgl. Erläuterungen zu § 14.

8. Die **Bewertung des Betriebsvermögens** vollzieht sich von der Grundlage des § 137 Abs. 1 RAO. aus, nach dem, soweit nichts anderes vorgeschrieben ist, der gemeine Wert zugrunde zu legen ist. Es ist für die Bewertung als Betriebseinheit maßgebend der in Anm. 3 angeführte § 137 Abs. 2 RAO. und ferner die §§ 138, 139, 140 RAO.:

§ 138. Der gemeine Wert wird durch den Preis bestimmt, der im gewöhnlichen Geschäftsverkehre nach der Beschaffenheit des Gegenstandes unter Berücksichtigung aller den Preis beeinflussenden Umstände bei einer Veräußerung zu erzielen wäre; ungewöhnliche oder lediglich persönliche Verhältnisse sind nicht zu berücksichtigen.

Als lediglich persönliche Verhältnisse sind auch Verfügungsbeschränkungen anzusehen, denen der Steuerpflichtige aus Gründen, die in seiner Person oder der Person seiner Rechtsvorgänger liegen, unterworfen ist. Dies gilt insbesondere für Verfügungsbeschränkungen, die auf letztwilligen Anordnungen beruhen.

Vor Feststellung des gemeinen Wertes ist bei ausländischen Unternehmungen sowie bei gewerblichen und landwirtschaftlichen Neuanlagen auf Antrag des Pflichtigen die für ihn zuständige amtliche Vertretung gutachtlich zu hören.

§ 139. Bei der Bewertung von Vermögen, das einem Unternehmen gewidmet ist, wird in der Regel von der Voraussetzung ausgegangen, daß das Unternehmen bei der Veräußerung nicht aufgelöst, sondern weitergeführt wird.

Für die Bewertung der dauernd dem Betriebe gewidmeten Gegenstände ist der Anschaffungs- oder Herstellungspreis abzüglich angemessener Abnutzung maßgebend unter Zulassung des Ansatzes eines niedrigeren Wertes, wenn er dem wirklichen Wert zur Zeit der Bilanzaufstellung entspricht.

§ 140. Steht ein Gegenstand mehreren zu, so ist in der Regel der Wert im ganzen zu ermitteln und jedem Beteiligten nach Verhältnis seines Anteils zuzurechnen.

Zu diesen Bestimmungen ist für das Erbschaftssteuergesetz hervorzuheben, daß bei dem Betriebsvermögen des Erblassers grundsätzlich davon auszugehen ist, daß der Betrieb fortgesetzt wird. In sehr zahlreichen Fällen unterliegt es von vornherein keinem Zweifel, daß das Unternehmen von den Erben nicht fortgeführt werden wird. Das wird aber nicht hindern von § 139 Abs. 1 RAO. auszugehen. Es sind in ihm zu beachten die Worte „bei der Veräußerung" nicht aufgelöst wird. Bei der Feststellung des gemeinen Wertes des dem Unternehmen des Erblassers gewidmeten Vermögens ist an sich der reguläre Veräußerungswert festzustellen und nur für dessen Ermittlung ist anzunehmen, daß die dem Unternehmen gewidmeten Gegenstände weiterhin in einem fortarbeitenden Unternehmen verbleiben. Daran wird man auch für die Nachlaßsteuer festhalten können. Selbst wenn die Erben das Unternehmen nicht fortführen, muß grundsätzlich davon ausgegangen werden, daß sie alsdann das Unternehmen als Ganzes oder ihre Beteiligung daran veräußern in der Annahme seiner Fortführung, nicht aber die einzelnen Bestandteile des Betriebsvermögens in ihrem durch die Loslösung aus dem Betriebe verminderten Werte abgeben. Doch wird hier dem steuerpflichtigen Erben der Gegenbeweis jeder Zeit offenzuhalten sein.

Es ist ferner darauf hinzuweisen, daß, wie ausdrücklich bei der Beratung der RAO. zur Sprache kam, die durch den Krieg geschaffenen Verhältnisse als „ungewöhnliche Verhältnisse" im Sinne des § 138 Abs. 2 RAO. anzusehen sind (Buck-Lucas Anm. 2). Es ist also zwar bei der Bewertung des Nachlasses nicht von Friedenspreisen auszugehen, denn diese werden auf lange Zeit hinaus nicht mehr die gewöhnlichen sein, sondern von Preisen, die unter Berücksichtigung der Geldentwertung als normal erscheinen, während ungewöhnliche Warenkonjunkturverhältnisse außer Ansatz zu bleiben haben.

Die **Abschreibungsfrage** ist auch bei der Veranlagung zur Nachlaßsteuer insofern von Bedeutung, als häufig der Steuerbehörde nichts vorliegen wird als die nach kaufmännischen Grundsätzen aufgestellten handelsrechtlichen Inventuren und Bilanzen und von diesen aus der steuerliche Gewinn ermittelt werden muß. Hier greift die letzthin auch vom Reichsfinanzhof erörterte Frage der Abschreibung auf die einzelnen Betriebsgegenstände, der Abschreibung auf den ganzen Betrieb, und nach ihrem Verhältnis zueiander ein. Die Nachlaßsteuer wird bei dem Zeitpunkt des Todes des Erblassers erhoben. Eine besondere Berücksichtigung solcher Abschreibungen wird daher nicht zuzulassen sein, welche dadurch erforderlich werden, daß infolge des Ausscheidens des Verstorbenen aus dem Betriebe eine Umstellung desselben notwendig wird. „Umstellungskonten", welche die Erben deshalb einsetzen, sei es auf das Betriebsvermögen als Ganzes, sei es bei einzelnen Betriebsteilen, weil eine Veränderung des Betriebes infolge Ausscheidens des Erblassers notwendig wird, werden daher grundsätzlich nicht anerkannt werden können (§ 45 Ziff. 1 EStG. und Erläuterungen). Wohl aber wird man aus der Entwicklung, welche der Betrieb nach dem Tode des Erblassers genommen hat, einen Schluß dahin ziehen dürfen, inwieweit die für den Erbfall angenommene Bewertung als eine dauernde anzusprechen ist. Hierbei dürfen dann aber die Veränderungen nicht berücksichtigt werden, die durch das Ausscheiden des Erblassers hervorgerufen sind, denn sie haben auf die Bewertung, welche nach § 45 Ziff. 1 EStG. auf den Zeitpunkt seines Todes abzustellen ist, keinen Einfluß. Die Entwicklung der späteren Zeit wird daher höchstens berücksichtigt werden können, wenn in ihr Momente hervortreten, welche für die Bewertung von Bedeutung sind und schon vor dem Tode des Erblassers bestanden haben (vgl. Urt. RFH. vom 13. 1. 1920 I a 45/19, vom 10. 2. 1920 I a 143/19; Lion, Vermögensbilanz, Zeitgem. Steuerfragen 1920 S. 71; Rosendorf, Zeitgem. Steuerfragen S. 69; Hausmann, Bewertungs- und Abschreibungsgrundsätze, Deutsche Industrie S. 64. Für die frühere Rechtsprechung: Schachian, Die Besteuerung des Vermögenszuwachses S. 79 ff. und dort angeführte Rechtsprechung; Fürnrohr, Bilanz, Bewertung und Steuerpflicht S. 55; insbesondere PrOVG. vom 18. 12. 1913 Bd. 66 S. 207, vom 21. 10. 1917 VII C 30/17 JW. 18 S. 461.

§ 6.

Als Kapitalvermögen (§ 3 Nr. 3) kommen insbesondere, soweit die einzelnen Vermögensgegenstände nicht unter § 3 Nr. 1, § 4 oder unter § 3 Nr. 2, § 5 fallen, in Betracht:

1. **selbständige Rechte und Gerechtigkeiten;**
2. **verzinsliche und unverzinsliche Kapitalforderungen jeder Art;**
3. **Aktien oder Anteilscheine, Kuxe, Geschäftsguthaben bei Genossenschaften, Geschäftsanteile und andere Gesellschaftseinlagen;**

4. bares Geld deutscher Währung, fremde Geldsorten, Banknoten und Kassenscheine sowie Gold und Silber in Barren;

5. der Kapitalwert vererblicher Rechte auf Renten und andere wiederkehrende Nutzungen und Leistungen, die dem Erblasser entweder vertragsmäßig als Gegenleistung für die Hingabe von Vermögenswerten oder aus letztwilligen Verfügungen, Schenkungen oder Familienstiftungen oder vermöge hausgesetzlicher Bestimmungen zustanden;

6. noch nicht fällige Ansprüche aus Lebens- und Kapitalversicherungen oder Rentenversicherungen, aus denen der Berechtigte noch nicht in den Rentenbezug eingetreten war. Als Kapitalversicherung gilt jede Versicherung, auf Grund deren dem Versicherten unter allen Umständen eine Kapitalauszahlung gewährleistet ist.

1. Die Definition des **Kapitalvermögens** schließt sich eng an § 6 BesitzStG. Sie ist negativ, indem sie die Vermögensgegenstände zum Kapitalvermögen zählt, die nicht unter das Grund- oder Betriebsvermögen fallen. Die Aufzählung in Ziff. 1–6 ist, wie das Wort „insbesondere" zeigt, nicht ausschließend. Sie enthält nur Beispiele, ist aber in dieser Aufzählung praktisch ziemlich erschöpfend und im wesentlichen vollständig (vgl. Strutz a. a. O. Anm. III 3 zu § 3; Zimmermann, Besitzsteuergesetz Anm. 1; Hoffmann, Wehrbeitragsgesetz Anm. 3 § 5; anderer Meinung: Mrozek Anm. 3 § 6 a. a. O.; Glaser in Steuer-Archiv 1918 Nr. 2, 3.

2. **Zu Ziff. 1.** Hierher zählen als **geldwerte Rechte**, die wenigstens der Ausübung nach übertragen werden können, Schuldverhältnisse, Immaterialgüterrechte z. B. Patentrechte. Der Nießbrauch (§ 1061 BGB.) erlischt mit dem Tode des Berechtigten, desgleichen die auf familienrechtlicher Grundlage beruhende Nutznießung. Beide bilden daher nicht Objekte der Nachlaßsteuer (sie sind nur, falls in der Person des Erben existent, von Bedeutung für die Erbanfallsteuer: vgl. Anm. 4 zu § 25 Abs. 2 EStG.).

3. **Zu Ziff. 2.** Zu den **Kapitalforderungen** sind demnach u. a. zu zählen die verzinslichen und unverzinslichen Forderungen auf Geld, zu denen auch die Grundschulden zu rechnen sein werden, desgleichen die Bezugsrechte und Gewinnansprüche, die aus Gesellschaftsverhältnissen entspringen, sobald sie über gesellschaftliche Ansprüche hinaus sich zu selbständigen Forderungen entwickelt haben, wie z. B. der An-

spruch auf die fällige Dividende nach der Generalversammlung der Aktiengesellschaft. Die rückständigen Zinsen sind zu berücksichtigen, nicht aber die laufenden Zinsen (Mrozek Anm. 7 § 6, anders für die Erbanfallsteuer vgl. zu § 25). Als Kapitalforderungen sind noch anzusehen Forderungen aus öffentlichen Anleihen, staatlichen und kommunalen, Pfandbriefe, Hypothekenforderungen, Industrieobligationen, Wechsel usw.

4. **Zu Ziff. 3.** Den **Aktien** werden die Interimsscheine gleichzustellen sein, die den Aktionären vor Ausgabe der Aktien ausgestellt werden (§ 179 HGB.). Desgleichen Reichsbankanteilscheine nach § 23 des Bankgesetzes vom 14. 3. 1875. Die **Kuxe**, d. h. die Beteiligung an einem Bergwerk, haben jedoch eine verschiedene Bedeutung, je nachdem es „ältere" oder „neuere" Kuxe sind. Der "ältere" Kux bedeutet einen ideellen Anteil am Bergwerkseigentum, er zählt also zum Grundvermögen. Der „neuere" Kux gehört dagegen zum beweglichen Vermögen, denn er stellt einen ideellen Anteil am Gewerkschaftsvermögen dar, und lautet auf einen Bruchteil von diesem (§ 101 Abs. 3 PrAllgBergG. vom 24. 6. 1865, PR. AG. BGB. Art. 37 Ziff. 5, 13). Es gehören daher nur die jüngeren, nicht aber die Kuxe älteren Rechts zum Kapitalvermögen (vgl. Klostermann-Fürst zu § 31 BergG.; anderer Meinung: Mrozek Anm. 9 § 6 wegen des Wortlauts und Art. 13 Pr. Ergänz.-Steuer-Anweisung; Hoffmann-Hendel Anm. 5 § 6). **Geschäftsguthaben** bei Genossenschaften sind die Vermögensguthaben, welche die einzelnen Genossen bei der Genossenschaft haben (§§ 19ff. GenG. vom 20. 5. 1898). Von dem Geschäftsguthaben bei der Genossenschaft sind zu unterscheiden die Geschäftsanteile, sie bedeuten nur den Höchstbetrag der Mitgliedereinlagen (Parisius-Krüger S. 90) und gehören nicht zum steuerbaren Vermögen, vielmehr nur die Geschäftsguthaben. Dagegen gehören hierher die Geschäftsanteile einer Gesellschaft mit beschränkter Haftung laut § 14 GMBHG. vom 20. 5. 1898. **Gesellschaftseinlagen** im Sinne der Vorschrift sind solche an der Gesellschaft bürgerlichen Rechts ohne Gewerbebetrieb (vgl. RGZ. 77 S. 223) und an der stillen Gesellschaft (§ 335 HGB.). Beteiligungen an Handelsgesellschaften ohne juristische Persönlichkeit außer der stillen Gesellschaft, insbesondere einer offenen Handelsgesellschaft zählen zum Betriebsvermögen.

5. **Zu Ziff. 5.** Nur vererbliche **Renten** fallen darunter, also insbesondere nicht Leibrenten (§ 759 BGB.). Vererblich sind aber Renten dann nicht, wenn sie kraft Rechtsgeschäft unter Lebenden (Stiftung) beim Tode des Erstberechtigten auf einen anderen übergehen. **Nutzungen** sind nach § 100 BGB. „die Früchte einer Sache oder eines Rechtes sowie die Vorteile, welche der Gebrauch einer Sache oder eines Rechtes

gewährt". Der Begriff der **Leistung** enthält Tun und Unterlassen (§ 241 BGB.). Über hausgesetzliche Bestimmungen vgl. Anm. 11 zu § 2.

6. **Zu Ziff. 6.** Zu den **Lebensversicherungen** zählt insbesondere auch die abgekürzte Lebensversicherung, zu den **Kapitalversicherungen** z. B. die Aussteuerversicherung. Die Versicherung darf aber noch nicht fällig sein. Ist sie fällig, so liegt eine Kapitalforderung in Höhe der Versicherungssumme vor. Die auf das Leben des Erblassers geschlossene Lebensversicherung scheidet deshalb aus Ziff. 6 aus, denn zum Stichtag (§ 45 Ziff. 1 EStG.) „war", wie es in § 6 Ziff. 6 EStG. heißt, die Lebensversicherung gleichzeitig fällig (näher: Zimmermann, Lebensversicherungen, Zeitgem. Steuerfragen 1920 S. 124). Die Bewertung der noch nicht fälligen Ansprüche aus Lebensversicherungen gemäß Ziff. 6 erfolgt nach § 143 Abs. 4 RAO. mit zwei Dritteln der eingezahlten Prämien oder Kapitalbeträge; weist der Steuerpflichtige den Rückkaufswert nach, so ist dieser maßgebend.

7. Die **Bewertung des Kapitalvermögens** erfolgt nach §§ 141 bis 146 RAO.:

§ 141. Wertpapiere, die in Deutschland einen Kurswert haben, sind mit dem Kurswert, Forderungen, die in das Schuldbuch einer öffentlichen Körperschaft eingetragen sind, mit dem Kurswert der entsprechenden Schuldverschreibungen der öffentlichen Körperschaft anzusetzen.

Für Aktien ohne Kurswert, Kuxe oder Anteile an einer Bergwerksgesellschaft oder einer Gesellschaft mit beschränkter Haftung hat das nach § 52 zuständige Finanzamt den Verkaufswert zu ermitteln und ihn Steuerpflichtigen und Finanzämtern auf Anfrage mitzuteilen. Fehlt es an genügenden Merkmalen, so ist der gemeine Wert unter Berücksichtigung des Gesamtvermögens und der Ertragsaussichten der Gewerkschaft oder Gesellschaft zu schätzen.

§ 142. Für bestimmte Tage können die Steuerkurse der zum Börsenhandel zugelassenen und die Steuerwerte anderer Wertpapiere sowie der in § 141 Abs. 2 bezeichneten Gewerkschafts- und Gesellschaftsanteile festgesetzt werden.

Die Steuerkurse der zum Börsenhandel zugelassenen Wertpapiere werden von den Börsenvorständen, die Steuerwerte anderer Wertpapiere und der Gewerkschafts- und Gesellschaftsanteile werden von Sachverständigenausschüssen ermittelt, die der Reichsminister der Finanzen beruft. Auf Grund dieser Ermittlungen setzt der Reichsminister der Finanzen die Steuerkurse und Steuerwerte vorläufig fest und veröffentlicht sie. Nach Ablauf eines Monats, vom Tage der Veröffentlichung der vorläufigen Feststellung gerechnet, setzt der Reichsrat die Steuerkurse und Steuerwerte endgültig fest. Die so festgesetzten Kurse und Werte treten an die Stelle der in § 141 bezeichneten Werte.

In den Fällen des § 141 und des § 142 Abs. 1, 2 kann der Steuerpflichtige bei Wertpapieren, die mit Gewinnanteilscheinen gehandelt werden, einen Betrag abziehen, der für die seit der Auszahlung des letzten Gewinns verstrichene Zeit dem zuletzt verteilten Gewinn entspricht; dies gilt nicht, wenn auch der laufende Gewinnanspruch bewertet werden muß.

§ 143. Andere, als die in § 141 bezeichneten Kapitalforderungen sowie Schulden sind mit dem Nennwert anzusetzen, sofern nicht besondere Umstände einen höheren oder geringeren Wert begründen.

Unbeitreibbare Forderungen bleiben außer Ansatz.

Der Wert unverzinslicher, befristeter Forderungen oder Schulden ist gleich einem Betrage, der mit angemessenen Jahreszinsen bis zur Fälligkeit die Forderung oder Schuld ergibt.

Noch nicht fällige Ansprüche aus Lebens-, Kapital- oder Rentenversicherungen werden, soweit die Steuergesetze nichts anderes vorschreiben, mit zwei Dritteln der eingezahlten Prämien oder Kapitalbeträge angerechnet; weist der Steuerpflichtige nach, wofür die Versicherungsanstalt den Versicherungsschein nach ihrer Satzung oder den Versicherungsbedingungen zurückkaufen würde, so ist dieser Betrag maßgebend.

§ 144. Der Gesamtwert von Nutzungen oder Leistungen, die auf bestimmte Zeit beschränkt sind, ist durch Zusammenzählen der einzelnen Jahreswerte unter Abrechnung der Zwischenzinsen zu berechnen. Der Gesamtwert darf den zum gesetzlichen Zinssatz kapitalisierten Jahreswert nicht übersteigen. Ist die Dauer des Rechtes außerdem durch das Leben einer oder mehrerer Personen bedingt, so darf der nach § 145 zu berechnende Kapitalwert nicht überschritten werden.

Immerwährende Nutzungen oder Leistungen sind mit dem Fünfundzwanzigfachen des Jahreswerts, Nutzungen oder Leistungen von unbestimmter Dauer vorbehaltlich des § 145 mit dem Zwölfundeinhalbfachen des Jahreswerts zu veranschlagen.

Ist der gemeine Wert des Gesamtbezugs der Nutzungen oder Leistungen nachweislich geringer oder höher, so ist der gemeine Wert Wert zugrunde zu legen.

§ 145. Der Wert von Renten oder anderen auf die Lebenszeit einer Person beschränkten Nutzungen und Leistungen bestimmt sich nach dem Lebensalter dieser Person.

Als Wert wird angenommen bei einem Alter

1.		bis zu 15 Jahren	das 18	fache
2.	von mehr als 15	" " 22 "	" 17	"
3.	" " " 25	" " 35 "	" 16	"
4.	" " " 35	" " 45 "	" 14	"
5.	" " " 45	" " 55 "	" 12	"
6.	" " " 55	" " 65 "	" 8½	"
7.	" " " 65	" " 75 "	" 5	"
8.	" " " 75	" " 80 "	" 3	"
9.	" " " 80	"	" 2	"

des Wertes der einjährigen Nutzung.

Hat jedoch eine nach Abs. 2 bewertete Nutzung oder Leistung im Falle der

Nr. 1	nicht mehr als	9	Jahre
" 2, 3	" " "	8	"
" 4	" " "	7	"
" 5	" " "	6	"
" 6	" " "	4	"
" 7 bis 9	" " "	2	"

bestanden, so ist die Veranlagung auf Antrag nach der wirklichen Dauer der Nutzung oder Leistung zu berichtigen. Handelt es sich um den Wegfall einer Last, so ist in gleicher Weise eine Nachveranlagung vorzunehmen.

Hängt die Dauer der Nutzung oder Leistung von der Lebenszeit mehrerer ab, so entscheidet, je nachdem das Recht mit dem Tode des zuerst oder des zuletzt Sterbenden erlischt, das Lebensalter des Ältesten oder Jüngsten.

§ 146. Der einjährige Betrag der Nutzung einer Geldsumme ist, wenn kein anderer Wert feststeht, zu vier vom Hundert anzunehmen.

Bei Nutzungen oder Leistungen, die ihrem Betrage nach ungewiß sind oder schwanken, ist als Jahreswert der Betrag zugrunde zu legen, der voraussichtlich für die Zukunft durchschnittlich erzielt werden wird.

8. Eine Besonderheit in der Bewertung gilt für die **Deutsche Spar-Prämienanleihe** von 1919 (Amtsblatt der Reichsfinanzverwaltung 1919 S. 38): „Befreiung eines Besitzes bis zu 25 Stück von der Nachlaß- und der Erbanfallsteuer. Keine Nachlaß- oder Erbanfallsteuer für die auf den Namen Dritter bei der Reichsbank oder anderen vom Reichsfinanzminister noch zu benennenden Stellen auf 5 Jahre oder mehr oder auf den Todesfall **hinterlegten Stücke** (bis 10 Stück für jede einzelne dritte Person).

Bei jeder Art der Besteuerung werden die Prämienstücke bei einer Stückzahl bis zu 50 Stück höchstens zum Nennwert, vom 20. Jahre ab zum Kündigungswert bewertet."

9. **Valutenbesteuerung.** Gehören zum steuerbaren Vermögen Valutenforderungen oder stehen auf der Passivseite Valutenschulden, so sind diese grundsätzlich zum Kurse des Stichtages anzusetzen (§ 45 EStG.). Um diesen Valutenkurs am Stichtage festzustellen, wird man nicht, wie manche Steuerstellen die Gepflogenheit haben, mechanisch den Kurszettel des Stichtages beachten. Man darf nicht übersehen, daß die Valuten- bzw. Marknotierung an den inländischen und ausländischen Börsen schon am selben Tage nicht immer bei Umrechnung genau den gleichen Stand ergibt, da verschiedene finanz- und börsentechnische Faktoren bei der Kursfestsetzung an den einzelnen Börsen mitwirken. Man wird vielmehr gut tun, den Stand der Valuta am Stichtag zum Ausgangspunkt zu nehmen, aber die Entwicklungstendenz, wie sie sich unmittelbar vor oder nach dem Stichtage ergibt, nicht außer acht zu lassen. Sind Forderungen auf ausländische Valuten später als zum Steuerstichtage fällig, so ist ihr Wert zu schätzen unter Voranstellung der Entwicklungstendenz, wie sie sich nach fachmännischem Ermessen, soweit einschätzbar, bis zum Fälligkeitstage gestalten wird. Nicht zutreffend ist meines Erachtens, wenn man noch nicht fällige Valutenforderungen nach dem Valutenstand des Steuerstichtags einschätzt (vgl. Fürnrohr DStZ. 1919 S. 51; anderer Meinung Rosendorf, Bank-Archiv 1919 Aprilheft).

Eine besondere Behandlung erfahren unter den Valutenforderungen und Schulden die sog. **Vorkriegsforderungen und Vorkriegsschulden,** die gemäß Art. 296 Nr. 1—4 und gemäß Art. 72 des **Friedensvertrages von Versailles** durch Vermittlung der Prüfungs- und Ausgleichsämter zu regulieren sind. Es sind dies im wesentlichen vor dem Kriege fällig gewordene Schulden, deren Zahlung von Staatsangehörigen einer der vertragschließenden Mächte, die im Gebiete dieser Macht wohnen, an die Staatsangehörigen einer gegnerischen Macht, die in deren Gebiet wohnen, zu leisten ist; während des Krieges fällig gewordene Schulden, welche entsprechend zu zahlen sind und aus Geschäften oder Verträgen mit den im Gebiete einer gegnerischen Macht wohnenden Staatsangehörigen dieser Macht herrühren, gehören ebenfalls hierher, sofern die Ausführung dieser Geschäfte oder Verträge ganz oder teilweise infolge der Kriegserklärung ausgesetzt worden ist. Im einzelnen ist zu verweisen auf Art. 296 Ziff. 1—4 des Friedensvertrages. Für diese Forderungen und Schulden ist eine besondere Bewertung notwendig, sofern es sich um Forderungen und

Schulden gegenüber Angehörigen eines Staates handelt, welcher sich nach Maßgabe der Abschnitte a—f des genannten Artikels des Friedensvertrages und der zu ihm gegebenen Anlage dem Prüfungs- und Ausgleichsverfahren mit Deutschland angeschlossen hat. Vor allem sind dies bisher England nebst Kolonien und Dominions (mit Ausnahme von Ägypten und der südafrikanischen Union), Frankreich, Belgien und Italien. Diese Forderungen und Schulden Deutscher sind nach Maßgabe des Reichsausgleichsgesetzes vom 24. 4. 1920 (RAG.: RGBl. S. 597ff.) bei den Ausgleichsämtern anzumelden und von ihnen im Zusammenwirken mit dem Ausgleichsamt des entsprechenden feindlichen Staates zu verrechnen. Die bei der Saldierung sich ergebenden Guthaben zahlt das Gläubigeramt dem Gläubiger aus. Die Abrechnung zwischen den Ausgleichsämtern der einzelnen Staaten und das Verfahren vor dem gemischten Schiedsgerichtshof laut Abschnitt IV des Friedensvertrages berührt den Steuerpflichtigen nicht. Über die steuerliche Behandlung dieser nach dem Reichausgleichsgesetz anzumeldenden Ansprüche und Verbindlichkeiten ist ein eigenes Gesetz ergangen, „das Ausgleichsbesteuerungsgesetz" (ABG.) vom 12. 6. 1920 (RGBl. S. 1195). Die Regelung geht kurz dahin, daß Valutenforderungen Deutscher grundsätzlich zum Tageskurs der ausländischen Währung anzusetzen sind. Der Wert darf jedoch den endgültig abgerechneten Betrag nicht übersteigen (§ 2 Abs. 2 ABG.). Valutenschulden Deutscher sind grundsätzlich zum Vorkriegskurs steuermäßig anzusetzen (§ 3 ABG. in Verbindung mit § 27 RAG.).

Treffen Valutenschulden und Valutenforderungen in einer Person zusammen, so hat zunächst die Saldierung der Forderungen und Schulden desselben Steuerpflichtigen zu erfolgen unter Ansetzung des Währungsgewinns der Forderungen auf der Passivseite, so daß nur der Saldo des Deutschen in den allgemeinen Ausgleich tritt. Dies gilt aber nur für in ausländischer Währung ausgedrückte Forderungen und Schulden (§§ 26ff. Reichsausgleichsgesetz). Die Abrechnung in Reichswährung ausgedrückter Forderungen und Schulden erfolgt zum Nennbetrage. Die Ausgleichsforderungen haften nach § 6 ABG. ohne Rücksicht auf Rechte Dritter, die nach dem 1. 8. 1914 begründet worden sind, für Reichssteuerschulden des Forderungsberechtigten oder Erstattungsberechtigten vom Vermögen, soweit sie im Zeitpunkt der endgültigen Abrechnung der einzelnen Forderungen entstanden sind, und dürfen nur mit Zustimmung des Finanzamts ausbezahlt werden. Bis zur Feststellung der nach diesen Bestimmungen maßgeblichen Werte sind Valutenforderungen, die zum Ausgleich gelangen, zu schätzen und Schulden mit dem Vorkriegskurs zu bewerten, so daß eine vorläufige Steuerfeststellung gemäß § 82 RAO. eintritt (näher §§ 4, 5 ABG.).

Nach Maßgabe dieser Vorschriften ist zu verfahren, wenn zum nachlaßsteuerpflichtigen Vermögen Valutenforderungen und Valutenschulden gehören, die in das Ausgleichsverfahren einbezogen werden. Bedeutsam ist für die Bewertung Art. 296 Abs. 4b des Friedensvertrages, nach dem jeder der vertragschließenden Staaten für die Bezahlung der Schulden seiner Staatsangehörigen, soweit sie zum Ausgleich gelangen, die Haftung übernimmt, mit Ausnahme des Konkurses und ähnlicher Fälle. Insoweit ist also, von diesen Ausnahmen abgesehen, jede Ausgleichsforderung nach Maßgabe der angeführten Gesetzesbestimmungen voll anzusetzen, ohne daß ein Abzug berechtigt ist wegen mangelnder Bonität des ausländischen Schuldners oder wegen Unverfolgbarkeit oder schwerer Verfolgbarkeit des Anspruchs gegen ihn, da ja der ausländische Staat für ihn eintritt und die angemeldete Forderung vom Ausgleichsamt ohne Rücksicht auf jene Umstände in der Person des Schuldners zur Auszahlung gelangt.

Über den Umrechnungskurs beim Ausgleichsverfahren vgl. Art. 296 Abs. 4d des Friedensvertrages. Wegen zum Nachlaß gehöriger Güter, Rechte und Interessen, die im Gebiete der bisher feindlichen Länder liegen und die nach Art. 297b des Friedensvertrages der Liquidation durch die bisher feindlichen Mächte unterliegen, ist im einzelnen zu verweisen auf Abschnitt IV des Friedensvertrages, insbesondere auf die Anlage zu Art. 298, deren Ausführung im Wege der deutschen Gesetzgebung noch nicht abgeschlossen sein dürfte. Das Deutsche Reich hat nach Abs. i des Art. 297 seine Angehörigen wegen solcher Liquidationsmaßnahmen in den alliierten oder assoziierten Ländern von sich aus zu entschädigen. Soweit Liquidationsmaßnahmen in den früher feindlichen Ländern nicht vorliegen oder aufgehoben sind, wird die Bewertung des dort vorhandenen Kapitalvermögens, welches zu einem steuerpflichtigen Nachlaß gehört, zu erfolgen haben nach dem objektiven gemeinen Wert, also dem normalen Verkaufswert, welchen die Gegenstände in dem Lande haben, in dem sie sich befinden. Dieser in der Währung jenes Landes ausgedrückte Wert ist unter Berücksichtigung der vorstehenden Ausführungen über Valutenumrechnung in deutsche Währung umzurechnen und in deutscher Währung alsdann in das steuerbare Nachlaßvermögen einzurechnen.

§ 7.

Als steuerbares Vermögen gelten nicht

1. Hausrat und andere nicht unter § 6 fallende bewegliche

körperliche Gegenstände, sofern sie nicht als Zubehör eines Grundstücks (§ 3 Nr. 1, § 4) oder als Bestandteil eines Betriebsvermögens (§ 3 Nr. 2, § 5) anzusehen sind und soweit ihr Wert den Betrag von 50 000 Mark nicht übersteigt;

2. **nicht zur Veräußerung bestimmte bewegliche körperliche Gegenstände, die geschichtlichen oder kunstgeschichtlichen oder wissenschaftlichen Wert haben und die sich seit mindestens zwanzig Jahren im Besitz der Familie des Erblassers befinden, sofern sie nach näherer behördlicher Anweisung den Zwecken der Forschung und Volksbildung nutzbar gemacht werden. Werden solche Gegenstände innerhalb zehn Jahren nach dem Erbfall veräußert, so tritt die Steuerbefreiung außer Kraft.**

Ausführungsbestimmungen § 38: Wird für Gegenstände der in § 7 Nr. 2, § 37 Nr. 1 des Gesetzes bezeichneten Art Steuerfreiheit verlangt, so hat der Steuerpflichtige dem Finanzamt ein besonderes Verzeichnis der Gegenstände nebst Angabe ihres Wertes vorzulegen und nachzuweisen, daß er die Gegenstände gemäß der von der zuständigen Behörde erlassenen Anweisung den Zwecken der Forschung und Volksbildung nutzbar gemacht hat. Ob die Gegenstände geschichtlichen oder kunstgeschichtlichen oder wissenschaftlichen Wert haben, entscheidet das Finanzamt, nötigenfalls unter Zuziehung von Sachverständigen.

1. **Zu Ziff. 1: Steuerfrei** sind mit einem Gesamtwerte nicht über 50000 M. alle zur Wohnungseinrichtung gehörigen und zum außergewerblichen Gebrauch dienenden Sachen, sowie sonstige Mobilien, die weder zum Betriebsvermögen, noch zum Zubehör eines Grundstücks gehören. Damit scheiden vor allem aus die einem Gewerbebetriebe dienenden Gebrauchsgegenstände, dagegen gehören hierher diejenigen Gegenstände, welche die Angehörigen freier Berufe, z. B. Rechtsanwälte, Ärzte für ihren Beruf benutzen, Instrumente, Bücher usw. (vgl. über den Begriff des Gewerbes Anm. 5c zu § 5). Vom Wert der steuerfreien Gegenstände sind diejenigen Schulden abzuziehen welche im wirtschaftlichen Zusammenhang mit ihnen stehen, z. B. noch ausstehende Abzahlungen. Übersteigt der Gesamtwert der steuerfreien Gegenstände die Höchstgrenze von 50000 M, so ist der darüber hinausgehende Betrag steuerpflichtig. Die Schulden sind bezüglich ihrer Abzugsfähigkeit anteilig zu verteilen nach dem Verhältnis des steuerfreien zum steuerpflichtigen Teile der Sachen. (Die andere bei Mirre Anm. 2 erwähnte Rechnungsmethode scheidet meines Erachtens aus.)

Beim **Hausrat** gerade haben sich die Wertverhältnisse im Laufe des Krieges außerordentlich geändert. An sich dürfen nicht ohne weiteres die Friedenspreise zugrunde gelegt werden, die Geldentwertung insbesondere wird im wesentlichen nicht mehr als ein außer Berücksichtigung zu bleibender außerordentlicher Umstand im Sinne des § 138 Abs. 1 RAO. anzusehen sein. Ungewöhnliche Verhältnisse sind dagegen die Preissteigerungen infolge der Materialknappheit und Arbeiterschwierigkeiten. Sie haben außer Ansatz zu bleiben. Es liegt im dringenden Interesse des Staates selber, der Familie beim Tode des Erblassers den angestammten Hausrat nach Möglichkeit in dem bisherigen Umfang zu erhalten. Berücksichtigt man, daß der Hausrat in der Regel aus bereits mehr oder weniger abgenutzten Gegenständen besteht, so wird man unter voller Berücksichtigung des Grades der Abnutzung häufig nicht fehl greifen, wenn man normalerweise von dem Wert ausgeht, den der Hausrat in seiner Beschaffenheit infolge Abnutzung etwa zum Ende der Friedensperiode gehabt hatte, unter Vornahme von Zuschlägen, falls der Hausrat nach Kriegsbeginn angeschafft ist. Entscheidend ist freilich der einzelne Fall. Eine gewisse Nachsicht und Großzügigkeit wird aber bei der Bewertung hier am Platze sein und aus dem angeführten Grunde von der Steuerbehörde nur in seltenen Fällen beanstandet. Die vorstehende Regel entspricht der erfahrungsgemäßen Methode, welche die berufsmäßigen Nachlaßschätzer einzuschlagen pflegen, wenngleich sie mit den in Anm. 8 zu § 5 angeführten Grundsätzen der RAO. nicht genau übereinstimmt.

2. **Zu Ziff. 2: Vier Voraussetzungen** sind für die Steuerbefreiung aus Ziff. 2 erforderlich:

a) Die Gegenstände dürfen nicht zur Veräußerung bestimmt sein, denn bei einer Veräußerung innerhalb 10 Jahren nach dem Erbfall tritt Nachbesteuerung ein, worüber das Finanzamt Kontrolle führt (Ziff. 2 Satz 2, § 41 AusfBest.).

b) Sie müssen einen geschichtlichen, kunstgeschichtlichen oder wissenschaftlichen Wert besitzen, worüber das Finanzamt nötigenfalls unter Zuziehung von Sachverständigen entscheidet.

c) Sie müssen mindestens 20 Jahre sich im Besitze der Familie des Erblassers befinden.

d) Die Gegenstände müssen den Zwecken der Forschung und Volksbildung nutzbar gemacht werden.

Sind diese vier Voraussetzungen gegeben, so sind die Gegenstände steuerfrei, ohne daß ein Höchstwert im Gesetz angesetzt ist. So, wie die Bestimmung vorliegt, ist sie recht wenig praktisch. Das Finanzamt wird in der Regel die Voraussetzungen von sich aus nicht prüfen können und auf das Gutachten von Sachverständigen angewiesen sein, deren Ansichten gerade in den vorbezeichneten Fragen recht häufig auseinander gehen werden.

§ 8.

Dem Nachlaßvermögen ist hinzuzurechnen:

1. was auf Grund eines vom Erblasser geschlossenen Vertrags unter Lebenden von einem Dritten mit dem Tode des Erblassers unmittelbar erworben wird;
2. was vom Erblasser in Vollziehung einer Schenkung dem Beschenkten unter der Bedingung, daß dieser den Erblasser überlebt, unter Lebenden zugewendet worden ist;
3. was vom Erblasser mit der Bestimmung geschenkt worden ist, daß ihm für die Lebensdauer an dem geschenkten Gegenstande der Nießbrauch zustehen soll.

Die infolge des Erbfalls durch Vereinigung von Recht und Verbindlichkeit oder von Recht und Belastung erloschenen Rechtsverhältnisse gelten als nicht erloschen.

1. **Übersicht.** § 45 Ziff. 1 EStG. läßt der Nachlaßsteuer das im Augenblick des Todes des Erblassers vorhandene Vermögen unterliegen. Was bis zum Zeitpunkt des Todes endgültig aus dem Vermögen des Erblassers ausgeschieden ist, gehört nicht mehr zu dem der Nachlaßsteuer unterliegenden Vermögen. Wenn der Erblasser vor seinem Tode Vermögensteile verschenkt hat, so wird von dem verschenkten Vermögen die Schenkungssteuer als Ausgleich für die ausgefallene Erbanfallsteuer erhoben. Für die Nachlaßsteuer jedoch scheidet das verschenkte Vermögen aus. Besonderheiten sollen nur gelten für die in § 8 aufgeführten drei Fälle. Im Falle der **Ziff. 1** ist der Gesichtspunkt maßgebend, daß, wenn auch das Zugewendete nicht zum Nachlaß gehört, so doch immerhin aus dem Vermögen des Erblassers herrührt, indem die Leistung des Dritten an den Erben regelmäßig infolge einer Gegenleistung des Erblassers an den Dritten erfolgt, welche sein Vermögen mindert. Wenn die Versicherungsgesellschaft beim Tode des Erblassers die Versicherung auszahlt, so tut sie dies, weil sie die Prämien vom Erblasser zu seinen Lebzeiten aus seinem Vermögen erhalten hat. Bei der Schenkung auf den Todesfall, welche in **Ziff. 2** angeführt ist, scheidet erst infolge des Todes des Erblassers das Verschenkte endgültig aus seinem Vermögen aus, indem entweder die bis dahin ge-

setzte aufschiebende Bedingung seines Todesfalls eintritt, an welche die Schenkung an den Dritten geknüpft war, oder die auflösende Bedingung wegfällt, welche die Schenkung an den Dritten rückgängig machen könnte (§ 2301 BGB.), falls der Erblasser ihn und er nicht den Erblasser überlebt. Im dritten Falle des § 8, dem des vorbehaltenen **Nießbrauchs**, ist wirtschaftlich der Nutzungswert des Verschenkten aus dem Vermögen des Erblassers noch nicht ausgeschieden und damit das Geschenk in seiner wirtschaftlichen Bedeutung für den Beschenkten noch nicht in die Erscheinung getreten. Vgl. § 4 RAO.: „Bei der Auslegung der Steuergesetze sind ihr Zweck, ihre wirtschaftliche Bedeutung und die Entwicklung der Verhältnisse zu berücksichtigen."

Zeitlich ist für die Anwendbarkeit des Gesetzes regelmäßig (§ 72 EStG.) der Tod des Erblassers und nicht der Zeitpunkt der Zuwendung nach Ziff. 2 § 8 entscheidend. Ist der Erblasser nach Inkrafttreten des Erbschaftssteuergesetzes gestorben, so gilt dieses auch, wenn Zuwendungen vorher erfolgt sind. Der Wert der Zuwendung bestimmt sich, sofern die Zuwendung erst mit dem Tode des Erblassers erworben wird, mit diesem, sonst nach dem früheren Zeitpunkte der Zuwendung (§ 45 Abs. 2 EStG.). Ob letzterenfalls die Zuwendung gemäß § 8 Ziff. 2 und 3 zur Zeit des Erbfalls noch vorhanden ist, ist ebensowenig von Bedeutung wie der Umstand, ob der mit der Zuwendung Bedachte noch am Leben ist. § 56 EStG. normiert für den Erwerber und seine Erben die Anmeldungspflicht.

2. **Zu Ziff. 1.** Sie umfaßt alle **Verträge unter Lebenden,** die vom Erblasser als Vertragschließendem eingegangen sind, falls sie dem Dritten mit dem Tode des Erblassers unmittelbar ein Recht verschaffen. Die Hauptfälle sind die Lebensversicherung und die Leibrente zugunsten Dritter (§ 330 BGB.). Nur Ansprüche aus privatrechtlichen Verträgen, nicht etwa die öffentlich-rechtlichen Ansprüche aus der Sozialversicherung laut Reichsversicherungsordnung fallen unter die Bestimmung. „Dritte" im Sinne der Vorschriften sind auch die Erben, selbst dann, wenn sie nicht auf Grund Erbrechts von Todes wegen, sondern auf Grund eines Vertrages unter Lebenden unmittelbar erwerben, und zwar auch dann, wenn in dem Vertrage unter Lebenden als Bezugsberechtigte ausdrücklich „die Erben" aufgeführt sind. Das Entscheidende ist, daß der Erwerb kraft Vertragswillens (Vermutung § 330 BGB.) unmittelbar mit dem Tode des Erblassers erfolgt. Das bedeutet, daß der Erwerb nicht in den Nachlaß fällt, und kraft Erbrechts auf den Dritten übergeht, sondern vorher aus dem Vermögen des Erblassers abgezweigt wird und ohne in den Nachlaß zu fallen, kraft Rechtsgeschäftes unter Lebenden dem Dritten anfällt. Ist

vereinbart, daß die Leistung an den Dritten nach dem Tode des Erblassers erfolgen soll, so erwirbt der Dritte das Recht auf die Leistung im Zweifel mit dem Erbfall des Versprechensempfängers (§ 331 BGB.). Fast ausnahmslos wird kein dingliches Recht, sondern nur eine schuldrechtliche Forderung von dem Dritten erworben (näher über die Rechtslage Anm. 5a § 1). In Erledigung einer früheren Streitfrage bestimmt § 167 RG. über den Versicherungsvertrag vom 30. 5. 1908, daß, falls bei einer Kapitalversicherung die Leistung des Versicherers nach dem Tode des Versicherungsnehmers an dessen Erben erfolgen soll, im Zweifel diejenigen, welche zur Zeit des Todes als Erben berufen sind, nach dem Verhältnis ihrer Erbteile bezugsberechtigt sind. Die Verselbständigung dieses Bezugsrechtes geht so weit, daß eine Ausschlagung der Erbschaft keinen Einfluß auf seinen Bestand hat (vgl. RGZ. 62 S. 259). Häufig wird ein solches Versicherungsgeschäft auch kombiniert mit einer Lebensversicherung auf den Tod eines anderen als des Versicherungsnehmers, z. B. wenn der Großvater die Enkelkinder auf den Todesfall des Vaters versichert. In solchem Falle ist noch Voraussetzung die schriftliche Einwilligung des Vaters (§ 159, 2 VVG.). Hierher wird auch der **Verwahrungsvertrag mit einer Bank** zu zählen sein mit der Abrede, daß das Depot mit dem Tode des Erblassers den Erben ausgehändigt werden soll (näheres über diesen Fall Anm. 5a zu § 1). Das Depot wird daher bei der Nachlaßsteuer, obwohl es nicht zum Nachlaß gehört, dem steuerbaren Nachlaß hinzuzurechnen sein. Im Falle der Generalvollmacht mit Wirkung über den Tod hinaus findet eine solche Hinzurechnung hingegen nicht statt. Hier hat die Generalvollmacht eine Veränderung in den Rechtsbeziehungen bezüglich des Nachlasses regelmäßig nicht im Gefolge, es sei denn, daß eine Übereignung mittels Einigung und Abtretung des Herausgabeanspruchs unbedingt auf den Todesfall des Erblassers vorliegt, die dann nach Ziff. 2 § 8 der Hinzurechnung zum Nachlasse unterliegen würde (näheres Anm. 5a § 1).

3. **Zu Ziff. 2.** Ziff. 2 läßt die **Schenkung von Todes wegen** dem Nachlaß hinzuzählen, sofern sie der Erblasser zu seinen Lebzeiten vollzogen hat (also nicht das bloße Schenkungsversprechen). Ein Schenkungsversprechen von Todes wegen liegt vor, wenn es unter der Bedingung erteilt wird, daß der Beschenkte den Schenker überlebt, und der Form der Verfügung von Todes wegen genügt (§ 2301 BGB.). Liegt ein gültiges Schenkungsversprechen von Todes wegen vor, so wird die durch dasselbe begründete Verbindlichkeit bei der Bewertung des Nachlaßvermögens von diesem nicht in Abzug gebracht (§ 11 Ziff. 1 EStG. und Erläuterungen). **Ziff. 2 § 8 EStG.** trifft den Fall, daß der

Erblasser ein solches Schenkungsversprechen auf den Todesfall durch Leistung des zugewendeten Gegenstandes bereits unter Lebenden vollzogen hat. Zu beachten ist dabei in materiellrechtlicher Hinsicht, daß in diesem Falle das Schenkungsversprechen weder der Form der Verfügung von Todes wegen bedarf (§ 2301 BGB.), noch auch der des Schenkungsversprechens unter Lebenden, da bei Vollziehung der Leistung unter Lebenden die an sich vorgeschriebene Form des Schenkungsversprechens durch Vollziehung der Leistung geheilt wird (RG. Leipz. Zeitschr. 1915 S. 819 Nr. 13).

Dem steuerbaren Nachlaß ist das zu Lebzeiten des Erblassers in Vollziehung einer Schenkung von Todes wegen Geleistete hinzuzurechnen. Ob die Bedingung, daß der Beschenkte den Erblasser überlebt, aufschiebend oder auflösend ist, macht für die Anwendbarkeit der Bestimmung keinen Unterschied, wohl aber für die Bewertung. Ist die Schenkung aufschiebend bedingt, so ist der Wert zur Zeit des Eintritts des Erwerbes, also zur Zeit des Todes des Erblassers hinzuzurechnen (§ 45 Abs. 2 mit § 18 EStG.). Ist dagegen die Schenkung auflösend bedingt, so ist der Wert zur Zeit der Zuwendung vor dem Erbfall für die Bewertung maßgebend (§ 148 RAO. Das übersehen Hoffmann-Henkel Anm. 3 § 8).

Über die Besteuerung bei der Erbanfallsteuer vgl. § 20 Ziff. 3 EStG. und Erläuterungen.

4. **Zu Ziff. 3.** Der Erblasser muß geschenkt haben unter Vorbehalt eines **Nießbrauchs** gemäß der §§ 1030, 1060 BGB. auf seine Lebenszeit. Der sachenrechtliche Nießbrauch entsteht im Gegensatz z. B. zur familienrechtlichen Nutznießung (Nutznießung des Ehemannes am Vermögen der Ehefrau, Nutznießung des Vaters bzw. der Mutter am Kindesvermögen (§§ 1363, 1649, 1686 BGB.) fast ausnahmslos durch Rechtsgeschäft (Ausnahmen bei Wolff § 115). Schenkt der Vater seinem minderjährigen Kinde Vermögen, so steht ihm hieran kraft Gesetzes bis zur Volljährigkeit des Kindes die Nutznießung zu. Behält er sich aber (§ 1651 Abs. 2 BGB.) bei der Schenkung ausdrücklich den Nießbrauch vor, und läßt er sich diesen in rechtsgültiger Form bestellen — in der Regel wird hierzu ein Pfleger für das Kind mitwirken müssen —, so hat die Hinzurechnung des Geschenkten zum Nachlaß zu erfolgen, hingegen nicht beim bloßen Vorbehalt der Nutznießung (vgl. Anm. 4 zu § 25 EStG.).

Dem Nießbrauch stehen auch nicht gleich Rechte, welche auf den Gebrauch der verschenkten Sachen gerichtet sind, ohne Nießbrauch zu sein, wie z. B. Vorbehalt der Miete oder der Pacht. Hier findet ebensowenig eine Hinzurechnung zum Nachlaß statt wie dann, wenn die Dauer des Nießbrauchs nicht vom Leben des Erblassers, sondern von einem anderen Ereignis oder von einem bestimmten Zeitpunkte in seiner Dauer abhängig gemacht wird. Ist die Dauer des Nießbrauchs auf einen bestimmten Zeitraum begrenzt, so wird man allerdings, falls der Tod des Erblassers vor Ablauf des Zeitraumes eintritt, die Hinzurechnung vornehmen müssen, weil jeder Nießbrauch mit dem Tode des Nießbrauchers endigt und in dem gegebenen Falle tatsächlich der Nießbrauch für die Lebensdauer vorbehalten gewesen ist. Bei gemischten Schenkungen ist nur der der reinen Schenkung entsprechende Betrag dem Nachlaß hinzuzurechnen. War der Wert der Schenkung 30000 M., der der Gegenleistung 10000 M., der des Nießbrauchs 5000 M., so liegt nur eine hinzurechenbare Schenkung in Höhe von 15000 M. vor (vgl. im übrigen über die gemischten Schenkungen Anm. 5 zu § 40).

Zweifelhaft ist die Frage, ob die in § 8 EStG. normierten Zurechnungen allein nachlaßsteuerpflichtig sind, wenn der Nachlaß als solcher überschuldet war. Gedacht ist an den Fall, daß der Erblasser einen überschuldeten Nachlaß hinterläßt aber z. B. vor seinem Tode eine bestimmte Summe als Schenkung auf den Todesfall weggegeben hat. In diesem Falle wird ein nachlaßsteuerpflichtiges Vermögen nur insoweit anzunehmen sein, als sich durch Hinzurechnung der verschenkten Gegenstände ein nachlaßsteuerpflichtiges Vermögen ergibt. In solchem Falle haften, da die Steuer aus dem Nachlaß nicht erlangt werden kann, die Erwerber verhältnismäßig (§ 17 Abs. 2 EStG. und Erläuterungen). Anderer Meinung: Mirre Anm. 4 § 8, der die Zuwendungen in voller Höhe allein nachlaßsteuerpflichtig sein läßt, weil sie nicht für die Nachlaßverbindlichkeiten haften; jedoch setzt meines Erachtens die Nachlaßsteuer stets einen steuerpflichtigen Aktivnachlaß voraus, wobei die Passivseite, wenn sie beim Abzug des Nachlasses einen Passivsaldo ergibt, auch bei Vornahme von Hinzurechnungen nicht unberücksichtigt bleiben sollte, weil § 8 nicht eine selbständige Veranlagung, sondern nur eine Hinzurechnung zu dem eigentlichen Nachlaß verlangt.

5. **Absatz 2 § 8** erklärt sich daraus, daß zum Vermögen des Erblassers seine Rechte gegen den Erben als Aktiva gehören und seine Schulden an den Erben Nachlaßverbindlichkeiten bilden (Begründung S. 29). (Über den Fall der Forderung an den zahlungsunfähigen Miterben vgl. § 2 Anm. 7.)

§ 9.

Versicherungsbeträge aus Versicherungen auf den Todes-

fall, welche der Versicherungsnehmer zugunsten des Reichs lediglich zur Berichtigung von Nachlaß- und Erbanfallsteuer aufgenommen hat, bilden zur Hälfte keinen Teil des steuerpflichtigen Nachlasses.

1. In Erläuterung des § 9 sind folgende **Erlasse des Reichsfinanzministers** ergangen:

A. (III, 104 vom 7. 1. 1920.) „Wenn bestehende Versicherungen auf den Todesfall in der Weise abgeändert werden, daß das Reich als Begünstigter benannt wird und die Versicherungssumme lediglich zur Berichtigung von Nachlaß- und Erbanfallsteuer dienen soll, so bestehen keine Bedenken, den § 9 EStG. auf diese Versicherungen anzuwenden."

B. (III, 3842 vom 7. 2. 1920.) „Die Anwendung des § 9 EStG. wird nicht dadurch ausgeschlossen, daß die Versicherungssumme dem Versicherungsnehmer von einem bestimmten Zeitpunkt an, z. B. dem Erreichen seines 75. Lebensjahres, verzinst wird, sofern eine Verfügung des Versicherungsnehmers über den Kapitalbetrag von diesem Zeitpunkt ab nach den Versicherungsbestimmungen ausgeschlossen ist."

C. (III, 4407 vom 3. 3. 1920.) „Auch bei einer Umwandlung einer bestehenden Versicherung in eine solche zugunsten des Reiches ist § 9 EStG. anwendbar.

Dem Umstand, daß die Versicherungssumme voraussichtlich den Betrag der zu erhebenden Nachlaß- und Erbanfallsteuer übersteigen wird, steht die Anwendbarkeit des § 9 nicht entgegen, sofern nicht die Höhe der Versicherungssumme die Annahme ausschließt, daß die Versicherung lediglich zur Berichtigung der Erbschaftssteuer bestimmt ist. Was mit dem die Erbschaftssteuer übersteigenden Betrage der Versicherungssumme zu geschehen hat, ist eine Frage der Auslegung der Willenserklärung des Versicherungsnehmers. In Ermangelung einer ausdrücklichen Erklärung wird anzunehmen sein, daß dieser Betrag den Erben des Versicherungsnehmers zufallen soll. Das nachlaßsteuerpflichtige Vermögen erhöht sich jedoch alsdann um die Hälfte des den Erben herauszuzahlenden Betrages."

2. § 9 betrifft die sog. **Erbschaftssteuerversicherung.** Versicherungstechnisch ist sie nicht viel anders als die übliche Todesfallversicherung mit Bezugsrecht des Reiches. Die Bestimmung ist aufgenommen auf Grund eines Antrages Dernburg im Ausschuß, um dem

Erblasser die Möglichkeit zu geben, schon zu seinen Lebzeiten durch Abschluß einer Versicherung dafür zu sorgen, daß bei seinem Ableben der Nachlaß nicht durch Zahlung der hohen Erbschaftssteuer geschmälert werde. Nach der Äußerung, welche der Reichsfinanzminister auf den Antrag getan hat, ist anzunehmen, daß er die Bestimmung aufgefaßt hat als auch anwendbar auf die Erbanfallsteuerversicherung, weil er im Ausschuß von einem möglichen „Ausfall von 100 Millionen für das Reich" spricht (Ausschußbericht S. 10). Andererseits aber findet sich die Bestimmung im Abschnitt über die Nachlaßsteuer. Demgemäß hat auch der Reichsfinanzminister durch Erlaß vom 3. 3. 1920 III 4407 sich dahin geäußert, daß „sich § 9 lediglich auf die von dem Nachlaß als Ganzem zu erhebende Nachlaßsteuer und nicht auch auf die von dem Erwerb der einzelnen zu erhebende Erbanfallsteuer bezieht." Die Anwendung des § 9 hängt daher an drei Voraussetzungen:

a) die Versicherung muß auf den Todesfall lauten,
b) sie muß zugunsten des Reiches abgeschlossen sein,
c) die Versicherung darf lediglich zur Berichtigung der Nachlaß- und Erbanfallsteuer dienen.

Alsdann sind die Versicherungsbeträge zur Hälfte nicht zum steuerpflichtigen Nachlaß zu zählen.

3. Bezieht sich § 9 ESt.G. nur auf die Nachlaßsteuer, so erhebt sich die Zweifelsfrage, wie es im Falle einer solchen Nachlaßsteuerversicherung mit der **Erbanfallsteuer** steht. Die Versicherungssumme aus der Nachlaßsteuerversicherung bildet keinen der Erbanfallsteuer unterliegenden Erwerb im Sinne des § 25 ESt.G., weil sie der Erwerber nicht durch den Erbanfall erhält. Hat der Erblasser durch den Versicherungsvertrag auch die Entrichtung der Erbanfallsteuer der Versicherung auferlegt, so ist sie, da die Versicherung zugunsten des Reiches genommen wird, nach § 32 ESt.G. Ziff. 1 in Verbindung mit § 52 ESt.G. wegen Steuerfreiheit des Reiches dem Erwerber nicht in Rechnung zu stellen. Das hat zur Folge die Freiheit der Erbanfallsteuerversicherung von der Erbanfallsteuer nicht nur, wie in § 9 ESt.G. bezüglich der Nachlaßsteuer, auf die Hälfte, sondern auf das Ganze. Daß dieses Ergebnis der Entstehungsgeschichte des § 9 kaum entspricht und auch nicht recht seinem systematischen Verhältnis zu § 52 ESt.G., ist klar. Auf Grund der bestehenden Gesetzesvorschriften dürfte es jedoch schwer halten, zu einer befriedigenden anderen Lösung zu gelangen. Sehr erhebliche Schwierigkeiten entstehen zudem, wenn bei der Erbanfallsteuerversicherung Überversicherung vorliegt, also wenn die Versicherungssumme größer ist als die Erbanfallsteuer, Berechnungsschwierigkeiten vor allem infolge der Durchstufung des Erbanfallsteuertarifs. Man

wird zu einer praktischen Lösung nur gelangen können, wenn man die Erben als die Empfangsberechtigten für den Überschuß ansieht; dann sind die Erben die Erwerber und die Entnahme der Steuern bleibt nach § 52 EStG. unerheblich. Doch entspricht diese Lösung nicht immer den Inhalt der Versicherung und ist daher nicht immer anwendbar. (näher: Fürnrohr, Erbschaftssteuerversicherungen DStZ. S. 47; Heymann, Steuerversicherung DStZ. S. 276; Mirre zu § 9; Marcus zu § 9 Mirre, Zeitgem. Steuerfr. 1920 S. 186; Blühm, Rundschau 12, S. 99).

§ 10.

Von dem Nachlaßvermögen sind abzuziehen:

1. die vom Erblasser herrührenden Schulden.
   Nicht abzugsfähig sind Schulden und Lasten, die in wirtschaftlicher Beziehung zu nicht steuerbaren Vermögensteilen stehen. Beschränkt sich die Besteuerung auf das inländische Grund- und Betriebsvermögen (§ 14 Nr. III), so sind nur die in einer wirtschaftlichen Beziehung zu diesen Vermögensteilen stehenden Schulden und Lasten abzugsfähig;
2. die Kosten der Bestattung des Erblassers einschließlich der Kosten der landesüblichen kirchlichen und bürgerlichen Leichenfeierlichkeiten und der Kosten eines angemessenen Grabdenkmals;
3. die im Falle der Todeserklärung des Erblassers dem Nachlaß zur Last fallenden Kosten des Verfahrens;
4. die Kosten der Eröffnung einer Verfügung des Erblassers von Todes wegen, die gerichtlichen und außergerichtlichen Kosten der Regelung des Nachlasses, die Kosten der gerichtlichen Sicherung des Nachlasses, einer Nachlaßpflegschaft, des Aufgebots der Nachlaßgläubiger und der Inventarerrichtung;
5. die Kosten eines für den Nachlaß geführten Rechtsstreits.

1. **Übersicht:** Von den nach §§ 2—9 EStG. ermittelten Nachlaßvermögen sind zur Feststellung des steuerpflichtigen Nachlasses die unter Ziff. 1—5 aufgeführten **Verbindlichkeiten abzuziehen.** Die Aufzählung in § 10 ist erschöpfend, andere Verbindlichkeiten dürfen nicht abgezogen werden. Während Ziff. 1 dem Grundsatz entspricht, daß das beim Tode des Erblassers vorhandene Vermögen unter Be-

rücksichtigung der zu diesem Zeitpunkt bestehenden Schulden der Nachlaßsteuer unterliegt, sind durch Ziff. 2—5 gewisse Kosten zum Abzug zugelassen, die zwar erst nach dem Erbfall entstehen, aber wegen ihres unmittelbaren Zusammenhanges mit ihm als Abzugsposten zugelassen sind. Im Fall der Ziff. 1 kommt es lediglich auf das Bestehen der Schuld zur Zeit des Erbfalls an, der Zeitpunkt der Erfüllung ist ohne Bedeutung; in den Fällen zu Ziff. 2—5 hingegen wird der Nachweis der geleisteten Aufwendung erfordert werden. Nur die tatsächlichen Aufwendungen dürfen in den Fällen Ziff. 2—5 abgezogen werden, das ergibt das Wort „Kosten".

2. **Zu Ziff. 1.** a) **Die vom Erblasser herrührenden Schulden** decken sich mit den in § 1967 Abs. 2 BGB. erwähnten „vom Erblasser herrührenden Schulden". Die weiterhin ebendort aufgeführten „den Erben als solchen treffenden Verbindlichkeiten, insbesondere die Verbindlichkeiten aus Pflichtteilsrechten, Vermächtnissen und Auflagen" (Erbenschulden) zählen zwar zu den Nachlaßverbindlichkeiten im Sinne des § 1967 Abs. 2 BGB., dürfen aber keinesfalls bei Berechnung der Nachlaßsteuer vom Nachlaß in Abzug gebracht werden. Sie sind nicht Schulden des Erblassers, rühren daher nicht vom Erblasser her, sondern treffen den Erben als solchen. Als Nachlaßverbindlichkeit gilt ferner nicht die Schenkung von Todes wegen und die Nachlaßsteuer (§ 11 ESG. und Erläuterung). Es muß eine Schuld im Zeitpunkt des Todes des Erblassers bestehen, wenn auch bedingt oder betagt, zu deren Erfüllung der Erbe verpflichtet ist. Das genügt, ist aber auch erforderlich. Die tatsächliche Leistung des Erben ist weder Voraussetzung noch Ersatz für eine fehlende Verpflichtung. Wenn z. B. der Erbe aus Anstand oder auf Grund einer sittlichen Pflicht etwas leistet, so kann, auch wenn die Leistung den Nachlaß mindert, für die Nachlaßsteuer kein Abzug gemacht werden (für die Erbanfallsteuer vgl. § 43 ESG.). Die wichtigsten Fälle sind hier Leistungeu des Erben auf Grund mündlich geäußerter Wünsche des Erblassers, sofortige Auszahlung einer befristeten unverzinslichen Schuld, freiwillige Übernahme der Erbanfallsteuer usw. Leistet der Erbe eine zur Zeit des Erbfalls schon verjährte Schuld des Erblassers, so wird, trotz des dem Erblasser entstandenen Leistungsverweigerungsrechts aus § 222 BGB. nach Abs. 2 derselben Vorschrift die tatsächliche Erfüllung, ein vertragsmäßiges Anerkenntnis oder eine Sicherheitsleistung als abziehbar zugelassen werden können. Tritt die Verjährung erst nach dem Tode des Erblassers ein, so ist, da zu diesem Zeitpunkt eine vollgültige Schuld bestand, die Schuld abziehbar, auch wenn infolge der nach dem Tode des Erblassers eingetretenen Verjährung der Erbe die Leistung

verweigern darf. Zu verweisen ist auf die besondere Regelung der Verjährung in § 207 BGB., laut welchem die Verjährung eines Anspruchs, der zu einem Nachlaß gehört oder sich gegen einen Nachlaß richtet, nicht vor Ablauf von sechs Monaten seit Annahme der Erbschaft oder Eröffnung des Nachlaßkonkurses oder Bestellung eines Vertreters für den Nachlaß bzw. vor Ablauf der für die Verjährung des Anspruchs sonst geltenden kürzeren Frist vollendet wird. Überhaupt sind alle Veränderungen, die nach dem Tode des Erblassers im Bestand der Schulden eintreten, steuerlich nicht zu berücksichtigen, soweit sie nicht rückwirkende Kraft haben auf den Zeitpunkt des Todes des Erblassers; dieser entbehren vor allem Erfüllung und Erlaß der Schuld (§ 397 BGB.), wie denn auch die Erfüllung der Schuld durch den Erben nicht Voraussetzung für ihre Abzugsfähigkeit ist.

b) **Vom Erblasser rühren her** alle Schulden, die auf vom Erblasser geschlossenen Rechtsgeschäften beruhen, sowie auf unerlaubten Handlungen, aus denen eine Schadenersatzpflicht für den Erblasser entstanden ist, Ansprüche auf familienrechtlicher Grundlage, sofern sie überhaupt vererblich sind. Der familienrechtliche Unterhaltsanspruch der Verwandten in gerader Linie erlischt nach § 1615 BGB. mit dem Tode des Berechtigten oder des Verpflichteten, soweit er nicht auf Erfüllung oder Schadenersatz wegen Nichterfüllung für die Vergangenheit oder auf solche im voraus zu bewirkenden Leistungen gerichtet ist, die zur Zeit des Todes des Berechtigten oder des Verpflichteten fällig sind. Der Unterhaltsanspruch des unehelichen Kindes erlischt mit dem Tode zwar nicht des Vaters aber des Kindes, soweit er nicht auf Rückstände geht (§ 1713 BGB.). Abzugsfähige Schulden sind auch die Schulden des Erblassers an die Erben, da die infolge des Erbfalles eingetretene Vereinigung von Recht und Verbindlichkeit nach § 8 Abs. 2 EStG. nicht als geschehen gilt. Zu den abzugsfähigen Schulden gehören auch die bis zum Todestage aufgelaufenen Zinsen einer vererblichen Schuld. Wird ein vom Erblasser herrührender Vertrag durch seinen Tod aufgelöst, so sind die Rechte abzugsfähig, die bis zum Todestage aus dem Vertrage gegen den Erblasser entstanden sind. Bedarf es zur Auflösung des Vertrages noch der Kündigung, so ist ein Abzug nur für den Betrag zulässig, der bis zum ersten zulässigen Kündigungstermin nach dem Erbfall erwachsen ist. Das ist besonders von Wichtigkeit für den vom Erblasser geschlossenen Mietsvertrag. Die Mietsschuld des Erblassers ist nur abziehbar, soweit sie entstanden ist, bis zum ersten Termin, für den die Kündigung nach dem Erbfall zulässig. Mit dem Erbfall entsteht nach § 569 BGB. für den Erben des Mieters das Kündigungsrecht zum ersten zulässigen Termin. Unterläßt der Erbe, ein zulässiges Kündigungsrecht auszuüben, so ist die Mietszinsschuld, soweit sie für die Zeit nach dem ersten zulässigen Kündigungstermin entsteht, nicht abziehbar. Häufig ist der Fall, daß beide Ehegatten einen Mietsvertrag schließen oder daß die Ehefrau die Bürgschaft übernimmt für den vom Ehemann abgeschlossenen Mietsvertrag, oder daß auch auf das Kündigungsrecht aus § 569 BGB., welches nicht zwingender Natur ist, in den Mietsvertragsformularen vom Mieter verzichtet wird, ein Verzicht, der dann seinen Erben die Kündigungsmöglichkeit nimmt. Ohne Bedeutung ist von diesen drei Fällen die Bürgschaft der Ehefrau, denn für den Bestand der Bürgschaft ist die Mietsverbindlichkeit des Ehemannes maßgebend, so daß die Kündigung durch die Erben des Ehemannes, gegebenenfalls auch durch die Ehefrau als Erbin selbst, unbenommen bleibt (§§ 767, 768 BGB.). In den beiden andern Fällen jedoch, wo die Ehefrau den Mietsvertrag unterzeichnet hat, oder der Erblasser auf das Kündigungsrecht aus § 569 BGB. verzichtet hat, bleibt die ganze Schuld aus dem Mietsvertrage abziehbar; jedoch vermindert sich der Wert der abziehbaren Schuld um den Betrag, zu welchem der Vorteil der Wohnungsnutzung anzusetzen ist, welche auf Grund des Mietsvertrages den Erben zusteht.

c) Unter „Schulden" sind hier steuerlich die dinglichen und persönlichen Schulden" des Erblassers anzusetzen, wie sie § 10 des Besitzsteuergesetzes benennt. Was in diesem Zusammenhange „dingliche Schulden" heißt, wird dasselbe sein, was Abs. 2 Ziff. 1 § 10 EStG. als „Lasten", also die dingliche Belastung eines Nachlaßgegenstandes für eine Schuld bezeichnet; hierbei kommt regelmäßig nur die Haftung für eine fremde Schuld als besondere abzugsfähige Last in Frage, da bei dinglich gesicherten Schulden des Erblassers bereits die Schuld den Abzugsposten bildet. Die Schulden sind in der üblichen Weise gemäß § 113 RAO. mit dem Nennwert zu bewerten, soweit nicht besondere Umstände eine andere Bewertung rechtfertigen (vgl. den Wortlaut in Anm. 7 zu § 6 EStG.). Zu beachten ist gerade für die Abzugsfähigkeit, daß die Bewertung der Schuld zu einem höheren als dem Nennbetrage besonderer Rechtfertigung durch den Steuerpflichtigen auf Grund tatsächlicher Unterlagen bedarf (PrOVGSt. Bd. 6 S. 85, 92, Bd. 5 S. 191).

d) Schulden und Lasten sollen nur abzugsfähig sein, soweit sie **mit steuerbaren Vermögen in wirtschaftlicher Beziehung** stehen, vor allem ist dies von Wichtigkeit für Verbindlichkeiten, die in wirtschaftlicher Beziehung stehen zum nicht steuerbaren Hausrat und sonstigen solchen Mobilien sowie zu Vermögensteilen, die, weil im Ausland belegen, aus der Versteuerung ausscheiden (§§ 7, 14 EStG. und

(Erläuterungen dazu). Wenn das Gesetz besonders hervorhebt, daß im Falle der Beschränkung der Steuerpflicht auf das inländische Grund- und Betriebsvermögen nur die zu diesem in wirtschaftlicher Beziehung stehenden Schulden und Lasten abzugsfähig sind, so ist dies nur eine beispielsweise Erwähnung. § 36 Ausführungsbestimmungen zum EStG. normiert eine besondere Regel über eine wirtschaftliche Beziehung von Schulden und Lasten zu den von ihnen belasteten Grundstücken. Über die Tragweite dieser nicht unbedenklichen Bestimmung vgl. Anm. 4 zu § 14 EStG., bei § 14 auch den Wortlaut von § 36 AB. z. EStG. Zum Abzug zugelassen sind daher diejenigen Schulden und Lasten nicht, die mit steuerfreien Vermögensteilen in wirtschaftlicher Beziehung stehen, z. B. Abschlagszahlungen für Hausrat usw. Ist für die Steuerfreiheit von Vermögensteilen eine Höchstgrenze gegeben, wie z. B. in § 7 Ziff. 1 EStG., so wird derjenige Teil der zu ihnen in wirtschaftlicher Beziehung stehenden Schulden abziehbar sein, der verhältnismäßig auf den jenen steuerfreien Betrag übersteigenden Wertbetrag entfällt. Es sind abziehbar diejenigen Schulden, die zwar in wirtschaftlicher Beziehung (nach § 7 Ziff. 1 EStG.) zu steuerfreiem Hausrat und sonstigen Mobilien stehen, aber verhältnismäßig auf den Betrag entfallen, um den der Gesamtwert des steuerfreien Vermögensteiles die Höchstgrenze der Steuerfreiheit von 50000 M. übersteigt. Zu den Nachlaßverbindlichkeiten rechnet auch die vom Erblasser auf das Reichsnotopfer (Gesetz vom 31. 12. 1919, RGBl. S. 2189) geschuldete Abgabe. Die Notopferpflicht des Erblassers ist entstanden, sobald er den Stichtag, den 31. 12. 1919, erlebt hat. Gemäß § 38 RNOG. wird beim Tode, falls der Erblasser das Notopfer im Wege der Tilgungsrente entrichtet, deren noch nicht getilgter Betrag in voller Höhe als Nachlaßverbindlichkeit fällig. Aber das Finanzamt kann und muß sogar bei Nichtgefährdung der Sicherheit der Renten den Erben die Fortsetzung der Rente gestatten. Die Bewertung der Renten als Abzugsposten erfolgt nach § 144 RAO. durch Zusammenzählen der noch ausstehenden Rentenbeträge unter Abrechnung der Zwischenzinsen und Abgrenzung des Gesamtwertes auf den zum gesetzlichen Zinssatz kapitalisierten Jahreswert als Höchstbetrag. Ist der Nachlaß eines vor dem 31. 12. 1919 verstorbenen Erblassers am Stichtage noch unverteilt, weil noch nicht ermittelt ist, wer die Erben sind, so ist das Notopfer zunächst aus dem Nachlaß nach dem Steuersatz zu zahlen, der maßgebend wäre, wenn der Nachlaß einem einzigen Abgabepflichtigen angefallen wäre. Nach Ermittlung des Berechtigten ist gegebenenfalls die Abgabe ganz oder teilweise zu erstatten (§ 49 RNOG.).

3. **Zu Ziff. 2.** Unter **„Bestattung"** ist mehr zu verstehen, als die Beerdigung oder Verbrennung als solche, es gehören dazu die Kosten der Todesanzeige, des Grabmals und der Leichenfeier. Es kommt nicht darauf an, ob die Kosten der Höhe nach üblich oder angemessen sind, jedoch werden die allgemeinen Anschauungen entscheidend sein dafür, was zur Bestattung dem Umfange nach zu rechnen ist. Lediglich bei den Leichenfeierlichkeiten und beim Grabdenkmal setzt das Gesetz offenbar eine Grenze auch für die Aufwendungen der Höhe nach indem nur die landesüblichen Leichenfeierlichkeiten und nur die Kosten eines angemessenen Grabdenkmals als abzugsfähig bezeichnet werden. Die Landessitte ist insbesonders dafür maßgebend, ob auch Trauerkleider für Witwen, Kinder, Stiefkinder, Hausgenossen und Dienstboten als Kosten landesüblicher Leichenfeier abzugsfähig sind (Kammergericht vom 23. 11. 1906, OLG. Rspr. Bd. 14 S. 290). Die herrschende Meinung rechnet die Kosten der weiteren Unterhaltung und Pflege der Grabstätte nicht zu den abzugsfähigen Kosten und geht dabei offenbar zurück auf die ähnliche Bestimmung des § 1968 BGB., welche den Erben die Kosten der standesgemäßen Beerdigung auferlegt, worin nach herrschender Anschauung die weitere Unterhaltung des Grabes nicht einbezogen ist. Der Zweck der Bestimmung des § 10 Ziff. 2 EStG. ist jedoch ein anderer als der des § 1968 BGB. Wenn dieser dem Erben die Kosten der standesgemäßen Beerdigung des Erblassers auferlegt, so sind die Kosten der weiteren Grabunterhaltung deshalb nicht einbegriffen, weil die weitere Unterhaltung des Grabes nicht zur Verpflichtung des Erben als solchen gehört; falls sie vom Erblasser nicht letztwillig verfügt ist, soll der Erbe nicht gehalten sein, auf längere Zeit das Grab zu unterhalten. Eine andere Frage ist es aber, ob, wenn dies der Erbe sei es kraft Anordnung des Erblassers sei es freiwillig tut, er die aufgewendeten Kosten als Abzugsposten für die Nachlaßsteuer einsetzen kann. Hier geht der Zweck der Bestimmung meines Erachtens dahin, die Erfüllung der durch die Pietät gebotenen Pflichten nicht steuerlich zu belasten. Es entspricht daher meines Erachtens dem Zwecke der Bestimmung, denjenigen Betrag steuerfrei zu halten, der nachweislich aufgewendet wird für die Erhaltung und Pflege des Grabes des Erblassers auf diejenige Zeit hinaus, auf die üblicherweise die Kirchengemeinden und städtischen Behörden eine solche rechtsverbindlich übernehmen (anderer Meinung Mirre Anm. 3 § 10, die Kosten der Grabpflege überhaupt ausschließend; Hoffmann-Hendel Anm. 4 § 10 nur die Kosten der angeordneten Grabpflege als Abzugsposten zulassend).

4. **Zu Ziff. 3.** Dem Nachlaß fallen zur Last die dem Antragsteller bei der **Todeserklärung** erwachsenen Kosten, welche zur zweck-

entsprechenden Durchführung des Verfahrens notwendig waren (§ 971 ZPO.). Für das Verfahren nach der Verordnung über die Todeserklärung Kriegsverschollener (Bekanntmachung vom 9. 8. 1917 RGBl. S. 704) werden nach § 23 Abs. 1 Gerichtsgebühren nicht erhoben. Die Kostenpflicht wird sich aus dem Ausschlußurteil ergeben, die Höhe aus den Gerichtskostenrechnungen und den Gebührenrechnungen des Rechtsanwalts.

5. **Zu Ziff. 4.** Zu den Kosten der Testamentseröffnung zählt die sog. Eröffnungsgebühr. Die Gebühren für die gerichtliche Verwahrung des Testaments werden abzugsfähig sein als zu den Kosten der Nachlaßregelung gehörend. Die Bestimmung schließt sich an § 29 Abs. 3. des ersten ESt.G., wo sie allerdings sich auf die Erbanfallsteuer bezog und mehr systematische Berechtigung hatte, als bei der Nachlaßsteuer. Es sind hiernach bei der Nachlaßsteuer abzugsfähige Kosten diejenigen für die Durchführung der Auseinandersetzung, sei es beim Gericht (Kosten des gerichtlichen Auseinandersetzungsverfahrens), sei es außergerichtlich (Auseinandersetzung vor Notar, Gebühren eines hinzugezogenen Rechtsanwalts, für Reisen usw.), ferner die Kosten eines Erbscheins. Die Kosten des Testamentsvollstreckers sind abzugsfähig, soweit ihm die Nachlaßverwendung obliegt (§ 2204 BGB.), desgleichen seine angemessene oder für ihn ausgesetzte Vergütung (§ 2221 BGB.), soweit sie seine angeführte Funktion betrifft. Die Regelung des Nachlasses umfaßt außer der Auseinanderse ung im engeren Sinne auch die Verwaltung vom Erbfall bis zu ihrer Durchführung. Es ist daher auch die Vergütung für den Testamentsvollstrecker abzugsfähig, soweit seine Tätigkeit der Durchführung der Nachlaßregelung gewidmet ist. Maßgebend werden die Umstände des einzelnen Falles sein. Die Kosten der Umschreibung von Nachlaß grundstücken und Hypotheken können nach Ansicht des Reichsfinanzhofs (RFH. 1 S. 121) schon für die Erbanfallsteuer nicht in Abzug gebracht werden, noch weniger also für die Berechnung der Nachlaßsteuer. Das gleiche wird gelten müssen für die Kosten der Umschreibung vermachter Grundstücke und Hypotheken auf den Vermächtnisnehmer. Wenn der Reichsfinanzhof, gestützt auf § 2174 BGB. für die Erbanfallsteuer dieserhalb abweichend entscheidet, so tut er dies, weil die Umschreibungskosten den Erben als solchen treffen. Gerade diese Erbenlasten sind, wie in Anm. 2a erwähnt, bei der Nachlaßsteuer nicht abzugsfähig, so daß insoweit jene für § 29. des ersten ESt.G. getroffene Entscheidung für die Nachlaßsteuer nicht entscheidend sein kann. Das Ergebnis wird danach sein, daß sowohl die Kosten der Umschreibung von Nachlaßgrundstücken und Nachlaßhypotheken auf den Alleinerben,

als auch die Kosten der Umschreibung vermachter Grundstücke und Hypotheken auf den Vermächtnisnehmer bei der Berechnung der Nachlaßsteuer keine abzugsfähigen Posten darstellen (anderer Meinung in beiden Fällen Mirre Anm. 5 § 10).

Über Sicherung des Nachlasses vgl. § 1960 BGB., über Nachlaßpflegschaft § 1961 BGB., über Aufgebot der Nachlaßgläubiger §§ 1970 ff., über Inventarerrichtung § 1993 BGB.

6. **Zu Ziff. 5.** Für den Nachlaß geführt ist jeder **Rechtsstreit**, der zur Erhaltung oder Erhöhung des Bestandes des Nachlasses geführt wird, sowohl Aktiv- wie Passivprozesse fallen darunter. Einbegriffen soll nach der ausdrücklichen Feststellung in der Ausschußberatung (Ausschußbericht S. 6) auch der um den Nachlaß geführte Prozeß sein. Man wird daher auch Prozesse gegen den Erbschaftsbesitzer, auch solche zwischen Erben und Vermächtnisnehmer hierher zu rechnen haben, ohne daß der Ausgang des Prozesses entscheidend sein kann (anderer Meinung für das Vermächtnis Mirre Anm. 6). Auch die Prozesse zur Verteidigung des Nachlasses nach geschehener Teilung gehören hierher, z. B. gegen spätere Prätendenten auf Erbschaft oder Vermächtnis. Nachträglich entstehende Kosten sind im Wege der späteren Berichtigung der Veranlagung gemäß § 19 EStG. in Abzug zu bringen.

§ 11.

Als Nachlaßverbindlichkeit gilt nicht,

1. was auf Grund eines vom Erblasser unter der Bedingung, daß der Beschenkte den Schenker überlebt, oder daß die Vollziehung der Schenkung bis zum Tode des Erblassers ausgesetzt sein soll, erteilten Schenkungsversprechens, oder was auf Grund eines vom Erblasser schenkweise unter dieser Bedingung erteilten Schuldversprechens oder Schuldanerkenntnisses der in den §§ 780, 781 des Bürgerlichen Gesetzbuchs bezeichneten Art aus dem Nachlaß zu leisten ist;
2. die Nachlaßsteuer. Soweit sich das Vermögen im Ausland befindet, kommt jedoch auf Antrag die in dem ausländischen Staate erweislich hierfür gezahlte Erbschaftssteuer als Nachlaßverbindlichkeit in Abzug.

1. Die Vorschrift enthält Verbindlichkeiten, die eigentlich nach dem Grundsatz des § 10 Ziff. 1 EStG. abzugsfähige Nachlaßverbindlichkeiten sind, aber vom Gesetz als solche nicht anerkannt werden sollen.

2. **Zu Ziff. 1.** Sie umfaßt die Erfüllung des vom Erblasser erteilten **Schenkungsversprechens von Todes wegen** und der ihm gleichgestellten abstrakten Schuldversprechen oder Schuldanerkenntnisse unter der gleichen Bedingung, daß der Beschenkte den Schenker überlebt (§§ 780, 781 BGB.). Um überhaupt verbindlich zu sein, bedürfen die drei Arten von Verbindlichkeiten der Form der Verfügung von Todes wegen (§ 2301 Abs. 1 BGB.). Liegt ein formgültiges Schenkungsversprechen von Todes wegen oder eine der ihm gleichgestellten abstrakten Verbindlichkeiten vor, so sind folgende Fälle zu unterscheiden:

a) Hat der Erblasser die Schenkung durch Leistung des zugewendeten Gegenstandes vollzogen, so ist der Wert des Zugewendeten dem Nachlaß hinzuzurechnen (§ 8 Ziff. 2 EStG. und Erläuterung). Als Vollziehung ist nicht etwa die bloße Hingabe eines Schuldscheins anzusehen, wenn auch mit der Ermächtigung, den Schuldgegenstand nach dem Tode des Schenkers in Empfang zu nehmen, auch nicht der Vermerk auf einem Schuldschein, jedoch kann Einigung und Abtretung des Herausgabeanspruchs gemäß § 931 BGB. die Vollziehung zu Lebzeiten herbeigeführt haben, wie z. B. bei Übergabe eines Sparkassenbuchs (vgl. Anm. 2 zu § 8 EStG. Anm. 5a zu § 1 EStG. und die dort angeführte Entscheidung des Reichsfinanzhofs, auch Reichsgericht in JW. 1904 S. 337 Ziff. 3; Warneyer 1908 Nr. 302, Reichsgerichtsräte Anm. 4 § 2301).

b) Ziff. 1 gilt ebenfalls, wenn das Schenkungsversprechen unter der Bedingung erteilt ist, daß die Vollziehung bis zum Tode des Erblassers ausgesetzt ist. Ist nur die Vollziehung ausgesetzt, so ist die gerichtliche oder notarielle Beurkundung des Schenkungsversprechens unter Lebenden nach § 518 BGB. erforderlich und genügend. Ein zur Zeit des Todes noch nicht erfülltes unbedingtes Schenkungsversprechen des Erblassers oder ein solches unter einer anderen Bedingung, als in Ziff. 1 § 11 EStG. fällt unter abzugsfähige Nachlaßverbindlichkeiten.

3. **Zu Ziff. 2.** Die **Nachlaßsteuer** selbst ist für die Berechnung der Nachlaßsteuer keine abzugsfähige Verbindlichkeit, wohl aber bei der Berechnung der Erbanfallsteuer (vgl. Anm. 4 zu § 25).

Die im Ausland nachweislich gezahlte Erbschaftssteuer hingegen soll als Nachlaßverbindlichkeit in Abzug kommen. Welcher Art die ausländische Erbschaftssteuer ist, ob sie insbesondere der inländischen Nachlaßsteuer oder Erbanfallsteuer entspricht, ist ohne Belang. Der Abzug erfolgt nur auf Antrag und auf den Nachweis, daß die Steuer tatsächlich für das im Ausland befindliche Vermögen im

Anschluß an einen Erbfall entrichtet worden ist, alsdann ist der Betrag vom Nachlaßvermögen in Abzug zu bringen, nicht etwa auf die zu zahlende deutsche Nachlaßsteuer anzurechnen. Legt der Steuerpflichtige die rechtskräftige ausländische Steuerveranlagung nebst dem Nachweis ihrer Bezahlung vor, so wird es nicht Sache der inländischen Steuerbehörde sein, ihre Richtigkeit nachzuprüfen.

§ 12.

Im Falle der Fortsetzung der ehelichen Gütergemeinschaft (§§ 1483 ff., 1557 des Bürgerlichen Gesetzbuchs, Artikel 200 des Einführungsgesetzes zum Bürgerlichen Gesetzbuch) ist der Anteil des verstorbenen Ehegatten am Gesamtgut Gegenstand der Nachlaßsteuer in gleicher Weise, wie wenn er zum Nachlaß gehörte.

Im Falle des Todes eines anteilsberechtigten Abkömmlings gehört dessen Anteil am Gesamtgut zu seinem Nachlaß.

Soweit nach dem bestehenden Anerbenrechte bei der ungeteilten Erbengemeinschaft hinsichtlich eines Bauernguts das Recht eines Miterben zugunsten der übrigen Miterben erlischt, tritt keine neue Nachlaßbesteuerung ein.

1. „Die **fortgesetzte Gütergemeinschaft** ist eine Fortsetzung der ehelichen Gütergemeinschaft nach dem Tode eines Gatten zwischen dem überlebenden Gatten und den gemeinsamen Abkömmlingen. Sie beugt einer vorzeitigen Aufteilung des Gesamtgutes (einer Schichtung der Kinder) vor, die sonst schon mit dem Tode eines Elternteiles eintreten müßte und dient so der zeitweiligen Erhaltung eines Hausvermögens" (Kipp-Wolff S. 211). Wird die Abschichtung der Kinder vermieden, so kann das Gesamtgut nicht zum Nachlaß gehören, sondern es bleibt als Hausvermögen zusammen, so daß es bezüglich des Gesamtgutes nur eine Übernahme kraft Familienrechts, nicht aber eine Nachfolge kraft Erbrechts beim Tode eines der Ehegatten gibt (§ 1483 BGB.). Gleichwohl läßt sich eine Freilassung des Überganges des Gesamtgutes beim Tode eines Ehegatten von der Nachlaßsteuer nicht rechtfertigen, und deshalb muß das Erbschaftssteuergesetz von den Grundsätzen des BGB. abweichen. Der Anteil des verstorbenen Ehegatten am Gesamtgut wird entgegen § 1483 BGB. so angesehen, als wenn er zum steuerbaren Nachlaß gehörte. Es setzt sich deshalb das steuerpflichtige Nachlaßvermögen zusammen aus dem Wert des Anteils des Ehegatten am Gesamtgut, zuzüglich des Wertes des sonstigen Nachlasses, z. B. des Vorbehaltsgutes und auch des eingebrachten

Gutes der Fahrnisgemeinschaft (vgl. auch Begründung S. 31). Das gleiche gilt nach Abs. 2 § 12 im Falle des Todes eines Abkömmlings; dann gehört sein Anteil am Gesamtgut für die Berechnung der Nachlaßsteuer zum Nachlaß, obwohl nach § 1490 BGB. auch hier die familienrechtliche Sukzession eintritt und der Gesamtgutsteil zivilrechtlich nicht zum Nachlaß gehört.

2. Der Eintritt der fortgesetzten Gütergemeinschaft kommt unter folgenden **Voraussetzungen** in Frage:

a) Die Ehe muß beerbt, also gemeinschaftliche Abkömmlinge müssen vorhanden sein.

b) Es muß zwischen den Ehegatten das Recht der allgemeinen Gütergemeinschaft herrschen, dann tritt die fortgesetzte Gütergemeinschaft ein, soweit sie nicht durch Ehe- oder Erbvertrag ausgeschlossen ist (§ 1483 BGB.), oder es muß das Recht der Fahrnisgemeinschaft (§ 1549ff BGB.) zwischen den Ehegatten herrschen und die Fortsetzung der Fahrnisgemeinschaft über den Tod eines der Ehegatten hinaus muß durch Ehevertrag vereinbart sein.

c) Der überlebende Ehegatte darf die Fortsetzung nicht abgelehnt haben (§ 1484 BGB.) und die Abkömmlinge dürfen nicht infolge Verzichts oder aus in ihrer Person liegenden Gründen von der Teilnahme an der fortgesetzten Gütergemeinschaft ausgeschlossen sein (§§ 1506, 1491, 1517, 1511 BGB.).

d) Die fortgesetzte Gütergemeinschaft darf nicht durch Ehevertrag (§ 1508 BGB.) oder durch letztwillige Verfügung ausgeschlossen worden sein, zu welcher ausnahmsweise der Ehegatte befugt ist, falls er dem andern den Pflichtteil zu entziehen oder auf Aufhebung der Gütergemeinschaft zu klagen berechtigt ist (§§ 1509, 2335, 2336, 2337, 1468, 1469 BGB.).

3. **Anteilsberechtigt** sind die gemeinsamen Kinder und die Kindeskinder, die im Fall der gesetzlichen Erbfolge als Erben berufen sein würden, sofern sie nicht infolge Verzichts, Unwürdigkeit oder letztwilliger Verfügung ausscheiden, auch gemeinsam an Kindes statt angenommene Kinder, dagegen nicht Stiefkinder auch nur eines Ehegatten, uneheliche Kinder der Frau und für ehelich erklärte Kinder des Mannes (§§ 1483, 1589, 1923, 1924, 1927 BGB., §§ 1506, 1491, 1517, 1511 BGB., § 1757 Abs. 2 BGB., § 1723 BGB.).

4. Zum **Gesamtgut** der fortgesetzten Gütergemeinschaft gehört:

a) das bisherige eheliche Gesamtgut, soweit es nicht im Wege der ordnungsmäßigen Erbfolge einem nicht Anteilsberechtigten, insbesondere einem einseitigen Abkömmling des Erblassers anfällt;

b) das Vermögen, das der überlebende Ehegatte aus dem Nachlaß des verstorbenen Ehegatten und während der fortgesetzten Gütergemeinschaft erwirbt (näher Kipp-Wolff § 67 V).

5. Die Erwähnung des **Artikels 200 EG z. BGB.** enthält den Hinweis auf jene Übergangsvorschrift, nach welcher die Ehegatten nach Inkrafttreten des BGB. ihren Güterstand jederzeit durch Ehevertrag regeln können, auch wenn dies die bisherigen Gesetze nicht gestatteten. Für den Güterstand der zur Zeit des Inkrafttretens des BGB. bestehenden Ehen bleiben die bisherigen Gesetze maßgebend; dies gilt besonders für die Vorschriften über die erbrechtlichen Wirkungen des Güterstandes (über Märkisches Provinzialrecht Anm. 14 zu § 72) und von den Vorschriften der französischen und badischen Gesetze über das Verfahren der Vermögensabsonderungen der Ehegatten. Die hiernach in Kraft gebliebenen einzelstaatlichen Güterrechte sind gemäß Art. 218 EG. z. BGB. den Güterrechten des BGB. angepaßt worden (für Preußen AG. z. BGB. Art. 44–67 und Kgl. VO. betr. den Güterstand bestehender Ehen vom 20. 12. 1899, Bayr. AG. z. BGB. Art. 19–31, 51, 62–104, 121–140, SächsAGB. § 34, Württ. AG. z. BGB. Art. 260–264, Bad. AG. z. BGB. Art. 41, 42).

6. **Berechnung des Nachlasses.** Obwohl sonach in den Anteil des verstorbenen Ehegatten bei fortgesetzter Gütergemeinschaft keine Erbfolge stattfindet, vielmehr der überlebende Ehegatte und die anteilsberechtigten Kinder in der Stellung des früheren Ehemannes, bzw. der Ehefrau die Gütergemeinschaft fortsetzen und nur das außerhalb der Gütergemeinschaft stehende Vermögen des Erblassers Gegenstand der Erbfolge ist, ist der Nachlaß zu berechnen aus der Summe des Anteils des Verstorbenen am Gesamtgut und dessen vererblichen Vermögens, bestehend aus Vorbehaltsgut, vererblichem Sondergut und eingebrachtem Gut bei Fahrnisgemeinschaft (vgl. Anm. 1).

Beispiel: Von den in Gütergemeinschaft lebenden Ehegatten A und B verstirbt A ohne Testament, so daß gesetzliche Erbfolge eintritt. Außer der Witwe B hinterbleiben die gemeinsamen drei Kinder X, Y, Z. Gesamtgut 100000 M., Sondergut des verstorbenen Ehegatten 80000 M., steuerbarer Nachlaß 80000 M. + 50000 M. (Ehehälfte des Verstorbenen am Gesamtgut) = 130000 M.

Zur Ermittlung der Hälfte am Gesamtgut, welche dem überlebenden Ehegatten anfällt, ist dessen Auseinandersetzungsguthaben gemäß § 1476 BGB. in Verbindung mit §§ 1463–67 zu berechnen. Die andere Hälfte fällt den anteilsberechtigten Abkömmlingen nach Maßgabe ihrer gesetzlichen Erbteile zu, sie ist dem sonstigen Nachlaß des verstorbenen Ehegatten zur Ermittlung des nachlaßsteuerpflichtigen Vermögens hinzuzufügen. Wird die fortgesetzte Gütergemeinschaft durch den Tod des überlebenden Ehegatten aufgelöst, so gehört die auf die gleiche Weise ermittelte Hälfte des zu diesem Zeitpunkt vorhandenen Gesamtgutes zu seinem Nachlaß (§ 1494 BGB., § 1498, Begründung S. 32).

7. **Anerbengüter** sind ländliche Besitzungen, bei denen beim Erbgange einem der Miterben, dem Anerben, das Recht gegenüber den übrigen Miterben zusteht, das Gut zu einem bestimmten Werte an sich zu ziehen. Abs. 3 § 12 EStG. enthält eine Befreiung für Bauerngüter, sofern bei ihnen während ungeteilter Miterbengemeinschaft das Recht eines Miterben infolge seines Todes erlischt, also für die Zeit vor Ausübung des Anerbenrechts.

§ 13.

Übersteigt der Gesamtwert des Nachlasses nicht den Betrag von zweihunderttausend Mark, so bleiben die ersten zwanzigtausend Mark frei von der Nachlaßsteuer.

1. Für die Berechnung siehe die Hilfstafel 2Aa abgedruckt bei § 15 EStG.

2. Der Gesamtwert ist nach den Vorschriften der §§ 2—11 zu ermitteln. Nach der Fußnote zu Hilfstafel 2Aa und b soll der Gesamtwert des Nachlasses gleich dem steuerbaren + dem nichtsteuerbaren Nachlaß sein (ebenso Mirre § 13 EStG., zweifelnd S. 232, wie die Hilfstafel Hoffmann-Henckel Anm. 1 § 13). Diese Auffassung ist, obwohl sie sich in der Hilfstafel findet, nicht bindend, weil sie im Gesetz keine Stütze findet und als Anlage zu § 40 der Ausführungsbestimmungen ebenso wie diese selbst keine für die Auslegung bindende Kraft hat. Wenn § 13 vom Gesamtwert des Nachlasses spricht, so kann er keinen anderen Wert meinen, als den auf Grund der vorangegangenen Bestimmungen des EStG. berechneten Wert. Wenn nach jenen Bestimmungen Teile des vom Erblasser hinterlassenen Vermögens steuerfrei sind, so sind sie bei der Berechnung des steuerbaren Wertes eben nicht zu berücksichtigen, denn für die Bestimmungen der Nachlaßsteuer ist steuerbarer Nachlaß nur das in den §§ 2ff. EStG. umgrenzte und nach diesen steuerpflichtige Vermögen. Deshalb hat bei der Berechnung des Gesamtwertes auszuscheiden das nach § 7 nicht steuerbare Vermögen (Hausrat) und die bis zu 25 Stück steuerfreien Sparprämienanleihen.

3. Beträgt der Gesamtwert des Nachlasses gerade 200000 M., so bleiben 20000 M. steuerfrei und es sind 180000 M. mit 1800 M.

Nachlaßsteuer zu versteuern; ist der Gesamtwert 200001 M., so übersteigt immerhin der Gesamtwert 200000 M., so daß die ersten 20000 M. nicht steuerfrei bleiben, die Nachlaßsteuer demnach 2000 M. beträgt. Dies wird trotz der Abrundungsvorschrift des § 46 EStG. gelten, weil § 13 EStG. nur von den Berechnungsgrundsätzen der vorangegangenen Bestimmungen ausgeht. Die Teilung der Massen nach § 16 EStG. wird dahin zu berücksichtigen sein, daß der Gesamtwert für jede Masse besonders anzusetzen ist, so daß für jede der Massen § 13 anwendbar ist, auch wenn die Summe beider Massen 200000 M. übersteigt.

4. Was die untere Grenze von 20000 M. anlangt, so werden bei ihrer Berechnung die gleichen Grundsätze wie in Anm. 2 und 3 Platz zu greifen haben. Beträgt ein Nachlaß 20099 M., so bleibt er trotz der Abrundungsvorschrift aus § 46 EStG. nicht steuerfrei. Steuerfreie Vermögensteile (§ 7 EStG.) bleiben außer Berechnung.

§ 14.

Die Steuerpflicht tritt ein

I. für den gesamten Nachlaß,
wenn der Erblasser zur Zeit seines Todes ein Deutscher war;

II. für den gesamten Nachlaß mit Ausnahme des ausländischen Grund- und Betriebsvermögens sowie von Nutzungsrechten an einem solchen Vermögen,
wenn der Erblasser zur Zeit seines Todes ein Ausländer war und einen Wohnsitz oder in Ermangelung eines Wohnsitzes seinen dauernden Aufenthalt im Inlande hatte;

III. für den in inländischem Grund- oder Betriebsvermögen oder in einem Nutzungsrecht an einem solchen Vermögen bestehenden Nachlaß ohne Rücksicht auf Staatsangehörigkeit, Wohnsitz oder Aufenthalt des Erblassers.

Ausführungsbestimmungen § 36:

Sofern nicht besondere Umstände eine andere Annahme rechtfertigen, ist eine wirtschaftliche Beziehung zu dem in Grundstücken bestehenden Vermögen (z. B. § 10 Nr. 1, § 14 Nr. II, III, § 24 Nr. II, III, § 25 Abs. 2 des Gesetzes) anzunehmen, wenn die Schulden und Lasten auf den Grundstücken ruhen.

Zu dem nach § 14 Nr. III, § 24 Nr. III des Gesetzes steuerpflichtigen inländischen Grund- und Betriebsvermögen gehört außer dem im Gebiete des Deutschen Reiches befindlichen Grund- und Betriebsvermögen alles Vermögen, das der Ausübung eines stehenden Gewerbes in einer innerhalb des Reiches befindlichen Betriebsstätte gewidmet ist.

1. **Übersicht**. Die Vorschrift bestimmt den Umfang der objektiven Steuerpflicht unter Berücksichtigung der Person des Erblassers (dagegen nicht die subjektive Steuerpflicht, wie Hoffmann-Henckel Anm. 1 annimmt). Der Grundsatz, daß das gesamte Vermögen jedes Erblassers bei seinem Tode der Nachlaßsteuer unterworfen wird, bleibt aufrechterhalten, soweit sich nicht aus § 14 Ausnahmen ergeben. Die nachstehend im einzelnen erörterten Ausnahmen kann man im allgemeinen auf den Fall zurückführen, daß ein Ausländer im Ausland verstirbt, ohne im Inland Grund- oder Betriebsvermögen zu haben. Daß damit die Steuerpflicht in einer außerordentlichen Weise ausgedehnt wird, wird bei dieser Hervorhebung klar. Es hat danach jemand, der vor 30 Jahren aus Deutschland ausgewandert ist und in der Zeit seine deutsche Staatsangehörigkeit während seines Aufenthalts im Ausland nicht aufgegeben hat, noch die deutsche Erbschaftssteuer zu zahlen. Ob es vom staatlichen Interesse aus empfehlenswert ist, den begüterten Ausländer dadurch von einem dauernden Aufenthalt in Deutschland abzuhalten, daß er, wenn er nach einem vielleicht nur mehrmonatlichen Aufenthalt hier stirbt, der deutschen Nachlaßsteuer unterfällt, ist vollends zweifelhaft. Zu befürchten ist auch, daß bei diesen Folgerungen Einsprüche auf diplomatischem Wege durch andere Staaten nicht ausbleiben werden, auch andererseits Auslandsdeutsche zur Aufgabe ihrer Staatsangehörigkeit bewogen werden, um mit der deutschen Nachlaßsteuer nicht belastet zu werden. Die Regelung geht dahin, daß, falls der Erblasser zur Zeit seines Todes ein Deutscher war, er mit dem gesamten Nachlaß nachlaßsteuerpflichtig bleibt, gleichgültig, wo er zur Zeit seines Todes seinen Wohnsitz oder dauernden Aufenthalt hatte. War der Erblasser Ausländer, so ist zu unterscheiden, ob er seinen Wohnsitz oder dauernden Aufenthalt im Inlande hatte oder nicht. Ersterenfalls bleibt nur das ausländische Grund- und Betriebsvermögen frei, letzterenfalls wird nur das inländische Grund- oder Betriebsvermögen besteuert.

2. **Zu I**. Die **Staatsangehörigkeit** des Erblassers bestimmt sich nach dem Reichs- und Staatsangehörigkeitsgesetz vom 22. 7. 1913 (RGBl. Nr. 46 S. 583). Der Besitz einer anderen Staatsangehörigkeit neben der deutschen ändert nichts an der Steuerpflicht des Erblassers als Deutschen. Es ist jedoch stets zu prüfen, ob nicht, gemäß der Regel des § 17 StaatsAngG. Ziff. 2, die deutsche Staatsangehörigkeit durch den Erwerb einer ausländischen verloren gegangen ist. Voraussetzung

hierfür ist, daß der Betreffende im Inlande weder Wohnsitz noch dauernden Aufenthalt hatte und der Erwerb der ausländischen Staatsangehörigkeit auf seinen oder seines gesetzlichen Vertreters oder Ehemannes Antrag erfolgte. Die deutsche Staatsangehörigkeit verliert nicht, wer vor Erwerb der ausländischen Staatsangehörigkeit auf seinen Antrag die schriftliche Genehmigung der zuständigen Behörde seines Heimatsstaates zur Beibehaltung seiner Staatsangehörigkeit erhalten hat (§ 25 StAG.). Der Friedensvertrag von Versailles (RGBl. 1919 S. 687) enthält nähere Bestimmungen über die Staatsangehörigkeit der Einwohner der abzutretenden und der Abstimmungsgebiete (Art. 36 Belgien, § 27 Anl. zu Art. 45—50 Saarbecken, Anl. zu Art. 79 Elsaß-Lothringen, Art. 84 Tschecho-Slowakei, Art. 91 Polen, Art. 105 Danzig, Art. 112 Dänemark). Der gesamte Nachlaß des deutschen Erblassers ist nachlaßsteuerpflichtig, ohne Rücksicht auf seinen letzten Aufenthalt oder Wohnsitz.

3. **Zu II.** a) **Ausländer** sind alle Personen ohne deutsche Staatsangehörigkeit. Hierher zählen sowohl die Personen mit ausschließlich fremder Staatsangehörigkeit, als auch diejenigen Personen, welche die deutsche oder die ausländische Staatsangehörigkeit verloren haben, ohne eine andere zu erwerben, die sog. **„Staatenlosen"**. Steuerfrei ist bei Ausländern in allen Fällen das ausländische Grund- und Betriebsvermögen. Ob das gesamte Kapitalvermögen, einschließlich des ausländischen, und das inländische Grund- und Betriebsvermögen steuerbar ist, hängt davon ab (über die Abgrenzung des ausländischen und inländischen Grund- und Betriebsvermögens vgl. zu III), ob der ausländische Erblasser zur Zeit seines Todes seinen Wohnsitz oder dauernden Aufenthalt im Auslande hatte. „Einen Wohnsitz im Sinne der Steuergesetze hat jemand da, wo er eine Wohnung unter Umständen hat, die auf die Absicht der Beibehaltung einer solchen schließen lassen. Einen dienstlichen Wohnsitz im Sinne der Steuergesetze haben Personen, denen ein öffentliches Amt oder eine öffentliche Dienststelle dauernd verliehen ist; er ist an dem Orte, der ihm zur Ausübung eines Berufes angewiesen ist" (§ 62 RAO.). „Einen gewöhnlichen oder dauernden Aufenthalt im Sinne der Steuergesetze hat jemand dort, wo er sich unter Umständen aufhält, die auf die Absicht schließen lassen, an diesem Orte oder in diesem Lande nicht nur vorübergehend zu verweilen" (§ 63 RAO.).

Im Gegensatz zu den Vorschriften des bürgerlichen Rechts (§§ 7ff. BGB.) ist für den Wohnsitz entscheidend das äußere Merkmal der Wohnung; von Bedeutung wird sein, ob der Erblasser im Inlande über eine ihm und seinem Haushalte entsprechend eingerichtete Wohnung verfügt, dann wird man auf die Absicht der Beibehaltung schließen können. Der Gegensatz zum gewöhnlichen oder dauernden Aufenthalt ist die nur vorübergehende Anwesenheit. Kurze Unterbrechungen haben keinen aufhebenden Einfluß, wenn der Gesamtcharakter des Aufenthalts als auf die Dauer angelegt sich zeigt. Hingegen vermögen Besuche auf längere Zeitdauer, jedoch nur vorübergehenden Charakters, z. B. zum Besuch von Familienangehörigen, einen dauernden Aufenthalt nicht zu begründen (vgl. auch die Rechtsprechung zum Doppelsteuergesetz vom 22. 3. 1909, dem Vorbild des § 14). Ob der ausländische Erblasser außer seinem Wohnsitz im Inland auch noch einen solchen im Ausland hatte, ändert nichts an der steuerlich maßgebenden Tatsache seines inländischen Wohnsitzes. Ein mehrfacher dauernder Aufenthalt erscheint nach der Begriffsbestimmung des § 63 RAO. ausgeschlossen.

b) Steuerfrei sind jedoch diejenigen Personen, die das Recht der **Exterritorialität** besitzen, im wesentlichen die in §§ 18—21 GVG. erwähnten und die sonstigen nach Völkerrecht und durch Staatsvertrag als exterritorial anerkannten Personen. Zu ihnen treten derzeitig die Mitglieder der interalliierten Überwachungsausschüsse, welche auf Grund des Friedensvertrages die Entente in Deutschland hält; sie nehmen das Recht der Exterritorialität für sich in Anspruch, was auch von der deutschen Regierung grundsätzlich zugebilligt worden ist.

4. **Zu III.** Jeder Erblasser, ohne Rücksicht auf Staatsangehörigkeit, Wohnsitz oder dauernden Aufenthalt ist nachlaßsteuerpflichtig mit seinem inländischen **Grund- und Betriebsvermögen**. Grund- und Betriebsvermögen sind umschrieben in den §§ 3, 4, 5 ESt G. (vgl. Erläuterungen zu diesen). Die Abgrenzung des inländischen und des ausländischen Grund- und Betriebsvermögens ist insofern praktisch schwierig, sobald Teile des inländischen Betriebsvermögens sich im Auslande oder Teile des ausländischen Betriebsvermögens sich im Inlande befinden. Auszugehen ist von der Begriffsbestimmung des Betriebsvermögens in § 5 EStG. (vgl. Erläuterungen). Danach können sehr wohl im Ausland Gegenstände sich befinden, welche einem inländischen Unternehmen gewidmet sind, auch Grundstücke, und umgekehrt. Wenn § 36 Ausführungsbestimmungen Ziff. 2(vgl. oben) zum inländischen Grund- und Betriebsvermögen „außer dem im Gebiete des Deutschen Reichs befindlichen Grund- und Betriebsvermögen alles Vermögen zählt, das der Ausübung eines stehenden Gewerbes in einer innerhalb des Reiches befindlichen Betriebsstätte gewidmet ist", so gibt dies kaum eine klare Vorstellung. Betriebsstätte ist „jede feste örtliche Anlage oder

Einrichtung, die der Ausübung des Betriebes eines stehenden Gewerbes dient. Außer dem Hauptsitz eines Betriebes gelten hiernach als Betriebsstätten Zweigniederlassungen, Fabrikationsstatten, Ein- und Verkaufsstellen, Kontore und sonstige zur Ausübung des Gewerbes durch den Unternehmer selbst, dessen Geschäftsteilhaber, Prokuristen oder andere ständige Vertreter unterhaltenen Geschäftseinrichtungen". Folgt man dieser, mit der bisherigen Rechtsanschauung übereinstimmenden Umschreibung aus § 10 LandesStG. (vgl. PrAnw. vom 25. 7. 1906 zu Art. 2 EinkG. und PrOVG. vom 18. 4. 1895 Bd. 4 S. 342, vom 18. 6. 1896 Bd. 5 S. 163, vom 29. 2. 1896 Bd. 5 S. 404, vom 25 11. 1897 Bd. 6 S. 427) so wird vollends unklar, wie „außer" dem inländischen Grund- und Betriebsvermögen es Vermögen geben soll, das der Ausübung eines stehenden Gewerbes „in" einer inländischen Betriebsstätte im Sinne des § 36 Abs. 2 gewidmet sein soll. Ist das Vermögen dem Gewerbebetriebe „in" einer inländischen Betriebsstätte gewidmet, so befindet es sich ohne weiteres im Inland. Gemeint ist wohl, daß zum inländischen Betriebsvermögen auch seine im Ausland befindlichen Teile gehören, soweit sie einem Unternehmen gewidmet sind, dessen Betriebsstätte sich im Inland befindet. Das wird auch von ausländischen Grundstücken gelten, die einem inländischen Unternehmen zugehören. Das Entsprechende gilt für Teile ausländischen Betriebsvermögens, welche im Inland sind. Das inländische Warenlager einer in England domizilierten Firma gehört zum ausländischen Betriebsvermögen einer ausländischen Firma und kommt daher für die Nachlaßsteuer nicht in Frage, ebensowenig wie der Waggon mit Ware, der einem ausländischen Erblasser gehört, welcher im Inland seinen Wohnsitz hat, wenn der Waggon einem Unternehmen des Erblassers gewidmet ist, welches im Auslande domiziliert ist. Beispiel: Wohnt in Berlin der Holländer A und befördert er durch Deutschland eine Warensendung, die zu seinem in Batavia befindlichen Geschäft gehört, so ist diese Sendung als zum ausländischen Betriebsvermögen gehörig auch dann nicht steuerpflichtig, wenn sie sich zur Zeit des Todes des Erblassers in Deutschland befindet (vgl. Ziff. II). Hat umgekehrt ein Holländer, welcher in Amsterdam wohnt, in Berlin eine Firma mit einer Berliner Betriebsstätte, welche ihre Rohprodukte auf eigenen Grundstücken bei Batavia zieht und auf eigenen Schiffen mit dem Hafen Hamburg hierher verfrachtet, so sind sowohl die Grundstücke wie die Schiffe zum inländischen Betriebsvermögen gehörig und nachlaßsteuerpflichtig, falls der Holländer in seinem Wohnsitz Amsterdam stirbt. Eine Ausnahme gilt nur dann, wenn in Batavia eine eigene Betriebsstätte des inländischen Unternehmens sich befindet, welche zum Mittelpunkt eines ausländischen Betriebsvermögens geeignet erscheint. Dies Beispiel zeigt die außerordentliche, wohl übertriebene, örtliche Ausdehnung der Nachlaßsteuerpflicht.

Wichtig ist, ob inländischer und ausländischer Betrieb als wirtschaftliche Einheit bilanzmäßig erscheinen oder nicht; die Gemeinsamkeit der Oberleitung und das Maß der Selbständigkeit der Betriebe wird ebenfalls von Bedeutung sein (Höpker, Reichsnotopfer, Berlin 1920, Anm. 24 § 2). Wegen der zahlreichen Schwierigkeiten, vor allem auch auf Grund der verschiedenartigen Währungen, in denen die Betriebsbilanzen oder die Gesamtbilanz ausgedrückt ist, empfiehlt sich die Herstellung einer eigenen Steuerbilanz für das inländische Betriebsvermögen, bei der freilich die Zusammenhänge mit dem ausländischen Betriebsvermögen jeweils zu berücksichtigen sind, aber nur insoweit als sie unmittelbar das inländische Betriebsvermögen berühren. Darauf ist gerade bei der Valutenfrage zu achten; dadurch daß die Währung steigt, in der die Bilanz der ausländischen Hauptniederlassung ausgedrückt ist, vermehrt sich weder das inländische Betriebsvermögen steuerlich, noch vermindert es sich.

Mit Vorsicht anzuwenden ist die Regel aus § 36 Abs. 1 Ausführungsbestimmungen (oben abgedruckt), welche im Zweifel eine wirtschaftliche Beziehung zum inländischen Grundvermögen annimmt bei den auf den Grundstücken ruhenden **Schulden und Lasten.** Schulden und Lasten ohne wirtschaftliche Beziehung zum Grundstück gehören keineswegs zu den Seltenheiten, wie z. B. bei der Aufnahme von Darlehen unter gleichzeitiger hypothekarischer Sicherstellung am Grundstück eines Eigentümers, der nicht zugleich Darlehensschuldner ist. Zuverlässiger ist die Regel des § 8 Abs. 3 des PrErgStG., nach der ein wirtschaftlicher Zusammenhang zwischen Lasten und Grundstück insbesondere dann anzunehmen ist, wenn die Schuld für den Erwerb oder zum Zwecke der Verbesserung oder Bebauung des Grundstückes aufgenommen ist. Es wird daher, im Gegensatz zu § 36 Abs. 1 AB. in jedem Falle der Nachweis des wirtschaftlichen Zusammenhanges zwischen Schuld und Grundstück von dem, der sich darauf beruft, zu erfordern sein. Grundstücke gehören zum inländischen oder ausländischen Grundvermögen, je nach ihrer Lage im Inland oder Ausland, einschließlich Bestandteilen und Zubehör.

§ 15.

Die Nachlaßsteuer beträgt

für die ersten angefangenen oder vollen 200000 Mark des steuerpflichtigen Nachlaßvermögens 1 vom Hundert,

für die nächsten angefangenen oder vollen 300000 Mark 2 vom Hundert,
für die nächsten angefangenen oder vollen 500000 Mark 3 vom Hundert,
für die nächsten angefangenen oder vollen 1000000 Mark 4 vom Hundert,
für die weiteren Beträge 5 vom Hundert.

(Hilfstafel 2 A nebenstehend).

1. Der Steuersatz der Nachlaßsteuer ist nach dem Stufensystem aufgestellt, auch Durchstufungs- oder Anstoßsystem genannt (wegen der in der Literatur durcheinandergehenden Bezeichnungen vgl. Schachian S. 128). Es tritt die Erhöhung des Steuersatzes stufenweise ein, dergestalt, daß der höhere Satz jeweils von dem die niedrigeren Stufen übersteigenden Vermögensbetrage erhoben wird. Zur Berechnung dient Hilfstafel 2 A § 40 AB., eingeteilt in a und b, je nachdem der Gesamtwert des Nachlasses 200000 M., unter Steuerfreiheit von 20000 M., nicht übersteigt oder darüber hinausgeht (§ 13 EStG.). Anders als bei der Erbanfallsteuer (§ 28 EStG.) ist die Vermögenslage und das Verwandtschaftsverhältnis zum Erblasser auf seiten derjenigen Personen, auf die der Nachlaß übergeht, ohne Einfluß.

Beispiele:

Gesamtwert 198534, abgerundet	(§ 46)	198500 M.
steuerfrei	(§ 13)	20000 „
steuerpflichtiger Nachlaß		178500 M.
Nachlaßsteuer 1 v. H. =		1785 M.

Gesamtwert 1435607 M., abgerundet (§ 46) 1435600 M.

Berechnung der Steuer:

200000 M.	= 1 v. H. =	2000 M.
300000 „	= 2 v. H. =	6000 „
500000 „	= 3 v. H. =	15000 „
435600 „	= 4 v. H. =	17424 „
1435600 M.		40424 M.

Da das steuerpflichtige Vermögen auf volle Hundert nach unten abzurunden ist und die Nachlaßsteuer in vollem Hundertsatz erhoben wird, ist eine Abrundung der Nachlaßsteuer nicht mehr erforderlich (vgl. auch über die Trennung von Massen § 16 EStG.).

Fortsetzung der Anm. S. 68.

Hilfstafel 2 (abgekürzt)
(Ausführungsbestimmungen § 40.)

A. Nachlaßsteuer,

a) wenn der **Gesamtwert des Nachlasses***) 200000 ℳ nicht übersteigt.

Steuerbares Nachlaßvermögen ℳ	Nachlaßsteuer ℳ	Steuerbares Nachlaßvermögen ℳ	Nachlaßsteuer ℳ
20 000	**frei**	25 000	50
die nächsten 180 000	1 v. H.	30 000	100
		usw. für je 100 ℳ mehr	je 1 ℳ mehr
20 100	1	z. B. 31 000	110
21 000	10	50 000	300
22 000	20	100 000	800
23 000	30	150 000	1 300
24 000	40	200 000	1 800

b) wenn der **Gesamtwert des Nachlasses***) 200000 ℳ übersteigt.

die ersten 200000	1 v. H.	**die nächsten 500 000**	3. v. H.
100	1	500 100	8 003
200	2	usw. für je 100 ℳ mehr	je 3 ℳ mehr
300	3	z. B. 505 000	8 150
400	4	600 000	11 000
500	5	800 000	17 000
600	6	1 000 000	23 000
700	7	**die nächsten 1 000 000**	4 v. H.
800	8	1 000 100	23 004
900	9	usw. für je 100 ℳ mehr	je 4 ℳ mehr
1 000	10	z. B. 1 005 000	23 200
2 000	20	1 200 000	31 000
usw. für je 100 ℳ mehr	je 1 ℳ mehr	1 500 000	43 000
z. B 5 000	50	2 000 000	63 000
100 000	1 000	**die weiteren Beträge**	5 v. H.
200 000	2 000	2 000 100	63 005
die nächsten 300 000	2 v. H.	usw. für je 100 ℳ mehr	je 5 ℳ mehr
200 100	2 002	z. B. 2 005 000	63 250
201 000	2 020	3 000 000	113 000
202 000	2 040	5 000 000	213 000
usw. für je 100 ℳ mehr	je 2 ℳ mehr	10 000 000	463 000
z. B. 205 000	2 100	25 000 000	1 213 000
210 000	2 200		
250 000	3 000		
300 000	4 000		
400 000	6 000		
500 000	8 000		

*) = steuerbaren + nicht steuerbaren Nachlasses.

2. Praktisch ist folgende Rechenmethode (bei Mirre § 15):
Steuer bis zu 200000 M. – 1%.
Übersteigt der Nachlaß 200000 M.,
so sind 2000 M. + 2% des Mehrbetrages,
übersteigt der Nachlaß 500000 M.,
so sind 8000 M. + 3% des Mehrbetrages,
übersteigt der Nachlaß 1000000 M.,
so sind 23000 M. + 4% des Mehrbetrages,
übersteigt der Nachlaß 2000000 M.,
so sind 63000 M. + 5% des Mehrbetrages
zu erheben.

§ 16.

Wenn das Vermögen, das der Verstorbene als Vorerbe hatte (§ 2 Abs. 1), anderen Personen anfällt als sein sonstiges Vermögen, so ist die Nachlaßsteuer für beide Vermögensmassen gesondert zu berechnen. Das gleiche gilt für den Fall, daß gebundenes Vermögen (§ 2 Abs. 2) anderen Personen anfällt als den Erben des Verstorbenen.

1. **Grund.** Die getrennte Berechnung hat von Amts wegen ohne Antrag zu erfolgen. Die Bestimmung soll den Vorerben und den Inhaber des gebundenen Gutes davor bewahren, daß er, obgleich die Weiterübertragung des Vermögens zwangsläufig gebunden ist und er nur einem Nießbraucher praktisch gleichsteht, nach § 2 EStG. wie ein Eigentümer des Vermögens zur Nachlaßsteuer veranlagt wird.

2. **Voraussetzung** ist, daß Vorerbschaft oder gebundenes Vermögen des Erblassers anderen Personen anfallen als das übrige Vermögen des Erblassers. § 16 wird nicht nur dann eingreifen, wenn die Nacherben sämtlich andere Personen sind, als die Erben des sonstigen Vermögens des Erblassers, sondern auch schon dann, wenn bloß ein Teil der Erben zugleich Nacherben oder Nachfolger in das gebundene Vermögen sind, oder wenn die Vorerbschaft oder das gebundene Vermögen nur einem von mehreren Erben zufällt. Vermächtnisse bleiben unberücksichtigt.

3. Beispiel:

Gebundenes Vermögen	500000 M.
Vermögen als Vorerbe	190000 „
Sonstiges Vermögen	20000 „
Gesamtnachlaß des A	710000 M.
= Nachlaßsteuer:	14300 M.

Ist A Alleinerbe des gebundenen Vermögens, während er mit B und C Nacherbe und Erbe des sonstigen Vermögens ist, so ist die Nachlaßsteuer für das gebundene Vermögen

von 500000 M. . . . . 8 000 M.
für die Summe des sonstigen Vermögens und der Vorerbschaft . 20000 M.
+ 190000 „
210000 M. = 2200 „
10200 M.

Fallen die drei Vermögensmassen an drei verschiedene Personen, so ist

die Nachlaßsteuer von den 20000 M. mit 0000 M.
und den 190000 M. mit . . . . 1700 „

gesondert zu berechnen, so daß in diesem Falle die Gesamtnachlaßsteuer 9700 M. beträgt. In diesem Falle ist auch der Bestand der einzelnen Vermögensmassen gesondert nach den Vorschriften der §§ 2 ff. EStG. festzustellen.

§ 17.

Die Nachlaßsteuer ist aus dem Nachlaß zu entrichten. Was der Verstorbene als Vorerbe hatte (§ 2 Abs. 1), gilt im Sinne dieser Vorschrift als besonderer Nachlaß. Im Falle des § 2 haften nur der Nacherbe und der Erwerber des gebundenen Vermögens für die Nachlaßsteuer; § 31 findet Anwendung.

Sind Zuwendungen der im § 8 bezeichneten Art dem Nachlaß hinzuzurechnen, so haften die Erwerber der Zuwendung oder ihre Erben nach dem Verhältnis des Wertes der Zuwendung zum reinen Werte des Gesamtnachlasses für die Nachlaßsteuer insoweit, als diese nicht aus dem Nachlaß erlangt werden kann.

In den Fällen des § 12 ist die Steuer, soweit sie auf das Gesamtgut entfällt, von dem überlebenden Ehegatten zu Lasten des Gesamtguts zu entrichten.

Der Erbe ist berechtigt, bei der Erfüllung von Pflichtteilsansprüchen und, sofern nicht ein anderer Wille des Erblassers anzunehmen ist, bei der Auszahlung von Vermächtnissen und der Erfüllung von Auflagen von den Erwerbern anteilmäßigen Ersatz der Nachlaßsteuer zu verlangen. Das gleiche gilt für den Vermächtnisnehmer wegen der ihm auferlegten Beschwerungen.

1. **Übersicht.** Von den Sterbefällen erlangt die Steuerbehörde durch die in § 58 EStG. vorgeschriebenen behördlichen Mitteilungen Kenntnis. Sie kann alsdann den Verpflichteten zur Einreichung einer Nachlaßsteuererklärung auffordern; die Verpflichteten haben auch ohne solche Aufforderung den Erbfall unter Einreichung einer ein Inventar enthaltenden Nachlaßsteuererklärung bei der Steuerbehörde binnen drei Monaten seit Anfall anzumelden (§ 53 EStG.) (Muster bei § 53). Der Bescheid über die aus dem Nachlaß zu entrichtende Steuer aus § 62 EStG. wirkt regelmäßig nicht konstitutiv sondern nur deklaratorisch. Die Nachlaßsteuerschuld entsteht bereits im Augenblick des Ablebens einer Person, die einen Reinnachlaß im Wert von mehr als 20000 M. hinterläßt (§ 81 RAO.).

Die Nachlaßsteuer gilt zwar, obwohl sie im bürgerlich-rechtlichen Sinne (§ 1967 Abs. 2 BGB.) eine Nachlaßverbindlichkeit ist, im Sinne des EStG. § 11 Ziff. 2 nicht als abzugsfähige Nachlaßverbindlichkeit bei Berechnung der Nachlaßsteuer, im Nachlaßkonkurse aber wird sie wiederum als Nachlaßverbindlichkeit anzusehen sein (§ 226 KO.). Nur wenn die Überschuldung erst nach dem Erbfall eintritt, z. B. bei späterer Wertverminderung oder Untergang von Nachlaßgegenständen, ist der Fiskus nach § 61 Nr. 2 KO. bevorrechtigt (im einzelnen bestritten, vgl. zum alten Gesetz: Jäger II S. 514; Petersen-Kleinfeller Anm. 4 § 226; v. Wilmowski-Kurlbaum Anm. 8 § 226; jetzt Mirre Anm. 1; Hoffmann-Henckel Anm. 2 § 17).

Aus dem gleichen Grunde, welcher die Heranziehung des § 61 Ziff. 2 KO. rechtfertigt, ergibt sich, daß nur der Bestand der Aktivmasse zur Zeit des Todes des Erblassers entscheidend ist und daß für die Entstehung der Steuerschuld, wie auch für die Steuerpflicht, eine nach dem Erbfall eintretende Überschuldung ohne Bedeutung ist (§ 45 Ziff. 1 EStG.). Entscheidend ist also ausschließlich, ob zur Zeit des Erbfalls ein Reinnachlaß von 20000 M. vorhanden war (§ 13 EStG.). War die Überschuldung schon zur Zeit des Erbfalls vorhanden, stellt sie sich aber erst später heraus, weil abzugsfähige Verbindlichkeiten erst nachträglich bekannt geworden sind (§ 10 EStG.), so ist nach § 49 EStG. eine Berichtigung der Veranlagung, also teilweise Freistellung von der Nachlaßsteuer, zulässig (näher Erläuterungen zu § 47). Ist die mit der Verjährungsfrist ablaufende Möglichkeit der Berichtigung nicht mehr gegeben, so bleibt freilich die Steueranmeldung unanfechtbar bestehen, obwohl materiell der Tatbestand einer Steuerpflicht fehlt.

Hier wird nur der **Härteparagraph** helfen können: „Der Reichsminister der Finanzen kann einzelne Steuern, deren Einziehung nach Lage der Sache unbillig wäre, ganz oder zum Teil erlassen oder in solchen Fällen die Erstattung oder Anrechnung bereits entrichteter Steuern verfügen. Die Befugnis hierzu kann für bestimmte Arten von Fällen den Landesfinanzämtern oder den Finanzämtern übertragen werden, für Fälle bestimmter Art kann der Reichsminister der Finanzen mit Zustimmung des Reichsrates aus Billigkeitsgründen allgemein Befreiungen oder Ermäßigungen von Steuern sowie die Erstattung oder Anrechnung bereits entrichteter Steuern vorsehen." (§ 108 RAO.). Der Härteparagraph enthält nicht nur ein Gnadenrecht der Staatshoheit, sondern es liegt beim Vorliegen seiner Voraussetzungen dem pflichtgemäßen Ermessen der berufenen Stellen ob, von ihrer Befugnis Gebrauch zu machen. Der Härteparagraph ersetzt den Steuererlaß als einseitigen Verzicht des Staates auf sein gesetzmäßiges Steuerrecht und ist nicht mit Unrecht bei den Kommissionsverhandlungen über das Gesetz betreffend eine außerordentliche Kriegsabgabe für das Rechnungsjahr 1918 (RDrucks. Nr. 1465 S. 55) als eine **actio ex aequo et bono** bezeichnet worden, ohne daß freilich nach seiner Fassung ein konkreter Rechtsanspruch des Steuersubjekts besteht. Der Härteparagraph wird regelmäßig nach der Praxis der berufenen Stellen erst zur Anwendung gebracht, wenn der Rechtsmittelweg erschöpft ist, rechtsgrundsätzlich aber ist er schon anwendbar, bevor der Rechtsmittelweg eingeschlagen ist. Nach der speziellen Praxis pflegen das Reichsfinanzministerium und der Reichsrat nicht nur den objektiven Tatbestand abzuwägen, sondern auch die besonderen Verhältnisse des Antragstellers; letzteres sowohl nach der Seite, daß ihn die Steuer bei seiner wirtschaftlichen Lage ungewöhnlich schwer treffen würde, als auch zu Ungunsten des Steuerpflichtigen, wenn er durch sein Verschulden in die steuerliche Lage, in der er sich befindet, hineingeraten ist.

Wegen der Kriegsteilnehmer ist folgender Erlaß des Reichsfinanzministers IIIa 1499 vom 16. 5. 1920 ergangen:

„Gemäß § 108 RAO. ermächtige ich die Reichsfinanzämter in Fällen des § 81 Abs. 5 RAO. von der Erhebung der Nachlaßsteuer und Erbanfallsteuer aus Billigkeitsgründen abzusehen oder die Steuer zu ermäßigen, wenn der Erblasser ein Kriegsteilnehmer war, der während seiner Teilnahme am Kriege vermißt wurde.

Der Erlaß ist nur insoweit zulässig, als der einzelne Erwerber nach dem EStG. vom 10. 9. 1919 mehr Steuern zu tragen hatte, als nach den bisherigen Vorschriften unter Mitberücksichtigung der etwaigen

Landessteuern." (Über die besondere Praxis zum Härteparagraphen vgl. Schachian S. 148ff.; Potthast DStBl. 1919 S. 415ff.; Erl. d. Reichs-Finanz-Min. IIIa 3111 II Ang. vom 10. 8. 1920 wegen der vorläufigen Veranlagung).

Wegen des vorläufigen Erbschaftssteuerbescheides vgl. zu § 62 ESt G.

2. **Haftung.** Die Entrichtung der Steuern liegt demjenigen ob, der die Verfügungsgewalt über den Nachlaß hat. Das ist entweder der Erbe, im Falle seiner beschränkten Geschäftsfähigkeit sein gesetzlicher Vertreter (Eltern, Vormund, Pfleger §§ 1630, 1686, 1757, 1765, 1793, 1897, 1909 BGB.) oder der Testamentsvollstrecker nach Annahme des Amtes, der Nachlaßverwalter, der Nachlaßpfleger, der Nachlaßkonkursverwalter, der Erbschaftsbesitzer. Neben die Genannten treten deren Bevollmächtigte. Die Haftung des Erben für die Nachlaßsteuer richtet sich, da diese nach § 1967 Abs. 2 BGB. eine bürgerlichrechtliche Nachlaßverbindlichkeit ist, gemäß § 95 Abs. 3 RAO. nach den Vorschriften des BGB. über die unbeschränkte oder beschränkte Erbenhaftung (§§ 1975ff., 1990, 2014, 2015 BGB.). Es gelten danach jene Grundsätze des BGB. über Nachlaßverwaltung, Nachlaßkonkurs, Bedürftigkeitseinrede, Aufgebotsverfahren, aufschiebende Erbeneinreden, durch welche Mittel die Erben in der Lage sind, ihre Haftung auf den Nachlaß zu beschränken. Dagegen gilt nicht gegenüber der Nachlaßsteuer § 1958 BGB., nach dem vor Annahme der Erbschaft ein Anspruch, der sich gegen den Nachlaß richtet, nicht gegen den Erben gerichtlich geltend gemacht werden kann, da § 1958 zum Unterschied von § 2014 BGB. keine materielle Einrede enthält sondern nur eine Verweigerung des Rechtsschutzanspruches und deshalb der Steuerbehörde nicht entgegensteht (Kipp §§ 219—245).

Neben die Haftung des Erben stellt die Steuergesetzgebung die Haftung der übrigen vorgenannten, zur Verwaltung des Nachlasses berufenen Personen (§ 19 EStG. in Verbindung mit §§ 84—97 RAO.). Im einzelnen sind diese Vorschriften, welche besondere Rechtspflichten der Verwalter fremden Vermögens der Steuerbehörde gegenüber normieren und im Falle ihrer schuldhaften Verletzung und einer dadurch hervorgerufenen Steuerverkürzung zu einer persönlichen Haftung jener Erbenvertreter und Nachlaßverwalter führen, in den Ausführungen zu § 19 EStG. (Anm. 4) wiedergegeben Für § 17 EStG. ist hinzuweisen auf § 87 Abs. 3 RAO: „Ist zweifelhaft, wer zur Vertretung eines Nachlasses oder eines sonst verbleibenden Vermögens befugt ist, so hat das Nachlaßgericht und beim Wegfall einer juristischen Person oder eines dieser ähnlichen Gebildes das Amtsgericht des nach § 52 zuständigen Ortes, auf Antrag das Finanzamt, einen Pfleger für den Nachlaß oder die sonstige Masse zu bestellen; der Pfleger hat die Stellung eines Nachlaßpflegers im Sinne des § 1961 BGB. Die Steueransprüche können gegen ihn geltend gemacht werden und er ist befugt, Rechtsmittel gegen die Heranziehung einzulegen." Die Verwalter und Vertreter des Nachlasses sind zunächst zur Entrichtung der Steuer aus dem Nachlaß verpflichtet und nötigenfalls auch gehalten, das Zwangsverfahren in den Nachlaß zu dulden (§ 299 Abs. 3 RAO.). Hinzu tritt ihre persönliche Haftung bei durch ihr Verschulden verkürztem Steueranspruch (§ 90 RAO., näher bei § 19 ESt G. Anm. 4).

3. In Ergänzung des § 16 EStG., welcher die gesonderte Berechnung der Nachlaßsteuerschuld für **Vorerbschaft und gebundenes Vermögen** bei ihrem Anfall an andere Personen als die Erben anordnet, bestimmt Satz 2 des § 17 auch die getrennte Haftung: für den auf die Vorerbschaft oder das gebundene Vermögen entfallenden Teil der Nachlaßsteuer haftet nur die Vorerbschaft bzw. das gebundene Vermögen, jedoch geht Satz 2 des § 17 insofern über § 16 hinaus, als nicht nur in dem Fall, wenn die Vorerbschaft oder das gebundene Vermögen anderen Personen anfällt als die übrige Erbschaft, sondern in allen Fällen die getrennte Haftung der beiden Vermögensmassen eintritt. Also auch, wenn die Steuern nach § 16 nicht getrennt zu berechnen sind, sondern eine einheitliche Nachlaßsteuer unter Einrechnung der Vorerbschaft in den Nachlaß erhoben wird, gilt für die Haftung die Vorerbschaft als besonderer Nachlaß.

Beispiel:

Vorerbschaft des Erblassers . . .	60000 M.
sonstiger Nachlaß des Erblassers .	180000 „
Nachlaßsteuer von	240000 M.
	= 2800 M.
Haftung der Vorerbschaft für $^1/_4$	= 700 „
des übrigen Nachlasses mit $^3/_4$	= 2100 „

Statt der Erben haftet solchenfalls für den auf die Vorerbschaft entfallenden Teil der Steuer nur der Vorerbe, beim Übergang des gebundenen Vermögens nur dessen Vertreter, welcher, gemäß § 31 EStG., den Betrag des auf das gebundene Vermögen entfallenden Steuerteils diesem entnehmen kann. Die Erben des Erblassers haften nicht für den auf die Vorerbschaft entfallenden Steuerteil.

4. Die Erwerber der nach § 8 EStG. (vgl. Erläuterungen hierzu) dem steuerpflichtigen Nachlaß **hinzuzurechnenden Zuwendungen** haften nach **§ 17 Abs. 2** der Steuerbehörde unmittelbar, nicht

etwa nur dem Erben, für die Nachlaßsteuer nach dem Verhältnis des Wertes der Zuwendung zum Nettowert des Nachlasses. Ihre Haftung ist jedoch nur subsidiär, soweit der Nachlaß nicht leistungsfähig ist. Die Höhe der Haftung berechnet sich nach folgender Gleichung:

$$\frac{\text{Wert der Zuwendung}}{\text{Wert des Gesamtnachlasses}} = \frac{X}{\text{Nachlaßsteuer}}$$

Der reine Wert des Gesamtnachlasses errechnet sich nach den §§ 2–11 unter Vornahme der vorgeschriebenen Ab- und Zurechnungen aber unter Einschluß der steuerfreien Gegenstände (vgl. Erläuterung zu § 13).

Beispiel:

Wert der Zuwendung 100000 M.
Gesamtnachlaß 250000 „
350000 M., hieraus
Nachlaßsteuer = 3000 M.

$$\frac{100000}{250000} = \frac{X}{3000} \qquad X = 1200 \text{ M.}$$

Haftung des Erwerbers der Zuwendung in Höhe von 1200 M. Der Erwerber haftet mit seinem ganzen Vermögen und kann sich nicht darauf berufen, daß der Wert der Zuwendung nicht mehr vorhanden ist.

5. Der überlebende Ehegatte der **fortgesetzten Gütergemeinschaft** ist laut § 17 **Abs. 3** für die aus § 12 EStG. sich ergebende Steuerschuld (Erläuterung zu § 12) als Steuerschuldner erklärt, mit der Maßgabe, daß er die Steuer, soweit sie auf das Gesamtgut entfällt, zu dessen Lasten zu entrichten hat (§ 1443 BGB., § 79 RAO.). Es ist also, ebenso wie in den vorstehenden Anmerkungen, die Nachlaßsteuer zu berechnen von dem Gesamtnachlaß des Erblassers, bestehend aus seinem ehelichen Gesamtgut und seinem sonstigen Nachlaß, und alsdann nach dem Verhältnis der Werte beider Vermögensmassen mit dem auf das Gesamtgut entfallenden Teil aus diesem zu entrichten.

6. § 17 **Abs. 4** begründet nicht, wie Abs. 2 und 3 eine Haftung gegenüber der Steuerbehörde, sondern normiert nur ein **Rückgriffsrecht** des Erben bei der Auszahlung von Pflichtteilsrechten und soweit nicht anderweitig letztwillig bestimmt, bei der Auszahlung von Vermächtnissen und Auflagen gegenüber dem Erwerber auf anteilsmäßigen Ersatz der Nachlaßsteuer. Der Erbe hat hiernach zunächst ein Abzugsrecht bei der Auszahlung. Hat er ohne Geltendmachung seines Abzugsrechtes ausbezahlt, so wird er den bei der Aus-

zahlung bereits gegebenen, nach der Gleichung aus vorstehender Anmerkung auf die ausgezahlte Summe entfallenden Teil der Nachlaßsteuer auch sogar noch vom Erwerber zurückfordern können. Die Wendung „bei der Erfüllung" und „bei der Auszahlung" schließt die spätere Rückforderung meines Erachtens nicht aus, in Anbetracht der Worte: „Ersatz zu verlangen". Das gleiche Abzugs- oder Rückforderungsrecht hat der Vermächtnisnehmer bei Erfüllung der ihm obliegenden Lasten.

§ 18.

Die im Falle des Todes eines Ehegatten auf den Anteil des überlebenden Ehegatten entfallende Nachlaßsteuer wird nach dessen Tode auf die von den gemeinschaftlichen Abkömmlingen zu entrichtende Nachlaßsteuer angerechnet, wenn der erste Erbfall nicht mehr als zehn Jahre hinter dem zweiten zurückliegt. Liegt er mehr als zehn, aber nicht mehr als fünfzehn Jahre zurück, so wird die Hälfte der Nachlaßsteuer angerechnet.

1. Die Vorschrift beabsichtigt eine Erleichterung insoweit zu schaffen, als das Vermögen der Eltern, sofern es stufenweise von dem vorverstorbenen Elternteil über den nachversterbenden Elternteil an gemeinschaftliche Abkömmlinge gelangt, nur einmal der Nachlaßsteuer unterliegen soll. Das Gesetz setzt eine zeitliche Grenze von 10 bzw. 15 Jahren. Stirbt ein Ehegatte und vererbt sich sein Vermögen nach seinem Tode auf seinen Ehegatten und nach dessen Tode auf die gemeinschaftlichen Abkömmlinge, so wird die auf den Anteil des überlebenden Ehegatten entfallende Nachlaßsteuer nach seinem Tode auf die von den gemeinschaftlichen Abkömmlingen zu entrichtende Nachlaßsteuer angerechnet. Liegt der erste Erbfall hinter dem zweiten nicht mehr als 10 Jahre zurück, so erfolgt volle Anrechnung. Liegt er mehr als 10, aber nicht mehr als 15 Jahre zurück, so ist die Hälfte anrechenbar, liegt er mehr als 15 Jahre zurück, so entfällt die Anrechnungsmöglichkeit.

2. **Voraussetzungen** für die Anrechnung sind:

a) die Einhaltung der zeitlichen Grenze (oben 1),

b) die Begrenzung auf die anteilige Nachlaßsteuer des überlebenden Ehegatten,

c) die Anrechnung nur bei der von gemeinschaftlichen Abkömmlingen zu entrichtende Nachlaßsteuer.

Der anrechnungsfähige Teil der Nachlaßsteuer richtet sich also nach dem Verhältnis des gesamten steuerbaren Nachlasses des zuerst verstorbenen Ehegatten zu dem einem überlebenden Ehegatten zukommenden Anfall. Ist z. B. der Teil des Gesamtnachlasses des vorverstorbenen Ehegatten, welcher seinem überlebenden Ehegatten anfällt, ein Drittel seines Gesamtnachlasses, so entfällt auf den Anteil des überlebenden Ehegatten ein Drittel bzw. ein Sechstel der vom Gesamtnachlaß errechneten Nachlaßsteuer. Die Vorschrift ist so gefaßt, daß es keinen Unterschied macht, ob der ursprüngliche Nachlaß des überlebenden Ehegatten noch vorhanden ist oder ob er nach dem ersten Erbfall verbraucht ist oder inwieweit der überlebende Ehegatte neues Vermögen erworben hat (Begründung S. 31). Es ist also nicht der Nachweis erforderlich, inwieweit der Nachlaß des letztverstorbenen Ehegatten aus dem Vermögen des erstverstorbenen Ehegatten herrührt.

3. Zu den **gemeinschaftlichen Abkömmlingen** zählt nicht das uneheliche Kind eines Ehegatten (gemäß § 1705 BGB.), jedoch werden gemeinschaftliche Adoptivkinder beider Ehegatten hierher zu zählen sein (§ 1757 Abs. 2 BGB.). Die bloße Tatsache, daß die gemeinschaftlichen Adoptivkinder bei der Klasseneinteilung zur Erbanfallsteuer den gemeinschaftlichen Abkömmlingen nicht gleichgestellt sind (§ 26 EStG. Kl. IV 5), hat mit ihrer Stellung als gemeinschaftliche Abkömmlinge nach bürgerlichem Recht nichts zu tun, auf welche allein die Bestimmungen über die Nachlaßsteuer mangels anderweitiger Regelung hinweisen (anderer Meinung Hoffmann-Hendel Anm. 1a § 18). Die Anrechnung erfolgt nur auf die von den gemeinschaftlichen Abkömmlingen zu entrichtende Nachlaßsteuer beim Tode des überlebenden Ehegatten; es ist daher wiederum zu ermitteln, welcher Anteil an der Nachlaßsteuer von den gemeinschaftlichen Abkömmlingen zu entrichten ist und nur auf diesen die anteilige Nachlaßsteuer des überlebenden Ehegatten in Anrechnung zu bringen.

4. Soweit es im EStG. darauf ankommt, daß und von wem die Nachlaßsteuer getilgt ist, steht die Anrechnung aus § 18 EStG. der Tilgung gleich.

§ 19.

Haben Erben, gesetzliche Vertreter, Bevollmächtigte des Erben, Erbschaftsbesitzer (§ 2018 des Bürgerlichen Gesetzbuchs), Testamentsvollstrecker, Nachlaßpfleger oder Nachlaßverwalter den Nachlaß oder Teile desselben vor der Berichtigung oder Sicherstellung der Steuer anderen ausgeantwortet, so haften letztere in Höhe des aus der Erbschaft Empfangenen persönlich für die Steuer, es sei denn, daß sie zur Zeit der

Ausantwortung in gutem Glauben sind. Sie sind nicht in gutem Glauben, wenn ihnen bekannt oder infolge grober Fahrlässigkeit unbekannt ist, daß die Nachlaßsteuer weder berichtigt noch sichergestellt ist.

Versicherungsunternehmungen, die vor Berichtigung oder Sicherstellung der Steuer die von ihnen auf den Todesfall zu zahlenden Versicherungssummen oder Leibrenten in das Ausland zahlen, haften in der Höhe der ausgeantworteten Beträge für die Steuer. Das gleiche gilt für Personen, in deren Gewahrsam sich Vermögen des Erblassers befindet, soweit sie das Vermögen vor Berichtigung oder Sicherstellung der Steuer in das Ausland bringen.

1. § 19 enthält eine besondere Vorschrift, um den Nachlaß in vollem Umfange für die Steuererhebung zu reservieren, auf daß Ausantwortungen von Nachlaßgegenständen die Erhebung der Nachlaßsteuer nicht beeinträchtigen. § 19 ergänzt insoweit § 17. An einer entsprechenden Bestimmung für die Erbanfallsteuer fehlt es (nur § 30 Abs. 3 EStG.; anderer Meinung für Abs. 2 § 19 Mirre Anm. 3).

2. Nach **Abs. 1** haften die Empfänger des Nachlasses oder seiner Teile, die diesen von seiten der Rechtsnachfolger des Erblassers oder der sonst über den Nachlaß Verfügungsberechtigten ausgehändigt worden sind, in Höhe des aus der Erbschaft Empfangenen persönlich für die Nachlaßsteuer. Sie haben nur das Recht, gegenbeweislich darzutun, daß ihnen weder bekannt gewesen noch infolge grober Fahrlässigkeit unbekannt geblieben ist, daß es an einer Berichtigung oder Sicherstellung der Steuer bislang gefehlt hat. Als **Empfänger** kommen keineswegs nur Personen in Frage, welche nach bürgerlichem Recht zum Bezuge von Nachlaßgegenständen nicht berechtigt waren; vielmehr bezieht sich die Vorschrift gerade auf die nach bürgerlichem Recht mit Bezugsrecht auf Nachlaßteile ausgestatteten Personen, vor allem auf die Vermächtnisnehmer, denen in Ausführung des Vermächtnisses vor Sicherstellung der Nachlaßsteuer Nachlaßteile ausgeantwortet werden. Eine haftungsbegründende Ausantwortung wird nur nicht erblickt werden müssen in der Entrichtung von solchen Nachlaßverbindlichkeiten oder in der Verauslagung solcher Kosten, deren Abzug vom Nachlaßvermögen § 10 EStG. gestattet; andernfalls könnten die Kirchengemeinden Aufträge für Begräbnisse und Leichenfeierlichkeiten nicht entgegennehmen, ohne der Gefahr der Haftung aus § 19 ausgesetzt zu sein; und es könnte die gleiche Gefahr den Notar treffen, welcher eine Auseinandersetzung zwischen den Erben

über den Nachlaß vornimmt und damit Gefahr laufen würde, auf Rückerstattung der aus dem Nachlaß erhaltenen Gebühren zu haften. Regelmäßig nämlich wird die Nachlaßsteuer später zur Entrichtung gelangen, als jene Kosten, und § 10 EStG. gibt gerade das Recht, jene Kosten aus dem Nachlaß zu entnehmen. Ebensowenig wird man von einer, die Haftung aus § 19 begründenden Ausantwortung sprechen können, wenn vom Erblasser herrührende Schulden gemäß § 10 Ziff. 1 EStG. entrichtet werden. Hier liegt nicht der Tatbestand vor, welcher z. B. im Nachlaßkonkurse ein Vorrecht der Nachlaßsteuer begründen würde (vgl. Anm. 1 zu § 17); auch ist nicht zu ersehen, wie nach den Vorschriften des bürgerlichen Rechts der Erbe vom Erblasser herrührende Schulden unerfüllt lassen sollte mit der Begründung, die Nachlaßsteuer sei noch nicht entrichtet, zumal solche Verbindlichkeiten nicht auf erbrechtlichen Vorgängen beruhen, sondern auf vom Erblasser herrührenden Schuldgründen, welche von der Nachlaßsteuer in ihrer Auswirkung nicht berührt werden. Man wird daher als steuerpflichtige Ausantwortung im Sinne des § 19 Abs. 1 nur eine solche zu bezeichnen haben, welche nicht in der Erfüllung von Abzugsposten gemäß § 10 EStG. bestehen (anderer Meinung Mirre Anm. 2).

3. Die **Höhe der Haftung** bestimmt sich nach dem Wert des aus der Erbschaft Empfangenen zur Zeit der Ausantwortung. Man wird in diesen Wert Teile des nicht steuerbaren Vermögens, z. B. dem Vermächtnisnehmer ausgehändigte Hausratstücke, nicht einzurechnen haben (bestritten: anderer Meinung Hoffmann-Henckel § 19 Anm. 6), da sie, wenngleich für die Nachlaßsteuer haftend, doch nicht Teile des steuerbaren Nachlaßvermögens sind. Die Haftung nämlich ist nicht auf die aus dem Nachlaß erlangten Gegenstände beschränkt, sondern nur in Höhe von deren Wert begrenzt und erfaßt auch das sonstige Vermögen des Empfängers. Es macht daher keinen Unterschied, ob Empfänger zur Zeit der Inanspruchnahme noch im Besitz des Empfangenen ist.

4. **Die in § 19 angeführten, über den Nachlaß verfügungsberechtigten Personen** haben nach § 87 RAO. die Pflicht, dafür zu sorgen, daß Mittel zur Bezahlung sowohl der vor dem Erbfall entstandenen Steuerschulden des Erblassers als auch der aus dem Nachlaß zu entrichtenden Steuern zurückgehalten, und daß diese Steuern bezahlt werden (§ 87 RAO., §§ 17, 30 Abs. 3 EStG.). Nach § 90 RAO. haften diese Verwaltungsberechtigten über den Nachlaß persönlich neben den Steuerpflichtigen und zwar nach § 95 RAO. mit diesen als Gesamtschuldner, falls durch schuldhafte Verletzung der ihnen nach § 87 obliegenden Pflichten Steueransprüche verkürzt werden. Zur Geltend-

machung dieser Ersatzansprüche bedarf das Finanzamt der Zustimmung des Landesfinanzamts. Haften die Testamentsvollstrecker, Erbschaftsbesitzer usw. neben dem Steuerpflichtigen, so haften sie unter Umständen neben dem beschränkt haftenden Erben persönlich unbeschränkt. Zu beachten ist hierbei aber, daß nach § 97 RAO. die Testamentsvollstrecker und sonstigen Verwalter und Vertreter des Nachlasses oder der Erben sogar, falls sie erkennen, daß Steuererklärungen des Steuerpflichtigen unrichtig oder unvollständig oder pflichtwidrigerweise unterlassen sind, dies binnen Monatsfrist dem Finanzamt anzuzeigen haben, andernfalls sie persönlich für die vorenthaltenen Steuerbeträge haften. Diese **Haftung für Verfehlungen des Erblassers** ist, entgegen dem Entwurf, bei der Beratung der Reichsabgabenordnung wenigstens dahin gemildert worden, daß die Rechtsnachfolger selbst von der Haftung ausgeschlossen sind, um nicht entgegen den Empfindungen der Pietät Rechtsnachfolger zu Anzeigen über Verfehlungen des Erblassers zu zwingen. Sofern also die Testamentsvollstrecker oder Erbschaftsbesitzer zugleich Erben sind, sind sie von der letztgenannten Anzeigepflicht frei. Zweifelhaft ist dies aber schon bei Vermächtnisnehmern, da sie nach der Ausgestaltung im bürgerlichen Recht als Rechtsnachfolger des Erblassers kaum mehr bezeichnet werden können, da das BGB. eine unmittelbare Singularsukzession nicht kennt. Die neben dem Steuerpflichtigen haftenden Personen sind selbstverständlich zur Einlegung von Rechtsmitteln befugt und nicht unbedingt an einen gegenüber dem Erblasser ergangenen Steuerbescheid gebunden (§ 99 RAO.). Im einzelnen ist zu verweisen auf §§ 84–99 RAO. (vgl. Anm. 2 zu § 17).

5. § 19 **Abs. 2 Satz 1** betrifft den Fall, daß **Versicherungsgesellschaften** vor Berichtigung der Nachlaßsteuer damit beginnen, Todesfallversicherungen an Bezugsberechtigte **in das Ausland** zu **zahlen.** Gelangen auf diese Weise die Versicherungssummen in das Ausland, bevor die Nachlaßsteuer berichtigt ist, so besteht eine besondere Gefahr für die Verkürzung der Steuer. Das Gesetz will dem vorbeugen, indem es die Versicherungsgesellschaften hinsichtlich solcher Auszahlungen vor Entrichtung der Nachlaßsteuer für haftbar erklärt. In Ergänzung hierzu bestimmt § 13 Abs. 1 Ausführungsbestimmungen: „Versicherungsunternehmungen und die im § 19 Abs. 2 des Gesetzes bezeichneten Personen sind von dem Finanzamt zur Erfüllung der nach den §§ 19 Abs. 2, 56 Abs. 2, 60 des Gesetzes obliegenden Verpflichtungen aufzufordern, sobald das Finanzamt Kenntnis von den die Verpflichtung begründenden Tatsachen erhält." Ergänzend ist zu verweisen auf § 56 EStG., welcher für die in § 19 Abs. 2 bezeichneten Unternehmungen

und Personen eine Anmeldepflicht gegenüber dem Finanzamt normiert (vgl. Erläuterung zu § 56) und auf § 60 EStG., welcher die Anmeldepflicht erweitert zu einer Pflicht zur Einreichung des Versicherungsscheins vor Auszahlung (Erläuterungen zu § 60).

Die Haftung aus § 19 Abs. 2 EStG. wird nicht nur gegeben sein, falls Zahlungen nach dem Ausland unmittelbar erfolgen, sondern auch, wenn sie im Inland unter Umständen erfolgen, aus denen mit Sicherheit zu entnehmen ist, daß die Beträge mittelbar ins Ausland fließen, z. B. an ausländische Erben, die nur zur Nachlaßregulierung hier weilen und die Versicherungssumme erheben.

„In dem dieser Verfügung zugrunde liegenden Falle hatte ein im jetzt polnischen Gebiet wohnender Verfügungsberechtigter die inländische Versicherungsgesellschaft, bei der der Erblasser sein Leben versichert hatte, angewiesen, die Versicherungssumme an eine Bank in Berlin auf das Konto einer in Danzig belegenen Bank zugunsten eines Ausländers zu überweisen. Würde eine solche Überweisung die Haftung der Versicherungsgesellschaft nicht begründen, so würde auf diese Weise der Zweck des § 19 Abs. 2 in jedem in Frage kommenden Falle vereitelt werden können." „Es ist hierbei die Frage aufgeworfen worden, welches Finanzamt für die Erklärung, ob die Nachlaßsteuer berichtigt oder sichergestellt ist, zuständig ist in den Fällen, in denen eine inländische Steuerstelle mit der erbschaftssteuerlichen Behandlung des Erbfalls nicht oder noch nicht befaßt ist. Hier wird gemäß § 55 in Verbindung mit § 51 Abs. 3 Nr. 2 RAO. in jedem Fall die Zuständigkeit des für die Versicherungsgesellschaft oder den Vermögensverwahrer zuständigen Finanzamts begründet sein, sofern sich nicht aus den sonstigen weitgehenden Bestimmungen der §§ 51—55 a. a. O. die Zuständigkeit eines anderen Finanzamtes ergibt. Das gleiche gilt auch für die in den §§ 59, 60 EStG. vorgeschriebenen Anmeldungen und Mitteilungen": Verfügung des Reichsfinanzministers vom 6. 5. 1920 IIIa 957.

6. Nach **§ 19 Abs. 2 Satz 2** ist die Haftung ausgedehnt auf Personen, in deren **Gewahrsam** sich Vermögen des Erblassers befindet, welches vor Berichtigung oder Sicherstellung der Steuer ins Ausland verbracht wird. Gewahrsam ist nicht schlechthin gleichbedeutend mit Besitz (anderer Meinung Hoffmann-Hendel Anm. 13 § 19). Der Begriff ist dem BGB. fremd und erscheint nur im StGB. §§ 242, 246 Diebstahl, Unterschlagung) und in der ZPO. §§ 808, 809 (Vollstreckungsschuldner) und zwar in beiden Gesetzen nicht mit ganz gleicher Bedeutung (vgl. RG. in Strafs. Bd. 34 S. 252, Bd. 47 S. 212; Gaupp-Stein II Anm. 5 § 808; Sydow-Busch Anm. 1 § 808). Unter Gewahrsam ist

ein „beinahe reines Raumverhältnis" zu verstehen. Es ist im Gegensatz zum Besitz nicht vererblich und nicht übertragbar und hängt von der rein körperlichen Gewaltausübung ab. Als Gewahrsamsinhaber kommen vor allem in Frage: Banken für die bei ihnen ruhenden Depots, sei es für offene, sei es für verschlossene Depots, für die bei ihnen vorhandenen Barguthaben und für den Inhalt von Stahlfächern insoweit, als die Bank den Mitverschluß hat. Bei der Vermietung eines Stahlfaches in einer Bank hat die Bank den Gewahrsam des Stahlfaches als verschlossenen Ganzen, der Mieter den Gewahrsam an dem im Stahlfach befindlichen Inhalt, bei Mitverschluß beider wird gemeinsamer Gewahrsam am Inhalt anzunehmen sein (Wolff, Sachenrecht S. 19, 28 Anm. 2). Die bislang zweifelhafte Frage, ob auch Barguthaben von den Vorschriften der §§ 19 Abs. 2 Satz 2 und 59 Abs. 1 EStG. ergriffen werden, ist durch Gutachten des Reichsfinanzhofs bejahend beantwortet worden (RFH. Bd. 3. S. 246; vgl. im übrigen die Verfügung des Reichsministers der Finanzen vom 7. 4. 1920 IIIa 577 Mi abgedruckt in Anm. 1 zu § 59).

7. Man wird dem durch Abs. 2 Betroffenen den **Entschuldigungsnachweis** aus Abs. 1 Satz 2 gestatten müssen, sofern ihm der Tod des Erblassers weder bekannt gewesen noch infolge grober Fahrlässigkeit unbekannt geblieben ist. Bei Todesfallversicherungen wird ein solcher Nachweis für Versicherungsgesellschaften freilich praktisch ausgeschlossen sein; für Banken wird er von Bedeutung sein.

II. Abschnitt.

Erbanfallsteuer.

Vorbemerkung.

Die Erbanfallsteuer entspricht ihrem Wesen nach der Erbschaftssteuer des ersten EStG. Während die Nachlaßsteuer das steuerbare Vermögen des Erblassers in seiner Gesamtheit erfaßt, ohne Rücksicht darauf, an wen es durch den Erbfall gelangt und in welche Teile es sich im Wege der Erbfolge zerlegt, besteuert die Erbanfallsteuer den Erwerb, welcher von Todes wegen nach dem Erblasser dem kraft Gesetzes oder kraft Verfügung von Todes wegen Bezugsberechtigten anfällt. Die Steuer trifft den Erwerber in Höhe der durch den Erbanfall bei ihm verursachten Bereicherung (§ 25 EStG., näher Erläuterung hierzu.) Die Erbanfallsteuer ist also diejenige Steuer, welche die Bereicherung des Erben erfaßt, die infolge des Erbanfalls eintritt, während die Nachlaßsteuer den Übergang des Gesamtvermögens des Erblassers als Verkehrssteuer belastet. Als Bereicherungssteuer erfaßt die Erbschaftssteuer nur die Vermögensvermehrung des Erben, welche durch den Spezialerwerb des Erbfalls eintritt, ohne etwa wie bei der allgemeinen Vermögenszuwachssteuer zu berücksichtigen, ob aus anderen Rechtsgründen gleichzeitig Vermögensverluste eintreten. Es ist vielmehr nur entscheidend die Vermögensvermehrung oder -verminderung durch den Spezialerwerb auf Grund der Erbschaft (vgl. Vorbemerkung 1 vor § 1). Demgemäß ist entscheidend der Zeitpunkt des Erbanfalls (§ 45 Ziff. 2 EStG.). In der Mehrzahl der Fälle fällt dieser zusammen mit dem Erbfall, da der Erbe, unbeschadet seines Ausschlagungsrechts, die Erbschaft mit dem Tode des Erblassers erwirbt (§§ 1922, 1942 BGB.). Tritt der Erbanfall ausnahmsweise zu einem späteren Zeitpunkt ein, als der Erbfall, so ist nicht dieser sondern jener entscheidend. Ein solches zeitliches Auseinanderfallen kommt für die Nachlaßsteuer nicht in Frage, weil für sie nur der Erbfall, nicht aber der Erbanfall maßgebend ist; deshalb können die zwei Erbschaftssteuern, welche beim Tode einer Person entstehen, auch nach ihrem Stichtage auseinander fallen.

In Ausdehnung der Erbschaftssteuer des ersten EStG. sind Ehegatten und Abkömmlinge in die Erbanfallsteuer einbezogen. Die Bezeichnung „Erbanfallsteuer" ist ebenfalls neu; sie ist notwendig geworden, nachdem neben die Erbschaftssteuer des ersten EStG., welche der Erbanfallsteuer des neuen EStG. entsprach, die Nachlaßsteuer getreten ist, und das neue EStG. die Bezeichnung „Erbschaftssteuer" als Oberbegriff für Nachlaßsteuer, Erbanfallsteuer und Schenkungssteuer sich vorbehalten hat (§ 1 EStG.). Über die zeitliche Geltung vgl. § 72 EStG.

§ 20.

Als Erwerb von Todes wegen (§ 1 Nr. 2) gilt

1. der Erwerb durch Erbanfall, durch Vermächtnis (§§ 2147 ff. des Bürgerlichen Gesetzbuchs) oder auf Grund eines geltend gemachten Pflichtteilsanspruchs;
2. der Erwerb auf Grund einer Nachfolge in ein Hausgut, Lehen, Fideikommiß oder Stammgut oder in ein sonstiges gebundenes Vermögen;
3. der Erwerb durch Schenkung auf den Todesfall (§ 2301 des Bürgerlichen Gesetzbuchs) sowie jeder andere Erwerb, auf den die für Vermächtnisse geltenden Vorschriften des bürgerlichen Rechtes Anwendung finden;
4. der Erwerb, der infolge der Vollziehung einer durch Verfügung von Todes wegen angeordneten Auflage

oder infolge der Bewirkung einer Leistung, von welcher der Erblasser einen Erwerb von Todes wegen abhängig gemacht hat, oder, sofern der Erwerb der Genehmigung einer Behörde bedarf, infolge der Vollziehung einer Anordnung dieser Behörde erlangt ist;

5. Bezüge aus Familienstiftungen, sofern sie infolge Todesfalls an den stiftungsmäßig oder gesetzlich dazu Berufenen gelangen, sowie der Erwerb des Vermögens einer solchen Stiftung, sofern das Vermögen infolge Erlöschens der Stiftung an die stiftungsmäßig oder gesetzlich dazu Berufenen gelangt.

Familienstiftungen sind solche Stiftungen, die wesentlich im Interesse einer Familie oder bestimmter Familien gemacht sind, wenn auch vorübergehend oder ausnahmsweise Bezüge an andere Personen gelangen können;

6. der Erwerb von Vermögensvorteilen, der auf Grund eines vom Erblasser geschlossenen Vertrags unter Lebenden von einem Dritten mit dem Tode des Erblassers unmittelbar gemacht wird;

7. was als Abfindung für einen Verzicht auf den entstandenen Pflichtteilsanspruch oder für die Ausschlagung einer Erbschaft oder eines Vermächtnisses gewährt wird.

In den Fällen der Nummern 2, 5 ist im Sinne dieser Vorschriften als Erblasser der zuletzt Berechtigte anzusehen.

1. § 20 ESt G. umschreibt, was als **steuerbarer Erwerb von Todes wegen** gelten soll. Die Bezeichnung „Erwerb von Todes wegen" findet sich im BGB. regelmäßig nicht (nur in § 1369 BGB. in abweichender Bedeutung) und bezeichnet in ihrem Zusammenhange die in § 20 erschöpfend aufgezählten Fälle der von der Erbanfallsteuer erfaßten Vermögensveränderungen von Todes wegen. Deckt sich eine im Anschluß an den Erbfall eingetretene Vermögensveränderung nicht mit einem der Tatbestände unter Ziff. 1—7 des § 20 EStG., so unterliegt sie nicht der Erbanfallsteuer. Hinzuweisen ist nur auf die Ergänzung, welche die Schenkungssteuer aus § 40 EStG. für freigebige Zuwendungen unter Lebenden bietet, und auf § 5 RAO., welcher für die Besteuerung Maßnahmen ohne Bedeutung erklärt, die durch Mißbrauch von Formen und Gestaltungsmöglichkeiten des bürgerlichen Rechts eine Umgehung oder Minderung der Steuerpflicht herbeiführen sollen. Die Steuerpflicht entsteht nach § 45 Ziff. 2 EStG.

mit dem Zeitpunkt des Anfalls. Soweit Tatbestände in Frage kommen, deren Beurteilung privatrechtlich nach ausländischem Recht zu erfolgen hat, wird innerhalb des örtlichen Geltungsbereichs der Erbanfallsteuer eine solche zu erheben sein, sobald die Tatbestände sich mit denen aus § 20 EStG. decken. Der Erwerb von Todes wegen setzt voraus einen anläßlich eines Erbfalls eintretenden Vermögensübergang ohne Unterschied, ob er auf Gesetz oder letztwilliger Verfügung von Todes wegen beruht.

2. **Zu Ziffer 1.** a) **Erbanfall** ist nach § 1942 BGB. der Übergang der Erbschaft auf den berufenen Erben, unbeschadet seines Rechts, sie auszuschlagen. Mit dem Tode des Erblassers wird der zur Erbschaft Berufene von selbst Erbe, soweit nicht besondere Voraussetzungen für seine Berufung vorliegen. Durch den Anfall wird er noch nicht endgültig Erbe, sondern er hat das Recht, die Erbschaft auszuschlagen, mit der Wirkung, daß sie als ihm niemals angefallen gilt. Die Erbenstellung wird eine endgültige erst mit der Annahme (§§ 1942, 1943 BGB.).

Das Vermächtnis fällt nicht an mit der gleichen rechtlichen Bedeutung wie die Erbschaft, es geht nicht ein Teil des Vermögens des Erblassers kraft Vermächtnisses auf den Vermächtnisnehmer über, sondern mit dem Anfall des Vermächtnisses entsteht für den Vermächtnisnehmer nur eine Forderung gegen den Erben auf den vermachten Gegenstand, unbeschadet des Rechts, wiederum den Erwerb dieser Forderung mit rückwirkender Kraft auszuschlagen (§ 2176 BGB.)

b) Das **Pflichtteilsrecht,** bestehend in einer Forderung auf den halben Wert des gesetzlichen Erbteils, entsteht für Abkömmlinge, Eltern und Ehegatten mit dem Tode des Erblassers als vererbliches und übertragbares Recht, nicht für Geschwister, Geschwisterkinder oder Großeltern des Erblassers (§ 2317 BGB.). Auch der Anspruch auf Ergänzung des Pflichtteils, wegen Schenkungen des Erblassers, gegen den Beschenkten, entsteht unter jenen Voraussetzungen wie der Pflichtteilsanspruch und ist in seinen Namen eingeschlossen (§§ 2325 ff. BGB.). Im Gegensatz zum bürgerlichen Recht und abweichend auch vom ersten EStG. soll als steuerbarer Erwerb von Todes wegen nur derjenige auf Grund eines geltend gemachten Pflichtteilsanspruchs gelten; es ist bis zur Geltendmachung der Pflichtteil auch nicht als ungewisses oder unsicheres Recht zu bewerten, sondern er hat außer Ansatz zu bleiben: andernfalls bestände die Gefahr, daß der Pflichtteilsberechtigte den Pflichtteilsanspruch geltend zu machen sich genötigt sieht, weil er ihn ohnehin besteuern müßte, ohne daß ihm nach bürgerlichem Recht die Möglichkeit eingeräumt ist, das Pflichtteilsrecht auszuschlagen. Aus diesen Gründen unterwirft das Gesetz den Pflichtteilsanspruch noch nicht der Steuer, wenn er entsteht, sondern erst, wenn er geltend gemacht wird (Begründung S. 34). Der Verzicht auf den Pflichtteilsanspruch ist nach der ausdrücklichen Vorschrift des § 40 Abs. 3 EStG. auch nicht als steuerpflichtige Schenkung erklärt. Wegen der Abfindung für einen Verzicht auf den Pflichtteilsanspruch vgl. § 20 Ziff. 7.

Wird der Pflichtteil nachträglich geltend gemacht, so kann der Erbe eine Berichtigung der Veranlagung beantragen. Der Pflichtteilsanspruch verjährt innerhalb von drei Jahren nach Kenntnis vom Erbfall und der das Pflichtteilsrecht auslösenden, beeinträchtigenden Verfügung von Todes wegen, aber spätestens 30 Jahre nach dem Erbfall (§ 2332 BGB.). Wenn § 49 EStG die Berichtigung wegen nachträglich bekannt gewordener abzugsfähiger Verbindlichkeiten nur bis zum Ablauf der Verjährungsfrist gestattet, so meint er damit die Verjährungsfrist für die Steuer, also nach § 121 RAO. den Ablauf von fünf Jahren nach dem Erbfall. Diese Frist sollte sinngemäß bei der nachträglichen Geltendmachung des Pflichtteilsrechts nicht zu gelten haben. Denn es bedeutet eine erhebliche Härte für den Erben, wenn der Pflichtteilsberechtigte z. B. erst vier Jahre nach dem Erbfall von diesem Kenntnis erhält und nach weiteren zwei Jahren, also insgesamt sechs Jahren, den Pflichtteilsanspruch geltend macht, daß alsdann die ohne Rücksicht auf den beim Erbfall noch nicht geltend gemachten Pflichtteilsanspruch aufgestellte Steuerveranlagung zugunsten des Erben nicht sollte berichtigt werden können. Da aber das Pflichtteilsrecht wie ein zur Zeit des Erbfalls noch unbekanntes Recht behandelt wird, so wird eine Berichtigung wegen nachträglicher Geltendmachung des Pflichtteilsanspruchs auch noch länger als fünf Jahre nach dem Erbfall statthaft sein (so auch Mirre Anm. 1 § 49, anderer Meinung Hoffmann-Henckel Anm. 4 § 49).

c) Der Erbanfall kann auf **Gesetz oder** auf **Verfügung von Todes wegen** beruhen, das Vermächtnis nur auf Verfügung von Todes wegen. Die gesetzliche Erbfolge tritt stets ein, wenn ein Erbe durch eine Verfügung von Todes wegen nicht berufen ist. Jeder Verstorbene hinterläßt nach BGB. einen Erben. Dem Fehlen einer letztwilligen Verfügung steht gleich deren Nichtigkeit oder deren Unwirksamkeit (über den Unterschied beider Begriffe: Schachian, Die Relative Unwirksamkeit der Rechtsgeschäfte S. 178 ff.), z. B. bei mangelnder Form der letztwilligen Verfügung, bei mangelnder Testierfähigkeit des Erblassers (§§ 2229, 2230, 2231 BGB.), bei Vorversterben des

Erben (§ 1923 BGB.), bei Anfechtung der Verfügung von Todes wegen (§ 2078 BGB.), bei Unwürdigkeit des Erben (§ 2344 BGB.).

d) **Gesetzliche Erben** sind nur Verwandte, Ehegatten und Fiskus. Für die Verwandtschaft sind maßgebend die §§ 1589 ff. BGB. Als nicht verwandt gilt das uneheliche Kind und sein Erzeuger, dagegen ist verwandt das uneheliche Kind und seine Mutter und auch das angenommene Kind und der Annehmende (§§ 1589, 1705, 1757 BGB.). Verschwägerte gehören nicht zu den gesetzlichen Erben (§ 1590 BGB.). Die gesetzlichen Erben sind im BGB. eingeteilt nach Ordnungen, welche maßgebend sind für die Erbfolge. Zur Erbfolge berufen ist stets die dem Erblasser nächste Ordnung, solange in ihr Verwandte vorhanden sind, wobei innerhalb der ersten Ordnung der Grundsatz der Stammteilung gilt, nach der die Nachkommen anstelle des Wegfallenden treten, von der vierten Ordnung ab aber innerhalb der Ordnung die Gradesnähe entscheidet (§§ 1925 ff. BGB.). Die Erbschaft des Ehegatten gestaltet sich verschieden danach, mit welchen Verwandten er zur Erbfolge gelangt, beginnend mit einem Viertel der Erbschaft neben Verwandten der ersten Ordnung, fortschreitend zur Hälfte der Erbschaft und dem Voraus (dem ehelichen Haushalt und den Hochzeitsgeschenken) neben Verwandten zweiter Ordnung, und alsdann in der dritten Ordnung alle Verwandten ausschließend mit Ausnahme der Großeltern (§§ 1931, 1932 BGB.). Das gesetzliche Erbrecht des Fiskus steht an letzter Stelle (§ 1936 BGB.).

e) Die **gewillkürte Erbfolge** kann Erbfolge durch einseitige Verfügung von Todes wegen (Testament) oder durch Vertrag mit einem Dritten (Erbvertrag) sein (§§ 1937, 1938, 1941, 2274 BGB.) Die Zuwendung des Pflichtteils durch letztwillige Verfügung ist im Zweifel nicht als Erbeinsetzung anzusehen. Werden aber Dritte, im Gegensatz zu den Pflichtteilsberechtigten, auf soviel eingesetzt als das Gesetz erlaubt, so werden sie als Erben anzusehen sein auf den von den Pflichtteilen nicht in Anspruch genommenen Bruchteil des Nachlasses (Planck Anm. 2 § 2087; RGR. Anm. 1, 2 § 2087; Strohal Bd .1 S. 150). Über Vorerbschaft und Ersatz-Erbschaft vgl. Erläuterungen zu § 2 und §§ 23, 26 EStG., über die Form der Verfügung von Todes wegen vgl. BGB. §§ 2229 ff., 2274 ff. Liegt eine anfechtbare Verfügung von Todes wegen vor, so ist diese bis zur Anfechtung als gültig zu behandeln. Die Besteuerung hat entsprechend zu erfolgen. Nötigenfalls ist gemäß § 82 RAO. ein vorläufiger Steuerbescheid zu erteilen, doch kann auch die Besteuerung ausgesetzt werden bis zum Ablauf der Anfechtungsfrist (vgl. näher Erläuterungen zu § 62 EStG.). Für die Auslegung von Testamenten gibt das BGB. gewisse Regeln

(§§ 2066 ff.). Diese reichen jedoch keineswegs aus, um bei zweifelhaft gefaßten Testamenten im einzelnen Falle den allein maßgeblichen Willen des Erblassers festzustellen. In solchen Fällen einigen sich die Beteiligten häufig über die Erbrechte, oder der Streit wird durch Urteil entschieden. Es ist in Anm. 9 zu § 2 die Wirkung solcher Vergleiche und Urteile für die Nachlaßsteuer eingehend auseinandergesetzt. Dieselben Grundsätze gelten auch für die Erbanfallsteuer, die dort erwähnte Entscheidung des Reichsfinanzhofs paßt zu der Praxis des Reichsgerichts für die Erbanfallsteuer des ersten EStG (RGZ. 69 S. 329).

Der Reichsfinanzhof sagt in einer anderen Entscheidung Bd. 1 S. 25, 26: „Die Steuerbehörde muß bei Beurteilung eines Rechtsverhältnisses, das ungewiß oder streitig ist, sich derjenigen Anschauung anschließen, nach welcher die Beteiligten selbst, in der Absicht das dem Willen des Erblassers Entsprechende oder vom Gesetz Gewollte zu tun, die sie bindende Regelung vorgenommen haben. Dies folgt aus der Natur der Erbschaftssteuer als einer Bereicherungssteuer. Es wäre ein Widersinn, jemandem eine Bereicherungssteuer für etwas aufzuerlegen, was ihm rechtlich nicht zugekommen ist, bloß weil es ihm nach Auffassung der Steuerbehörde hätte rechtlich zugesprochen werden sollen, oder jemanden von der Steuer für eine Bereicherung frei zu lassen, die ihm als aus den Nachlaß kommende rechtlich zugesprochen ist, bloß weil sie ihm nach Auffassung der Steuerbehörde nicht hätte rechtlich zugesprochen werden sollen. Diese damals bei Auslegung einer zweifelhaften letztwilligen Verfügung ausgesprochenen Erwägungen müssen auch maßgebend sein, wenn es sich um die Auslegung einer zweifelhaften gesetzlichen Vorschrift handelt. Würde die Meinungsverschiedenheit im Prozeßwege ausgetragen, so würde die Steuerbehörde durch die im Prozeß ergangene Entscheidung ebenso wie die Beteiligten gebunden sein und könnte nicht die Steuer berechnen unter dem Gesichtspunkt, daß die Streitfrage im Prozeß unrichtig entschieden sei. Zweifellos wäre für sie auch bindend, wenn ein Rechtsstreit durch Vergleich oder Anerkenntnis seine Erledigung gefunden hätte, der Inhalt des Vergleiches oder Anerkenntnisses. Erst recht muß dann aber maßgebend sein, was sämtliche Beteiligte, ohne daß es zu einem Rechtsstreit gekommen ist, von vornherein einmütig als den Willen des Gesetzes angesehen und als Richtschnur bei der Erbauseinandersetzung behandelt haben. Voraussetzung ist nur, daß die Beteiligten wirklich der Meinung waren, die dem Gesetz entsprechende Regelung getroffen zu haben und sich nicht von Billigkeitserwägungen haben leiten lassen."

f) **Kein Erwerb durch Erbanfall** liegt vor:

aa) beim Erbschaftsbesitzer, welcher auf Grund eines ihm in

Wirklichkeit nicht zustehenden Erbrechts etwas aus der Erbschaft erlangt (§ 2018 BGB.) und

bb) beim Erbschaftskauf, durch welchen der Erbe die ihm angefallene Erbschaft unter Lebenden verkauft (§ 2371 BGB.).

g) Das **Vermächtnis** besteht in einer von Todes wegen zugewandten Forderung des Bedachten auf einen Vermögensvorteil (§ 1939 BGB.): beschwert mit ihm wird der Erbe oder ein Vermächtnisnehmer (§ 2147 BGB.). Das Recht zu seiner Ausschlagung kann, im Gegensatz zur Erbschaft, ohne öffentlich beglaubigte Form ausgeübt werden und erlischt nicht durch Ablauf der Ausschlagungsfrist von sechs Wochen wie bei Erbschaften, sondern nur durch Annahme des Vermächtnisses, welche allerdings auch formlos und durch schlüssige Handlungen geschehen kann (§ 2180 BGB., §§ 1944, 1945 BGB.). Über die verschiedenen Arten der Vermächtnisse, wie Verschaffungsvermächtnis (§ 2170 BGB.), Gattungsvermächtnis (§§ 2182 ff. BGB.), Wahlvermächtnis (§§ 262 ff. BGB., 2154 BGB.), Bestimmungsvermächtnis (§ 2156 BGB.) sind die angeführten Gesetzesbestimmungen des BGB. zu vergleichen. Einer besonderen Erwähnung bedürfen nur das Befreiungsvermächtnis und das Schuldvermächtnis. Das Befreiungsvermächtnis besteht in der Zuwendung der Befreiung von einer dem Bedachten gegen den Erblasser oder einen Dritten obliegenden Schuld. Ist der Gläubiger ein Dritter, so muß der Beschwerte für die Befreiung sorgen (RGR. Anm. 2a § 2173). Das Befreiungsvermächtnis ist in § 33 EStG. Ziff. 2 und 3 unter gewissen Voraussetzungen von der Erbanfallsteuer befreit (vgl. Anm. 3, 4 zu § 33). Das Schuldvermächtnis besteht darin, daß der Erblasser dem Bedachten etwas vermacht, was er ihm ohnehin schuldet. Das Vermächtnis bildet nur für die Forderung des Vermächtnisnehmers eine zweite Grundlage und kann als solche dem Vermächtnisnehmer Vorteile gewähren, insbesondere durch Beseitigung von der früheren Schuld anhaftenden Beschränkungen. Hatte der Vermächtnisnehmer schon vorher eine gültige Forderung, so wird eine Erbanfallsteuer nur dann entstehen, wenn die Verbesserungen seiner Lage in geldwerten Rechten verkörpert sind (vgl. Planck Anm. 3b zu § 2173, Stempel- und Erbschaftssteuer 1912 S. 155). Der Erlaß einer verjährten Schuld ist als selbständig zu bewertendes Vermächtnis nicht anzusprechen, denn der Vermächtnisnehmer konnte ohnehin durch Geltendmachung der Einrede der Verjährung seine Leistungspflicht abwenden. Ist der Erbe selbst der Vermächtnisnehmer, was nach BGB. § 2150 als Vorausvermächtnis gültig ist, so gilt die Zuwendung als Vermächtnis auch insoweit, als der Erbe selbst beschwert ist.

In diesen Zusammenhang gehört das Vermächtnis des Nießbrauchs an denjenigen, welchem bereits kraft Familienrechts eine Nutznießung entsprechenden Inhalts zusteht. Die Nutznießung ist (vgl. Anm. 2 zu § 6), soweit sie auf familienrechtlicher Grundlage beruht, kein selbständiges steuerbares Recht, sondern nur ein Derivat einer familienrechtlichen Stellung, welches steuerlich keinen selbständigen Vermögensteil bildet. Ist daher dem Vater, welchem ohnehin die Nutznießung am Vermögen des minderjährigen Kindes zusteht, der Nießbrauch an einem Anfall vermacht, der in das Vermögen des Kindes fällt, oder dem Ehemann der Nießbrauch an einem in das Vermögen der Ehefrau bei gesetzlichem Güterstande gelangenden Anfall, so ergibt sich die Frage, ob und in welcher Höhe ein Vermächtnis vorliegt. Das Reichsgericht hat den Standpunkt eingenommen, daß eine Bereicherung des Bedachten nur insoweit vorliegt, als das Recht des vermachten Nießbrauchs, welches sich nach §§ 1030 ff. BGB. richtet, über die familienrechtliche Nutznießung hinausgreift und insoweit eine selbständige Zuwendung an die Bedachten in sich schließt (RGZ. Jur. Woch. 1909 S. 144 unter Berufung auf §§ 1652, 1666, 1680 ,1653, 1659, 1638 BGB gegenüber den Grundsätzen des Nießbrauches). Es ist also nach der Auffassung des Reichsgerichts „durch Vergleichung der Vorteile und Nachteile zwischen den auf testamentarischer Anordnung und auf dem Gesetz beruhenden Rechten" zu ermitteln, wie weit ein Erwerb von Todes wegen und damit eine Bereicherung des Erwerbers eintritt (Gruchot Bd. 53 S. 1185, auch RGZ. Bd. 5 S. 211, Gruchot Bd. 36 S. 698). Damit kreuzt sich das Prinzip, daß die familienrechtliche Nutznießung ein steuerlich zu bewertendes Recht überhaupt nicht darstellt. Dieses muß dazu führen, daß der ohnehin kraft Familienrechts Nutznießungsberechtigte, wenn er mit dem Nießbrauch letztwillig bedacht wird, die Nutznießung nicht in Abzug zu bringen berechtigt ist. Es bestände also der steuerbare Anfall an den Vater oder an den Ehemann im vollen Werte des Nießbrauchs. Die letztere Auffassung wird zutreffend sein. Der Grundsatz des Gesetzes, daß die unselbständigen Ausläufer familienrechtlicher Stellungen nicht Teile des steuerbaren Vermögens sind, muß auch an dieser Stelle zur Durchführung gelangen. Es wird daher dem nutznießungsberechtigten Vater der volle Nießbrauch vermacht. Auch ist nicht die Rechnung dahin aufzumachen, daß er für die ersten 21 Jahre des Lebens des Kindes, also für die Dauer der Minderjährigkeit, steuerpflichtig ist für den Wert des Nießbrauchs abzüglich des Wertes der Nutznießung und erst von der Volljährigkeit des Kindes ab mit dem vollen Wert des Nießbrauchs, sondern der Vater ist von vornherein für den vollen Wert des Nießbrauchs steuerpflichtig. Man wird allerdings einwenden können, daß die Vermachung des Nießbrauchs kraft Familienrechts an den Nutzungsberechtigten in Testamenten häufig nichts weiter ist, als die Bekräftigung eines Rechtszustandes, wie er nach Auffassung des Testators bereits besteht, und es wird deshalb in solchen Fällen der Vorstellung des Erblassers nicht entsprechen, wenn der Inhaber der elterlichen Gewalt oder der Ehemann den Nießbrauch voll versteuern muß. Inwieweit hier die Auslegung helfen kann, ist Frage des einzelnen Falles. Oft wird unter dem vermachten Nießbrauch nichts weiter zu verstehen sein, als die Erwähnung des Umstandes, daß der Vater oder der Ehemann die Nutznießung hat und das letztwillig Vermachte nicht zu dem der Nutznießung entzogenen freien Vermögen des Kindes oder der Ehefrau gehören soll. Im übrigen vermögen solche Folgen gefährlicher Überflüssigkeiten in Testamenten, wie sie sich besonders aus früherer Zeit her finden, am Grundprinzip des Gesetzes meines Erachtens nichts zu ändern: das wird besonders klar, wenn man bedenkt, daß Vorerben und Nießbraucher nach § 23 ESt G. gleichmäßig besteuert werden sollen, beim Vermächtnis des Nießbrauchs an den Vorerben aber der Nießbrauch sicherlich voll versteuert werden muß. Dieser Auffassung hat sich nunmehr auch der Reichsfinanzhof, (Bd. III. S. 249: Gutachten vom 28. 7. 1920.) abweichend vom Reichsgericht, angeschlossen. Es ist daher vor der überflüssigen, bloß bekräftigenden Erwähnung eines Nießbrauchs an Väter oder Ehemänner bezüglich des ihrer Nutznießung unterworfenen Vermögens von Kindern oder Ehefrauen bei der Abfassung von Testamenten zu warnen (vgl. Mirre Anm. 4, anderer Meinung Hoffmann-Hendel Anm. 4c, dem Reichsgericht folgend).

Das Vermächtnis der Steuerfreiheit von der Erbanfallsteuer ist besonders in § 52 EStG. geregelt.

h) Der **Testamentsvollstrecker** hat nach § 2221 BGB. den Anspruch auf eine angemessene Vergütung, sofern nicht der Erblasser ein anderes bestimmt hat. In diesem Rahmen ist die Zuwendung an den Testamentsvollstrecker im Wege der Verfügung von Todes wegen nicht erbanfallsteuerpflichtig und auch nicht schenkungssteuerpflichtig, weil der Testamentsvollstrecker kraft Gesetzes einen solchen Anspruch hat und die entsprechende Zuwendung, soweit sie sich in jenem Umfange hält, nur den Rahmen des § 2221 BGB. ausfüllt. Nicht selten setzt der Erblasser den einen der Erben zum Testamentsvollstrecker ein und wendet ihm für seine Mühewaltung eine Quote des Nachlasses zu, oder er setzt den Testamentsvollstrecker zum Erben ein unter der gleichen Zuwendung. Übersteig. der Wert der Zuwendung nicht die angemessene Höhe gemäß § 2221 BGB. und stellt sich die Erbeinsetzung dar als Entgelt für die Bemühungen als Testamentsvollstrecker, so liegt eine erbschaftssteuerpflichtige Zuwendung nicht vor. Übersteigt die Zuwendung, welche in der Erbeinsetzung liegt, jenes Maß, so ist im einzelnen Falle der Wille des Erblassers zu erforschen, ob er die Vermögenszuwendung „zur Regelung der Erbfolge oder als Vergütung für Besorgung der Testamentsvollstreckergeschäfte gewollt hat". Im ersteren Falle liegt eine steuerbare Zuwendung vor, unter der Auflage der Testamentsvollstreckerschaft (Begründung zum ersten EStG. 1905/1906 S. 31 zu § 32), im letzteren Falle ist entscheidend, daß der Eingesetzte nur dann Erbe sein soll, wenn er zugleich das Amt des Testamentsvollstreckers annimmt. Die Funktion als Testamentsvollstrecker ist also Bedingung für die Erbeinsetzung, so daß eine erbschaftssteuerpflichtige Zuwendung nur insoweit vorliegt, als nicht dem Testamentsvollstrecker nach § 2221 ohnehin ein Anspruch auf Vergütung zustehen würde, welcher als Nachlaßverbindlichkeit von der Erbeinsetzung in Abzug zu bringen ist. Nur insoweit liegt auch gegenüber dem Testamentsvollstrecker eine Masseschuld des Erben vor (§ 224 Nr. 6 KO.). Es ist also in jedem Fall der Wille des Erblassers in vorstehender Art zu erforschen und die Abgrenzung der angemessenen Höhe der Vergütung für den Testamentsvollstrecker gegebenenfalls zu treffen (Reichsfinanzhof vom 18. 3. 20 Bd. 2 S. 221).

3. **Zu Ziffer 2.** Über den Erwerb **gebundenen Vermögens** vgl. Erläuterungen zu § 2 EStG.: dort auch über die verschiedenen Arten der gebundenen Güter. Für den Steuersatz ist bestimmend das Verhältnis des Bezugsberechtigten zu seinem Vorgänger, welcher als Erblasser gilt (Abs. 2 § 20 EStG.). Besteuert wird der jeweilige Inhaber mit dem Wert seiner Nutzung. Die Steuerpflicht entsteht bei jedem Anfall gebundenen Vermögens, auch wenn er nicht infolge des Todes des bisherigen Inhabers, sondern z. B. bei seiner Nachfolgeunfähigkeit eintritt. Auch die Abfindungen der Angehörigen, welche der Nachfolger beim Antritt der Nachfolge vornimmt, sind steuerpflichtig, weil der Abgefundene bei der Nachfolge bereichert wird, als Äquivalent für sein entgehendes Nachfolgerecht (vgl. auch Ziff. 7 § 20, im übrigen Erläuterungen zu § 2).

4. **Zu Ziffer 3.** a) Nach bürgerlichem Recht sind **Schenkungen auf den Todesfall** solche, die unter der Bedingung des Überlebens des Beschenkten gegenüber dem Schenker erfolgen. Werden sie zu Lebzeiten des Schenkers durch Leistung erfüllt, so unterstehen sie den Vorschriften des bürgerlichen Rechts der Schenkung unter Lebenden, andernfalls, je nach dem Gegenstand der ganzen bzw. teilweisen Zu-

wendung der Erbschaft oder einzelner Gegenstände den Vorschriften über Erbeinsetzung oder Vermächtnis (§ 2301 BGB.). Die Bedingung des Überlebens des Schenkers kann eine aufschiebende oder auflösende sein, eine auflösende dann, wenn ein Rückfall der Schenkung beim vorzeitigen Tode des Beschenkten eintreten soll. Häufiger wird eine aufschiebende Bedingung vorliegen (anderer Meinung Leonhard II C zu § 2301). Die Form wird meistens die des Erbvertrages sein. Wird ein Schenkungsversprechen von Todes wegen nachträglich noch bei Lebzeiten des Schenkers erfüllt, so wird es oft als gegenstandslos geworden anzusehen sein (Kammergericht OLGRspr. Bd. 30 S. 205 ff., über die Annahme einer Vorleistung mit beschränkter causa Kipp S. 128). § 8 Ziff. 2 EStG. zählt die von Todes wegen geschenkten Gegenstände bei Vollziehung der Schenkung unter Lebenden gleichwohl zum Nachlaßvermögen. In gleicher Richtung bewegt sich die Bestimmung Ziff. 3 § 20 EStG., welche sämtliche Schenkungen von Todes wegen der Erbanfallsteuer unterwirft, auch wenn sie infolge Vollziehung unter Lebenden den bürgerlichen Rechtsvorschriften der Schenkungen unter Lebenden unterstehen. Im letzteren Falle sind sie im Hinblick auf das bevorstehende Ableben des Schenkers vorgenommen und werden deshalb steuerlich erst als mit dem Tode des Schenkers erfolgt, angesehen (Mirre Anm. 8 § 20, anderer Meinung Hoffmann-Henckel Anm. 12 § 20, vgl. auch RG. in Jur. Woch. 1914 S. 87 Nr. 19).

b) Der gleichen Steuerpflicht unterliegt jeder Erwerb, auf den die **Vorschriften des BGB. über Vermächtnisse** Anwendung finden, das sind:

aa) das Recht auf den Dreißigsten (§ 1969 BGB.);
bb) der Voraus des überlebenden Ehegatten (§ 1932 BGB.);
cc) das Bezugsrecht des Fiskus bezüglich unterstützter Personen (Art. 139 EGBGB.);

dagegen nicht

der Unterhaltsanspruch der Mutter bei Erwartung der Geburt eines Erben (§ 1463 BGB., vgl. Reichsgerichtsräte Anm. 5 § 1939 BGB., Anm. 5 § 1963 BGB.).

5. **Zu Ziffer 4.** Steuerpflichtig ist der Erwerb infolge der Ausführung von **Auflagen** zugunsten bestimmter Personen. Durch eine Auflage verpflichtet der Erblasser den Erben oder Vermächtnisnehmer zu einer Leistung, ohne dem Bedachten ein Recht auf die Leistung zuzuwenden (§ 1941, §§ 2192 ff. BGB.). Über Auflagen, welche reine Zweckzuwendungen enthalten, im Gegensatz zu solchen zugunsten bestimmter Personen, vgl. eingehend Erläuterungen zu § 30, § 35 EStG.

Der steuerbare Anfall der Auflage liegt in der Vollziehung. Es soll ferner hierher der Fall gehören, wenn der Erblasser jemanden in der Weise bereichert, daß er einen andern unter der Bedingung einsetzt, daß der andere an jenen etwas leistet. Die Steuerpflicht tritt mit der Bewirkung der Leistung ein. Die noch in Ziff. 4 erwähnten Genehmigungen einer Behörde kommen nach Art. 86—88 EGBGB. in Frage beim Vermögenserwerb juristischer Personen, religiöser Orden oder Gesellschaften sowie von Ausländern. Oft macht in solchen Fällen der Staat die Genehmigung der Zuwendung davon abhängig, daß arme Verwandte, die sonst übergangen würden, bedacht werden, dann sind diese erbanfallsteuerpflichtig (die aufrecht erhaltenen landesgesetzlichen Vorschriften bei Neumann Art. 86 EGBGB.).

6. **Zu Ziffer 5.** a) **Bezüge aus Familienstiftungen** sowie der Erwerb des Vermögens der Stiftung sind steuerpflichtig unter den Voraussetzungen der Ziff. 5. Der Begriff der Familienstiftung ist in Abs. 2 Ziff. 5 bindend festgelegt (vgl. auch Anm. 11 zu § 2 EStG.). Voraussetzung der Vorschrift ist, daß das Bezugsrecht aus der Stiftung geknüpft ist an den Todesfall des Vorgängers und auf einer festgelegten Berufungsfolge beruht. Bezüge, die nicht infolge eines Todesfalls anfallen, z. B. Studien-Stipendien, Zuwendungen gelegentlich der Ergreifung eines Berufs, der Begründung einer Wirtschaft, sind hingegen steuerfrei und es ist nur die ursprüngliche Zuwendung an die Stiftung als Zweckzuwendung zu versteuern (§ 33 Ziff. 5 EStG., Hoffmann-Henckel Anm. 18b; Mirre Anm. 12 § 20).

Als Erblasser gilt bei Bezügen aus Familienstiftungen nach Abs. 2 § 20 der zuletzt Berechtigte. Der Anfall an die Stiftung selber bleibt nach § 33 Ziff. 5 steuerfrei, sofern die Steuerpflicht der Bezugsberechtigten nach § 20 Ziff. 5 eintritt und die Zuwendung vom Stifter ausgeht (Reichsfinanzhof vom 12. 11. 1919 Bd. I S. 283).

Todesfall im Sinne der Vorschrift ist auch der Tod des Begründers einer solchen Stiftung, so daß auch die Bezüge des erstmalig Berechtigten steuerpflichtig sind. § 20 Abs. 2 steht dem nicht entgegen, enthält vielmehr nur eine Erläuterung für die Fälle späterer Vererbung der Bezüge aus Familienstiftungen (Urteil des RFH. vom 9. 6. 20 Bd. 3 S. 111).

b) Für **andere Stiftungen** als Familienstiftungen enthält das Gesetz keine besonderen Vorschriften. Hier wird es sich häufig um Zuwendungen handeln, welche nach § 35 Ziff. 3, auch Ziff. 4 EStG. (vgl. § 35 Anm. 4, 5) sich versteuern. Es sind daher die Bezugsberechtigten in solchen Fällen steuerfrei (§ 30 EStG.). Aber auch dann, wenn es sich um eine gewöhnliche Auflage handelt, also wenn dem Erben letztwillig die Errichtung einer Stiftung auferlegt wird, so liegt hinsichtlich der Bezugsberechtigten auch dann kein steuerpflichtiger Erwerb von Todes wegen vor, wenn sie der Erblasser selbst benannt hat. Die Stiftung ist alsdann die Erwerberin des Vermögens, sie hat es in Vollziehung der Auflage erlangt, nicht aber die auf Erträgnisse der Stiftung bezugsberechtigten Personen (Urteil des RFH. vom 28. 6. 20 Bd. 3 S. 221).

7. **Zu Ziffer 6.** Entsprechend § 8 Ziff. 1 EStG. (vgl. Erläuterungen hierzu) sind die Erwerber **unmittelbarer Bezüge** beim Todesfalle steuerpflichtig, vor allem also die Bezugsberechtigten aus Lebensversicherungsverträgen. Ihr Erwerb ist nach § 8 Ziff. 1 EStG. nachlaßsteuerpflichtig und zugleich nach § 20 Ziff. 6 erbanfallsteuerpflichtig. Ebenso wie bei § 8 Ziff. 1 EStG. sind nur auf Vertrag, nicht aber auf Gesetz z. B. auf der Reichsversicherungsordnung ruhende Ansprüche steuerpflichtig. Es wird nicht darauf ankommen, ob der Bedachte schon zu Lebzeiten des Erblassers ein unentziehbares Recht hatte, oder ob dieser sich die Befugnis vorbehalten hat, seinerseits einen andern an die Stelle des bezugsberechtigten Dritten treten zu lassen, was nach § 332 BGB. im Zweifel noch im Wege einer Verfügung von Todes wegen geschehen kann. Ist nur die Versicherung auf den Todesfall gestellt, so unterliegt sie nicht der Schenkungsbesteuerung sondern der Erbanfallsteuer (anderer Meinung Mirre Anm. 13 § 20). Wenn die bezugsberechtigte Ehefrau die Prämie zahlt für die Lebensversicherung ihres Ehemanns, so erwächst die Erbanfallsteuer nur um die Differenz der Summe der von ihr gezahlten Prämien gegenüber der zur Auszahlung gelangenden Versicherungssumme (Hoffmann-Henckel Anm. 20b § 20; anderer Meinung Mirre Anm. 13, der den Abzug der Prämie nur zuläßt, wenn ein Ersatzanspruch der Ehefrau durch den Versicherungsfall weggefallen ist, wohingegen meines Erachtens die Bereicherung von Todes wegen sich jedenfalls durch die unmittelbar zu ihrer Erlangung gemachten Prämienaufwendungen mindert).

8. **Zu Ziffer 7.** Nur die **Abfindung für den Verzicht** auf den entstandenen Pflichtteil oder für die Ausschlagung einer Erbschaft oder eines Vermächtnisses ist erbanfallsteuerpflichtig, während der unentgeltliche Verzicht nach § 40 Abs. 3 EStG auch als Schenkung nicht steuerpflichtig ist. Ebenfalls liegt in der Ausschlagung einer Erbschaft oder eines Vermächtnisses als solcher keine Schenkung (über die Grundsätze der Ausschlagung vgl. Erläuterungen zu Ziff. 1 § 20). Gewährt ein Dritter die Abfindung, ohne daß er der durch die Ausschlagung Begünstigte ist, also wenn ihm infolge der Ausschlagung

die Erbschaft nicht anfällt, so liegt eine reine Schenkung des Abfindenden vor. Die Ausschlagung zugunsten eines andern, welche häufig geschieht, enthält entweder eine bedeutungslose Erwähnung, oder den Ausdruck der Erwartung des nach dem Gesetz Bezugsberechtigten oder eine Bedingung. Im letzteren Falle ist sie als bedingte Ausschlagung gemäß § 1947 BGB. wirkungslos (Planck Anm. zu § 1947).

Schenkungssteuerpflichtig sind: Abfindungen, welche für den Verzicht auf einen Erwerb der in § 20 Ziff. 2—5 bezeichneten Art gewährt werden (§ 40 Ziff. 6 EStG. und Erläuterung).

§ 21.

Im Falle der Fortsetzung der ehelichen Gütergemeinschaft (§§ 1483ff., 1557 des Bürgerlichen Gesetzbuchs, Artikel 200 des Einführungsgesetzes zum Bürgerlichen Gesetzbuch) findet § 12 entsprechende Anwendung.

1. Es ist zu verweisen auf die Erläuterungen zu § 12. Der Anteil des vorverstorbenen Ehegatten an der ehelichen Gütergemeinschaft gehört, im Gegensatz zu den Grundsätzen des BGB., zum steuerbaren Nachlaß und sein Anfall an die Abkömmlinge läßt daher auch die Erbanfallsteuer entstehen. Das gleiche gilt, wenn ein an der fortgesetzten Gütergemeinschaft anteilsberechtigter Abkömmling stirbt und sein Anteil am Gesamtgut seinen mit dem Anfall steuerbaren Abkömmlingen anfällt.

2. Die Steuer ist, auch soweit sie auf die Anteile der Abkömmlinge am Gesamtgut entfällt, von dem überlebenden Ehegatten zu leisten, zu Lasten der einzelnen Anteile, im Nichtbeitreibungsfalle ist die Steuer aus dem Nachlaß zu entrichten (§ 30 Abs. 2 und 3 EStG. und Erläuterungen).

3. Die in § 12 Abs. 3 erwähnte Nachfolge in ein Anerbengut regelt für die Erbanfallsteuer § 23 Abs. 4.

§ 22.

Der Erwerber auf Grund einer Nachfolge in ein Hausgut, Lehen, Fideikommiß oder Stammgut, oder in ein sonstiges gebundenes Vermögen wird als Nießbraucher behandelt.

1. Über Hausgüter vgl. Erläuterungen zu § 2 und § 20 Ziff. 2, 5.

2. Für die Nachlaßsteuer gelten die gebundenen Vermögensmassen als Nachlaß des verstorbenen Inhabers (§ 2 Abs. 2 EStG.). Da die Erbanfallsteuer sich nach der Bereicherung des Erwerbers bestimmt

(§ 25 Abs. 1 ESt G.), kommt als ihr Gegenstand nur die Nutzung in Betracht. Dem Erwerber ist daher als Steueranfall nicht das Stammvermögen, sondern der Wert der Nutzung anzurechnen, welcher sich nach §§ 145, 146 RAO. berechnet. Die dem Erwerber obliegenden Lasten sind vom Wert der einjährigen Nutzung abzuziehen. Wird das gebundene Vermögen infolge des Anfalls in der Hand des Erwerbers frei, so hat dieser den vollen Wert des Vermögens zu versteuern.

Für Anerbengüter gilt § 23 Abs. 4.

§ 23.

Bei der Einsetzung eines Nacherben (§§ 2100 ff. des Bürgerlichen Gesetzbuchs) wird der Vorerbe als Nießbraucher, der Nacherbe als Erbe des herauszugebenden Vermögens behandelt.

Ist die Einsetzung des Nacherben auf dasjenige beschränkt, was beim Tode des Vorerben noch vorhanden sein wird, so haben sowohl der letztere von dem vollen Betrage des Erwerbes, als der Nacherbe von dem vollen Betrage des an ihn herauszugebenden Vermögens nach ihrem Verhältnis zum Erblasser die Steuer zu entrichten. Die von dem Vorerben entrichtete Steuer wird für den Teil der Erbschaft, für den der Nacherbe steuerpflichtig ist, auf Antrag dem Nacherben insoweit erstattet, als sie den Betrag übersteigt, den der Vorerbe als Nießbraucher geschuldet haben würde. Diese Vorschriften finden auch Anwendung, wenn der Vorerbe zur freien Verfügung berechtigt ist.

Dem Falle der Nacherbfolge steht der Fall des Nachvermächtnisses gleich.

Wenn bei einem bäuerlichen Anerbengute zunächst eine ungeteilte Erbengemeinschaft eintritt, so gilt als Erwerb für die einzelnen Erben der Erbanfall mit der Maßgabe, daß es so angesehen wird, als wenn die Erbauseinandersetzung zugleich mit diesem stattgefunden hätte.

1. § 23 regelt die Erbanfallbesteuerung der **Vorerbschaft** und der **Nacherbschaft**. Der Begriff der Vorerbschaft ist in Anm. 3 und 6 zu § 2 ESt G. erläutert.

2. Vorerbschaft und Nacherbschaft liegen vor, wenn zunächst der Vorerbe Erbe sein soll und alsdann zu einem testamentarisch festgelegten Zeitpunkt der Nacherbe als Gesamtnachfolger in das Vermögen des Erblassers eintritt (§ 2100 BGB.). Der Vorerbe ist, um das Recht

des Nacherben zu sichern, in seiner Verfügungsmacht beschränkt und und zur ordnungsmäßigen Verwaltung des Nachlasses verpflichtet (§§ 2112 ff. BGB.). Praktisch nähert sich damit seine Stellung derjenigen des Nießbrauchers, denn seine Befugnisse reichen regelmäßig kaum über die Nießbraucherstellung hinaus, obwohl sie in §§ 2111 ff. BGB. eine besondere Ausgestaltung erfahren haben. Es ist aber daran festzuhalten, daß nach BGB. der Vorerbe Gesamtnachfolger und nicht Einzelnachfolger des Erblassers ist. Dem Nacherben fällt die Nacherbschaft erst beim Eintritt des Nacherbfalles an, am häufigsten mit dem Tode des Vorerben. Er hat aber schon in der Zeit vom Eintritt des Todes des Erblassers bis zum Nacherbfall ein vererbliches und veräußerliches Anwartschaftsrecht, kann die Erbschaft schon nach dem Tode des Erblassers ausschlagen und sie auch annehmen. Letzteres ist bestritten (bejahend RGZ. 80 S. 377; Strohal I § 28a; Binder I S. 106; verneinend Kipp S. 289; Dernburg V S. 174). Über die Ausnahme bei bedingter Erbeinsetzung vgl. Anm. 4 zu § 48 EStG.

Der Erblasser kann den Vorerben von der Mehrzahl der ihm auferlegten Verfügungsbeschränkungen im Testament befreien. Nicht befreien kann er ihn nur von zwei Verfügungsbeschränkungen und zwei Pflichten. Auch der befreite Vorerbe kann unentgeltlich Verfügungen über den Nachlaß, mit Ausnahme von solchen, die einer sittlichen Pflicht oder einer auf den Anstand zu nehmenden Rücksicht entsprechen, nicht vornehmen: auch sind Verfügungen im Wege der Zwangsvollstreckung oder durch den Konkursverwalter, die gegen die Person das Vorerben gerichtet über den Nachlaß vorgenommen werden, soweit sie das Recht des Nacherben beeinträchtigen, unwirksam. Ferner bleibt der Vorerbe zur Aufstellung eines Vermögensverzeichnisses und zur Tragung der gewöhnlichen Erhaltungskosten jeweils verpflichtet. Hat der Erblasser bestimmt, daß der Vorerbe zur freien Verfügung über die Erbschaft berechtigt sein soll, oder hat er den Nacherben nur auf dasjenige eingesetzt, was von der Erbschaft beim Eintritt der Nacherbfolge übrig sein wird, so gilt der Vorerbe von allen Beschränkungen als befreit, mit Ausnahme der vorbezeichneten, und ist sog. befreiter Vorerbe (§§ 2136, 2137 BGB.).

3. Während für die Nachlaßsteuer § 2 EStG. den Vorerben als Eigentümer des Nachlasses behandelt, stellt § 23 auf den praktischen Erfolg der Vorerbschaft ab und besteuert, im Gegensatz auch zum bürgerlichen Recht, den **Vorerben als Nießbraucher** und den Nacherben als Erben. Diese Regelung, welche entgegen dem Entwurf, aber im Anschluß an das erste EStG. in den Ausschußberatungen (Bericht S. 12, 58) eingefügt worden ist, weicht somit ab

von der Regelung bei der Nachlaßsteuer und im BGB. Dadurch entstehen erhebliche Schwierigkeiten bei der Auslegung (vgl. Breit in Neuer Steuerrundschau I S. 103, auch in Jur. Woch. 1920 S. 761). Die Schwierigkeiten erhöhen sich dadurch, daß Abs. 2 des § 23 wiederum den befreiten Vorerben (über diesen Anm. 2) als Eigentümer des Nachlasses besteuert; im letzteren Falle erhält der Nacherbe ein Erstattungsrecht auf die Differenz der vom Vorerben gezahlten Steuer gegenüber derjenigen, die letzterer als Nießbraucher gezahlt haben würde. Es ist zweifelhaft, ob diese Spezialbestimmung in Abs. 2 § 23 über den befreiten Vorerben nur gilt beim gänzlich befreiten Vorerben als bei demjenigen Vorerben, der von allen Verfügungsbeschränkungen befreit ist, von denen eine Befreiung nach § 2136 BGB. zulässig ist, — solches ist stets dann anzunehmen, wenn der Nacherbe auf den Überrest eingesetzt ist — oder ob Abs. 2 § 23 auch dann gilt, wenn eine Befreiung des Vorerben nur von einzelnen Verfügungsbeschränkungen erfolgt ist — wenn ja, welche Befreiungen die Anwendung des Abs. 2 rechtfertigen. Die Grenze läßt sich beim Schweigen des Gesetzes schwerlich ziehen. Es wird auch nicht angängig sein, falls der Erbe in der Verfügung über einzelne Nachlaßteile beschränkt, im übrigen unbeschränkt ist, teilweise Abs. 1, teilweise Abs. 2 § 23 anzuwenden (so Hoffmann-Hendel § 23 Anm. 1). Es wird daher nichts übrig bleiben, als das Anwendungsgebiet des § 23 Abs. 2 einzuschränken auf die Fälle, daß der Nacherbe auf den Überrest eingesetzt ist oder der Vorerbe in dem vollen gesetzlich zulässigen Umfange zur freien Verfügung über die Erbschaft berechtigt ist. Diese Einschränkung der Anwendung erscheint umsomehr zutreffend, als der Grundsatz des Gesetzes dahin geht, den Vorerben nur als Nießbraucher zu besteuern, und die schwerere Belastung aus Abs. 2 nur dann eintreten soll, wenn der Vorerbe, weil zum Verbrauch des Nachlasses berechtigt, einem vollen Erben hinsichtlich der Bewertung seiner Stellung gleichgestellt werden kann.

4. Die regelmäßige Besteuerung geht also dahin: Der Vorerbe wird als Nießbraucher besteuert unter Kapitalisierung seines Rechtes gemäß § 145 RAO., während der Nacherbe zugleich den vollen Anfall der Erbschaft versteuert, abzüglich des kapitalisierten Nießbrauchs. Bei der befreiten Vorerbschaft versteuert der befreite Vorerbe den vollen Wert des Nachlasses, der Nacherbe den vollen Wert des nach Ablauf der Vorerbschaft an ihn gelangenden Vermögens, wobei ihm hinsichtlich seiner Nacherbschaft nur ein Erstattungsanspruch zusteht auf die vom Vorerben über das Maß eines Nießbrauchers hinaus gezahlte Steuer.

Für den Erstattungsanspruch kommt nur der Teil der Erbschaft in Frage, der an den Nacherben gelangt. Surrogate treten auch hier an die Stelle des ursprünglichen Bestandes. Bezüglich dieses Teils wird es so angesehen, als wenn der Vorerbe von vornherein Nießbraucher für die beim Nacherbfall nunmehr bekannte Zeitdauer der Vorerbschaft geworden wäre. Soweit der Vorerbe die Vorerbschaft verbraucht hat, der Nacherbe sie also nicht mehr erwirbt, kommt danach ein Erstattungsanspruch nicht in Frage.

Als entscheidender Zeitpunkt des Anfalls nach § 45 Ziff. 2 EStG. ist regelmäßig für Vorerben und Nacherben der Tod des Erblassers anzusehen. Bei befreiter Vorerbschaft ist für die Steuer des Vorerben der Zeitpunkt des Erbfalls, für die Steuer des Nacherben der Wegfall des Vorerben entscheidend.

5. **Verfügt der Vorerbe,** unter Überschreitung der Grenzen seiner Verfügungsmacht, so sind solche Verfügungen in Ausdehnung des Rechts des Nacherben unwirksam, da Unwirksamkeit besteht, proportional der Tragweite des durch die Verfügung des Vorerben sonst beeinträchtigten Anwartschaftsrechts des Nacherben (Schachian, Relative Unwirksamkeit S. 85 ff.; Raape S. 145 ff.; RG. in Gruchot 58 S. 671 ff.). Verfügt daher der Vorerbe unberechtigt, so ist, soweit die Unwirksamkeit reicht, kein Abzug zu machen. Eine steuerpflichtige Schenkung wird nur insoweit vorliegen, als die Vollziehung nicht unwirksam ist. Jedoch ist dies zweifelhaft; andere (Mirre § 6 Anm. 20; Hoffmann-Hendel Anm. 2b § 23) versteuern den vollen Wert der Schenkung und lassen nur einen späteren Erstattungsanspruch aus § 44 EStG. eintreten. Hierbei ist jedoch meines Erachtens übersehen, daß in Ausdehnung der Unwirksamkeit der Verfügung eine dingliche Rechtsveränderung nicht eintritt, und es sich insoweit nur um ein nicht erfülltes und deshalb nach § 40 Abs. 3 steuerfreies Schenkungsversprechen handelt. Genehmigt der Nacherbe eine solche Schenkung, so verschenkt der Vorerbe die Nutzung, der Nacherbe die Substanz abzüglich der Nutzung. Zu beachten ist dabei, daß infolge des guten Glaubens des Beschenkten sonst unwirksame Verfügungen des Vorerben Wirksamkeit haben können (§ 2113 Abs. 3 BGB.); jedoch entsteht auch in solchem Falle der Anspruch aus ungerechtfertigter Bereicherung nach § 816 Abs. 1 Satz 2 BGB., außerdem ein Schadensersatzanspruch des Nacherben gegen den Vorerben nach § 2138 Abs. 2 BGB.

6. Ein vollständiges Bild von der steuerlichen Rechtslage bei der Nacherbschaft ergibt sich nur, wenn man die Bestimmungen der §§ 26 Abs. 2, 26 Abs. 3, 51, 36 und 39 EStG. hinzunimmt. § 26 Abs. 2 bestimmt, daß im Falle des Eintritts der Nacherbfolge für die Erbanfall-

steuer jeweils der nähere Grad der Erbenklasse vom Nacherben zum Erblasser oder zum Vorerben bei der Besteuerung des Nacherben in Frage kommt (näher § 26 Anm. 5). § 51 gibt im Falle der Vorerbschaft dem Nacherben ein Recht, die **Aussetzung der Besteuerung** zu verlangen bis zum Erlöschen des Nutzungsrechts des Vorerben. Für diesen Fall ist zu beachten, daß bei Vererbung des Anwartschaftsrechts des Nacherben (oben Anm. 2) eine Erbschaftssteuer nicht entsteht. Bei der Aussetzung erfolgt die Besteuerung nach dem Wert des Vermögens zur Zeit des Erlöschens des Nutzungsrechts des Vorerben, alsdann ohne Absetzung von dessen Nießbrauch. §§ 36, 39 enthalten Vorschriften über die Anrechnung der Erbschaftssteuer, falls bei der Vererbung vom Ehegatten über den andern Ehegatten an gemeinschaftliche Kinder oder innerhalb der Steuerklassen I und II mehrfach steuerbare Anfälle innerhalb fünf bzw. zehn Jahren erfolgen. Diese Vorschriften mildern etwas die Härten, die insbesondere durch die zweimalige Besteuerung der befreiten Vorerbenschaft eintreten, ohne sie freilich ganz zu beseitigen. Das Nähere ergeben die Erläuterungen zu jenen Vorschriften.

7. Einer besonderen Hervorhebung bedarf der Fall des **gemeinschaftlichen Testaments** von Ehegatten, über dessen Form und Zulässigkeit §§ 2265 ff. BGB. handeln. Der Hauptfall der Vorerbschaft ist nämlich der, daß Ehegatten den Überlebenden von ihnen als Vorerben und die gemeinschaftlichen Kinder zu Nacherben einsetzen. Nicht in allen Fällen, in denen die Eltern zunächst die Erbschaft an den überlebenden Elternteil gelangen lassen und alsdann an die gemeinschaftlichen Abkömmlinge, liegt Vor- und Nacherbschaft vor, es sind vielmehr zwei Gestaltungen möglich, entweder:

a) der überlebende Ehegatte wird Vorerbe auf den Nachlaß des vorverstorbenen Ehegatten, die Kinder dieserhalb Nacherben und ferner Erben auf den Nachlaß des überlebenden Ehegatten oder:

b) der überlebende Ehegatte wird alleiniger freier Erbe des Vorverstorbenen und die Kinder beerben nicht den Vorverstorbenen sondern sind nur Erben des überlebenden Ehegatten auf seinen Nachlaß, in dem sich der Nachlaß beider Elternteile vereinigt.

§ 2269 BGB. stellt eine Vermutung dahin auf, daß im Zweifel die letztgedachte Auslegung als gewollt anzunehmen ist. Dabei ist jedoch zweierlei zu beachten, was praktisch häufig übersehen wird:

§ 2269 gilt nur dann, wenn der Wille der Erblasser, welche der beiden Gestaltungen gewollt ist, aus dem Testament nicht zu entnehmen ist und

§ 2269 BGB. gilt unbeschränkt nur für die seit dem 1. Januar 1900 errichteten Testamente. Er gilt grundsätzlich auch für die vorher errichteten Testamente, jedoch mit gewissen Einschränkungen, welche sich daraus ergeben, daß im preußischen Recht z. B. vor Inkrafttreten des BGB. die vom BGB. abweichende Gestaltung, enthaltend Vorerbschaft, geltenden Rechts war und den Erblassern häufig bei Abfassung des Testaments vorgeschwebt hat. Näher wird dies zu § 72 unter den Übergangsvorschriften dargestellt (vgl. auch RGZ. Bd. 76 S. 20), wo auch die Geltung des EStG. zu erörtern sein wird, falls einer der Ehegatten vor Inkrafttreten des EStG. verstorben ist.

Welche der beiden Gestaltungen, ob Vorerbschaft oder Erbschaft des überlebenden Ehegatten, gewollt ist, dafür ist die Auslegung des einzelnen gemeinschaftlichen Testaments maßgebend. Ein Fall liegt nicht wie der andere, auch die Erwähnung des Wortes „Nacherbe" oder „Vorerbe" oder „Alleinerbe" ist nicht entscheidend (vgl. Kipp S. 93 Anm. 5; RGZ. 60 S. 115, 79 S. 277; KGJ. 34 S. 200). Es muß daher jede Mühe vergeblich bleiben, allgemein gültige Auslegungsregeln dieserhalb aufzustellen (Mirre Anm. 13 § 23; Z. d. Not. Ver. 1912 S. 281 ff.; Zeitschrift für Zollwesen und und Reichssteuern 17 S. 39 ff.; abweichend dagegen Hoffmann-Henckel S. 180 ff.).

8. Bei **gemeinschaftlichen Testamenten,** in welchen die Ehegatten sich gegenseitig und nach ihrem Tode die Kinder einsetzen, gestaltet sich also die Besteuerung wie folgt:

a) Vorerbschaft des Ehegatten und Nacherbschaft der Kinder.

aa) Gewöhnliche Vorerbschaft. Der überlebende Ehegatte versteuert den Nießbrauch, die Kinder alsbald die Erbschaft abzüglich des Nießbrauchs. Bei Aussetzung der Versteuerung gemäß § 51 EStG. versteuert der überlebende Ehegatte sogleich die Nutzung, bei seinem Tode die Kinder das alsdann vorhandene Vermögen.

bb) Befreite Vorerbschaft oder Vorerbschaft auf den Überrest. Überlebender Ehegatte und Kinder werden voll mit der ihnen anfallenden Substanz besteuert. Die Kinder haben ein Erstattungsrecht bezüglich des auf sie überkommenden Teils des Nachlasses in Höhe derjenigen Steuer welche der überlebende Elternteil, da er die Substanz versteuert hat, mehr entrichtet hat, als wenn er nur den Nießbrauch bis zu seinem Tode versteuert hätte. § 26 Abs. 2 wird bei gemeinschaftlichen Abkömmlingen nicht praktisch.

b) Der überlebende Ehegatte ist gemäß § 2269 alleiniger Erbe, die Kinder nur seine Erben. Zweimalige volle Besteuerung der anfallenden Substanz, Anrechnungsmöglichkeiten aus §§ 36 und 39 EStG. Die Verwandtschaftsberechnung nach § 26 Abs. 3 wird bei gemeinschaftlichen Kindern nicht praktisch.

9. In Testamenten dieses Inhalts findet sich häufig die Bestimmung, daß mit einer **Wiederverheiratung** des überlebenden Ehegatten die gesetzliche Erbfolge eintreten soll. Mit der Wiederverheiratung endigt alsdann die Vor- und Nacherbschaft. Es erfolgt eine neue Veranlagung nach Maßgabe der alsdann eintretenden gesetzlichen Erbfolge. Der überlebende Ehegatte hat danach ein Viertel, die Kinder drei Viertel des Nachlasses zu versteuern. Insoweit der Ehegatte bereits seinen Nießbrauch versteuert hat, wird ihm die Steuer angerechnet und gegebenenfalls auch erstattet.

10. Die gemeinschaftlichen Testamente haben häufig den Inhalt, daß der überlebende Ehegatte zum Erben eingesetzt wird und nach seinem Tode die beiderseitigen Verwandten Erben der Summe der Vermögen der beiden Ehegatten sein sollen. Dann ist die Steuer so zu berechnen, daß jeder der Ehegatten die beiderseitigen Verwandten zu seinen Erben eingesetzt hat (RG. in Jur. Woch. 1916 S. 847). Entspricht das nicht dem Willen der Erblasser, so kann der Zweck nicht erreicht werden und das Testament ist ohne Wirkung.

11. Abs. 4 § 23 entspricht § 12 Abs. 3 EStG. (Erläuterungen dazu). Beim **Anerbengut** bleibt das Gut zunächst in ungeteilter Erbengemeinschaft. Die Erbschaftssteuer soll erhoben werden, als wenn die Erbschaftsauseinandersetzung zugleich mit dem Erbanfall stattgefunden hätte.

12. Bei Vorerbschaft und Nacherbschaft kreuzen sich **Erbanfallsteuer und Reichsnotopfer.** Das EStG. stellt grundsätzlich den Vorerben dem Nießbraucher gleich. Das Reichsnotopfer besteuert den Vorerben als Eigentümer. § 54 RNOG. gibt dem Vorerben nur das Recht, den auf die Vorerbschaft entfallenden Teil der Abgabe aus dem Vermögen der Vorerbschaft nach dem auf sein Gesamtvermögen entfallenden Abgabensatz zu entnehmen. Es besteht daher die Reichsnotopferpflicht des Vorerben von seinem ganzen Vermögen, einschließlich der Vorerbschaft. Er hat nur das vorbezeichnete Entnahmerecht, und es findet die Ausgleichung im Innenverhältnis zwecks Verrechnung zwischen der Vorerbschaft und dem sonstigen Vermögen des Steuerpflichtigen statt nach Maßgabe der für die Verrechnung der Ehegatten untereinander gegebenen Vor-

schrift des § 16 Abs. 2 RNOG. Wie sich das RNOG. diese Verrechnung gedacht hat, ist zweifelhaft. Jedenfalls ist nicht bei der Berechnung des auf die Vorerbschaft entfallenden Teils der Steuersatz des Gesamtvermögens des Vorerben zu demjenigen des Gesamtvermögens des Nacherben in Beziehung zu setzen; es wird auch nicht entsprechend sein, nach dem Verhältnis des Gesamtvermögens des Vorerben zur Vorerbschaft den Steuerbetrag des Gesamtvermögens zu verteilen und den Betrag, den der Vorerbe hiernach aus der Vorerbschaft entnehmen darf, wiederum zu teilen nach Maßgabe der Verhältniszahlen des Steuersatzes der Vorerbschaft zum Steuersatz des sich nach Abzug der Vorerbschaft ergebenden Restvermögens des Vorerben; man wird am besten den Steuersatz des Gesamtvermögens des Vorerben im Verhältnis der Steuersätze der Vorerbschaft und des Restvermögens des Vorerben zerlegen (im Ergebnis übereinstimmend Höpker Anm. 4 § 54).

Beispiel:

Vermögen des Erblassers	20000 M.
Vermögen der Ehefrau als Vorerbin	35000 „
	55000 M.
Reichsnotopfer	5100 M.
Entnahmerecht des Vorerben	1700 M.

Der Nießbrauch wird im Reichsnotopfer anders versteuert, als die Vorerbschaft. Der Nießbraucher wird veranlagt zu dem gemäß §§ 144 ff. RAO., § 9 Ziff. 5 RNOG. kapitalisierten Rentenbetrage; ebenso wird versteuert die Vermächtnisforderung auf Bestellung des Nießbrauchs am Nachlaß, falls solcher vermacht ist. Die Tilgungsrente erlischt mit dem Wegfall des Nießbrauchs (§ 51 RNOG.). Da das Reichsnotopfer eine auf den Stammwert gelegte außerordentliche Abgabe nach § 1047 BGB. ist, so hat der Erbe, obwohl er die Nutzung des Nachlasses nicht hat, weil diese dem Nießbrauchs-Vermächtnisnehmer zusteht, trotzdem das Reichsnotopfer zu tragen. Eine Milderung gibt es nur insoweit, als der Erblasser vor dem Inkrafttreten des Reichsnotopfers, also vor dem 20. Januar 1920, den Nießbrauch am Nachlaß vermacht hat und auf das Reichsnotopfer keine Rücksicht genommen hat; dann kann der Erbe die Erfüllung des Vermächtnisses insoweit verweigern, als eine Verteilung des Reichsnotopfers nach dem Verhältnis zwischen kapitalisiertem Wert des Nießbrauchs und der nach dessen Abzug verbleibenden Erbschaft eintritt (§ 52 RNOG.). In gleichem Umfange wird dem Erben auch ein Rückforderungsanspruch gemäß § 813 BGB. aus ungerechtfertigter Bereicherung zuzubilligen sein.

Im Gegensatz zum EStG. ist daher der Nacherbe überhaupt nicht notopferpflichtig, der Erbe dagegen bei vermachtem Nießbrauch am Nachlaß mit der Notopferpflicht belastet. Diese Abweichung vom EStG. ist darauf zurückzuführen, daß das Reichsnotopfer eine Vermögenssteuer ist, die Erbanfallsteuer dagegen eine Bereicherungssteuer (Vorbemerkung 1 vor § 1). In der Steuerpraxis ergeben sich sehr unglückliche Verhältnisse durch diese verschiedenartige Belastung von Vorerbschaft und Nacherbschaft durch Erbschaftssteuer und Reichsnotopfer, welche dadurch um so schlimmer werden, als die bestehenden Testamente häufig zu einer Zeit abgefaßt worden sind, in der auf die Steuergesetze, insbesondere auf die Abweichung der beiden genannten Gesetze, keine Rücksicht genommen werden konnte. Bei gemeinschaftlichen Testamenten ist dann nicht mehr zu helfen, wenn der eine Ehegatte bereits verstorben und damit das Testament für den überlebenden Ehegatten unwiderruflich geworden ist. In allen andern Fällen dagegen, in denen eine Abänderung noch möglich ist, bedürfen vor allem die leidigen sog. Berliner Testamente einer gründlichen Umgestaltung, um sie den beiden Steuergesetzen anzupassen, andernfalls die Versteuerung häufig zu einer faktischen Ausgestaltung führen wird, welche dem Willen der Erblasser geradezu entgegengeht (vgl. über das Märkische Provinzialrecht Anm. 14 § 72).

Vor allem wird man Vorerbschaft und Nacherbschaft, befreite Vorerbschaft und Nacherbschaft, Nießbrauch, Verwaltungsrecht, Testamentsvollstreckerschaft schärfer auseinander zu halten haben, und zwar nicht nur dem Wortgebrauch nach, sondern der materiellen Ausgestaltung nach, damit die vermögensrechtlichen Folgen des Testaments wenigstens einigermaßen übersehbar bleiben (vgl. Schachian, „Vorerbschaft und Nießbrauch"). Es werden freilich hier ungewöhnliche Anforderungen gestellt, um den begreiflichen Wünschen der Erblasser, ihren letzten Willen zum Ausdruck zu bringen, nach Möglichkeit zur Durchsetzung zu verhelfen.

§ 24.

Die Steuerpflicht tritt ein

I. für den gesamten Erbanfall,

1. a) wenn der Erwerber ein Deutscher ist, es sei denn, daß er sich seit länger als drei Jahren dauernd im Ausland aufgehalten hat, ohne einen Wohnsitz im Inland zu haben, oder Auslandsdeutscher im Sinne des § 20 Abs. 1 Nr. 3 des Gesetzes gegen die Steuerflucht vom

26. Juli 1918 (Reichs-Gesetzbl. S. 951) ist. Die Ausnahme findet keine Anwendung auf Reichs- und Staatsbeamte, die im Ausland ihren dienstlichen Wohnsitz haben. Wahlkonsuln gelten nicht als Beamte im Sinne dieser Vorschrift;

b) wenn der Erwerber ein Ausländer ist, der im Deutschen Reiche einen Wohnsitz oder in Ermangelung eines Wohnsitzes seinen dauernden Aufenthalt hat;

c) wenn der Erwerber eine juristische Person oder eine sonstige Personenvereinigung ist, die ihren Sitz im Inland hat;

2. wenn der Erblasser zur Zeit seines Todes ein Deutscher war;

3. wenn der Erwerber ein Deutscher ist und der Erblasser Ausländer war, aber zur Zeit seines Todes im Inland einen Wohnsitz oder seinen dauernden Aufenthalt hatte;

II. für den gesamten Erbanfall, jedoch mit Ausnahme des ausländischen Grund- oder Betriebsvermögens und von Nutzungsrechten an einem solchen Vermögen, wenn der Erwerber ein Ausländer ist und der Erblasser zur Zeit seines Todes ein Ausländer war, aber einen Wohnsitz oder seinen dauernden Aufenthalt im Inland hatte;

III. für den Erbanfall, der in inländischem Grund- oder Betriebsvermögen oder in einem Nutzungsrecht an einem solchen Vermögen besteht, in allen anderen Fällen.

1. § 24 regelt für die Erbanfallsteuer den Umfang der **persönlichen Steuerpflicht.** Entsprechend der begrifflichen Abweichung von Nachlaßsteuer und Erbanfallsteuer sind für die letztere nicht nur die persönlichen Verhältnisse des Erblassers, sondern auch diejenigen des Erwerbers der Erbschaft, d. h. desjenigen, der gemäß § 20 EStG. etwas von Todes wegen erlangt hat, maßgebend. Für die persönlichen Verhältnisse des Erblassers kommt die Zeit seines Todes, für die des Erwerbers diejenige seines Erwerbes in Frage. In dem Fall zu I 3 § 24 ist die Steuerpflicht an die persönlichen Verhältnisse sowohl des Erblassers wie des Erwerbers geknüpft, in Fall I 1 nur an die Verhältnisse des Erwerbers, im Falle I 2 nur an die Verhältnisse des Erblassers.

2. **Zu I.** a) Über **Staatsangehörigkeit,** (Deutscher—Ausländer) Wohnsitz, dauernder Aufenthalt, vgl. die Erläuterungen zu § 14 EStG. Es ist die Ansicht aufgestellt worden (Bartholomäus in DSt. Bl. II S. 455), daß die Voraussetzungen von I 1 und 2 gleichzeitig gegeben sein müßten. Diese Ansicht ist unzutreffend, es genügt zur Begründung der Steuerpflicht das Vorliegen der Voraussetzung zu I 1 oder 2. Die Steuerpflicht ist schon dann begründet, wenn der Erwerber ein Deutscher ist, gleichgültig, ob die Erbschaft von einem ausländischen Erblasser herrührt; nach der Begründung (S. 23) sollte die Steuerpflicht in Anspruch genommen werden, wo immer sie durch Staatsangehörigkeit, Wohnsitz oder Aufenthalt, sei es des Erblassers, sei es des Erwerbers, begründet ist. War daher der Erblasser Deutscher, so ist auch der nach I 1 a steuerfreie Auslandsdeutsche für den gesamten Erbfall steuerpflichtig; war der Erblasser Ausländer mit inländischem Wohnsitz oder dauerndem Aufenthalt, so gilt die Steuerpflicht auch für die Auslandsdeutschen, falls sie Erwerber sind. Die Ausnahme für die priviligierten Auslandsdeutschen beschränkt sich daher auf die Fälle, daß der Erblasser zur Zeit seines Todes Ausländer war und weder im Inland seinen Wohnsitz noch seinen dauernden Aufenthalt hatte. Als priviligierte Auslandsdeutsche kommen ferner nur solche in Frage, welche, ohne Reichs- oder Staatsbeamte zu sein, sich länger als drei Jahre im Ausland ohne inländischen Wohnsitz dauernd aufgehalten haben, oder Personen, die vor dem Kriege ihren Wohnsitz oder gewöhnlichen Aufenthalt im Ausland hatten und sich entweder bei Ausbruch des Krieges vorübergehend im Inland aufhielten oder während des Krieges ins Inland gekommen sind und spätestens ein Jahr nach Beendigung des Krieges mit allen Großmächten sowie nach Beendigung des Krieges mit dem feindlichen Lande, wo sie bisher ihren Wohnsitz hatten, ins Ausland zurückkehren (§ 20 Ziff. 3 des Gesetzes vom 26. 7. 1918 gegen die Steuerflucht und die bemerkenswerte Entstehungsgeschichte bei Stier-Somlo Anm. 4 zu § 20). Als Auslandsdeutsche im Sinne dieser Bestimmung gelten daher nur Personen, die vor dem Kriege, also bis unmittelbar vor Ausbruch des Krieges, mindestens noch am 3. August 1914, ihren Wohnsitz oder gewöhnlichen Aufenthalt im Ausland hatten und sich entweder bei Ausbruch des Krieges vorübergehend im Inland aufhielten oder während des Krieges zurückgekehrt sind und spätestens ein Jahr nach Beendigung des Krieges ins Ausland zurückgehen (Reichsfinanzhof vom 27. 11. 1919 Bd. 2 S. 27).

Bei reinen Zweckzuwendungen (§§ 30, 35 Ziff. 3 EStG.) ist auf deren steuerliche Behandlung als Sondervermögen Rücksicht zu nehmen bei der Abgrenzung der subjektiven Steuerpflicht. Sinngemäß wird auch innerhalb von reinen Zweckzuwendungen, sofern ihre Erfordernisse gegeben sind, ein auf Verselbständigung innerhalb des Zweckes hinzielender Wille des Erblassers zu beachten sein; ein solcher ergibt sich aus dem Inhalt der Zweckbestimmung, ebenso aus der Verteilung oder Schichtung des Vermögens und ähnlichen Umständen, sodaß daraus die Bestimmung oder Ressortierung zu einem im Inlande oder im Auslande zu verfolgenden Zweck zu entnehmen ist, der insoweit als verselbständigter Destinatär (Erwerber) erscheint (vgl. Anm. 3 zu § 30).

b) Einen **„dienstlichen Wohnsitz“** haben Personen, denen ein öffentliches Amt oder eine öffentliche dienstliche Stelle dauernd verliehen ist, an dem Orte, der ihnen zur Ausübung ihres Berufs angewiesen ist (§ 62 Abs. 2 RAO.).

c) **Juristische Personen** sind solche des öffentlichen oder des bürgerlichen Rechts. Solche des öffentlichen Rechts sind beispielsweise Stadt- und Landgemeinden, die höheren Kommunalverbände, Versicherungsanstalten der staatlichen Sozialversicherung, Handelskammern usw. Juristische Personen des Privatrechts sind Vereine, Stiftungen und Handelsgesellschaften mit eigener juristischer Persönlichkeit, z. B. Aktiengesellschaften, Gesellschaften mit beschränkter Haftung. Personenvereinigung ist ein der Reichsabgabenordnung, z. B. § 52, geläufiger Begriff; dazu gehören Gesellschaften des bürgerlichen Rechts, nicht rechtsfähige Vereine. Der Sitz bestimmt sich nach der Satzung, im Zweifel ist es der Ort, an welchem die Verwaltung geführt wird (§§ 24, 80 BGB.).

Vgl. auch die Befreiungen und Steuervergünstigungen in §§ 32 und 35 EStG.

3. **Zu II und III.** Über die Trennung des **inländischen Grund- und Betriebsvermögens** ist zu verweisen auf Anm. 4 zu § 14 EStG. und den bei § 14 abgedruckten § 36 AB. z. EStG., sowie die Ausführungen in Anm. 4 zu § 14 EStG. über die Bedenken, welche gegenüber den Ausführungsbestimmungen obwalten.

Man wird ebenso wie bei § 14 EStG. die Ausdehnung der subjektiven Steuerpflicht als eine zu weitgehende erklären können; sie geht weiter, als es sich mit den Rechtsanschauungen des Auslandes wird vereinen lassen. Es dürfte der deutschen Steuerbehörde schwer fallen, gegenüber der französischen Steuer durchzusetzen, daß, falls ein seit 20 Jahren in Paris lebender Deutscher stirbt, ohne anderswo Vermögen als in Frankreich zu haben, sein französisches Vermögen, welches seinen in Paris wohnenden Erben anfällt, der deutschen Erbanfallsteuer unterliegt. Bisher hat das Reichsfinanzministerium von seiner Befugnis des § 7 RAO. zur Ausgleichung inländischer und ausländischer Besteuerung auch noch keinen Gebrauch gemacht.

§ 25.

Die Erbanfallsteuer wird von dem Betrage berechnet, um den der Erwerber durch den Erbanfall bereichert ist.

§ 8 Abs. 2, § 10 dieses Gesetzes finden Anwendung. Verbindlichkeiten aus Pflichtteilsrechten können von dem Betrage des steuerpflichtigen Anfalls nur insoweit abgezogen werden, als der Anspruch auf den Pflichtteil geltend gemacht ist. Die Erbanfallsteuer wird nicht abgezogen.

Ist eine Zuwendung unter einer Auflage gemacht, die in Geld veranschlagt werden kann, so ist die Zuwendung nur insoweit steuerpflichtig, als sie den Wert der Leistung des Beschwerten übersteigt.

Hat der Erwerber nach Vollendung des 15. Lebensjahrs im Betriebe des Erblassers ohne Barlohn Dienste geleistet und dadurch eine fremde Arbeitskraft erspart, so wird auf Antrag für jeden Monat der regelmäßig geleisteten Dienstzeit der zehnfache Betrag des am Sitze des Erblassers festgesetzten Ortslohns von dem Erbanfall abgezogen.

1. **Begriff:** Erwerber ist jeder, dem ein Erwerb von Todes wegen im Sinne des § 20 angefallen ist. Nach der Zahl der Erwerber und nach den durch Gesetz oder Verfügung von Todes wegen festgelegten Teilen bestimmt sich der Anfall des einzelnen Erwerbers. Bereicherung im Sinne des § 25 ist jeder Vermögensanfall von Todes wegen, bestehend entweder in einem positiven Anfall von Vermögensgegenständen, oder negativ in der Gewährung sonst notwendiger Auslagen, z. B. für Wohnung, Nahrung, für Begleichung von Schulden (vgl. Örtmann S. 1019).

Schon aus dieser Begriffsbestimmung ergibt sich, daß die Summe der einzelnen Bereicherungen der Erwerber dem nachlaßsteuerpflichtigen Vermögen nicht immer gleich ist. Es entfällt abweichend von § 8 Ziff. 3 die Hinzurechnung der Schenkung unter Vorbehalt des Nießbrauchs, auch sind die steuerfreien Gegenstände anders als bei der Nachlaßsteuer festgestellt (§ 37 EStG. gegenüber § 7 EStG.). Ferner ergeben sich Besonderheiten aus den Befreiungen der §§ 32, 33 gegenüber der Nachlaßsteuer. Die Hinzurechnungen aus § 8 Ziff. 1 und 2 finden sich entsprechend wieder in § 20 Ziff. 3 und 6.

2. **Berechnung.** Die Erbanfallsteuer ist für jeden Erwerber besonders zu berechnen von dem Betrage seiner Bereicherung; neben dieser sind wiederum, abweichend von der Nachlaßsteuer, das Verwandtschaftsverhältnis des Erwerbers zum Erblasser (Erbenklasse § 26) sowie das schon vorhandene Vermögen des Erwerbers und das Jahr des Anfalls auf die Höhe der Steuer von Einfluß (§ 28 EStG.).

Die Bereicherung muß durch den Erbanfall eingetreten sein. Alle Veränderungen, die nach dem Erwerb bezüglich der Erbschaftsgegenstände vorgenommen werden, sind ohne Bedeutung. Dahin zählt vor allem die Erbauseinandersetzung, soweit sie nicht bloß die Anteile der einzelnen Erwerber am Nachlaß entsprechend Gesetz oder letztwilliger Verfügung klarzustellen bestimmt ist. Man hat bei Erbauseinandersetzungen zu unterscheiden, ob das Ergebnis der Erbauseinandersetzung nur diese Klarstellung ist oder ob sie eine eigene Vermögensveränderung der Beteiligten enthält, also über jenen Zweck hinausgeht. Wenn z. B. eine Erbengemeinschaft ein Nachlaßgrundstück zwei Jahre nach dem Erbfall wegen eines Umstandes besonders vorteilhaft veräußert, der erst nach dem Erbfall eingetreten ist, so ist nicht der erhöhte Wert zugrunde zu legen, sondern der Wert zur Zeit des Erbfalls, soweit das Recht der Erben bereits damals zur Entstehung gelangt ist. Stets ist der gemeine Wert zur Zeit des Erbanfalls maßgebend (§ 45 Ziff. 2, über den Begriff des gemeinen Werts vgl. auch Anm. 1 b zu § 47 EStG.). Erhöht sich der Wert eines Nachlaßgegenstandes bei seinem Übergang auf einen Erben dadurch, daß in seiner Person gewisse besondere Umstände erfüllt sind, z. B. weil das Nachlaßgrundstück die Besitzung des Erben vorteilhaft abrundet, so ist nicht dieser persönliche Wert sondern nur der gemeine Wert des Grundstückes als Bereicherung steuerpflichtig (Reichsfinanzhof vom 11. 6. 1919 I S. 104). Die besonderen Umstände also, welche beim Erbanfall auf Seiten des Erwerbers vorgefunden werden, sind für die Bewertung nicht von Bedeutung. Das gleiche bezüglich der Entwicklung, welche das Angefallene nach dem Erbanfall nimmt, muß gelten selbst wenn diese Entwicklung auf Anordnungen des Erblassers zurückzuführen ist. Hat der Erblasser eine bestimmte Kapitalanlage angeordnet und eine Testamentsvollstreckerschaft eingesetzt und erweist sich diese Kapitalanlage als besonders günstig, so sind die daraus nach dem Erbfall im Laufe der Zeit sich ergebenden Vorteile nicht mehr erbanfallsteuerpflichtig, sondern erbanfallsteuerpflichtig ist nur der Wert zur Zeit des Erbanfalls, der, wenn damals nur bares Geld vorhanden war und erst aus diesem die Kapitalanlage gemacht werden sollte, nur in barem Geld besteht und, wenn die Kapitalanlage schon zur Zeit des Erbanfalls bestand, nur in ihrem damaligen Wert. Immerhin wird im letzteren Falle die spätere Entwicklung, falls sie eine planmäßige ist, bei der Bemessung des gemeinen Wertes des Erwerbes zur Zeit des Erbanfalls berücksichtigt werden müssen.

Was soeben über die nur deklaratorische Bedeutung der Erbauseinandersetzung ausgeführt wurde, bezieht sich nicht auf Urteile, welche zwischen den Erben ergehen, und auf Vergleiche, auch wenn diese im Wege der Erbauseinandersetzung geschehen. Derartige Vergleiche und Urteile haben für die Erbanfallsteuer die gleiche Bedeutung, wie sie sie für die Nachlaßsteuer haben (Anm. 2e zu § 20 EStG.). Sie sind also, wenn nicht das Urteil erschlichen oder der Vergleich nicht ehrlich gemeint ist, für die Erbanfallsteuer maßgebend, auch dann, wenn die zugrunde liegende Rechtsauffassung des Gerichts oder der Parteien über die erbrechtlichen Verhältnisse der Steuerbehörde dem Gesetz oder Testament nicht entsprechend erscheint, und zwar gilt dies sowohl hinsichtlich des Umfanges des Erbrechts, wie der Erbberechtigung als solcher (RGZ. 69 S. 329; Reichsfinanzhof vom 30. 1. 1919 Bd. 1 S. 1, vom 26. 3. 1919 Bd. 1 S. 24; RG. vom 21. 4. 1911 IV 345/10).

Besondere Vorsicht ist jedoch geboten bei Vergleichen über die Bewertung der einzelnen Anfälle. Grundsätzlich wird, wenn wirklich eine vergleichsweise Verteilung stattfindet, dieser zu folgen sein. Es bedarf aber in jedem Falle sorgfältigster Prüfung gerade hinsichtlich der Bewertung, ob sich nicht in ihr eine Schenkung verbirgt. Mirre (Anm. 4 § 25) läßt deshalb die Maßgeblichkeit der Vergleiche überhaupt entfallen für Bewertungsfragen.

3. Bei **Vermächtnissen** gibt es besondere Fälle, in denen die Berechnung der Bereicherung Schwierigkeiten bereitet. Die hauptsächlichsten Fälle sind bereits in Anm. 2g zu § 20. erörtert. Durch die aufschiebenden Erbeneinreden der §§ 2014 und 2015 BGB. wird nicht etwa die mit dem Tode des Erblassers eintretende Fälligkeit des Vermächtnisses jedesmal um drei Monate hinausgeschoben, vielmehr beginnt, ungeachtet dieser Einreden, die Fälligkeit des Anspruchs mit dem Erbfall. Ist eine spätere Fälligkeit jedoch letztwillig angeordnet, so vermindert sich die Bereicherung des Vermächtnisnehmers um den Zwischenzins seit dem Todestage. Die Bereicherung des mit dem Vermächtnis Belasteten vermehrt sich entsprechend (Reichsfinanzhof vom 4. 6. 1919 Bd. 1 S. 99; auch RGZ. Bd. 79 S. 204).

4. Die Nachlaßsteuer ist bei der Berechnung der Erbanfallsteuer, anders als bei der Berechnung der Nachlaßsteuer, selber als

Abzugsposten zuzulassen. Es fehlt zwar an einer ausdrücklichen Bestimmung dieserhalb, die Abzugsfähigkeit folgt aber aus Satz 2 Abs. 2 § 25 in Verbindung mit § 52 EStG. Bei Berechnung der Erbanfallsteuer kann also die Nachlaßsteuer, nicht aber die Erbanfallsteuer in Abzug gebracht werden; letzteres nach § 25 Satz 2 Abs. 2 mit § 52 auch nicht, wenn der Erwerber ihre Entrichtung einem andern auferlegt hat (RM. d. F. A IIIa 1087 vom 14. 4. 1920).

Kosten von Nachlaßprozessen sind, soweit sie den Anfall mindern, Abzugsposten.

Nach § 25 Abs. 2 bzw. § 8 Abs. 2 EStG. gelten die durch Vereinigung von Recht und Verbindlichkeit oder von Recht und Belastung infolge des Erbanfalls erloschenen Rechtsverhältnisse als nicht erloschen. Der Reichsfinanzhof gibt der Anwendbarkeit dieser Vorschrift eine weitgehende Auslegung. Er läßt die Vorschrift nicht nur im Zeitpunkt des Todes des Erblassers Platz greifen, sondern auch bei späteren Ereignissen, welche auf die Steuerpflicht von Einfluß sind, z. B. beim Erlöschen eines Nießbrauchs infolge Beerbung des mit dem Nießbrauch Belasteten. Der Reichsfinanzhof hatte den Fall zu entscheiden, daß der Erblasser seinen Enkel zum Erben und seinen Schwiegersohn zum Nießbraucher des Erbteils eingesetzt hatte: Einige Jahre nach dem Erbanfall ist der Enkel verstorben und vom Schwiegersohn zur Hälfte beerbt worden. Der Reichsfinanzhof führt aus: „Im vorliegenden Fall hat sich jedenfalls an den tatsächlichen Verhältnissen nicht etwas geändert, was zu einer Anwendung des § 18 Abs. 2 (altes EStG., jetzt § 145 Abs. 3 RAO.) führen könnte. Der Schwiegersohn hatte das Nutzungsrecht an dem Erbteile seines Sohnes durch den Tod und die letztwillige Verfügung des Erblassers erworben. Sein Sohn konnte mithin das auf den Schwiegersohn übergegangene Vermögen nur belastet mit diesem Nutzungsrechte weitervererben, und das Nutzungsrecht des Schwiegersohnes leitet sich nach wie vor nicht von dem Enkel, sondern von dem ersten Erblasser her. Rechtlich freilich ist der Nießbrauch mit dem Tode des Enkels und dem Eigentumserwerbe des Schwiegersohnes an dem belasteten Vermögen gemäß §§ 1063, 1072 BGB. erloschen. Aber für das Gebiet des Erbschaftssteuerrechts bestimmt § 29 Abs. 2 EStG. (jetzt § 8 Abs. 2, § 25 Abs. 2) ausdrücklich, daß die infolge des Anfalls durch Vereinigung von Recht und Verbindlichkeit oder von Recht und Belastung erloschenen Rechtsverhältnisse als nicht erloschen zu gelten haben. In ihrer ganz allgemeinen Fassung hat diese Vorschrift nicht nur dann Anwendung zu finden, wenn Recht und Verbindlichkeit, Recht und Belastung infolge des Todes des Erblassers erlöschen würden, sondern auch beim Eintritt dieses Rechtsvorganges durch fernere Ereignisse, welche auf die Berechnung der Erbschaftssteuer (Erbanfallsteuer) eine Rückwirkung ausüben könnten. Verfehlt ist die Anschauung der Rechtsbeschwerde, daß diese Auslegung zu einer Unbilligkeit gegen den Steuerpflichtigen führen soll. Im Gegenteil. Sie allein wird den tatsächlichen Verhältnissen und den fiskalischen Ansprüchen gerecht. Denn bei der Versteuerung des Erbanfalls des Enkels an den Schwiegersohn ist zutreffend davon ausgegangen, daß als Nachlaß nur das Vermögen, belastet mit dem Nießbrauchsrechte des Schwiegersohnes, angesehen und die Steuer demgemäß berechnet werden könne. Würde vorliegend die für den Nießbrauch seinerzeit gezahlte Steuer in dem begehrten Umfang erstattet werden, so träte damit für den Schwiegersohn des ersten Erblassers und Vater des demnächst verstorbenen Sohnes Steuerfreiheit in einem Umfange ein, wie sie dem ESt G. durchaus fremd ist" (Reichsfinanzhof II S. 8/9). (Vgl. auch Anm. 2g zu § 20).

Entsprechend § 20 EStG. ist als Abzugsposten in Abs. 2 § 25 der Pflichtteilsanspruch nur insoweit zugelassen, als er geltend gemacht wird. Über die nachträgliche Berücksichtigung abzugsfähiger Verbindlichkeiten handelt § 49 EStG. (vgl. Erläuterungen hiezu).

Ein früher in der Praxis umstrittener Fall war der, daß zum Nachlaß eine Forderung an einen zahlungsunfähigen Miterben gehört. Hier „können die übrigen Miterben die Berichtigung ihres Forderungsanteils aus dem Baranteil des Schuld-Erben verlangen. Eine dem Erblasser zustehende Forderung gegen einen zahlungsunfähigen Miterben ist für die Berechnung der Erbschaftssteuer nach ihrem gemeinen Wert einzustellen. Dieser deckt sich mit dem Betrage, zu welchem der Schuldner-Miterbe zahlungsfähig wird durch seinen Anteil an dem übrigen Nachlaß. Auch der Schuldnermiterbe selbst hat nicht den vollen Nennbetrag zu versteuern, wenn er durch Vereinigung von Schuld und Forderung in seiner Person entlastet wird". Der auf den Schuldnermiterben entfallende Anteil am baren Nachlaß ist jedoch von ihm zu versteuern. Im Innenverhältnis können die Miterbengläubiger dem Miterbenschuldner sämtlich bei Berichtigung seines Erbteils seine Schuld an den Nachlaß in Anrechnung bringen (Reichsfinanzhof vom 11. 6. 1919 Bd. 1 S. 102; RG. vom 12. 2. 1912 Jur. Woch. 1912 S. 396). Für die Nachlaßsteuer regegelt sich der Fall abweichend (vgl. Anm. 7 zu § 2).

5. Abzugsfähig ist nach Abs. 3 § 25 der Wert einer **Auflage**, soweit er in Geld zu veranschlagen ist. Zu diesem Zweck dürfen aber nicht Leistungen rein kultureller Bedeutung mechanisiert werden. **Auflagen zur Verrichtung von Gebeten, zum Lesen von Messen, zum**

Setzen eines Gedenksteins sind nicht etwa mit den baren zu ihrer Herbeiführung notwendigen Auslagen zu verrechnen (anderer Meinung Hoffmann-Henckel Anm. 8d zu § 25, übereinstimmend Mirre Anm. 7). Soweit die Auflage nicht in Geld veranschlagbar ist, bleibt sie bei der Bereicherung des Beschwerten unberücksichtigt. Entsprechend verhält es sich bei der Besteuerung auf Seiten des Empfängers der Auflageleistung. Er ist nur steuerpflichtig, wenn sich die Auflage in Geld veranschlagen läßt. Keine abzugsfähige Beschwerung liegt vor, falls die Auflage nur eine Wiederholung von Verpflichtungen enthält, die ohnedies kraft Gesetzes oder Vertrages dem Bedachten zustehen. Hier kommt eine Bereicherung nur insoweit in Frage, als die Auflage über den Inhalt des Gesetzes oder Vertrages hinausgeht.

Zu verweisen ist noch auf Anm. 2b zu § 20, in der im Anschluß an die Entscheidung des Reichsfinanzhofs Bd. 2 S. 221 ausgeführt ist, daß in der Einsetzung eines Erben zum Testamentsvollstrecker nicht notwendig eine Erbeinsetzung unter einer Auflage zu erblicken ist. Ist dies der Fall, so liegt eine erbschaftssteuerpflichtige Zuwendung insoweit vor, als nach dem Willen des Erblassers der Bedachte über das Maß einer angemessenen Belohnung für die Führung der Testamentsvollstreckerschaft hinaus bedacht wird. Es ist in jedem Fall sorgfältig zu prüfen, ob eine Auflage im Sinne des § 1940 BGB. vorliegt, d. h. die Verpflichtung eines Erben oder Vermächtnisnehmers zu einer Leistung gegenüber einer bestimmten Person, ohne daß dieser ein Recht auf die Leistung zusteht. Sie ist zu unterscheiden von der Zuwendung rein zugunsten eines bestimmten Zweckes, welche sich nach §§ 30, 35 EStG. versteuert, und zwar nicht beim Auflageempfänger, sondern bei dem mit der Auflage Beschwerten.

6. Die Besteuerung der Auflage von Seiten des Empfängers ist ferner zu unterscheiden von der **bedingten Erbeinsetzung**, bei der das Erbrecht bedingt ist, nicht aber eine Verpflichtung des unbedingt zum Erben Eingesetzten besteht.

7. **Absatz 4** beruht auf sozialen Rücksichten. Man wird die Vorschrift nicht auf kleine Betriebe beschränken müssen, wenn diese auch den Hauptanwendungsfall bilden werden. Nach dem Ausschußbericht (S. 13) ging man von bäuerlichen Betrieben aus, dehnte dann aber bewußt die Vorschrift auf alle Arten von Betrieben aus. Sie wird daher bei allen Betrieben gelten müssen, welche nach § 9 des Betriebsrätegesetzes vom 4. 2. 1920 als solche angesehen werden können (anderer Meinung Mirre Anm. 8). Schon deshalb scheiden aus: Dienste, welche als Hausangestellte verrichtet werden (anderer Meinung Hoffmann-Henckel Anm. 9), da der Haushalt kein Betrieb ist. Zu verweisen ist

noch auf § 33, 4c EStG. Der Abzug erfolgt nur auf diejenigen Dienste, die nach Vollendung des 15. Lebensjahrs geleistet sind. Ist ein Barlohn geleistet, so ist seine Bezeichnung nicht entscheidend, es fragt sich nur, ob er überhaupt als Äquivalent für die geleisteten Dienste und nicht nur als geringe Beihilfe gedacht ist (Taschengeld). Als Ortslohn gilt nach § 149 RVO. (RGBl. 1911 S. 509) der ortsübliche Tagesentgeld gewöhnlicher Tagearbeiter, welchen das Reichsversicherungsamt jeweils öffentlich bekannt macht.

§ 26.

Die Erbanfallsteuer wird nach dem persönlichen Verhältnis des Erwerbers zu dem Erblasser in folgenden sechs Klassen erhoben:

I. Klasse.

1. Der Ehegatte und die ehelichen Kinder des Erblassers mit Ausnahme der an Kindes Statt angenommenen Personen, ferner diejenigen Kinder, welchen die rechtliche Stellung ehelicher Kinder zukommt, sowie die eingekindschafteten Kinder, sofern diesen die rechtliche Stellung ehelicher Kinder zukommt,
2. die unehelichen Kinder der Mutter und die vom Vater anerkannten unehelichen Kinder.

II. Klasse.

Die Abkömmlinge der zu I bezeichneten Kinder.

III. Klasse.

1. Die Eltern,
2. die voll- und halbbürtigen Geschwister.

IV. Klasse.

1. Die Großeltern und die entfernteren Voreltern,
2. die Abkömmlinge ersten Grades von Geschwistern,
3. die Schwieger- und Stiefeltern,
4. die Schwieger- und Stiefkinder,
5. die an Kindes Statt angenommenen Personen und diejenigen ihrer Abkömmlinge, auf welche sich die Wirkung der Annahme an Kindes Statt erstreckt, soweit sie nicht in die I., II., oder III. Klasse gehören.

V. Klasse.

1. Die Abkömmlinge zweiten Grades von Geschwistern,
2. die Geschwister der Eltern,
3. die Verschwägerten zweiten Grades der Seitenlinie.

VI. Klasse.

Alle übrigen Erwerber, soweit es sich nicht um einen Erwerb der im § 35 bezeichneten Art handelt.

Im Falle des Eintritts einer Nacherbfolge ist für die Berechnung der Steuer das Verhältnis des Nacherben zum Vorerben maßgebend, wenn dieser dem Grade nach ihm näher ist als der Erblasser.

Im Falle des § 2269 des Bürgerlichen Gesetzbuchs und soweit der überlebende Ehegatte an die Verfügung gebunden ist, sind die mit dem verstorbenen Ehegatten näher verwandten Erben und Vermächtnisnehmer als seine Erben anzusehen, soweit sein Vermögen beim Tode des überlebenden Ehegatten noch vorhanden ist.

1. Erbanfallsteuer wird erhoben nach Klassen. Je nach der Steuerklasse ist gemäß § 28 Abs. 1 EStG. der Steuersatz festgesetzt. Die Steuerklasse richtet sich nach dem persönlichen Verhältnis des Erwerbers zum Erblasser und, je entfernter dieses Verhältnis und je höher die Klassenzahl, um so höher der Steuersatz. Die Beziehungen zum Erblasser sind in fünf Klassen angesetzt nach Verwandtschaft und Schwägerschaft. Der Rest der Erwerber reiht sich ein in Klasse VI.

2. Bei **mehrfacher Verwandtschaft** kann der Erwerber in mehreren Klassen berufen sein. Die herrschende Ansicht geht dahin, daß das günstigste Verwandtschaftsverhältnis in jedem Fall maßgebend sei. Diese Auffassung wird damit begründet, daß es bei der gesetzlichen Erbfolge auf den Berufungsgrund nicht ankommen könne, da er auch bei der letztwilligen Erbfolge ohne Bedeutung sei (Hoffmann-Henckel Anm. 8 § 26; Mirre Anm. 11 § 26). Der Gedanke, von dem jene Auffassung ausgeht, ist der, daß, wenn der Erblasser seine Ehefrau, welche zugleich seine Cousine ist, zur Erbin einsetzt, die Ehefrau unter Klasse I Erbe würde, und deshalb bei gesetzlicher Erbfolge dies ebenso sein müsse; sonst zwinge man den Erblasser ein Testament zu machen, bloß um in solchen Fällen doppelter Beziehungen der Bedachten die Anrechnung der günstigeren Beziehung zu verschaffen. Dabei wird aber meines Erachtens übersehen, daß die gesetzliche Erbfolge nach BGB. sich auf dem Verwandtschaftsgrad aufbaut und bei der gesetzlichen Erbfolge der Verwandtschaftsgrad oder das Eheverhältnis allein der Berufungsgrund ist. Bei der Berufung auf Grund letztwilliger Verfügung aber ist allein die letztwillige Verfügung der Berufungsgrund und das Verwandtschaftsverhältnis nur ein unerhebliches Motiv zur letztwilligen Verfügung. Über diese bürgerlich rechtliche Grundlegung

wird man meines Erachtens nicht hinwegkommen, obgleich auf diese Weise sich die nicht wegzuleugnende Unbequemlichkeit ergibt, daß der Anfall eines Erben, entgegen der Grundtendenz des § 38 ESt.G., in mehrere Teile zerlegt und jeder Teil in einer verschiedenen Steuerklasse versteuert wird. Das ist aber schließlich auch so, wenn ein Teil einer Zuwendung eine Zweckzuwendung ist und dieser Teil einem andern Steuersatz unterliegt (vgl. §§ 30, 35 und Erläuterungen). Bei mehrfacher Verwandtschaft ist daher zu unterscheiden:

a) Erbfolge kraft Gesetzes.

Maßgebend ist dasjenige Verwandtschaftsverhältnis, auf dem der Erwerb beruht. Ist die Ehefrau zugleich Cousine, so erbt sie nach Klasse I 1, ist die Ehefrau zugleich Nichte, so erbt sie als Ehefrau die Hälfte des Nachlasses — steuerbar nach Klasse I 1 —, daneben ihren Anteil als Nichte — steuerbar nach Klasse IV 2 —.

b) Ist die Ehefrau durch Testament eingesetzt auf einen Erbteil, welcher z. B. der Summe ihres Erbteils als Ehefrau und ihres Erbteils als Nichte entspricht, so wird im Wege der Auslegung zu ermitteln sein, ob

aa) der Erblasser nur die Einsetzung auf die gesetzlichen Erbteile hat normieren wollen, dann ist die Besteuerung wie zu a), oder ob

bb) die Erwähnung der Verwandtschaftsverhältnisse im Testament nur feststellender Natur ist, dann wird der Wille des Erblassers dahin gegangen sein, die Eingesetzte mit einem möglichst geringen Steuersatz für ihren Erwerb zu belasten, also Besteuerung des gesamten Erwerbes nach Klasse I 1.

3. Das bestimmende Verwandschaftsverhältnis muß im **Zeitpunkt** des Anfalls, bei der Schenkung im Zeitpunkt der Zuwendung vorhanden gewesen sein (§ 45 ESt.G.). War die Ehe zu jenem Zeitpunkt geschieden, d. h. war das Scheidungsurteil rechtskräftig geworden (§ 628 ZPO.), so gehört der überlebende Ehegatte in Klasse VI, anders bei Tod des Ehegatten vor Rechtskraft des Scheidungsurteils. Zu beachten ist aber, falls späteren Momenten, insbesondere Urteilen und behördlichen Anordnungen rückwirkende Kraft beigelegt ist, z. B. bei Urteilen auf Eheanfechtungsklagen (§ 1443 BGB.) usw.

Das einmal begründete familienrechtliche Verhältnis wird regelmäßig durch den Tod nicht berührt. Das gleiche gilt für die Schwägerschaft (§ 1590 BGB.). Maßgebend sind die Vorschriften des BGB.

über Verwandtschaft (§§ 1589 ff; Art. 33 EG. z. BGB.; Art. 203 ff. EG. z. BGB.), über internationales Recht (Art. 13 ff. EG. z. BGB.).

4. **Die Steuerklassen** a) Klasse I. Die in der Form des § 1317 BGB. geschlossene Ehe gilt für die Steuerbehörde als gültig, bis ein Nichtigkeits-, Anfechtungs- oder Scheidungsurteil vorliegt. Die Steuerbehörde gehört weder zu den Anfechtungsberechtigten, noch kann sie die Nichtigkeitsklage erheben, da für sie im Sinne des § 632 ZPO. von der Nichtigkeit der Ehe kein Recht abhängt (anderer Meinung Hoffmann-Henckel Anm. 42), wohl aber wird das Finanzamt sich mit der Staatsanwaltschaft wegen Erhebung einer solchen Klage ins Benehmen setzen dürfen. Eheliche Kinder sind die nach Eingehung einer gültigen Ehe geborenen, vor oder während der Ehe erzeugten Kinder (§ 1593 BGB.). Auf die Unehelichkeit eines während der Ehe geborenen Kindes kann die Steuerbehörde sich nur berufen, wenn die Ehelichkeit vom Berechtigten erfolgreich angefochten ist (§ 1593 BGB.).

An Kindesstatt angenommene Kinder stehen den ehelichen nicht gleich, gehören vielmehr zur Klasse IV, 5. Die Stellung ehelicher Kinder kommt hingegen den Kindern aus nichtiger Ehe zu unter der Voraussetzung des § 1699 BGB., den durch nachfolgende Ehe legitimierten unehelichen Kindern nach § 1719 BGB., und den durch staatliche Ehelichkeitserklärung legitimierten Kindern nach § 1736 BGB. mit den Beschränkungen jedoch aus § 1737 BGB. Uneheliche Kinder sind nur mit der Mutter und deren Verwandten wie eheliche Kinder verwandt, mit dem außerehelichen Vater dagegen nicht; hat er sie aber anerkannt, so werden sie für Erbanfall- und Schenkungssteuer in Klasse I aufgenommen. Für die Anerkennung ist eine besondere Form nicht vorgeschrieben, vor allem ist nicht nötig die Form der öffentlichen Urkunde, wie zur Begründung der Beiwohnungsvermutung aus § 1720 Abs. 2 BGB.; es genügt die Anerkennung auch im handschriftlichen Testament, auch die formlose Anerkennung zu Lebzeiten des Erblassers. Eine Nachprüfung, ob der im Testament Anerkannte tatsächlich ein uneheliches Kind des Erblassers gewesen ist, wird dem Finanzamt vorbehalten sein, wobei das frühere Verhalten des Erblassers gegenüber dem Kinde Schlüsse ermöglichen wird.

Besondere Steuervergünstigungen für Klasse I sind enthalten im ESt G. § 27, Abs. 2, § 33 Nr. 2, 4a, b, § 37 Abs. 1, § 39, für Abkömmlinge außerdem §§ 34, 36.

b) **Klasse II.** Hierzu gehören: Enkel, Urenkel usw. des Erblassers ohne Gradesbeschränkung, die Enkel der unehelichen Mutter und die des unehelichen Vaters, der das Kind anerkannt hat.

Steuervergünstigungen wie bei Klasse I und für Abkömmlinge.

c) Klasse III. Die uneheliche Mutter gehört zu den Eltern, der uneheliche Vater nur, wenn er das Kind anerkannt hat. Die Adoptiveltern sind nicht Eltern in diesem Sinne, sondern gehören zu Klasse IV. Vollbürtige Geschwister sind die, die mit dem Erblasser beide Elternteile gemeinsam haben, halbbürtige die, die nur einen Elternteil gemeinsam haben: Bruder, Schwester, Stiefbruder, Stiefschwester.

Besondere Steuervergünstigungen EStG. § 27 Abs. 2, § 33 Nr. 4a, § 37 Nr. 2, § 42 Abs. 1 Nr. 1.

d) Klasse IV. aa) Großeltern, Urgroßeltern usw.

bb) Neffen, Nichten, — hingegen Vettern und Cousinen gehören zu Klasse VI.

cc) Schwiegereltern sind die Eltern des Ehegatten, Stiefeltern sind die Ehegatten des Vaters oder der Mutter im Verhältnis zum Kinde, die nicht Erzeuger des Kindes sind.

dd) Schwiegerkinder sind die Gattin des Sohnes und der Gatte der Tochter; Stiefkinder sind die vom Ehegatten mit in die Ehe gebrachten Kinder, bei unehelichen Kindern nur die Kinder der Ehefrau.

ee) An Kindesstatt Angenommene sind die durch Vertrag (§ 1741 BGB.) unter Bestätigung des Amtsgerichts Angenommenen. Ihre Abkömmlinge gehören ebenfalls hierher mit Ausnahme derjenigen, die zur Zeit der Annahme bereits vorhanden waren, ausgenommen wiederum, wenn der Annahmevertrag auch mit ihnen geschlossen wird (§ 1762 BGB.).

Das angenommene uneheliche Kind des Vaters fällt unter Klasse I, 2, falls es gleichzeitig anerkannt wird sonst nicht, das der Mutter jedenfalls.

Steuervergünstigungen vgl. Klasse III.

e) Klasse V. aa) Großneffen und Großnichten.

bb) Onkel und Tanten.

cc) Schwager, Schwägerin, also Geschwister des Ehegatten des Erblassers sowie Ehegatten der Geschwister des Erblassers und zwar auch nach Auflösung der die Schwägerschaft begründenden Ehe.

Besondere Steuervergünstigungen: § 37 Nr. 2, § 42 Abs. 1 Ziff. 1.

f) Klasse VI. Die nicht in Klasse I—V genannten Erwerber, z. B. Verlobte, nicht anerkannte uneheliche Kinder des Vaters, Vettern und Cousinen, Zuwendungen an juristische Personen, Personen=

vereinigungen, auch reine Zweckzuwendungen gemäß § 30 EStG., sofern nicht § 35 EStG. einen geringeren Steuersatz zuläßt.

5. Abs. 2 gestattet im Falle der **Nacherbfolge** für die Berechnung der Steuer das jeweils nähere Verhältnis des Nacherben zum Vorerben oder zum Erblasser zugrunde zu legen. Die Vorschrift ist bei gewöhnlicher wie auch bei befreiter Vorerbschaft anwendbar, paßt allerdings jetzt wenig zur Neufassung des § 23. Da sie anknüpft an den „Eintritt einer Nacherbfolge", so hätten die Fälle nach dem Wortlaut auszuscheiden, bei denen die Besteuerung der Nacherbfolge mit dem Erbfall zusammenfällt, also eine besondere Steuer „beim Eintritt einer Nacherbfolge" nicht erhoben wird. Als Anwendungsgebiet blieben daher übrig der Fall der Aussetzung der Besteuerung aus § 51 EStG. und der Fall der Erbeinsetzung auf den Überrest (§ 23 Abs. 2 EStG.) (so Mirre Anm. 12; Hoffmann-Henckel Anm. 24). Diese Anwendung entsprechend dem Wortlaut würde allerdings eine sehr erhebliche Verschiedenheit in der Behandlung des Nacherben, je nachdem die Besteuerung ausgesetzt wird oder nicht, zur Folge haben. Um diese zu vermeiden, wird nichts anderes möglich sein, als die Vorschrift für alle Fälle der Vorerbschaft anzuwenden, also die Worte „im Falle eines Eintritts einer Nacherbfolge" auszulegen im Sinne „im Falle einer Nacherbfolge"; es sei denn, daß man sich mit Breit (Neue Steuerrundschau I S. 103 ff., Jur. Woch. 1920 S. 761) entschließt, § 26 Abs. 2 wegen seiner Unstimmigkeit mit der endgültigen Fassung des § 23 (Anm. 3 zu § 23) als versehentlich im Gesetzestext stehen geblieben nicht anzuwenden. Nach der hier vertretenen Auffassung ist, da immerhin § 26 Abs. 2 im Gesetz verblieben ist, dieser sinngemäß zur Erzielung eines entsprechenden Ergebnisses im Wege freierer Auslegung auf sämtliche Fälle der Vorerbschaft und Nacherbschaft anzuwenden. Es ist danach das Verhältnis des Nacherben zum Vorerben, falls es günstiger ist, bei der Besteuerung der Nacherbschaft zugrunde zu legen. Das gilt auch nur für den Erwerb des Nacherben in seiner Eigenschaft als solcher. Für das, was er unmittelbar vom Erblasser erhält oder unmittelbar aus dem Vermögen des Vorerben, ist ausschließlich das Verhältnis zum Erblasser bzw. zum Vorerben maßgebend.

In jedem Falle bleibt § 26 Abs. 2 eine Ausnahmevorschrift und macht nicht etwa im übrigen auch nur steuerlich den Vorerben hinsichtlich der Verhältnisse der Vorerbschaft zum Erblasser gegenüber dem Nacherben (vgl. auch Philippsborn in zeitgem. Steuerfragen 20. S. 122).

6. **Abs. 3** setzt einen Doppeltatbestand voraus:

a) Es muß ein **gemeinschaftliches Testament** vorliegen, durch das sich die Ehegatten gegenseitig zu Erben einsetzen mit der Maßgabe, daß nach dem Tode des Überlebenden der beiderseitige Nachlaß an einen Dritten fallen soll, und es muß für die Auslegung der § 2269 BGB. Anwendung finden, also das Ergebnis sein, daß der Dritte Erbe des letztversterbenden Ehegatten ist, nicht aber Vorerbschaft oder Nacherbschaft vorliegt. Es ist zu verweisen auf die eingehenden Darlegungen und die Übersicht zu § 23 Anm. 7, 8. Liegt ein gemeinschaftliches Testament dieses Inhalts vor, auf welches die Auslegungsregel des § 2269 BGB. anwendbar ist, so findet § 26 Abs. 3 EStG. Anwendung, soweit

b) der überlebende Ehegatte an die Verfügung gebunden ist. Diese Bindung tritt ein, wenn anzunehmen ist, daß die Verfügung des einen Ehegatten nicht ohne die Verfügung des andern Ehegatten getroffen sein würde, was zu vermuten steht, wenn sich die Ehegatten gegenseitig bedenken oder wenn dem einen Ehegatten von dem andern eine Zuwendung gemacht und für den Fall des Überlebens des Bedachten eine Verfügung zu gunsten eines Verwandten des andern Ehegatten oder einer ihm sonst nahestehenden Person getroffen wird (§ 2270 Abs. 2 BGB.). Sofern ein gemeinschaftliches Testament des Inhalts des § 2269 BGB. vorliegt und korrespektive Verfügungen in d m Testament enthalten sind, ist das nähere Verwandtschaftsverhältnis der Erben und Vermächtnisnehmer zum vorverstorbenen Ehegatten zu berücksichtigen, soweit sein Vermögen beim Tode des überlebenden Ehegatten noch vorhanden ist. Das bedeutet folgendes: Nach § 2269 BGB. sind im Gegensatz zur Nacherbfolge die eingesetzten Erben ausschließlich Erben des überlebenden Ehegatten (vgl. Anm. 7, 8 zu § 23). Sie erben dann den gesamten Nachlaß beider Ehegatten, der sich in der Hand des überlebenden Ehegatten vereinigt hat. Maßgebend ist also nur das Verwandtschaftsverhältnis der Erben zum überlebenden Ehegatten für die Nachfolge in den ganzen Nachlaß. Soweit nun das Vermögen des erstverstorbenen Ehegatten beim Tode des überlebenden Ehegatten noch vorhanden ist, soll es ausnahmsweise so angesehen werden, als ob bezüglich dieses Vermögens die Erben und Vermächtnisnehmer es in derjenigen Steuerklasse überkommen, in der sie nach dem Verhältnis zum erstverstorbenen Ehegatten sich befinden, falls dies die nähere Verwandtschaft ist. Die Vergünstigung gilt nur in der Höhe, in der beim Tode des letztverstorbenen Ehegatten noch Vermögen des erstverstorbenen Ehegatten vorhanden ist, ohne daß gerade dieselben Gegenstände vorhanden sein müssen (Surrogation). Ist das, was die hiernach begünstigten Erben und Vermächtnisnehmer beim Tode des letztversterbenden Ehegatten überkommen, mehr als der übrig gebliebene Bestand vom Vermögen des erstverstorbenen Ehegatten, dann ist das Vermögen des erstverstorbenen Ehegatten anteilig auf die Erbteile und Vermächtnisse der begünstigten Personen zu verteilen. Soweit hiernach die Begünstigten nicht als Erben oder Vermächtnisnehmer des erstverstorbenen Ehegatten zu gelten haben, ist die Steuerklasse maßgebend, die für ihr Verhältnis zum nachverstorbenen Ehegatten gilt.

Es ist nochmals hervorzuheben, daß die Ausnahmevorschrift für den Fall der Vorerbschaft und Nacherbschaft, auch der befreiten Vorerbschaft, nicht in Frage kommt.

Zur Anwendung des § 26 Abs. 3 EStG. genügt es, wenn der überlebende Ehegatte nach dem 31. 8. 1919 gestorben ist (§ 72 Abs. 1 Satz 2 EStG.).

§ 27.

Steuerpflichtig ist nur der den Betrag von fünfhundert Mark übersteigende Teil des Erwerbes.

Ein Erwerb, der anfällt einer der zur Steuerklasse I, II, III 1, IV 1, 5 gehörenden Personen, unterliegt nur insoweit der Steuer, als er den Betrag von fünftausend Mark übersteigt.

1. § 27 schafft zwei **freie Vorstufen** und zwar eine allgemeine von 500 M. für alle Fälle und eine von 5000 M. für die in Abs. 2 § 27 benannten bevorzugten Erbenklassen.. Für den Begriff des Erwerbs ist zu verweisen auf die Erläuterungen zu §§ 20, 25 EStG. sowie auf §§ 33, 37 EStG. Die Vorstufen sind anzusetzen beim steuerpflichtigen Nettoerwerb.

2. In Anbetracht der Abrundungsvorschrift des § 46 tritt die Steuerpflicht regelmäßig erst ein bei einem Erwerb von mehr als 599,99 M. und bei den Personen der Steuerklassen aus Abs. 2 bei einem Erwerb von mehr als 5099,99 M. Ein solcher Betrag bleibt als Freivorstufe bei einem Erwerb von jeglicher Höhe steuerfrei. Bei Zusammenziehung mehrerer Erwerbe nach § 38 EStG. wird die Vorstufe nur einmal angesetzt. Die Tabelle für die Erbanfallsteuer ist abgedruckt hinter den Erläuterungen zu § 28, unter Ba mit der Vorstufe für die Steuerklassen aus Abs. 2 § 27, unter Bb mit der kleineren Vorstufe für die übrigen Steuerklassen.

§ 28.

Die Erbanfallsteuer beträgt für	in der Steuerklasse I	II	III	IV	V	VI
	vom Hundert					
die ersten angefangenen oder vollen 20000 Mark des steuerpflichtigen Erwerbes	4	5	6	8	10	15
für die nächsten angefangenen oder vollen 30000 Mark	5	6	8	10	12	20
für die nächsten angefangenen oder vollen 50000 Mark	6	8	10	12	15	25
für die nächsten angefangenen oder vollen 50000 Mark	8	10	12	15	20	30
für die nächsten angefangenen oder vollen 50000 Mark	10	12	15	20	25	35
für die nächsten angefangenen oder vollen 100000 Mark	12	15	20	25	30	40
für die nächsten angefangenen oder vollen 200000 Mark	15	20	25	30	35	45
für die nächsten angefangenen oder vollen 250000 Mark	20	25	30	35	40	50
für die nächsten angefangenen oder vollen 250000 Mark	25	30	35	40	45	55
für die nächsten angefangenen oder vollen 500000 Mark	30	35	40	45	50	60
für die weiteren Beträge	35	40	45	50	60	70

Die Steuer erhöht sich um je eins vom Hundert ihres Betrags, und zwar, soweit das zur Zeit des Erbanfalls bereits vorhandene Vermögen des Erwerbers 100000 Mark, aber nicht 200000 Mark übersteigt, für je angefangene 10000 Mark, soweit das vorhandene Vermögen 200000 Mark übersteigt, für je angefangene 20000 Mark. Der Zuschlag darf die Hälfte des 100000 Mark übersteigenden Betrags des vorhandenen Vermögens nicht übersteigen. Er darf ferner nicht mehr betragen als 100 vom Hundert der Steuer. Der Gesamtbetrag der Erbschaftssteuer darf nicht höher sein als 90 vom Hundert des Erwerbs.

Bei einem Erwerbe, der vor dem 1. April 1935 anfällt, wird die Steuer für jedes volle Jahr bis 1. April 1925

zurück um 1 vom Hundert, für jedes weitere vorhergehende Jahr um 2 vom Hundert ermäßigt.

(Hilfstafel S. 128 ff.).

1. **Übersicht:** § 28 enthält die Steuersätze der Erbanfallsteuer. Zu ihrer Berechnung dient die hinter den Erläuterungen zu § 28 abgedruckte Hilfstafel. Die Steuersätze sind aufgebaut nach dem Stufensystem, entsprechend wie bei der Nachlaßsteuer, auch Durchstufungs- oder Anstoßsystem genannt (wegen der in der Literatur durcheinandergehenden Bezeichnungen vgl. Schachian S. 128). Es tritt die Erhöhung des Steuersatzes stufenweise ein dergestalt, daß der höhere Satz jeweils von dem die niedrigere Stufe übersteigenden Vermögensbetrage erhoben wird. Abweichend von der Nachlaßsteuer jedoch wird dies System gekreuzt von dem der Berücksichtigung der Erbenklasse des Erwerbers. Dies entspricht dem Wesen der Erbanfallsteuer, welche im Gegensatz zu der eine reine Vermögenssteuer bildenden Nachlaßsteuer die Bereicherung des jeweiligen Erwerbers erfaßt und deshalb die Erbenklasse des Erwerbers berücksichtigt. Je nach der Steuerklasse des Erwerbers sind daher die Steuersätze verschieden, so daß für einen Erwerb in gleicher Höhe die Steuersätze mit der entfernteren Steuerklasse wachsen.

Über Zusammenrechnung mehrerer Vermögensvorteile eines Erwerbers vgl. § 38 EStG., über die steuerfreie Vorstufe vgl. § 27 EStG.

Auf die Höhe des Steuerbetrages ist außer der Höhe des steuerpflichtigen Erwerbs und der Steuerklasse (Abs. 1) von Einfluß: das zur Zeit des Erwerbs bereits vorhandene Vermögen des Erwerbers (Zuschlag Abs. 2) sowie der Zeitpunkt des Anfalls, sofern er vor dem 1. 4. 1935 liegt (Abs. 3).

2. Die **Zuschläge** welche **Abs. 2** normiert, berechnen sich gemäß § 29 nach dem Vermögen des Erwerbers zur Zeit des Erbanfalls, veranschlagt nach den Vorschriften des Besitzsteuergesetzes. Durch diese Bezugnahme sind aber nur die Bewertungsvorschriften des BStG. herangezogen, d. h. die Vorschriften, welche Bestand und Bewertung des steuerpflichtigen bereits zur Zeit des Erwerbs vorhandenen Vermögens des Erwerbers betreffen (§§ 2 ff. BStG.); nicht aber ist zum Inhalt des § 29 und damit des § 28 Abs. 2 die Vorschrift des § 11 BStG. gemacht, welche die subjektive Steuerpflicht betrifft und die Steuerpflicht auf natürliche Personen beschränkt. § 28 Abs. 2 EStG. gilt daher auch dann, wenn juristische Personen Erwerber aus dem Nachlaß sind, dann wird ihr bereits vorhandenes Vermögen, entsprechend den Bestimmungen des § 29, zu ermitteln sein (anderer

Meinung Mirre Anm. 2 § 28). Eine Grenze findet die Anwendbarkeit des § 28 Abs. 2 nur in § 35 ESt G., welcher für seinen Bereich erschöpfend ist.

3. Der Zuschlag, welcher sich nach Abs. 2 des § 28 errechnet, hat eine vierfache **Begrenzung.**

a) Der Zuschlag wird erst erhoben, wenn das steuerpflichtige Vermögen des Erwerbers zur Zeit des Erwerbs 100000 M. übersteigt

b) Der Zuschlag darf über die Hälfte des 100000 M. übersteigenden Betrages des vorhandenen Vermögens des Erwerbers nicht hinausgehen.

c) Der Zuschlag darf nicht mehr als 100% der regelmäßigen Erbschaftssteuer betragen.

d) Der Gesamtbetrag der Erbanfallsteuer zuzüglich desjenigen Teils der Nachlaßsteuer, welcher seiner Höhe nach dem Anfalle des Erwerbers entspricht, darf nicht 90% des Erwerbs übersteigen.

Die Berechnung gestaltet sich also so:

Zunächst ist die Nachlaßsteuer vom Nettoerwerb anteilig abzuziehen, dann ist hiervon die Anfallsteuer zu berechnen nach § 28 Abs. 1; dann ist die Erbschaftssteuer auf 90% des Gesamterwerbs abzugrenzen. Zu diesem Zwecke ist die Nachlaßsteuer zur Erbanfallsteuer hinzuzuzählen und zwar auch die nach § 39 EStG. nicht zu erhebende Steuer. Nachdem die Steuer gemäß Abs. 1 und 2 errechnet ist, sind die Abschläge nach Abs. 3 § 28 vorzunehmen und zuletzt die Abrundung nach § 46. Hat vorher die Abgrenzung auf 90% stattgefunden, so muß selbstverständlich die Nachlaßsteuer wiederum in Abzug gebracht werden und auf den Nettobetrag des Erwerbs, welcher für die Erbanfallsteuer allein maßgebend ist, zurückgegriffen werden.

Die Vorbemerkung zur Hilfstafel 2B enthält folgende Aufstellung und Beispiele:

Die Erbanfallsteuer beträgt

bei einem Erwerbe, der anfällt in der Zeit	vom Hundert ihres nach dem Tarif und der Vorbemerkung 1 berechneten Betrags
vom 1. 9. 1919—31. 3. 1921	80
„ 1. 4. 1921—31. 3. 1922	82
„ 1. 4. 1922—31. 3. 1923	84
„ 1. 4. 1923—31. 3. 1924	86
„ 1. 4. 1924—31. 3. 1925	88

bei einem Erwerbe, der anfällt in der Zeit	vom Hundert ihres nach dem Tarif und der Vorbemerkung 1 berechneten Betrags
„ 1. 4. 1925—31. 3. 1926	90
„ 1. 4. 1926—31. 3. 1927	91
„ 1. 4. 1927—31. 3. 1928	92
„ 1. 4. 1928—31. 3. 1929	93
„ 1. 4. 1929—31. 3. 1930	94
„ 1. 4. 1930—31. 3. 1931	95
„ 1. 4. 1931—31. 3. 1932	96
„ 1. 4. 1932—31. 3. 1933	97
„ 1. 4. 1933—31. 3. 1934	98
„ 1. 4. 1934—31. 3. 1935	99
„ 1. 4. 1935 an	100

Beispiele:

I. Steuerbarer Erwerb 8300 M., Steuerklasse II, Steuer .... 165,00 M.
Eigenes Vermögen des Erwerbers 135 000 M., Zuschlag 4 vom Hundert der Steuer .... 6,60 „
zusammen 171,60 M.
Erbanfall 1920, daher nur 80 vom Hundert der Steuer .... 137,28 „
abgerundet (§ 46 Abs. 2 des Gesetzes) 137,00 „

II. Steuerbarer Erwerb 1500000 M., Steuerklasse VI, Steuer .... 746200 M.
Eigenes Vermögen des Erwerbers 185 000 M., Zuschlag 9 vom Hundert der Steuer = 67158 M., doch nicht über $\frac{85000}{2}$ M., daher nur ..... 42 500 „
zusammen 788 700 M.
Erbanfall 1920, daher nur 80 vom Hundert der Steuer .... 630 960 „

III Steuerbarer Erwerb 2000000 M. — bei einem nachlaßsteuerbaren Gesamtnachlasse von 6000000 M. —, Steuerklasse VI, Steuer .... 1096150 M.
Eigenes Vermögen des Erwerbers 2 400 000 M., Zuschlag 120 vom Hundert, doch nicht über 100 vom Hundert .... 1096150 „
zusammen 2192300 M.

dazu $^1/_3$ der vom steuerbaren Gesamtnachlasse von 6000000 M. fälligen Nachlaßsteuer	87666,67	„
zusammen	2279966,67	M.
aber nicht über 90 vom Hundert von 2000000 Mark.	1800000	„
Erbanfall 1920, daher nur 80 vom Hundert der Erbanfallsteuer	1753840	„
dazu Nachlaßsteuer, wie oben	87666,67	„
zusammen	1841506,67	M.
Erbschaftssteuer aber nicht über 90 vom Hundert des Erwerbs = wie oben	1800000	„

Das Beispiel III ist insoweit irrtümlich, als es die Abschläge nach Abs. 3 nicht zuletzt vornimmt (so auch Mirre Anm. 3; Hoffmann-Henckel Anm. 7b; Henckel in Rundschau 1920 S. 15). Es ist ferner darin übersehen, daß zur Ermittlung der Erbanfallsteuer die anteilige Nachlaßsteuer des Erwerbers vom Erwerb in Abzug zu bringen ist. Der Schluß des Beispiels wird sich also folgendermaßen errechnen:

90 v. H. von 2000000 M.	1800000,—	M.
davon ab Nachlaßsteuer wie oben	87666,67	„
bleiben Erbanfallsteuer	1712333,33	M.
Erbanfall 1920, daher nur 80 v. H. der Erbanfallsteuer	1369866,66	M.
dazu Nachlaßsteuer	87666,67	„
gesamte Erbschaftssteuer	1457533,33	M.

4. **Abs. 3** § 28 sieht eine **Steuerermäßigung** vor für solche Erbanfälle, welche vor dem 1. April 1935 eintreten. Auch diese Ermäßigungsvorschrift in Abs. 3 findet ihre Grenze in den Fällen des § 35 ESt.G., weil dieser eine in sich geschlossene Regelung darstellt. Die Fassung des Abs. 3 gibt insofern zu Bedenken Anlaß, als die Worte „für jedes volle Jahr" mißverständlich sind. Klarer wäre gewesen, wenn es statt dessen im Gesetze heißen würde „in jedem vollen Jahr" und „in jedem weiteren vorhergehenden vollen Jahr". Jener Fassung ist es zuzuschreiben, daß im Gegensatz zu den Vorbemerkungen zur Tabelle (abgedruckt in Anm. 3) zunächst die wörtliche Auslegung dahingehen mußte, nur „volle Jahre" kämen in Betracht. Der Reichsfinanzhof hat nunmehr in einem Gutachten vom 10. 3. 1920 Bd. 2 S. 325 die Auslegung der Tabelle bestätigt, mit folgender, auf die Entstehungsgeschichte zurückgreifender Begründung:

„Die Vorschrift des § 28 Abs. 3 a. a. O. stellt den Satz an die Spitze, daß bei jedem Erwerb, der vor dem 1. 4. 1935 anfällt, die Steuer ermäßigt wird. Sie gibt damit zu erkennen, daß die vollen Steuersätze des Gesetzes erst auf einen nach dem 31. 3. 1935 entfallenden Erwerb Anwendung finden sollen, und erst in zweiter Linie gibt die Vorschrift Bestimmungen über die Höhe der Ermäßigung und ordnet an, daß für jedes vor dem 1. 4. 1935 liegende volle Jahr bis 1. 4. 1925 zurück 1 v. H., darüber hinaus 2 v. H. Ermäßigung gewährt werden. Die Vorschrift besagt also: Es wird Steuerermäßigung gewährt für alle vor dem 1. 4. 1935 eingetretenen Erwerbsanfälle, und zwar für das Jahr vom 1. 4. 1934 bis 31. 3. 1935 in Höhe von 1. v. H., für das Jahr vom 1. 4. 1933 bis 31. 3. 1934 in Höhe von weiteren 1. v. H., im ganzen also 2. v H. des normalen Steuersatzes usw., so daß für die vollen Jahre vom 1. 4. 1925 bis 31. 3. 1935 je 1. v. H. = 10 v. H. und für die vollen Jahre vom 1. 4. 1920 bis 31. 3. 1925 je 2 v. H. = 10 v. H., im Höchstbetrag also für 15 volle Jahre 20 v. H. Steuerermäßigung zu berechnen sind, während für den Bruchteil eines Jahres vom 1. 9. 1919 (dem Tage des Inkrafttretens des Gesetzes) bis zum 31. 3. 1920 eine weitere Steuervergünstigung nicht gewährt wird. Die Worte der Gesetzes-Vorschrift „die Steuer wird für jedes volle Jahr .... ermäßigt", sind daher nicht so zu verstehen, als wenn die Ermäßigung nur dann gewährt werde, wenn der Anfall des Erwerbs mindestens ein volles Jahr vor dem 1. 4. 1935 eingetreten ist, sondern im Zusammenhange mit dem ganzen Wortlaut des Gesetzes dahin, daß die alljährlich zurücksteigenden Ermäßigungen für die vor dem 1. 4. 1935 liegenden vollen Jahre zugebilligt werden, je nachdem der Erwerbsanfall in ihnen stattgefunden hat. Zuzugeben ist, daß die Gesetzesfassung nicht ganz glücklich ist und daß die Absicht des Gesetzgebers klarer zu Tage getreten wäre, wenn statt der Worte „für jedes volle Jahr" und „für jedes weitere vorhergehende Jahr" etwa die Worte „in jedem vollen Jahre" und „in jedem weiteren vorhergehenden vollen Jahre" gewählt worden wären. Die aus der Wortfassung vielleicht möglichen Zweifel werden vollständig ausgeräumt, wenn man auf die Entstehungsgeschichte des Gesetzes zurückgeht. Aus dieser ergibt sich deutlich, daß die vollen Sätze des Tarifs nach der Absicht des Gesetzgebers erst auf einen nach dem 31. 3. 1935 anfallenden Erwerb Anwendung finden sollen. Der der Nationalversammlung vorgelegte Gesetzentwurf gewährte in § 25 Abs. 3 Steuervergünstigung für Erwerbsanfälle vor dem 1. 4. 1940 und die Begründung führte auf S. 37 dazu aus: „Der Schlußabsatz des § 25 will die großen Steuerlasten der nächsten Zeit berücksichtigen. Die vollen Sätze des Tarifs werden also erst von einem nach dem 31. 3. 1940 anfallenden Erwerb erhoben werden." Bei der Beratung des Gesetzentwurfs im 10. Ausschuß der Nationalversammlung führte das Bestreben, bei der gegenwärtigen Notlage des Reichs alle Steuerquellen möglichst auszuschöpfen, dazu, die Steuerbegünstigung etwas abzumildern und sie nur für vor dem 1. 4. 1935 liegende Erwerbsanfälle zu gewähren (vgl. Ausschußbericht Nr. 941 der Drucksachen S. 10 und 27). An dem Grundgedanken der Vorschrift ist aber sowohl bei den Ausschußberatungen als auch bei den Beratungen im Plenum der Nationalversammlung festgehalten und bei den letzteren wiederholt betont worden, daß die volle Steuer des Tarifs erst auf einen nach dem 31. 3. 1935 liegenden Erwerbsfall Anwendung findet (vgl. StenBer. vom 20. 8. 1919 S. 2662 B und 2663 C). Die Absicht des Gesetzgebers ging also zweifellos dahin, jeden vor dem 1. 4. 1935 anfallenden Erwerb steuerlich zu begünstigen. Es würde daher auch dann, wenn man annehmen wollte, daß der Wortlaut des Gesetzes eine mehrfache Auslegung zuläßt, der mit dem Willen des Gesetzgebers übereinstimmenden und dem Zwecke des Gesetzes entsprechenden Auslegung (vgl. § 4 RAbgO.) wie sie vorstehend vertreten ist, der Vorzug gegeben sein."

5. Als **Erwerb** im Sinne des § 28 Abs. 2 und Abs. 3 EStG. kann nur gleichmäßig der steuerpflichtige Erwerb angesehen werden. Das aber ist nach §§ 24, 25, 27, 37 der Nettoanfall des Empfängers (§ 25) ohne Einrechnung des nach § 24 II und III oder nach § 37 EStG. steuerfreien Vermögens, jedoch ohne Abrechnung der nach § 27 EStG. steuerfreien Vorstufe. Die Nachlaßsteuer wird man ebenfalls anteilig entsprechend der Höhe des Anfalls in Abzug bringen dürfen.

Hilfstafel 2.
(Ausführungsbestimmungen § 40.)

B. Erbanfallsteuer (Schenkungssteuer).

a) Die nach § 27 Abs. 2 des Gesetzes begünstigten Steuerklassen.

Steuerbarer Erwerb ℳ	Erbanfallsteuer in Steuerklasse I ℳ	II ℳ	III, 1 ℳ	IV, 1 u. 5 ℳ
5000	frei	frei	frei	frei
die nächsten 20000	4. v. H.	5. v. H.	6. v. H.	8. v. H.
5100	4	5	6	8
5200	8	10	12	16
5300	12	15	18	24
5400	16	20	24	32
5500	20	25	30	40

Steuerbarer Erwerb ℳ	Erbanfallsteuer in Steuerklasse I ℳ	II ℳ	III, 1 ℳ	IV, 1 u. 5 ℳ
6 000	40	50	60	80
7 000	80	100	120	160
8 000	120	150	180	240
9 000	160	200	240	320
10 000	200	250	300	400
usw. für je 100 ℳ mehr	je 4 ℳ mehr	je 5 ℳ mehr	je 6 ℳ mehr	je 8 ℳ mehr
z. B. 10 500	220	275	330	440
15 000	400	500	600	800
20 000	600	750	900	1 200
25 000	800	1 000	1 200	1 600
die nächsten 30 000	**5 v. H.**	**6 v. H.**	**8 v. H.**	**10 v. H.**
25 100	805	1 006	1 208	1 610
usw. für je 100 ℳ mehr	je 5 ℳ mehr	je 6 ℳ mehr	je 8 ℳ mehr	je 10 ℳ mehr
z. B. 26 000	850	1 060	1 280	1 700
30 000	1 050	1 300	1 600	2 100
40 000	1 550	1 900	2 400	3 100
50 000	2 050	2 500	3 200	4 100
55 000	2 300	2 800	3 600	4 600
die nächsten 50 000	**6 v. H.**	**8 v. H.**	**10 v. H.**	**12 v. H.**
55 100	2 306	2 808	3 610	4 612
usw. für je 100 ℳ mehr	je 6 ℳ mehr	je 8 ℳ mehr	je 10 ℳ mehr	je 12 ℳ mehr
z. B. 56 000	2 360	2 880	3 700	4 720
60 000	2 600	3 200	4 100	5 200
70 000	3 200	4 000	5 100	6 400
80 000	3 800	4 800	6 100	7 600
90 000	4 400	5 600	7 100	8 800
100 000	5 000	6 400	8 100	10 000
105 000	5 300	6 800	8 600	10 600
die nächsten 50 000	**8 v. H.**	**10 v. H.**	**12 v. H.**	**15 v. H.**
105 100	5 308	6 810	8 612	10 615
usw. für je 100 ℳ mehr	je 8 ℳ mehr	je 10 ℳ mehr	je 12 ℳ mehr	je 15 ℳ mehr
z. B. 110 000	5 700	7 300	9 200	11 350
140 000	8 100	10 300	12 800	15 850
155 000	9 300	11 800	14 600	18 100

Steuerbarer Erwerb ℳ	Erbanfallsteuer in Steuerklasse I ℳ	II ℳ	III, 1 ℳ	IV, 1 u. 5 ℳ
die nächsten 50000	10 v. H.	12 v. H.	15 v. H.	20 v. H.
155100	9310	11812	14615	18120
usw. für je 100 ℳ mehr	je 10 ℳ mehr	je 12 ℳ mehr	je 15 ℳ mehr	je 20 ℳ mehr
z. B. 160000	9800	12400	15350	19100
180000	11800	14800	18350	23100
200000	13800	17200	21350	27100
205000	14300	17800	22100	28100
die nächsten 100000	12 v. H.	15 v. H.	20 v. H.	25 v. H.
205100	14312	17815	22120	28125
usw. für je 100 ℳ mehr	je 12 ℳ mehr	je 15 ℳ mehr	je 20 ℳ mehr	je 25 ℳ mehr
z. B. 210000	14900	18550	23100	29350
300000	25700	32050	41100	51850
305000	26300	32800	42100	53100
die nächsten 200000	15 v. H.	20 v. H.	25 v. H.	30 v. H.
305100	26315	32820	42125	53130
usw. für je 100 ℳ mehr	je 15 ℳ mehr	je 20 ℳ mehr	je 25 ℳ mehr	je 30 ℳ mehr
z. B. 310000	27050	33800	43350	54600
400000	40550	51800	65850	81600
500000	55550	71800	90850	111600
505000	56300	72800	92100	113100
die nächsten 250000	20 v. H.	25 v. H.	30 v. H.	35 v. H.
505100	56320	72825	92130	113135
usw. für je 100 ℳ mehr	je 20 ℳ mehr	je 25 ℳ mehr	je 30 ℳ mehr	je 35 ℳ mehr
z. B. 520000	59300	76550	96600	118350
600000	75300	96550	120600	146350
700000	95300	121550	150600	181350
750000	105300	134050	165600	198850
755000	106300	135300	167100	200600
die nächsten 250000	25 v. H.	30 v. H.	35 v. H.	40 v. H.
755100	106325	135330	167135	200640
usw. für je	je 25 ℳ	je 30 ℳ	je 35 ℳ	je 40 ℳ

Steuerbarer Erwerb ℳ	Erbanfallsteuer in Steuerklasse I ℳ	II ℳ	III, 1 ℳ	IV, 1 u. 5 ℳ
100 ℳ mehr	mehr	mehr	mehr	mehr
z. B. 760000	107550	136800	168850	202600
800000	117550	148800	182850	218600
900000	142550	178800	217850	258600
1000000	167550	208800	252850	298600
1005000	168800	210300	254600	300600
die nächsten 500000	**30 v. H.**	**35 v. H.**	**40 v. H.**	**45 v. H.**
1005100	168830	210335	254640	300645
usw. für je 100 ℳ mehr	je 30 ℳ mehr	je 35 ℳ mehr	je 40 ℳ mehr	je 45 ℳ mehr
z. B. 1025000	174800	217300	262600	309600
1200000	227300	278550	332600	388350
1300000	257300	313550	372600	433350
1500000	317300	383550	452600	523350
1505000	318800	385300	454600	525600
die weiteren Beträge	**35 v. H.**	**40 v. H.**	**45 v. H.**	**50 v. H.**
1505100	318835	385340	454645	525650
usw. für je 100 ℳ mehr	je 35 ℳ mehr	je 40 ℳ mehr	je 45 ℳ mehr	je 50 ℳ mehr

b) Die übrigen Steuerklassen.

Steuerbarer Erwerb ℳ	Erbanfallsteuer in Steuerklasse III, 2 ℳ	IV, 2, 3, 4, ℳ	V ℳ	VI ℳ
500	**frei**	**frei**	**frei**	**frei**
die nächsten 20000	**6 v. H.**	**8 v. H.**	**10 v. H.**	**15 v. H.**
600	6	8	10	15
700	12	16	20	30
800	18	24	30	45
900	24	32	40	60
1000	30	40	50	75
2000	90	120	150	225
3000	150	200	250	375

Steuerbarer Erwerb ℳ	Erbanfallsteuer in Steuerklasse III, 2 ℳ	IV, 2, 3, 4 ℳ	V ℳ	VI ℳ
4000	210	280	350	525
5000	270	360	450	675
6000	330	440	550	825
8000	450	600	750	1125
10000	570	760	950	1425
usw. für je 100 ℳ mehr	je 6 ℳ mehr	je 8 ℳ mehr	je 10 ℳ mehr	je 15 ℳ mehr
z. B. 10500	600	800	1000	1500
15000	870	1160	1450	2175
20000	1170	1560	1950	2925
20500	1200	1600	2000	3000
die nächsten 30000	**8 v. H.**	**10 v. H.**	**12 v. H.**	**20 v. H.**
20600	1208	1610	2012	3020
usw. für je 100 ℳ mehr	je 8 ℳ mehr	je 10 ℳ mehr	je 12 ℳ mehr	je 20 ℳ mehr
z. B. 22000	1320	1750	2180	3300
25000	1560	2050	2540	3900
30000	1960	2550	3140	4900
40000	2760	3550	4340	6900
50000	3560	4550	5540	8900
50500	3600	4600	5600	9000
die nächsten 50000	**10 v. H.**	**12 v. H.**	**15 v. H.**	**25 v. H.**
50600	3610	4612	5615	9025
51000	3650	4660	5675	9125
usw. für je 100 ℳ mehr	je 10 ℳ mehr	je 12 ℳ mehr	je 15 ℳ mehr	je 25 ℳ mehr
z. B. 52000	3750	4780	5825	9375
60000	4550	5740	7025	11375
70000	5550	6940	8525	13875
80000	6550	8140	10025	16375
90000	7550	9340	11525	18875
100000	8550	10540	13025	21375
100500	8600	10600	13100	21500
die nächsten 50000	**12 v. H.**	**15 v. H.**	**20 v. H.**	**30 v. H.**
100600	8612	10615	13120	21530
usw. für je 100 ℳ mehr	je 12 ℳ mehr	je 15 ℳ mehr	je 20 ℳ mehr	je 30 ℳ mehr
z. B. 105000	9140	11275	14000	22850

Steuerbarer Erwerb ℳ	Erbanfallsteuer in Steuerklasse III, 2 ℳ	IV, 2, 3, 4 ℳ	V ℳ	VI ℳ
120000	10940	13525	17000	27350
150000	14540	18025	23000	36350
150500	14600	18100	23100	36500
die nächsten 50000	**15 v. H.**	**20 v. H.**	**25 v. H.**	**35 v. H.**
150600	14615	18120	23125	36535
usw. für je 100 ℳ mehr	je 15 ℳ mehr	je 20 ℳ mehr	je 25 ℳ mehr	je 35 ℳ mehr
z. B. 155000	15275	19000	24225	38075
180000	19025	24000	30475	46825
200000	22025	28000	35475	53825
200500	22100	28100	35600	54000
die nächsten 100000	**20 v. H.**	**25 v. H.**	**30 v. H.**	**40 v. H.**
200600	22120	28125	35630	54040
usw. für je 100 ℳ mehr	je 20 ℳ mehr	je 25 ℳ mehr	je 30 ℳ mehr	je 40 ℳ mehr
z. B. 210000	24000	30475	38450	57800
250000	32000	40475	50450	73800
300000	42000	52975	65450	93800
300500	42100	53100	65600	94000
die nächsten 200000	**25 v. H.**	**30 v. H.**	**35 v. H.**	**45 v. H.**
300600	42125	53130	65635	94045
usw. für je 100 ℳ mehr	je 25 ℳ mehr	je 30 ℳ mehr	je 35 ℳ mehr	je 45 ℳ mehr
z. B. 310000	44475	55950	68925	98275
400000	66975	82950	100425	138775
500000	91975	112950	135425	183775
500500	92100	113100	135600	184000
die nächsten 250000	**30 v. H.**	**35 v. H.**	**40 v. H.**	**50 v. H.**
500600	92130	113135	135640	184050
usw. für je 100 ℳ mehr	je 30 ℳ mehr	je 35 ℳ mehr	je 40 ℳ mehr	je 50 ℳ mehr
z. B. 520000	97950	119925	143400	193750
600000	121950	147925	175400	233750
700000	151950	182925	215400	283750
750000	166950	200425	235400	308750
750500	167100	200600	235600	309000

Steuerbarer Erwerb ℳ	Erbanfallsteuer in Steuerklasse III, 2 ℳ	IV, 2, 3, 4 ℳ	V ℳ	VI ℳ
die nächsten 250 000	**35 v. H.**	**40 v. H.**	**45 v. H.**	**55 v. H.**
750 600	167 135	200 610	235 645	309 055
usw. für je 100 ℳ mehr	je 35 ℳ mehr	je 40 ℳ mehr	je 45 ℳ mehr	je 55 ℳ mehr
z. B. 760 000	170 425	204 400	239 875	314 225
800 000	184 425	220 400	257 875	336 225
900 000	219 425	260 400	302 875	391 225
1 000 000	254 425	300 400	347 875	446 225
1 000 500	254 600	300 600	348 100	446 500
die nächsten 500 000	**40 v. H.**	**45 v. H.**	**50 v. H.**	**60 v. H.**
1 000 600	254 640	300 645	348 150	446 560
usw. für je 100 ℳ mehr	je 40 ℳ mehr	je 45 ℳ mehr	je 50 ℳ mehr	je 60 ℳ mehr
z. B. 1 025 000	264 400	311 625	360 350	461 200
1 200 000	334 400	390 375	447 850	566 200
1 500 000	454 400	525 375	597 850	746 200
1 500 500	454 600	525 600	598 100	746 500
die weiteren Beträge	**45 v. H.**	**50 v. H.**	**60 v. H.**	**70 v. H.**
1 500 600	454 645	525 650	598 160	746 570
1 500 700	454 690	525 700	598 220	746 640
usw. für je 100 ℳ mehr	je 45 ℳ mehr	je 50 ℳ mehr	je 60 ℳ mehr	je 70 ℳ mehr

§ 29.

Das vorhandene Vermögen ist auf den Zeitpunkt des Erbanfalls nach den Vorschriften des Besitzsteuergesetzes festzustellen; § 5 des Besitzsteuergesetzes findet jedoch keine Anwendung.

In das Gesamtvermögen ist das Vermögen des Erwerbers nicht einzurechnen, das von der Erbanfallsteuer befreit sein würde, falls es von dem Erwerber gleichzeitig mit dem angefallenen Vermögen erworben worden wäre.

1. Die Vorschrift ist bereits erörtert in Anm. 2 zu § 28. Sie bestimmt, daß bei der Berechnung der Zuschläge aus § 28 Abs. 2 das

bereits vorhandene Vermögen des Erblassers nach den Vorschriften des BStG. zu veranschlagen ist. Wie dort ausgeführt, sind diese Vorschriften des BStG. entsprechend anzuwenden beim Anfall an juristische Personen, obwohl das BStG. § 11 sich nur auf natürliche Personen erstreckt, weil § 29 nur die Vorschriften des BStG. über den Umfang und die Bewertung des Vermögens, nicht aber über die subjektive Steuerpflicht für anwendbar erklärt. Bei der Berechnung der Zuschläge wird man daher von der letzten Besitzsteuerveranlagung des Erwerbers ausgehen können, unter Hinzufügung etwaiger Zugänge. Man darf aber nicht übersehen, daß, da § 5 BStG. keine Anwendung findet, auch noch das ausländische Grund- und Betriebsvermögen hinzuzurechnen ist. Eine Zusammenrechnung des Vermögens von Ehegatten findet, obwohl die Anwendbarkeit des § 14 BStG. im EStG. nicht ausgenommen ist, nicht statt, sondern es ist nur das eigene Vermögen des Erwerbers zu veranschlagen.

2. **Abs. 2** § 29 stellt fest, daß bei der Veranschlagung des eigenen Vermögens des Erwerbers nicht nur dessen besitzsteuerfreies Vermögen fortzulassen ist, sondern auch dasjenige Vermögen, das zwar besitzsteuerpflichtig wäre, aber nach den Vorschriften des EStG. steuerfrei sein würde.

§ 30.

Die Erbanfallsteuer ist von dem Erwerber, bei einer Zuwendung zugunsten eines bestimmten Zweckes jedoch von dem mit der Zuwendung Beschwerten zu entrichten. In letzterem Falle kann die Steuer, sofern sich nicht aus der Anordnung ein anderes ergibt, auf die Zuwendung angerechnet werden.

In den Fällen des § 21 ist die Steuer, soweit sie auf die Anteile der Abkömmlinge am Gesamtgut entfällt, von dem überlebenden Ehegatten zu Lasten der einzelnen Anteile zu entrichten.

Kann die Steuer von den in Abs. 1, 2 bezeichneten Personen nicht eingezogen werden, so ist sie aus dem Nachlaß zu entrichten.

1. **Steuerpflichtig** für die Erbanfallsteuer und die Schenkungssteuer ist grundsätzlich der Erwerber. Erwerber ist derjenige, der etwas von Todes wegen im Sinne des § 20 EStG. oder durch Schenkung (Zuwendung unter Lebenden im Sinne des § 40 EStG.) erworben hat. Berechnet wird die Steuer nach der Bereicherung des Empfängers (§ 25 EStG.). Die Steuerpflicht des Erwerbers wird dadurch nicht

verändert, daß der Erblasser oder Schenker die Entrichtung der Steuer einem andern auferlegt hat (§ 52 ESt G. und Erläuterungen) oder ein Dritter in der Form des bürgerlichen Rechts sich der Steuerbehörde gegenüber als Schuldner für die Steuer verpflichtet hat. „Das ESt G. enthält keine Vorschrift, wonach jemand durch dahingehende Willenserklärung der Steuerbehörde gegenüber Steuerschuldner wird. Solche Erklärungen können bürgerlich-rechtliche Wirkungen haben, die Steuerbehörde berechtigen sie aber nicht, gegen den Erklärenden einen Steuerbescheid, der auf öffentlich-rechtlicher Grundlage ruht, zu erlassen" (Reichsfinanzhof vom 14. 11. 1916 Bd. 1 S. 260).

§ 100 Abs. 2 RAO. bestimmt: „Hat sich jemand durch Vertrag verpflichtet, eine Steuerschuld eines andern zu bezahlen oder dafür einzustehen, so ist der Anspruch des Reichs nach den Vorschriften des bürgerlichen Rechts zu verfolgen." Es bedarf also zur Zwangsvollstreckung eines Titels nach den Vorschriften der ZPO. Vor allem gibt es keine von der Steuerschuld befreiende Schuldübernahme in privatrechtlicher Form (§ 414, § 415 BGB.). Eines Titels nach den Vorschriften der ZPO. bedarf es dagegen nicht, soweit nach bürgerlichem Recht kraft Gesetzes Personen verpflichtet sind, die Schuld des Steuerschuldners zu erfüllen oder die Zwangsvollstreckung zu dulden. In solchen Fällen, wie z. B. beim Ehemann, beim Vater, beim Erben, beim Erbschaftskäufer, beim gesetzlichen Vertreter oder Testamentsvollstrecker kann das Finanzamt das Zwangsverfahren gegen die nach bürgerlichem Recht kraft Gesetzes haftenden Personen anordnen (§ 303 RAO.). Haften kraft Steuerrechts neben dem Hauptsteuerschuldner noch andere Personen (vgl. über die Haftung der Vertreter und Verwalter des Nachlasses Anm. 2 zu § 17, Anm. 2, 4, 5, 6 zu § 19), so gelten für ihre Haftung die Bestimmungen der §§ 300, 301 Abs. 1 Satz 2; sie müssen also ihre Einwendungen im Wege der Rechtsmittel geltend machen, und es steht ihnen nicht gegen die Entscheidung des Finanzamts die gerichtliche Klage zu, wie wenn sie nur kraft bürgerlichen Gesetzes hafteten (§ 303 Abs. 3 RAO.). Es ist also stets zu unterscheiden, ob neben dem Haupt-Steuerschuldner ein Dritter kraft Steuerrechts, insbesondere nach den Bestimmungen der §§ 84 ff., 90, 97 RAO. (vgl. Anm. 2 zu § 17, Anm. 4 zu § 19) haftet, oder ob er kraft bürgerlichen Gesetzes haftet, oder ob er kraft bürgerlich-rechtlichen Vertrages die Entrichtung übernommen hat. § 100 RAO. Abs. 1 enthält die Vermutung, daß in materiell-rechtlicher Hinsicht dann, wenn nach bürgerlichem Recht jemand kraft Gesetzes verpflichtet ist, die Verbindlichkeiten eines andern zu erfüllen oder für solche Verbindlichkeiten die Zwangsvollstreckung in ein Vermögen zu dulden, das seiner Verwaltung unterliegt, diese Verpflichtung sich auf die Steuerschuld erstreckt (Buck-Lucas Anm. 5 § 100 RAO.).

Über den Inhalt des Steuerbescheids vgl. § 39 AB. z. EStG nebst Muster 8 abgedruckt zu § 62 EStG., dort auch über den vorläufigen Steuerbescheid aus § 82 RAO. Über die Anmeldepflicht des Erwerbers vgl. § 54 EStG.

2. **Erwerber** können bei der Erbanfallsteuer sein:

a) physische Personen. Ist der Erwerber in der Geschäftsfähigkeit beschränkt, so hat sein gesetzlicher Vertreter die Pflichten des Steuerpflichtigen gegenüber der Steuer zu erfüllen, insbesondere dafür zu sorgen, daß die Steuer aus den Mitteln, die er verwaltet, entrichtet wird (§ 84 RAO.). Über die Haftung des gesetzlichen Vertreters bei schuldhafter Herbeiführung einer Verkürzung des Steueranspruchs vgl. § 90 RAO. (Anm. 4 zu § 19).

b) juristische Personen. Über die Pflichten ihrer gesetzlichen Vertreter und deren Haftung gilt das vorher zu a) Gesagte. Es kommen juristische Personen des öffentlichen Rechts wie des Privatrechts als Erwerber in Frage; wo Gesellschaften, Vereine oder Genossenschaften als solche der Besteuerung unterliegen, gelten für die persönliche Haftung der einzelnen Gesellschafter und Mitglieder sinngemäß die Vorschriften des bürgerlichen Rechts (§ 93 RAO.).

c) Personenvereinigungen ohne eigene Rechtspersönlichkeit, wie nicht rechtsfähige Vereine, Sammelvermögen, Stiftungen ohne juristische Persönlichkeit usw. Dient eine solche Personenvereinigung dem Vorteil ihrer Mitglieder, so sind diese nach Maßgabe ihrer Beteiligung Erwerber; dient sie einem außerhalb des Eigenvorteils ihrer Mitglieder liegenden Zweck, so wird regelmäßig eine Zweckzuwendung vorliegen (über deren Begriff nachfolgende Anmerkung). Alsdann haben die Mitglieder, entsprechend ihrem Anteil als Beschwerte, die Steuer zu entrichten, und zwar von der Gesamtzuwendung. Nach § 86 RAO. haben bei „Personenvereinigungen, die als solche steuerpflichtig sind, aber keine eigene Rechtspersönlichkeit besitzen, die Vorstände oder Geschäftsführer und, soweit solche nicht vorhanden sind, die Mitglieder die Pflichten zu erfüllen, die den Personenvereinigungen wegen der Besteuerung auferlegt sind. Die §§ 84, 85 gelten entsprechend. Das gleiche gilt für Zweckvermögen und sonstige, juristischen Personen ähnliche Gebilde, die als solche der Besteuerung unterliegen". Die Vorschrift berührt für die Erbschaftssteuer jedoch nicht die vorbezeichnete Regel, nach der bei derartigen Personenvereinigungen nach dem Erbschaftssteuergesetz regelmäßig die Mitglieder selber als Bedachte oder bei einer Zweckauflage als Beschwerte anzusehen sind. Eine steuerliche Verselbständigung jener Personenvereinigungen ohne juristische Persönlichkeit, welche z. B. das Körperschafts-Steuergesetz vom 30. 3. 1920 (RGBl. S. 393 § 1 Ziff. 2) und, insbesondere für nicht rechtsfähige Vereine und Stiftungen, das Reichsnotopfer § 2 Ziff. 6 vorsieht, enthält das EStG. nicht. Die Zuwendung an einen nicht rechtsfähigen Verein bedeutet daher regelmäßig die anteilige Zuwendung an die einzelnen Mitglieder oder ihre Beschwerung mit der Steuer bei einer Zweckauflage.

Zweifelhaft ist es, ob eine abweichende Behandlung, also eine steuerliche Belastung des nicht rechtsfähigen Vereins als solchen kraft letzten Willens des Erblassers möglich ist; meines Erachtens ist dies abzulehnen, denn wer der Steuerpflichtige ist, bestimmt das Gesetz und nicht der Testator, er kann nur die Rechtsfolgen des bürgerlichen Rechts herbeiführen (§ 52 EStG. vgl. Reichsfinanzhof vom 14. 5. 1919 I S. 57, abweichend Mirre Anm. 10 § 26).

3. **Zweckzuwendung** ist eine besondere Art der Zuwendung von Todes wegen. Der Begriff der Zuwendung, von der die Zuwendung von Todes wegen eine Unterart bildet, ist eingehend in der Vorbemerkung zu § 40 erläutert. Das EStG. läßt, wie schon das erste EStG. § 31, im Falle einer besonderen Art der Zuwendung nicht den Erwerber als Steuerpflichtigen erscheinen, sondern denjenigen, der mit der Entrichtung der Zuwendung beschwert ist. Es ist dies die Zuwendung „zugunsten eines bestimmten Zwecks“. Ein solcher Zweck ist jeder erlaubte Zweck, der von dem Zuwendenden bestimmt ist. Bestimmt der die Zuwendung Vornehmende einen Zweck, selbst wenn er nur den Willen des Testators zum Ausdruck zu bringen glaubt, so liegt eine Schenkung des die Zuwendung Vornehmenden, eine Schenkung unter Lebenden, nicht aber eine Zweckzuwendung von Todes wegen vor. Es ist daher in jedem einzelnen Fall zu prüfen, ob der die Zuwendung Vornehmende sich im Rahmen der Vorschriften des BGB. §§ 2147 ff., vor allem §§ 2156 ff., 2192 ff., auch §§ 2065 ff. BGB. hält, welche eine Konkretisierung des Willens des Testators durch den mit einer Zuwendung Beschwerten nur in gewissem Umfange gestatten, oder ob die Zweckbestimmung des die Zuwendung Vornehmenden über jenen vom bürgerlichen Recht für die Konkretisierung des Willens des Erblassers gezogenen Rahmen hinausgeht und daher eine gewillkürte Zweckbestimmung des die Zuwendung Vornehmenden vorliegt. Eine solche und damit eine Zuwendung unter Lebenden, steuerbar nach § 40 EStG., ist gegeben, auch wenn der Beschwerte beim Überschreiten jener Grenze in der Meinung handelt, den Willen

des Erblassers zur Ausführung zu bringen. Es ist die objektive Grenze festzustellen und die subjektive Auffassung des die Zuwendung an den Erwerber Vornehmenden nicht entscheidend.

Liegt eine Zweckzuwendung vor, also eine solche, die einem bestimmten Zweck, welchen der Testator vorgesehen hat, gewidmet ist, so hat der Beschwerte die Steuer zu entrichten. Die Höhe der Steuer richtet sich nach dem Inhalt der Zuwendung zugunsten des bestimmten Zwecks. Sind also drei Personen bedacht, mit der gleichmäßigen Auflage, das ihnen Zugewendete einem bestimmten Zweck zuzuführen, so besteht die Zuwendung in der Summe der Empfänge der drei Personen und die Steuer ist von ihnen anteilig zu erheben. Der Steuersatz aber richtet sich nach der Summe der Einzelempfänge, weil sie ja die Zuwendung bilden. So kann es sein, daß ein Erblasser mehrere Zuwendungen zu bestimmten Zwecken hinterläßt, also die eine Zuwendung dem einen, die andere dem andern bestimmten Zweck gewidmet ist. Dient eine Zuwendung mehreren Zwecken, so wird, falls der eine nach dem Willen des Erblassers unzweifelhaft der Hauptzweck, der andere der Nebenzweck ist, nur der erstere entscheidend sein.

In den Fällen der Zweckzuwendung tritt eine gewisse Verselbständigung der Zuwendung ein, in der Weise, daß die zweckgebundene Zuwendung wie ein verselbständigtes Sondervermögen angesehen wird. Dieses kann dann nur durch den Beschwerten vertreten werden, da er ja die Zuwendung vornimmt und die Zweckbedenkung in ihren Einzelheiten zur Ausführung bringt. Das hat zur weiteren Folge, daß für die Erbenklasse weder die persönlichen Verhältnisse der einzelnen Empfänger noch die der Beschwerten maßgebend sein können, sondern daß die Zweckzuwendung sich versteuert in der Klasse VI § 26 EStG. Eine weitgreifende Ausnahme bilden nur die Zuwendungen für kirchliche, mildtätige oder gemeinnützige Zwecke, für die § 35 Ziff. 3 EStG. eine bevorzugte zehnprozentige Besteuerung vorsieht. Die Richtigkeit dieser Auffassung ergibt der Zusammenhalt des § 30 und des § 35 Ziff. 3 EStG. (über § 35 Ziff. 3 EStG. vgl. näher § 35 Anm. 4). „Derartige Auflagen sind für die Erbschaftssteuer als selbständige Steuerträger zu behandeln, wie wenn sie juristische Persönlichkeit hätten; nur muß, da sie in Ermangelung der juristischen Persönlichkeit kein Vertretungsorgan besitzen, der Beschwerte für sie und auf ihre Rechnung die Steuer abführen" (Reichsfinanzhof a. a. O. I, S. 58; RG. Bd. 75 S. 378). Trifft für eine Zweckzuwendung teilweise der priviligierte Steuersatz aus § 35 Ziff. 3 EStG. zu, so findet eine Sonderbesteuerung (vgl. Anm. 4b zu § 35) insoweit statt. Wegen der Folgerungen für die subjektive Steuerpflicht vgl. Anm. 2a zu § 24 EStG.

Aus dem vorstehenden Grundgedanken allein erklärt es sich, daß § 30 EStG. den Beschwerten, gewissermaßen als Organ der Zweckzuwendung, zur Entrichtung der Erbanfallsteuer für verpflichtet erklärt; Satz 2 Abs. 1 § 30 gibt dem Beschwerten im Zweifel das Recht, die Steuer auf Kosten der Zuwendung zu entrichten, er bleibt jedoch Steuerschuldner mit seinem ganzen Vermögen. Die Erbanfallsteuer ist im Konkurs des Erwerbers eine bevorrechtigte Konkursforderung (§ 61 Nr. 2 KO.). Dasselbe wird auch im Konkurs des Beschwerten gelten müssen, wenn dieser der Steuerschuldner ist.

4. In diesem Zusammenhange sind die **Schutzmaßnahmen** zu erwähnen, welche dem Erwerber nach bürgerlichem Recht gegenüber einer Überlastung mit Vermächtnissen oder Auflagen zu Gebote stehen. Der Erbe hilft sich durch Nachlaßverwaltung und Nachlaßkonkurs (§ 1975 BGB.) und durch die Einrede des unzulänglichen Nachlasses (§ 1990 BGB.), welche eine besondere Anwendung findet, sofern die Überschuldung des Nachlasses nur auf Vermächtnissen oder Auflagen beruht; dann kann der Erbe (§ 1992 BGB. und die weitgehende Auslegung bei Planck Anm. 7) die Herausgabe der noch vorhandenen Nachlaßgegenstände durch Zahlung des Wertes abwenden. Fünf Jahre nach dem Erbfall haftet der Erbe für Vermächtnisse und Auflagen regelmäßig nur noch in Höhe der Bereicherung (§ 1974 BGB.). Der Vermächtnisnehmer haftet, falls er mit einer Zuwendung beschwert ist, schlechthin nur in Höhe des aus dem Vermächtnis Erhaltenen, sofern er das seinerseits aus dem Vermächtnis Erlangte zum Zwecke der Befriedigung des Gläubigers zur Zwangsvollstreckung zur Verfügung stellt (§ 2187 BGB. mit § 1992 BGB.). Zu beachten ist, daß diese Vorschriften des BGB. nur das Verhältnis des Beschwerten oder des Bedachten zueinander betreffen, nicht aber das Verhältnis zur Steuerbehörde.

5. Im Fall der **fortgesetzten Gütergemeinschaft** ist der überlebende Ehegatte Steuerschuldner auch insoweit, als die Steuer auf die Anteile der Abkömmlinge am Gesamtgut entfällt, im Innenverhältnis belastet er die einzelnen Anteile entsprechend. Die Vorschrift entspricht der alleinigen Verfügungsmacht des Ehegatten über das Gesamtgut der fortgesetzten Gütergemeinschaft.

6. § 30 EStG. **Abs. 3** macht keinen Unterschied nach dem Grunde, aus dem die Steuer nicht eingezogen werden kann, z. B. Zahlungsunfähigkeit, Aufenthalt im Ausland, unbekannter Aufenthalt. Der Nachlaß haftet vor den etwa zur Mithaft heranzuziehenden Personen

(§ 100 RAO., oben Anm. 1). Da im Falle des Abs. 3 die Erbanfallsteuer aus dem Nachlaß zu entrichten ist, fällt die Haftung den zur Verwaltung und Verfügung über den Nachlaß berufenen Personen, wie Erben, Testamentsvollstrecker, im gleichen Umfange zu, wie bei der Nachlaßsteuer, sofern sie nicht hinreichende Vorsorge treffen für die Entrichtung der Erbanfallsteuer aus dem Nachlaß, soweit sie diesem zur Last fällt, z. B. ihn den Nachlaßerwerbern aushändigen, die zahlungsunfähig sind oder sich im Ausland befinden. Es ist dieserhalb zu verweisen auf die Erläuterungen zu § 19 Anm. 2, 4, 5, 6. Soweit es sich um die Haftung des Nachlasses handelt, ist die Steuerschuld eine Nachlaßverbindlichkeit im Nachlaßkonkurse; nur wenn die Überschuldung erst nach dem Erbfall, z. B. durch nachträglichen Verlust von Nachlaßgegenständen, eintritt, ist die Steuerschuld im Nachlaßkonkurse nach § 61 Ziff. 2, § 226 KO. bevorrechtigt. Es gilt bei Inanspruchnahme des Nachlasses für die Erbanfallsteuer das gleiche, wie bei der Nachlaßsteuer (vgl. die Erläuterungen zu §§ 17, 19). Die Erben sind in Anbetracht der Möglichkeit, daß die Erbanfallsteuer gemäß Abs. 3 § 30 zur Nachlaßverbindlichkeit wird, auch dann, wenn sie von der Steuer freigestellt sind, soweit ihre subsidiäre Haftung in Frage kommt, zur Einlegung von Rechtsmitteln für legitimiert anzusehen (Reichsfinanzhof vom 26. 3. 1919 Bd. 1 S. 21, auch § 95 Abs. 3 RAO.).

Es ist zu verweisen auf § 52 EStG., nach dem die Haftung aus § 30 EStG. durch letztwillige Bestimmung des Erblassers nicht geändert werden kann. Die letztwillige Verfügung kann nur für Ausgleichsverhältnisse unter den Bedachten von Bedeutung sein.

§ 31.

Bei einem Erwerb im Sinne des § 20 Abs. 1 Nr. 2 ist der Erwerber mit Genehmigung der Aufsichtsbehörde befugt, den Betrag der Steuer dem gebundenen Vermögen zu entnehmen und zu diesem Zwecke über die zu dem Vermögen gehörenden Gegenstände zu verfügen.

Durch die Vorschrift des Abs. 1 wird die Befugnis des Inhabers nicht berührt, auf Grund solcher gesetzlicher, hausgesetzlicher oder stiftungsmäßiger Vorschriften, welche die Verfügung unter anderen Voraussetzungen zulassen, über das gebundene Vermögen zu verfügen.

Fehlt eine Aufsichtsbehörde oder ist ungewiß, welche Behörde zur Aufsicht berufen ist, so gilt als Aufsichtsbehörde im Sinne des Abs. 1 das Oberlandesgericht, in dessen Bezirk

das gebundene Vermögen sich seinem Hauptbestande nach befindet. Ist die Genehmigung von einem Oberlandesgericht erteilt, so kann nicht geltend gemacht werden, daß das Oberlandesgericht für die Genehmigung nicht zuständig gewesen wäre. Die Landeszentralbehörde kann bestimmen, daß an Stelle des Oberlandesgerichts eine andere Behörde tritt.

1. § 31 betrifft den Erwerb auf Grund einer Nachfolge in Hausgut, Lehen, Fideikommiß, Stammgut oder sonstiges **gebundenes Vermögen** (§ 20 Abs. 1 Ziff. 2 EStG.). Der Erwerber des gebundenen Vermögens soll nach § 31 das Recht haben, die Erbanfallsteuer mit Zustimmung der Aufsichtsbehörde, als welche im Zweifel das Oberlandesgericht berufen ist, aus dem gebundenen Vermögen zu entnehmen. Sofern nach Gesetz, Hausgesetz oder Stiftung geringere Anforderungen an die Verfügungsmacht des Inhabers über gebundenes Gut gestellt werden, sollen diese genügen.

2. Es ist aus der Fassung des Gesetzes nicht einwandfrei zu entnehmen, ob der Inhaber, wie in § 8 des Wehrbeitragsgesetzes und § 11 des Kriegssteuergesetzes vom 21. 6. 1916, den Betrag der Abgabe, der auf das gebundene Vermögen entfällt, aus diesem entnehmen darf, oder ob er seine ganze Erbanfallsteuer aus dem gebundenen Vermögen decken darf, wie nach § 19 Gesetz vom 10. 9. 1919 für die Kriegsabgabe vom Vermögenszuwachs für das Jahr 1919. In dem einen Falle wäre der Inhaber des gebundenen Vermögens nur berechtigt, den verhältnismäßig auf das gebundene Vermögen entfallenden Betrag der Erbanfallsteuer aus diesem zu entnehmen, im andern Falle könnte er aus diesem die Erbanfallsteuer auch entnehmen, soweit sie das ihm anfallende Allodialvermögen betrifft. Im letzteren Falle müßte die Ausgleichung innerhalb der beiden Vermögensmassen des freien und des gebundenen erfolgen, indem eine Ersatzpflicht des freien oder gebundenen Vermögens entsteht, sobald aus diesem die Erbanfallsteuer zu ersetzen ist (vgl. Schachian S. 184 ff.; Strutz Anm. 3 § 19 Kriegsabgabe 1919). Der Wortlaut des § 31 enthält keine Beschränkung auf die auf das gebundene Vermögen entfallende Erbanfallsteuer. Der Wortlaut wird aber deshalb nicht entscheidend sein, weil die ganze Vorschrift des § 31 in ihrer gegenwärtigen Fassung nicht recht in das Gesetz hineinpaßt, nachdem entgegen dem ursprünglichen Entwurf, aus dem § 31 herstammt (§ 28), der Inhaber des gebundenen Vermögens nicht mehr als Eigentümer sondern als Nießbraucher betrachtet wird (§ 22 EStG.); wird der Inhaber erbschaftssteuerlich nur als Nießbraucher des gebundenen Vermögens behandelt, so würde es seiner Stellung nicht entsprechen, wenn man ihn berechtigte, die auf sein

freies Vermögen, welches er als Eigentümer empfängt, entfallende Erbanfallsteuer aus dem gebundenen Vermögen zu entnehmen. Die Steuerberechnung gestaltet sich danach so, daß der Inhaber des gebundenen Vermögens gemäß § 22 ESt.G. den Wert seines Nutzungsrechts berechnet und er die Erbanfallsteuer aus dem gebundenen Vermögen nur nach dem Verhältnis des Wertes seiner kapitalisierten Nutzung am gebundenen Vermögen zu seinem Eigentum am freien Vermögen entnehmen darf. Die Landeszentralbehörde soll befugt sein, anstelle des Oberlandesgerichts eine andere Behörde zur Genehmigung zu berufen.

§ 32.

Von der Erbanfallsteuer sind befreit

1. Zuwendungen an das Reich oder an ein Land;

2. Zuwendungen, die ausschließlich Zwecken des Reichs oder eines Landes dienen oder an solche Gesellschaften, Anstalten oder Stiftungen gemacht werden, die ausschließlich Zwecke des Reichs oder eines Landes verfolgen.

Ob die Voraussetzungen des Abs. 1 Nr. 2 vorliegen, bestimmt der Reichsminister der Finanzen.

1. Die **Befreiung** des Reichs und der Länder von der Erbanfallsteuer ist im ersten ESt.G. noch nicht enthalten. Sie entspricht der Durchführung der Erbschaftssteuer als einer einheitlichen Reichssteuer. Als „Land" im Sinne von Ziff. 1 gelten alle zum Reichsgebiet gehörenden Länder (Art. 2. RV. von 11. 8. 19. RGBl. S. 1383).

2. Die Befreiung aus **Ziff. 2** tritt nur ein, wenn der Reichsfinanzminister das Vorliegen ihrer Voraussetzung bestätigt. Seine Entscheidung ist endgültig. Verneint er das Vorliegen der Voraussetzung aus Ziff. 2, so ist zu prüfen, ob priviligierte Fälle des § 35 ESt.G. vorliegen, sonst tritt Versteuerung nach Klasse VI § 26 ein. Zuwendungen zugunsten inländischer Kommunen oder Kommunalverbände fallen niemals unter § 32, sondern sind zum mindesten mit der zehnprozentigen Steuer aus § 35 Ziff. 1 belastet (vgl. Anm. 2b zu § 35). Die Befreiung aus Ziff. 2 ist zunächst abgestellt auf den objektiven Zweck, der verfolgt wird. Wenn sich das Reich in zunehmendem Maße in privatwirtschaftlicher Form an privatwirtschaftlichen Unternehmungen beteiligt, z. B. durch Besitz von Aktien und Anteilen, so werden auch solche Fälle unter Ziff. 2 unter Umständen einzubeziehen sein. Die Grenzen sind schwer zu ziehen. Es

wird davon abhängen, ob die Beteiligung eine solche ist, daß die Zwecke der Gesellschaft und die des Reiches zusammenfallen. Die Form der Beteiligung, in der das Reich auftritt, wird aber keinen Unterschied machen dürfen und auch die Beteiligung in privatwirtschaftlicher Form beim Zusammenfallen der Zwecke der Gesellschaft und des Reiches hierher gehören. Ziff. 2 verlangt aber, daß „ausschließlich" die Zwecke des Reiches oder eines Landes verfolgt werden (vgl. auch Erläuterungen zu § 35 Ziff. 3).

§ 33.

Von der Erbanfallsteuer sind befreit

1. ein Erwerb nach § 1969 des Bürgerlichen Gesetzbuchs;
2. die Befreiung eines Steuerpflichtigen der Steuerklassen I oder II von einer Schuld, soweit durch den Anfall lediglich die Beseitigung einer Ueberschuldung erreicht wird;
3. die Befreiung von einer Schuld, sofern der Erblasser sie mit Rücksicht auf die Notlage des Schuldners angeordnet hat und eine Notlage auch durch den Erbfall im wesentlichen nicht beseitigt wird, soweit nicht die Steuer aus der Hälfte eines neben der erlassenen Schuld dem Bedachten zukommenden Anfalls gedeckt werden kann;
4. ein Erwerb, der anfällt
   a) einem Steuerpflichtigen der Steuerklasse I oder II, Eltern oder Großeltern des Erblassers, sofern der Erwerb zusammen mit dem sonstigen Vermögen des Erwerbers 100000 Mark nicht übersteigt und der Erwerber infolge körperlicher oder geistiger Gebrechen und unter Berücksichtigung seiner bisherigen Lebensstellung als erwerbsunfähig anzusehen ist oder durch die Führung eines gemeinsamen Hausstandes mit erwerbsunfähigen oder in der Ausbildung zu einem Lebensberufe begriffenen Abkömmlingen an der Ausübung einer Erwerbstätigkeit gehindert ist.

      Uebersteigt das Gesamtvermögen den Betrag von 100000 Mark, so wird die Steuer nur insoweit erhoben, als sie aus der Hälfte des übersteigenden Betrags gedeckt werden kann;

b) einer der zu Steuerklasse I oder II gehörenden Personen, sofern der Erwerb zusammen mit dem sonstigen Vermögen des Erwerbers 100000 Mark nicht übersteigt und dem Erwerber infolge des Todes des Erblassers nach den reichsgesetzlichen Vorschriften ein Anspruch auf Kriegswitwengeld oder Kriegswaisengeld zusteht oder zustehen würde, falls nicht das Recht auf den Bezug der Kriegsversorgung erloschen wäre oder ruhte; die Steuerbefreiung fällt weg, wenn der Tod des Erblassers erst nach Ablauf von zwei Jahren nach dem Friedensschluß oder einem nach den bezeichneten Vorschriften einem Friedensschluß gleichgeachteten Zeitpunkt eintritt;

c) Personen, die den Erblasser zu seinen Lebenszeiten verpflegt haben, wenn die Verpflegung in der Erwartung einer letztwilligen Zuwendung unentgeltlich oder gegen ein unzureichendes Entgelt erfolgt ist, soweit das Zugewendete den Betrag eines angemessenen Entgelts nicht übersteigt;

5. ein Erwerb, der auf Grund eines in einer Verfügung von Todes wegen bestehenden Stiftungsgeschäfts inländischen Familienstiftungen zufällt, sofern die Bezüge aus der Stiftung nach § 20 Abs. 1 Nr. 5 als Erwerb von Todes wegen anzusehen sind. Das gleiche gilt, wenn das Stiftungsgeschäft zur Vollziehung einer durch Verfügung von Todes wegen angeordneten Auflage oder deshalb errichtet worden ist, weil der Erblasser von der Errichtung einen Erwerb von Todes wegen abhängig gemacht hat;

6. Vermögen, das leibliche Eltern, Großeltern oder entferntere Voreltern ihren Abkömmlingen durch Schenkung oder Uebergabevertrag zugewandt hatten und das an diese Personen zurückfällt.

1. § 33 enthält die **Befreiungen** von der Erbanfallsteuer. Für die Schenkungssteuer vgl. § 42 ESt G.

2. **Zu Ziffer 1.** Steuerfrei ist die Gewährung des **Dreißigsten.** „Der Erbe ist verpflichtet, Familienangehörigen des Erblassers, die zur Zeit des Todes des Erblassers zu dessen Haushalt gehört und von ihm Unterhalt bezogen haben, in den ersten 30 Tagen nach dem Ein-

tritt des Erbfalls in demselben Umfange, wie der Erblasser es getan hat, Unterhalt zu gewähren und die Benutzung der Wohnung und der Haushaltungsgegenstände zu gestatten. Der Erblasser kann in letztwilliger Verfügung eine andere Anordnung treffen und Vorschriften über Vermächtnisse finden entsprechende Anwendung" (§ 1969 BGB). Entscheidend ist die bisherige tatsächliche Gewährung des Unterhalts durch den Erblasser, daß die Bezugsberechtigten zum Hausstande des Erblassers gehört haben und daß sie mit ihm verwandt sind. Keine dieser Voraussetzungen darf fehlen. Eine Unterhaltspflicht des Erblassers ist nicht Voraussetzung. Das Maß der Leistung des Erben bildet die bisherige tatsächliche Übung beim Erblasser (RGR. Anm. 1—4 § 1969). Zuwendungen, welche über die Verpflichtung des § 1969 BGB. zeitlich oder sachlich hinausgehen, machen den ganzen Anfall steuerpflichtig. Beruht er auf einer letztwilligen Verfügung des Erblassers, tritt Erbanfallsteuer, bei einer ohne solche Verfügung weitergehenden Zuwendung durch den Erben Schenkungssteuer ein.

3. **Zu Ziffer 2.** Es kommt nicht auf den Wortlaut der Zuwendung an, auch nicht darauf, daß sie lediglich den Zweck verfolgt, die **Ueberschuldung zu beseitigen,** sondern daß die Überschuldung ganz oder teilweise getilt wird (Begründung S. 39). Die Vorschrift ist namentlich für Fälle gedacht, in denen eine Zuwendung innerhalb des Kreises der nächsten Familienangehörigen zur Beseitigung der Überschuldung eines solchen erfolgt. Überschuldung ist jedes Überwiegen der Passiven über das Vermögen. Im Interesse der Einheitlichkeit wird man an sich nicht abgeneigt sein, bei Feststellung der Überschuldung das Vermögen des Erwerbers auf der Grundlage des § 29 EStG. zu veranschlagen. Das wird aber dem Zweck der Ausnahme aus § 33 Ziff. 2 EStG. nicht entsprechen, weil sie als solche einschränkend auszulegen ist. Bei Anwendung des § 29 EStG. in Verbindung mit § 8 EStG. wären Hausrat, Möbel und Schmuck bei Feststellung der Überschuldung nicht zum Aktivvermögen zu zählen. In Zeiten, in denen solche Gegenstände in ihrem Geldwert gegenüber der Währung ungeheuer gestiegen sind, wäre es sinnwidrig, von einer Überschuldung zu sprechen, solange ein erheblicher Überschuß an solchen Wertgegenständen beim Erwerber vorhanden ist. Zur Feststellung der Überschuldung werden daher alle Gegenstände des Erwerbers, soweit sie geldwerter Natur sind, in Ansatz zu bringen sein. Die Befreiung gilt, soweit die Beseitigung der Überschuldung reicht, d. h. die Passiva durch die Schuldbefreiung vermindert werden, ohne daß sie den Stand der Aktiva erreichen. Übersteigen sie den Stand der Passiva, so entsteht eine steuerpflichtige Zuwendung in Höhe des Betrages, welcher

das Gleichgewicht der Bilanz übersteigt. Zur Berechnung der Überschuldung dient nur das Vermögen des Erwerbers zur Zeit des Erbanfalls, ohne Einrechnung des durch den Erbanfall erreichten Zuwachses.

4. **Zu Ziffer 3.** Die Befreiung gilt im Gegensatz zu Ziff. 2 nicht beim gesetzlichen Erben. Zum Unterschiede von Ziff. 2 ist die Anwendbarkeit von Ziff. 3 ferner nicht auf bestimmte Steuerklassen beschränkt. Dafür ist das besondere Erfordernis aufgestellt, daß auf Seite des Erwerbers eine Notlage vorliegt. Notlage ist eine die wirtschaftliche Existenz bedrohende dringende Not (RGM. Anm. 2 § 138). In einer solchen Lage kann sich auch eine juristische Person als Erwerber befinden. Die herrschende Meinung lehnt dagegen die Anwendbarkeit der Vorschrift auf juristische Personen ab (Mirre Anm. 3 § 33; Henckel-Hoffmann Anm. 3b § 33). Die Veranlassung zur Schuldbefreiung muß eine bereits bei ihrer Anordnung vorhanden gewesene Notlage des Schuldners gewesen sein und diese Notlage darf auch durch den Erbfall im wesentlichen nicht beseitigt worden sein. Es scheidet also der Fall aus, daß die Notlage des Schuldners zur Zeit der Anordnung dem Erblasser unbekannt gewesen ist; vielmehr hat der Erwerber nachzuweisen, daß die Anordnung mit Rücksicht auf seine Notlage geschehen ist. Wenn ein Anfall an den Erwerber neben der Schuldbefreiung erfolgt, so darf dieser Anfall die Notlage im wesentlichen nicht beseitigen. Dieses Erfordernis bleibt auch hier bestehen. Alsdann ist die Erbanfallsteuer nach der Forderung voll zu berechnen und herabzusetzen auf die Hälfte des übrigen Anfalls. Daneben ist die Steuer für den übrigen Anfall zu berechnen, nach Maßgabe des Satzes über den Gesamterwerb (Hoffmann-Henckel Anm. 3c § 33; bei der Bewertung vgl. auch Reichsfinanzhof vom 11. 6. 1919 Bd. 1 S. 105 gegenüber Stenglein Bd. 2 S. 800). Maßgebend ist der materielle Wert, nicht der rechtliche Erfolg der Schuldbefreiung.

5. **Zu Ziffer 4. a)** Der Erwerb darf zusammen mit dem sonstigen Vermögen des Erwerbers 100000 M. nicht übersteigen und der Erwerber muß entweder **erwerbsunfähig** sein oder durch die Führung eines gemeinsamen Hausstandes mit erwerbsunfähigen Personen an der Ausübung der Erwerbstätigkeit verhindert sein. Die letztere Eventualität kommt hauptsächlich für Mütter (auch uneheliche) in Frage mit erwerbsunfähigen Abkömmlingen (nicht nur Kindern sondern auch Enkeln usw.). Die Voraussetzungen der Ziff. 4 a sind insbesondere dann gegeben, wenn von vornherein feststeht, daß die Person gebrechlich und erwerbsunfähig bleiben wird, z. B. bei einem unheilbaren kranken Kinde (Urteil des Reichsfinanzhofes vom 23. 6. 1920 Bd. 3 S. 223).

Im Fall des Abs. 2 ist die Steuer zu ermäßigen auf die Hälfte des 100000 M. übersteigenden Betrages.

Das vorhandene Vermögen des Erblassers ist ebensowenig nach § 29 EStG. festzustellen, wie im Fall der Ziff. 2 § 33, vielmehr ist auch das nicht steuerpflichtige Vermögen einzurechnen (anderer Meinung Mirre Anm. 4, vgl. über die Gründe oben Anm. 3). Ein Erwerber, der eine Perlenkette im Werte von 100000 M. und einen Rembrand im Werte von 4000000 M. besitzt, wird nicht erbanfallsteuerfrei bleiben, wenn er 50000 M. von einem Abkömmling erbt, selbst wenn er nicht erwerbsfähig ist. Zum Vermögen hinzu treten ferner Pensionen und Unterhaltsgelder.

Zu 4 b) Die Vorschrift will sorgen für **Kriegerwitwen und Kriegerwaisen**, indem sie ihnen eine Erleichterung bei der Erbanfallsteuer gewährt. Der Zusammenhang des Todes des Erblassers mit dem Kriege wird dadurch erwiesen, daß die Erwerber einen Anspruch auf Kriegswitwen- oder Kriegswaisengeld haben. Deshalb ist auch die Fristbestimmung von zwei Jahren getroffen, da bei Erbfällen zu einem späteren Zeitpunkt nach dem Friedensschluß der Zusammenhang zwischen dem Todesfall und dem Kriege nicht mehr leicht festzustellen ist. Der Zeitpunkt des Friedensschlusses steht noch nicht fest. Der 10. 1. 1920 (vgl. Hoffmann-Henckel Anm. 7 § 33) wird als solcher nicht angesehen werden können, da an diesem Tage der Friede noch nicht mit allen kriegführenden Staaten geschlossen war (Schlußbestimmung des Friedensvertrages von Versailles, RGBl. 1919 S. 1329 Art. 440 Abs. 7, Bekanntmachung vom 11. 1. 20 über die Errichtung des ersten Protokolls betreffend Niederlegung der Ratifikationsurkunde RGBl. S. 31). Die Verordnung vom 14. 2. 1920 (RGBl. S. 237) betrifft nur die Auslegung der Bezeichnungen Friedensschluß und Kriegsende für rechtsgeschäftliche Erklärungen und ist daher hier nicht maßgebend. Man wird deshalb die Wohltat der Ziff. 4 b erst zwei Jahre nach Friedensschluß mit dem letzten der kriegführenden Staaten ablaufen lassen können, es sei denn, daß eine anderweitige gesetzliche Auslegung des Begriffs „Friedensschluß" mit Wirkung für die Erbschaftssteuer ergeht.

Die anspruchsberechtigten Personen sind enthalten im Hinterbliebenengesetz vom 17. 5. 1907 (RGBl. S. 214) §§ 19, 38, 47, im Offizier-Pensionsgesetz vom 31. 5. 1906 (RGBl. S. 565), §§ 34, 35, wohl auch im Gesetz für Hinterbliebene militärischer Luftfahrer vom 29. 6. 1912 (RGBl. S. 415 § 2), da diese wie „Hinterbliebene" versorgt werden. Der Anspruch auf Witwengeld erlischt mit Ablauf des Monats der Wiederverheiratung, der auf Waisengeld mit Ablauf der Vollendung des 18. Lebensjahres. Beide Ansprüche ruhen, solange der Berechtigte nicht Reichsangehöriger ist oder als Beamter beschäftigt wird oder sonst erhebliche Pensionsbezüge hat (§§ 31, 32 MilHinterblG.).

Zu 4 c) Die Begründung S. 39 bemerkt zur Entstehungsgeschichte: „Das bisherige Steuergesetz § 11 Nr. 4 h, wonach von der Erbanfallsteuer befreit sind Personen, die in einem Dienst- oder Arbeitsverhältnis zum Erblasser gestanden haben, sofern der Wert des Erwerbs den Wert von 3000 M. nicht übersteigt, soll wegfallen als den jetzigen Anschauungen nicht mehr entsprechend. Dagegen will Nr. 4 c den dort bezeichneten Personen Steuerfreiheit für ein angemessenes Entgelt gewähren. Die Frage, ob ein solches Entgelt vorliegt, richtet sich nach den von der Steuerbehörde zu prüfenden Umständen des einzelnen Falls." Es wird nicht zu erfordern sein, daß die **Verpflegung** bis an das Lebensende des Erblassers erfolgt ist. Notwendig ist aber eine Verpflegung im eigentlichen Sinne, d. h. die Gewährung von Lebensunterhalt; nicht genügt also körperliche Pflege z. B. während einer Krankheit. Dagegen wird man nicht unbedingt erfordern können, daß die Verpflegung in natura geliefert ist, z. B. wenn die Lebensmittel in einer Form geliefert werden, daß sie erst zum Genuß der Verarbeitung bedürfen, oder wenn jeweils die zur Beschaffung der notwendigen Verpflegungskosten erforderlichen Geldmittel gewährt werden. Daß der Erwerber zum Hausstand des Erblassers gehört hat, wird nicht erfordert, auch nicht, daß er in irgendeinem persönlichen Dienstverhältnis zum Erblasser gestanden hat (abweichend § 11, 4 h des ersten EStG. und hierzu Reichsfinanzhof vom 16. 6. 1919 Bd. 1 S. 150). Die Vorschrift findet bei gesetzlicher Erbfolge keine Anwendung. Der Betrag eines angemessenen Entgelts bleibt stets steuerfrei und nur der diese Grenze übersteigende Betrag ist steuerpflichtig. Falls die Verpflegung gegen unzureichendes Entgelt gewährt wurde, begründet eine solche keinen Abzugsposten auf die Zuwendung (anderer Meinung Hoffmann-Hendel Anm. 8).

6. **Zu Ziff. 5.** Die Bestimmung leitet sich her aus § 11 Ziff. 5 des ersten EStG., jedoch mit nicht unerheblichen Beschränkungen. Die hauptsächlichste ist diejenige, daß die Steuerfreiheit nur bei **Familienstiftungen** besteht, bei denen die Bezüge nach § 20 Abs. 1 Nr. 5 steuerbar sind, also vor allem unter der Voraussetzung, daß der Anfall infolge Todesfalls an den Erwerber fällt. Über die Tragweite dieser Voraussetzung vgl. Anm. 6 **a** zu § 20. Es scheiden danach vor allem aus Familienstiftungen, die ohne Vorliegen eines Erbfalls den Erwerber bedenken, z. B. bei Bedürftigkeit, Begründung einer Lebensstellung usw. Trotz der Einschränkung gegenüber der früheren Fassung wird man zur Vermeidung einer Doppelbesteuerung die bisher

übliche Anwendung der Befreiung bei dem Erwerb einer bereits bestehenden Stiftung aufrecht erhalten dürfen (Mirre Anm. 7, anderer Meinung Hoffmann-Hendel Anm. 7, welche, dem Wortlaut der Bestimmung entsprechend, diese nur für einen Erwerb anwenden, der der Familienstiftung durch das Stiftungsgeschäft selbst anfällt). Von Bedeutung ist die Streitfrage im wesentlichen für die Schenkungssteuer, bei der sie dahin zu stellen ist, ob nur das in dem Stiftungsgeschäft unter Lebenden der Familienstiftung zugesicherte Vermögen von der Schenkungssteuer frei ist oder auch jede weitere Schenkung an eine bereits bestehende Familienstiftung, die in der gedachten Art die Steuerfreiheit genießt. Man wird aus dem angeführten Grunde auch im letzteren Falle Freiheit von der Schenkungssteuer eintreten lassen dürfen (§ 42 ESt.G.).

Nicht anwendbar ist die Befreiungsvorschrift auf Zuwendungen Dritter an bestehende Familienstiftungen. Der Reichsfinanzhof führt zu § 11 Ziff. 5 des ersten ESt.G. (Reichsfinanzhof vom 12. 11. 1919 Bd. 1 S. 283, RStBl. 20 S. 151) aus:

„Es handelt sich allein um die Frage, ob einer letztwilligen Zuwendung an eine Familienstiftung die Befreiung nach § 11 Ziff. 5 des ESt.G. vom 3. 6. 1906 zuteil wird. Der Wortlaut der Vorschrift steht zweifellos entgegen, denn sie spricht von einem Erwerbe, der Familienstiftungen auf Grund eines in einer Verfügung von Todeswegen bestehenden Stiftungsgeschäfts anfällt. Das Stiftungsgeschäft ist nach § 80 ff. des BGB. die auf die Errichtung einer Stiftung gerichtete Willenserklärung des Stifters. Es ist vorauszusetzen, daß das ESt.G., das an bürgerlich-rechtliche Vorgänge Steuerfolgen knüpft, die von ihm verwendeten Rechtsbegriffe in dem gleichen Sinne gebraucht, der ihnen im bürgerlichen Rechte zukommt, sofern nicht aus dem Zwecke und der Entstehungsgeschichte des Gesetzes etwas Gegenteiliges zu entnehmen ist. Letzteres ist nicht der Fall. Der Kommissionsbericht läßt über Zweck und Tragweite der erst durch die Reichstagskommission in das Gesetz gebrachten Vorschrift nichts Sachdienliches erkennen. Es muß daher bei der engen Auslegung der Vorschrift ihrem Wortsinn nach verbleiben, zumal es sich um eine Ausnahmevorschrift handelt. Der Senat erachtet demgemäß letztwillige Zuwendungen an bestehende Familienstiftungen, die nicht vom Stifter ausgehen, für erbschaftssteuerpflichtig."

7. **Zu Ziff. 6.** Steuerfrei bleiben Schenkungen oder Zuwendungen durch Übergabe-Vertrag von leiblichen Eltern oder Voreltern an Abkömmlinge, insoweit dieses zugewendete Vermögen an den Zuwendenden zurückfällt.

In Ausdehnung des § 11 Nr. 4 g des ersten ESt G., welcher sich nur auf Zuwendungen körperlicher Sachen bezog (Reichsfinanzhof vom 17. 12. 1919 Bd. 2 S. 50), erstreckt sich die Befreiung nicht nur auf die Zuwendung körperlicher Sachen (§ 90 BGB.), sondern auch auf die Zuwendung von Rechten, überhaupt auf die Zuwendung jeglicher Vermögensbestandteile. Über die Abgrenzung des Vermögens vgl. Anm. 1 zu § 2. Die Zuwendung des Vermögens muß in gerader Verwandtschaftslinie, also von den Eltern oder sonstigen Voreltern herauf an Abkömmlinge erfolgt sein, und genau so muß sich der Anfall rückwärts wieder vollzogen haben. Befreit ist nur diejenige Zuwendung, welche ein bestimmter Eltern- oder Vorelternteil einem bestimmten Abkömmling gemacht hat, und soweit sie ganz oder teilweise in völliger Identität der zugewendeten Substanz an den Zuwendenden zurückfällt. Die Zuwendung kann als Schenkung erfolgen, aber es genügt der unentgeltliche, auf Übertragung gerichtete Vertrag, der Übergabevertrag. Als Schenkung wird man jede freigebige Zuwendung bezeichnen dürfen, welche der Schenkungssteuer unterliegt (vgl. näher Vorbemerkung und Erläuterung zu § 40). Man wird zwar grundsätzlich davon ausgehen müssen, daß das Gesetz die Bezeichnung „Schenkung" durchweg einheitlich gebraucht; dann wäre aber das Ergebnis im vorliegenden Falle, da Übergabeverträge der Schenkung gleichgestellt sind, daß die Steuerbefreiung nicht eingreift, wenn freigebige Zuwendungen erfolgen, welche gemäß § 40 Abs. 3, § 42 EStG. von der Schenkungssteuer befreit sind, daß aber die Steuerbefreiung eingreift, wenn die Zuwendung erfolgt auf Grund eines entgeltlichen Geschäfts (Übergabevertrag). Es wird deshalb gestattet sein, zur Erzielung eines sinngemäßen Ergebnisses, hier als Schenkung jede freigebige Zuwendung anzusehen (über den Begriff eingehend Vorbemerkung zu § 40), auch wenn sie von der Schenkungssteuer befreit ist (im Ergebnis ebenso Mirre Anm. 8; Hoffmann-Henckel Anm. 12 c).

Die Rechtsstellung der Beteiligten als Eltern und Abkömmlinge muß sowohl im Zeitpunkt der Zuwendung als auch im Zeitpunkt des Rückfalls gegeben sein (anderer Meinung Hoffmann-Henckel Anm. 12a zu § 33). Zuwendungen in die Seitenlinie (Geschwister) sind nicht befreit. Es muß beim Rückfall die Identität der zurückgefallenen Vermögensgegenstände einzeln nachgewiesen werden. Der Grundsatz der Surrogation gilt nicht. Anschaffungen mit Mitteln der ursprünglichen Zuwendung oder als Ersatz für in Verlust geratene Teile sowie Wertverbesserungen von Seiten der Ablömmlinge unterliegen nicht der Steuerbefreiung. Absolute Wertveränderungen bei Identität der zurückfallenden Vermögensgegenstände hindern die Befreiung nicht in Höhe des Wertes, den die Gegenstände beim Rückfall haben (vgl. RGZ. 83 S. 312).

Praktisch paßt die Ziff. 6 nicht recht zu den Vorschriften des bürgerlichen Rechts. Ausstattungen z. B. werden nach § 1624 BGB. grundsätzlich nur vom Vater oder von der Mutter gegeben, jedenfalls bleiben Zuwendungen, die von beiden Elternteilen gemeinsam gemacht werden, rechtlich immer getrennt in den Teil, der vom einen und den Teil, der vom andern Elternteil oder Vorelternteil herrührt. Zu berücksichtigen ist ferner, daß, wenn die Voreltern im Wege des Erbfalls die Zuwendung zurück erwerben, die einer von ihnen gemacht hat, nach dem Wesen der Miterbschaft jeder Miterbe auf das Ganze berechtigt und nur durch die Rechte seines Miterben eingeschränkt ist (RGZ. 65 S. 235).

Beispiel:

Ausstattung durch den Vater an den Sohn		6000 M.
Nachlaß des Sohnes		10000 „
Steuerpflichtiger Anfall des Vaters	10000 M.	
	— 6000 „	
	4000 M. : 2 = 2000	M.
steuerpflichtiger Anfall der Mutter	10000 M. : 2 = 5000	„

(vgl. RGZ. 94 S. 239).

§ 34.

Ist der Erwerber ein Abkömmling des Erblassers und hatte er zur Zeit des Anfalls des Erwerbes das 21. Lebensjahr noch nicht vollendet, so ermäßigt sich die Erbanfallsteuer um fünf vom Hundert ihres Betrags für jedes bis zur Vollendung des 21. Lebensjahrs fehlende volle Jahr. Die Ermäßigung findet nicht statt, wenn der Erwerb zusammen mit dem sonstigen Vermögen des Erwerbers 50000 Mark übersteigt. Der Unterschied zwischen der Steuer, die zu zahlen wäre, wenn der Erwerb zusammen mit dem sonstigen Vermögen des Erwerbers nur 50000 Mark betragen hätte, und zwischen der Steuer, die nach dem gesetzlichen Satze berechnet ist, wird nur insoweit erhoben, als er aus der Hälfte des jene Wertgrenze übersteigenden Vermögensbetrags gedeckt werden kann.

Als Abkömmling im Sinne dieser Vorschriften gilt auch ein uneheliches Kind.

1. § 34 enthält ein wenn auch geringfügiges **Kinderprivileg.** Voraussetzungen sind:

a) Der Erwerber ist ein Abkömmling (Kind — eheliches und uneheliches —, Enkel usw.);

b) Alter nicht mehr als 21 Jahre;

c) Erbanfall und sonstiges Vermögen des Abkömmlings nicht mehr als 50000 M.

Die Steuerermäßigung ist also beschränkt auf wenig begüterte minderjährige Abkömmlinge. Sie erstreckt sich auf uneheliche Abkömmlinge des Vaters (ebenso Markus DStZ. 1920 S. 87) ohne das Erfordernis der Anerkennung durch den Vater in Abweichung von §26 I Ziff. 2 (Begründung S. 40). Mehrere Anfälle sind nach § 38 EStG. zusammenzurechnen, § 34 EStG. ist anzuwenden nach Anwendung des § 28 Abs. 3 EStG., jedoch vor Anwendung der §§ 36 und 39 ESt G.

2. Für die Berechnung des **sonstigen Vermögens** des Erblassers wird nicht § 29 ESt G. anwendbar sein, sondern die gleiche Berechnung anzustellen sein, wie zu Ziff. 4 § 33 (Anm. 5a zu § 33). Das gleiche gilt von der Abgrenzung des Erwerbs.

3. Übersteigt der Erwerb und das sonstige Vermögen des Erblassers 50000 M., so soll die Steuer berechnet werden nach Satz 1 § 34 ESt G., also mit dem entsprechenden Altersabzug und ferner ohne den Abzug. Die Differenz der beiden wird nur insoweit erhoben, als sie gedeckt werden kann aus der Hälfte der 50000 M. übersteigenden Summe: hinzutritt die unter Anwendung von Satz 1 zu § 34 errechnete ermäßigte Steuer:

Beispiel:

Sonstiges Vermögen	6000 M.	Alter des Erwerbers $11\frac{1}{2}$ Jahre
Erwerb	45000 „	Anfall: 1. 6. 1921
	51000 M.	

I. Steuer nach dem gesetzlichen Satz, Erwerb 45000 M.

5000 M. steuerfrei (§ 27)		
20000 „ 4. v. H. (§ 28)	=	800 M.
20000 „ 5. v. H. (§ 28)	=	1000 „
		1800 M.
davon nach § 28 Abs. 3 nur 82 v. H.	=	1476 M.

II. Steuer, die zu zahlen wäre, wenn der Erwerb mit dem sonstigen Vermögen des Erwerbers nur 50000 M. betragen hätte:

6000 M.	sonstiges Vermögen		
5000 „	steuerfrei (§ 27)		
20000 „	4% (§ 28)	………………	800,— M.
19000 „	5% (§ 28)	………………	950,— „
Sa. 50000 M.			1750,— M.

davon nach § 28 Abs. 3 nur 82 v. H. …… = 1435,— M.
Erwerber im 12. Lebensjahre also 50 v. H. . = 717,50 M.
nach § 46 = 717 M.

Unterschied von I. und II. = 1476 — 717 = 759 M.

Die Wertgrenze von 50000 M. übersteigender Vermögensbetrag: 1000 M., davon $^1/_2$ = 500 M. Der Unterschiedsbetrag von 759 M. kann also nur in Höhe von 500 M. aus der Hälfte des 50000 M. übersteigenden Vermögensbetrages gedeckt werden. Es ist daher folgende Steuer zu entrichten:

Nach II	…………………	717 M.
$^1/_2$ von 1000	…………	500 „
	zusammen	1217 M.

4. Für die Berechnung des **Lebensalters** sind die Vorschriften des BGB. §§ 187, 188 maßgebend (§ 64 RAO.), nach denen der Geburtstag bei der Berechnung des Lebensalters mitgerechnet wird.

5. Die Anwendung der **Abzüge** aus § 34 ergibt, nach dem Alter der Abkömmlinge ausgerechnet, folgende Tabelle:

Bei einem Erwerb, der anfällt im im Lebensjahre	v. H. ihres regelmäßigen Betrages
21	95
20	90
19	85
18	80
17	75
16	70
15	65
14	60
13	55
12	50
11	45
10	40
9	35
8	30
7	25
6	20

Bei einem Erwerb, der anfällt im Lebensjahre	v. H. ihres regelmäßigen Betrages
5	15
4	10
3	5
2	—
1	—

§ 35.

Die Erbanfallsteuer beträgt 10 vom Hundert

1. für einen Erwerb, der einer inländischen Gemeinde (Gemeindeverband) zur Verwendung für öffentliche Zwecke oder einer inländischen Kirche anfällt;
2. für einen Erwerb, der solchen inländischen Stiftungen, Gesellschaften, Vereinen oder Anstalten anfällt, die ausschließlich kirchliche, mildtätige oder gemeinnützige Zwecke verfolgen, sofern ihnen die Rechte juristischer Personen zustehen;
3. für Zuwendungen, die ausschließlich kirchlichen, mildtätigen oder gemeinnützigen Zwecken innerhalb des Deutschen Reichs oder seiner Schutzgebiete oder deutschen Reichsangehörigen im Ausland gewidmet sind, sofern die Verwendung zu dem bestimmten Zwecke gesichert und die Zuwendung nicht auf einzelne Familien oder bestimmte Personen beschränkt ist;
4. für einen Erwerb, der Kassen oder Anstalten anfällt, welche die Unterstützung der zum Erblasser in einem Dienst- oder Arbeitsverhältnisse stehenden Personen sowie deren Familienangehörigen bezwecken. Das gleiche gilt, wenn der Erwerb Kassen oder Anstalten anfällt, welche die Unterstützung von Personen sowie deren Familienangehörigen bezwecken, die zu einem wirtschaftlichen Unternehmen, bei dem der Erblasser beteiligt oder tätig war, in einem Dienst- oder Arbeitsverhältnisse stehen.

Unter Kirchen (Abs. 1 Nr. 1) sind alle inländischen Religionsgesellschaften, denen die Rechte juristischer Personen zustehen, unter kirchlichen Zwecken (Abs. 1 Nr. 2, 3) sind die Zwecke solcher Religionsgesellschaften zu verstehen. Den Religionsgesellschaften sind gleichgestellt inländische Vereinigungen, die sich die gemeinschaftliche Pflege einer Weltanschauung zur Aufgabe machen, und denen die Rechte juristischer Personen zustehen; kirchlichen Zwecken sind die Zwecke solcher Vereinigungen gleichgestellt.

Sind ohne Begründung einer Stiftung Zuwendungen, auf welche die Voraussetzungen des Abs. 1 Nr. 3 zutreffen, gemacht worden, so werden sie hinsichtlich der Versteuerung ebenso behandelt, als ob zu demselben Zwecke eine Stiftung errichtet worden und auf diese der Betrag der Zuwendung übergegangen wäre.

Die im Abs. 1 bezeichneten Vergünstigungen können zugunsten ausländischer Stiftungen, Gesellschaften, Vereine und Anstalten der im Abs. 1 Nr. 2 bezeichneten Art, zugunsten solcher Zuwendungen, die den unter Nr. 3 bezeichneten Zwecken im Ausland zu dienen bestimmt sind, und zugunsten ausländischer Kassen und Anstalten der unter Nr. 4 bezeichneten Art zugestanden werden, sofern der ausländische Staat dem Deutschen Reiche gegenüber die gleiche Rücksicht übt.

Die Entscheidung darüber, ob Zwecke der im Abs. 1 Nr. 2, 3 und im Abs. 4 bezeichneten Art vorliegen, erfolgt durch das Landesfinanzamt. Gegen dessen Entscheidung ist die Rechtsbeschwerde an den Reichsfinanzhof zulässig.

1. § 35 enthält im Anschluß an § 12 des ersten ErbStG. eine Anzahl von Fällen, in denen die Erbanfallsteuer wegen des Zwecks des Anfalls auf 10 v. H. festgesetzt sein soll. Dieser Steuersatz bedeutet keine Grenze nach oben oder unten, sondern er ist unbeweglich. Die Freigrenze des § 27 ErbStG. bleibt aber; es tritt weder eine Erhöhung des Steuersatzes im Wege des Zuschlags aus § 28 ErbStG. Abs. 2 ein, noch eine Ermäßigung nach § 28 Abs. 3, denn § 35 regelt die in ihm aufgeführten Tatbestände erschöpfend. Soweit Zuwendungen der in § 35 geregelten Art wegen des Fehlens irgend eines Tatbestandsmerkmals in der Art der Zuwendung oder in der Person des Empfängers der Bevorzugung aus § 35 nicht teilhaftig werden, sind sie nach Steuerklasse VI § 26 ErbStG. zu versteuern. Dahin gehören vor allem Anfälle an alle juristischen Personen, welche nicht die Erfordernisse des § 35 erfüllen. Die Frage, ob ein Anfall nach § 35 zu berücksichtigen ist oder nicht, ist daher gleichbedeutend mit derjenigen, ob ein Anfall mit 10% oder mit dem Steuersatz aus Klasse VI § 26 ErbStG. zu belegen ist.

2. **Zu Ziff. 1.** a) Begünstigt ist ein Erwerb einer inländischen Gemeinde zur Verwendung für öffentliche Zwecke und der Erwerb

einer inländischen Kirche. Während der Erwerb einer inländischen Kirche ohne weiters privilegiert ist, ist dies der Erwerb einer inländischen Gemeinde nur, falls er zur Verwendung für öffentliche Zwecke anfällt.

b) **Gemeinden** (Gemeinde-Verband). Welche Verbände dort hinzuzurechnen sind, bestimmt sich nach Landesrecht. Es kommen in Frage: Stadt- und Landgemeinden, Gutsbezirke mit eigener Rechtspersönlichkeit, sowie die höheren Kommunalverbände, wie Kreis- und Provinzialverbände, sofern sie Gemeindekörperschaften kraft öffentlicher Rechtspersönlichkeit und nicht nur unselbständige staatliche Verwaltungsbezirke sind. In Frage kommen nur inländische Gemeinden.

Öffentliche Zwecke sind solche, welche dem allgemeinen Wohl zugute kommen. Öffentlich ist hier nicht der Gegensatz zu privat, sondern es bedeutet, daß der Zweck unmittelbar der Allgemeinheit dienen soll. Unter Allgemeinheit wird man grundsätzlich die Gesamtheit der Angehörigen einer Gemeinde oder eines Gemeindeverbandes zu verstehen haben. Zwecke, die nur einer Klasse der Bevölkerung zugute kommen, werden nur ausnahmsweise dann dahin gehören, wenn ihre Förderung unzweifelhaft zugleich eine Förderung der Allgemeinheit bedeutet. Dabei wird es nicht etwa genügen, daß die Förderung eines Teils der Bevölkerung schließlich auch eine Verbesserung für das Ganze bedeutet, sondern öffentliche Zwecke liegen bei der Förderung einzelner Klassen ausnahmsweise nur dann vor, wenn diese zugleich eine Pflicht der Allgemeinheit ist, z. B. bei Zuwendungen zu Armenzwecken. Es genügt nicht eine bloße Vermehrung der Mittel der Gemeinden. Unbedingt scheiden aus: Zuwendungen, die unter Vermehrung der Mittel eine bloße Entlastung der Gemeinden von ihren Verpflichtungen öffentlicher oder privater Natur darstellen. Öffentlichen Zwecken dienen daher z. B. Zuwendungen zur Speisung bedürftiger Kinder, zur Verbesserung der Einrichtungen städtischer Krankenhäuser, auch wohl zu ihrer Einrichtung, soweit nicht eine konkrete Rechtspflicht der Gemeinden zu solcher besteht, zur Schaffung und Erhaltung städtischer Museen, Bibliotheken und Forschungsinstitute, auch zum Bau eines Elektrizitätswerks, einer Überlandzentrale, dagegen nicht zur Beheizung von Diensträumen, zur Ausrüstung der städtischen Schutzmannschaft mit Waffen, zu Dienstwohnungen für Beamte (hier anderer Meinung Mirre Anm. 2). Grenzfälle werden häufig sein. Bei ihrer Entscheidung ist zu beachten, daß im Gegensatz zum ersten EStG. § 12 Ziff. 1 der § 35 EStG. zum erstenmal eine Begünstigung der Gemeinden enthält und daß daher kein Anlaß besteht, diese zu weitgehend auszulegen. Zweifelhaft ist die Behandlung von

Unterstützungsfonds für Feuerwehrleute, für Schutzleute, für sog. Verschönerungszwecke, für Kriegerfonds, für Kriegerdenkmäler usw.

Die Zuwendung muß zur Verwendung für solche Zwecke gedacht sein. Ist bei der letztwilligen Zuwendung an eine Gemeinde über die Verwendung nichts bestimmt, so ist meines Erachtens nicht zu vermuten, falls nichts aus dem Testament zu entnehmen ist, daß die Zuwendung zur Verwendung für öffentliche Zwecke bestimmt ist. Eine solche Vermutung ist nirgends im Gesetz enthalten und wird auch nicht in Zweifelsfällen immer dem Willen des Erblassers entsprechen, würde ihn jedenfalls ersetzen, ohne daß er in der vorgeschriebenen Form der Verfügung von Todeswegen in die Erscheinung getreten ist. Ausgehend von den vorstehenden Grundsätzen ist daher, falls die Verwendung für öffentliche Zwecke nicht aus dem Testament zu entnehmen ist, die Steuerermäßigung aus Ziff. 1 meines Erachtens nicht gegeben (anderer Meinung im Anschluß an die Begründung S. 40 Mirre Anm. 2). Auf den Wortlaut des Testaments wird es freilich, wie stets, auch hier nicht ankommen, immerhin muß im Wege der üblichen Auslegung aus ihm der Wille der Verwendung der Zuwendung für öffentliche Zwecke zu entnehmen sein, sonst liegt eine bloße steuerpflichtige Vermehrung des Gemeindevermögens vor.

Da die Gemeinde besteuert wird, so sind mehrere der Gemeinde anfallende Zuwendungen nach § 38 EStG. zusammenzurechnen. Die Verwendung zu öffentlichen Zwecken ist, sofern sie sich innerhalb der Zwecke der Gemeinde hält und weder einen Ausschnitt aus diesen selbständig umfaßt, noch über den Kreis dieser Zwecke hinausgeht, bei der Steuerberechnung in keiner Weise, auch nicht als Auflage, zu berücksichtigen. Andernfalls ist eine solche Zuwendung entweder zu versteuern nach Ziff. 3 § 35 oder, falls deren Tatbestandsmerkmale nicht erfüllt sind, nach § 26 Klasse VI EStG. Das gilt vor allem auch für Zuwendungen zu Zwecken, die der Gemeinde als solcher fremd sind, insbesondere zu nicht öffentlichen Zwecken. Über das Verhältnis von Ziff. 1 und Ziff. 3 § 35 vgl. die Erläuterungen zu Ziff. 3.

c) **Kirchen** sind nach Abs. 2 § 35 alle inländischen Religionsgemeinschaften, denen die Rechte juristischer Personen zustehen und, ihnen gleichgestellt, inländische Vereinigungen, die sich die gemeinschaftliche Pflege einer Weltanschauung zur Aufgabe machen und denen die Rechte juristischer Personen zustehen. Kirchliche Zwecke sind die Zwecke solcher Religionsgesellschaften und, ihnen gleichgestellt, die Zwecke der ihnen gleichgeordneten Vereinigungen. Welche Religionsgesellschaften mit juristischer Persönlichkeit zugelassen sind, bestimmt das Recht der einzelnen Länder; es kommen außer den christlichen Kirchen z. B. in Frage die Alt-Lutheraner, Alt-Katholiken, Herrenhuter, Baptisten-Gemeinden, Synagogen-Gemeinden usw. Die Begünstigung erstreckt sich auf diejenigen Organe und Einrichtungen, welche notwendige Bestandteile der Kirchen und zugleich selbständige Träger lediglich kirchlichen Zwecken gewidmeten Vermögens sind, z. B. Bischofsstühle der römisch-katholischen Kirche (RGZ. 38 S. 324).

Die mit Korporationsrechten zugelassenen Orden, Kongregationen, Klöster, Stifte sind danach, da sie nicht dem Organismus der Kirche als Bestandteile zugehören, zwar nicht Kirchen, wohl aber werden sie als ihnen gleichgestellte Vereinigungen anzusehen sein, welche sich die gemeinschaftliche Pflege einer Weltanschauung zur Aufgabe machen (anderer Meinung Hoffmann-Henckel Anm. 3a). Inländische Religionsgemeinschaften sind solche, die inländische Rechtspersonen sind; sie brauchen allerdings nicht im Inland ihren Hauptsitz zu haben, sondern es wird genügen, daß derjenige Bestandteil mit eigener Rechtspersönlichkeit, welchem die Zuwendung anfällt, im Inland seinen Sitz hat, wie der Bischofsstuhl der römisch-katholischen Kirche (anderer Meinung Hoffmann-Henckel Anm. 3c).

Geht die Zweckbestimmung der Zuwendung über den Rahmen der Kirche hinaus, so gilt, falls die Tatbestandsmerkmale von Ziff. 3 § 35 gegeben sind, diese, andernfalls § 26 Ziff. VI EStG., näher zu Ziff. 3.

3. **Zu Ziff. 2.** Unter Ziff. 2 gehören alle inländischen Stiftungen, Gesellschaften, Vereine, oder Anstalten, welche einen oder mehrere der in Ziff. 2 enthaltenen Zwecke verfolgen. Sie dürfen nicht neben diesen Zwecken einen andern Zweck verfolgen, auch nicht als Nebenzweck. Das ergibt das Wort „ausschließlich" in Ziff. 2 (vgl. näher RGZ. 75 S. 135). Werden solche Nebenzwecke verfolgt und liegt nicht der Tatbestand der Ziff. 3 § 35 EStG. vor (über sein Verhältnis zu Ziff. 2 vgl. näher zu Ziff. 3), so ist die Zuwendung wie im Falle von Ziff. 1 gemäß § 26 VI EStG. zu versteuern.

Hatte der Erblasser für mehrere Zwecke einer privilegierten juristischen Person je einen besonderen Betrag bestimmt, so sind die Zuwendungen nach § 38 zusammenzuzählen. Die Ermäßigung ist beschränkt auf inländische juristische Personen (hierüber Anm. 2c) über Anwendung auf ausländische Stiftungen vgl. § 35 Abs. 4, unten Anm. 6.

Über kirchliche, mildtätige und gemeinnützige Zwecke vgl. Anm. 4c.

4. **Zu Ziff. 3.** a) Die Bestimmung schließt sich an an § 30 EStG. Sie betrifft selbständige **Zweckzuwendungen** in gewissen

privilegierten Fällen. Wie § 30 Anm. 3 ausgeführt, sind selbständige Zweckzuwendungen so anzusehen, „als ob sie eine selbständige Stiftung mit Rechtspersönlichkeit wären, und hat der Beschwerte, entsprechend dem Organ einer rechtsfähigen Stiftung, für die Entrichtung der Steuern Sorge zu tragen. Die Zuwendung tritt also selbst an die Stelle des Erwerbers und hat als Steuerträger zu gelten, woraus sich ergibt, daß eine Zuwendung zu den in § 12 Abs. 1 Ziff. 3 des ersten EStG. (§ 35 Ziff. 3) bezeichneten Zwecken steuerlich als eine Einheit anzusehen ist, die ebenso, wie eine Zuwendung an eine bestimmte Person, für sich versteuert wird und ebenso wie diese bei der Bemessung des Steuersatzes für den Erwerb des Beschwerten gemäß § 10 Abs. 2 a. a. O. ausscheiden muß, da der Beschwerte bei der Besteuerung seines eigenen Erwerbs ohne ersichtlichen Grund in dem einen Fall nicht ungünstiger gestellt werden darf, als im andern" (Reichsfinanzhof vom 14. 3. 1919 Bd. 1 S. 14, auch RGZ. Bd. 75 S. 380; Reichsfinanzhof vom 14. 5. 1919 Bd. 1 S. 58). Es ist also in solchen Fällen die Zuwendung, zusammengefaßt nach ihrem Zweck, selbständig zu versteuern und, wie zu § 30 EStG. erläutert, von dem Beschwerten die Steuer zu entrichten. Wegen der Folgerungen für die subjektive Steuerpflicht vgl. Anm. 2 a zu § 24 EStG.

b) Herauszuheben ist der **Unterschied zwischen Ziff. 3 und Ziff. 1, 2** § 35 EStG. In den Fällen, in denen Erwerber eine nach Ziff. 1, 2 priviligierte juristische Person ist, gelten grundsätzlich die Ziff. 1 und 2. In den Fällen, in denen Erwerber nicht eine der priviligierten juristischen Personen ist, sondern eine natürliche Person oder z. B. ein nicht rechtsfähiger Verein, kommt nur Ziff. 3 in Frage. In den Fällen der Ziff. 1 und 2 ist die Steuer zu entrichten vom Erwerber, in den Fällen der Ziff. 3 vom Beschwerten. Es gibt aber auch Fälle, in denen Erwerber eine der priviligierten juristischen Personen aus Ziff. 1 und 2 ist, gleichwohl aber, wie bereits vorstehend erwähnt, nicht Ziff. 1 und 2 sondern Ziff. 3 gilt. Aus dem zu Ziff. 1 festgestellten Satz, daß eine Bestimmung des Zuwendenden, die bedachten juristischen Personen sollen die Zuwendungen zu ihren Zwecken verwenden, steuerlich nicht in Frage kommt, auch nicht als Auflage, ergibt sich, daß eine solche Zweckbestimmung dann von Bedeutung wird, wenn „sie sich nicht mit den von der juristischen Person verfolgten Zwecken deckt, sei es, daß sie nur einen Ausschnitt aus dem Kreise dieser Zwecke umfaßt, sei es, daß sie darüber hinausgeht; dann hat die besondere Zweckbestimmung des Zuwendenden allerdings aus sich heraus eine den Empfänger verpflichtende Wirkung. Sie stellt sich als Auflage nach §§ 1940,

2192 ff. BGB. dar, dann aber ist die Steuerpflicht der Auflage unabhängig von der möglicherweise vorliegenden steuerlich begünstigten Stellung des Beschwerten (§ 35 Ziff. 1, 2) zu beurteilen und zwar zutreffendenfalls nach § 35 Ziff. 3" (Reichsfinanzhof vom 26. 3. 19 für das erste EStG. Bd. 1 S. 21). Daraus folgt ferner, daß, falls nur ein Teil eines Anfalls den Tatbestandsmerkmalen der Ziff. 3 § 35 EStG. genügt, nur dieser Teil selbständig wie eine eigene Zuwendung nach dem ermäßigten Steuersatz zu beurteilen ist, so daß nicht nach dem Gesamterwerb sondern nach dem zu dem steuerlich begünstigten Zwecke festgelegten Teil die zehnprozentige ermäßigte Steuer zu entrichten ist (Reichsfinanzhof vom 14. 3. 19 Bd. 1 S. 15).

Es ergibt sich danach für die Besteuerung folgendes Bild:

aa) Zuwendungen an privilegierte Personen aus Ziff. 1 und 2 regeln sich nach diesen, falls nicht die ausdrückliche Zweckbestimmung über den Zweck der bedachten Person hinausgeht oder nur einen Ausschnitt aus diesem darstellt,

bb) letzterenfalls selbständige Besteuerung der Zweckauflage nach Ziff. 3 § 35 und Entrichtung der Steuer vom Beschwerten.

Beispiel: Zuwendungen an eine Gemeinde, bei denen diese nur Treuhänderin ist, z. B. Zuwendungen zur Unterstützung gewisser Familien, zu Preisausschreiben für eine Erfindung, die gemeinnützig ist, aber nichts mit den öffentlichen Zwecken der Gemeinde zu tun hat, z. B. auf dem Gebiet des Luftverkehrs oder der künstlichen Farben (dagegen unter **aa** fallend: Preisausschreiben für Straßenreinigungsmaschinen).

cc) Bedenkung von Erwerbern, die nicht unter Ziff. 1 und 2 fallen: Zweckzuwendung nach § 35 Ziff. 3 (Bedenkung von nicht rechtsfähigen Vereinen).

Steuer zu **bb**) und cc) ist zu entrichten vom Beschwerten, z. B. den einzelnen Mitgliedern des nicht rechtsfähigen Vereins, nicht wie zu **aa**) vom Bedachten.

Alle übrigen Fälle: Besteuerung nach § 26 VI EStG.

c) Ziff. 3 erfordert wie Ziff. 2 ausschließliche Bestimmung zu **kirchlichen, mildtätigen oder gemeinnützigen** Zwecken. Über kirchliche Zwecke vgl. Anm. 2c. Mildtätig setzt voraus, daß Bedürftigkeit beim Bedachten vorliegt. Die bloße Bedenkung von Schwerhörigen reicht nicht aus, da es unter ihnen auch begüterte gibt, es sei denn, daß die Bestimmung stillschweigend sich auf bedürftige Angehörige solcher Kategorien beschränkt. Das ist aber dann nicht der Fall, wenn, wie z. B. bei gewissen Anstalten, ohne Rücksicht auf Bedürftigkeit ein Anspruch der Angehörigen auf Bezüge entsteht, z. B. bei Pensionskassen, Kassen mit Bezügen für Witwen und Waisen (RG. in Jur. Woch. 01 S. 95 Nr. 46, 95 S. 212 Ziff. 50). Das PrOVG. hat allerdings in einer Entscheidung vom 27. 9. 1919 zu § 4 des Kriegssteuergesetzes vom 21. 6. 1916 RGBl. S. 561 Zuwendungen an nicht rechtsfähige Arbeiter- und Beamten-Pensionskassen des eigenen Betriebes als Zuwendung zu mildtätigen Zwecken angesehen und dabei ausgeführt (RStBl. 1920 S. 44): „Der Begriff der Mildtätigkeit ist in dem KrStG. und dessen Materialien nicht näher umgrenzt worden. Nach allgemeinem, auch zur Gesetzesauslegung verwendbarem Sprachgebrauch liegt ein mildtätiger Zweck vor, wenn durch dessen Erreichung entweder eine gewisse wirtschaftliche Bedrängnis, die nicht unbedingt eine wirtschaftliche Notlage zu sein braucht, nach bestimmter Richtung eine Linderung oder Milderung erfahren oder anderen, nicht auf wirtschaftlichem Gebiete liegenden ethischen Bedürfnissen helfend gedient werden soll. In jeder dieser beiden Richtungen bewegen sich die den beiden Kassen gemachten Kapitalzuwendungen. Durch sie soll ebenso die wirtschaftliche Lage der Beamten und Arbeiter oder deren Hinterbliebenen in bestimmten Fällen gebessert, als zugleich die soziale Stellung der Beamten und Arbeiter in ihrem Verhältnis zum Arbeitgeber gefestigt und gehoben werden.

Wenn im übrigen die BK. den mildtätigen Zweck der Zuwendungen deshalb verneint, weil eine wirtschaftliche Bedrängnis der bedachten Kassen nicht anerkannt werden könne, so ist dieser Auffassung schon um deswillen nicht beizupflichten, weil ein mildtätiger Zweck auch dadurch erreicht wird, daß die bedachte Kasse ihrerseits satzungsgemäß Mildtätigkeit übt. In dieser Hinsicht darf auch nicht verkannt werden, daß die Annahme eines mildtätigen Zweckes und die Betätigung der Mildtätigkeit nicht ohne weiteres dann ausgeschlossen sind, wenn die Vermögenszuwendungen in gewisser Beziehung einer sozialen Fürsorge entsprechen ....“ (RStBl. 1920, Nr. 3 S. 45).

Für die Erbschaftssteuer werden diese Gründe jedoch nicht durchgreifen, da der Wortlaut gegenüber dem KrStG. insofern ein anderer ist, als es dort an dem Erfordernis der Ausschließlichkeit fehlt, im EStG. aber mit dessen Aufnahme strengere Anforderungen eintreten sollten.

Die Voraussetzung „gemeinnützig“ ist schwierig abzugrenzen. Voraussetzung ist, daß die Zuwendung dem Nutzen der Allgemeinheit gewidmet ist. Politische Vereine werden nicht schlechthin ausgeschlossen sein, z. B. wird eine politische Arbeitsgemeinschaft hierher gehören können (anderer Meinung Mirre Anm. 7). Die gemeinnützigen Zwecke können auch durch gesellige gewinnbringende Veranstaltungen gefördert werden, z. B. ein Restaurationsbetrieb. Dagegen ist die Gemeinnützigkeit verneint worden bei einem Konsumverein, der sich einer Sparkasse angegliedert hat, nach deren Satzungen eine Gewinnverteilung nach Höhe der Geschäftsguthaben erfolgt. Auch die bloße Herstellung von Wohnungen zum Vorteil von Mitgliedern eines Unternehmens genügt nicht, wenn sie sich nicht auf hilfsbedürftige Mitglieder beschränkt (RGZ. 77 S. 414, 415).

d) Die Bedingung der **Ausschließlichkeit** erfordert, daß Nebenzwecke ausgeschlossen sind. Die Widmung der Zuwendung darf keinerlei anderen Zwecken dienen, als den in Ziff. 3 angeführten. Eine ausschließliche Verwendung zu gemeinnützigen Zwecken liegt insbesondere dann nicht vor, wenn die Zuweisung von Teilen des jährlichen Reingewinns zu einem Reservefonds, gleichviel welchen Zwecken er dient, nach der Satzung zugelassen ist und tatsächlich erfolgt (OVGSt. Bd. 14 S. 314; Mrozek, direkte Kriegssteuer S. 82).

e) Die Zweckwidmung muß **durch den Zuwendenden** erfolgen und zum Inhalt der Zuwendung gehören; nicht etwa genügt es, wenn der Empfänger ohne Zweckbestimmung Zugewendetes zu einem der privilegierten Zwecke verwendet. Die Zuwendung muß den priviligierten Zwecken innerhalb des deutschen Reiches oder seiner Schutzgebiete oder deutschen Reichsangehörigen im Ausland gewidmet sein. Eine ausdrückliche Bestimmung dieserhalb wird nicht gefordert werden können. Es wird genügen, wenn aus dem Inhalt der Zuwendung sich ergibt, daß ihr Zweck innerhalb des Reichs oder durch Zuwendungen an deutsche Reichsangehörige im Ausland erreicht werden soll. War der Erblasser zur Zeit der Abfassung des Testaments ein Deutscher, so wird ohne weiteres anzunehmen sein, daß er die Verwendung im Inland beabsichtigt hatte; besonders häufig wird dies auch bei Auslandsdeutschen oder früheren Auslandsdeutschen gelten, bei ihnen auch dann, wenn sie ihr Testament nach ihrer Rückkehr nach Deutschland errichten, nachdem sie die deutsche Staatsangehörigkeit vorher eingebüßt hatten (vgl. auch Hoffmann-Henckel Anm. 5b).

In Erledigung einer Streitfrage des alten Rechts ist es für ausreichend zu erachten, sowohl wenn Erfüllung oder Verwirklichung im Inland erfolgt, als auch wenn die Zwecke der Zuwendung dem Reiche förderlich sind. Letzteres ergibt die Fassung der Ziff. 3, wie Mirre Anm. 8 zutreffend bemerkt.

Die Verwendung zu diesem Zweck soll gesichert sein. Das bedeutet nicht eine Pflicht der Steuerbehörde zur Nachprüfung der Verwendung auf Zeit hinaus, sondern es ist der Sinn der Vorschrift ohne Engherzigkeit zu prüfen, ob die Verwendung der Zuwendung nach ihren Zwecken und gemäß ihrem sonstigen Inhalt sicher zu erwarten steht. Hat daher der Erblasser die Ausführung dadurch sicher gestellt, daß er einen inländischen Testamentsvollstrecker mit der Ausführung betraut hat, oder daß er den mit der Zweckzuwendung Beschwerten offenbar mit Rücksicht darauf ausgesucht hat, daß er nach seiner Persönlichkeit die bestimmungsgemäße Ausführung gewährleistet, so wird das hinreichend sein. Als Testamentvollstrecker und Beschwerte kommen hiernach in Frage: Behörden, Gemeinden, Banken, Notare, Rechtsanwälte, auch angesehene Kaufleute usw. Erscheint die Sicherung nur teilweise gegeben, so wird § 35 Ziff. 3 nur für diesen Teil der Zuwendung gelten (Hoffmenn-Henckel Anm. 5e). So hatte z. B. der Reichsfinanzhof im Urteil vom 14. 5. 1919 (Bd. 1 S. 57) ausgeführt, daß in der Vereinsorganisation des isrealitischen Hilfsvereins als Beschwerten eine hinreichende Sicherung vorliegt.

f) Ausgeschlossen sollen Zuwendungen zugunsten **einzelner Familien** oder bestimmter Personen sein. Das gilt dann, wenn die Zuwendung auf einzelne Familien oder bestimmte Personen beschränkt ist, nicht aber, wenn sie gemeinnützig ist und nur vorwiegend zugeschnitten ist für einzelne Familien. Bei der Abgrenzung wird jedoch zu beachten sein, daß Zuwendungen nur, wenn sie der Allgemeinheit zugute kommen und in ihr auch einzelnen Familien, gemeinnützig sind, nicht aber wenn unter der Aufmachung der Gemeinnützigkeit Familienzuwendungen geschaffen werden.

g) Aufwendungen zur Erreichung der vorbeschriebenen Zwecke sind nicht bei der Besteuerung abziehbar, weil sie eben nicht Auflagen sind. Ebensowenig ist es eine Auflage, wenn ein Verein eine Zuwendung zu seinen satzungsgemäßen Zwecken erhält (RGZ. 75 S. 135 Jur. Woch. 1913 S. 640 Nr. 3).

5. **Zu Ziff. 4.** Über Nr. 4 des ersten EStG. hinaus greift die Ermäßigung jetzt schon ein, wenn der Erblasser bei dem wirtschaftlichen Unternehmen nur beteiligt war. Es fallen daher auch Zuwendungen von Direktoren, Geschäftsführern, Beamten und Arbeitern unter Ziff. 4. Die Beteiligung oder Tätigkeit beim wirtschaftlichen Unternehmen braucht zur Zeit des Erbfalls nicht mehr bestanden zu haben. Das ergibt das Wort „war“ in Ziff. 4 (anderer Meinung Hoffmann-Henckel Anm. 6a). „Unterstützung“ wird in weiterem Sinne zu verstehen sein, also auch für Zuwendungen im Wege der Pensionen ohne Voraussetzung der Bedürftigkeit des Unterstützten (Mirre Anm. 9; Hoffmann-Henckel Anm. 6a). Die Anstalten und Kassen müssen jedoch eigene Rechtspersönlichkeit besitzen, andernfalls ist nur Ziff. 3 § 35 anwendbar. Haben sie keine eigene Rechtspersönlichkeit, so fehlt es an einem rechtsgültigen Erwerb durch die Kassen als solche. Ins-

besondere wird nicht genügen, wenn der Zuwendende nur an sich buchmäßig auf Grund Beschlusses seiner eigenen Organe, die Zuwendung ausgebracht hat, z. B. ein Wohltätigkeits-Conto einrichtet. Eine weitergehende Auslegung würde meines Erachtens den maßgeblichen Unterschied zur Zweckzuwendung aus Ziff. 3 verwischen, für die doch das Gesetz besondere Voraussetzungen aufstellt (ebenso Hoffmann-Henckel Anm. 6; anderer Meinung Mirre Anm. 9). Für die Schenkungssteuer gilt die besondere Bestimmung des § 42 Ziff. 2 ESt G. § 35 Ziff. 4 EStG. gilt nur für die Erbanfallsteuer.

6. Im Gegenseitigkeitsfalle können die Ermäßigungen auch in der in Abs. 4 näher bezeichneten Weise auf das Ausland ausgedehnt werden. Die Entscheidung hierüber wie auch über das Vorliegen der in Abs. 1 Nr. 2, 3 bezeichneten Zwecke erfolgt durch das Landesfinanzamt. Gegen die Entscheidung des Landesfinanzamts ist die Rechtsbeschwerde an den Reichsfinanzhof (gemäß §§ 218, 265 RAO.) gegeben.

§ 36.

Die im Falle des Todes eines Ehegatten von dem überlebenden Ehegatten für seinen Erwerb gezahlte Erbanfallsteuer wird nach seinem Tode auf die von den gemeinschaftlichen Abkömmlingen zu entrichtende Erbanfallsteuer angerechnet, wenn der erste Erbanfall nicht mehr als zehn Jahre hinter dem zweiten zurückliegt. Liegt er mehr als zehn, aber nicht mehr als fünfzehn Jahre zurück, so wird die Hälfte der Erbanfallsteuer angerechnet.

1. § 36 entspricht für die Erbanfallsteuer der für die Nachlaßsteuer getroffenen Vorschrift des § 18. Zweifelhaft ist, ob § 36 gilt, wenn der überlebende Ehegatte Vorerbe war. § 36 ist sicherlich nicht anwendbar, wenn der überlebende Ehegatte kein eigenes Vermögen hinterläßt, da dann eine eigene Steuer der gemeinschaftlichen Abkömmlinge nach ihm nicht entsteht. Tritt nach dem Tode des erstversterbenden Ehegatten gewöhnliche Vorerbschaft ein, so daß der überlebende Ehegatte als Nießbraucher nach § 23 Abs. 1 zu besteuern ist, so kommt die Anwendbarkeit des § 36 nur dann in Frage, wenn die Besteuerung ausgesetzt wird (§ 51 EStG.), denn die Anrechnung nach § 36 findet nur statt nach dem Tode des überlebenden Ehegatten. Dieser liegt aber regelmäßig zeitlich nach der Versteuerung der Nacherbschaft, da diese zugleich mit dem Erbfall erfolgt. Bei gewöhnlicher Vorerbschaft findet also § 36 nur Anwendung im Falle der Aussetzung der Versteuerung bis zum Tode des überlebenden Ehegatten. Auf die befreite Vorerb-

schaft wird § 36 ebenfalls anwendbar sein und zwar ausnahmslos, da in diesem Falle nach § 23 Abs. 2 EStG. eine zweimalige Versteuerung eintritt, bei dem befreiten Vorerben und beim Nacherben. Läßt sich der Nacherbe nach Satz 2 § 23 Abs. 2 den überschießenden Teil der vom Vorerben entrichteten Steuer erstatten, so schließt, da hier der Erbfall und der Nacherbfall zeitlich auseinander fallen, die Ausübung des Erstattungsrechts eine Anrechnung nach § 36 nicht aus; nur findet sie auf die durch die Ausübung des Erstattungsrechts ermäßigte Nacherbensteuer der Abkömmlinge Anwendung (vgl. Anm. 3 zu § 23). Man kann gegen die Anwendung des § 36 auf die gewöhnlichen Vorerbschaften einwenden, daß die Steuer des Vorerben nur von der Nutzung nach § 23 Abs. 1 EStG. entrichtet wird (so Hoffmann-Henckel Anm. 1). Aber bei anderer Entscheidung würde für Vorerbschaft und Nacherbschaft unter Umständen eine ungünstigere Besteuerung eintreten als bei zwei vollen Erbfällen, da bei ersterem Fall die Anrechnung des § 36 ausgeschlossen, im letzteren möglich wäre. Der Umstand, daß der Vorerbe nur den Nießbrauch versteuert, wird schon berücksichtigt bei der Höhe der anrechenbaren Steuer, welche der überlebende Ehegatte als Vorerbe bezahlt hat (vgl. auch Wünschmann DNotVZ. 1920 S. 171).

2. Die Anrechnung nach § 36 wird so vollzogen, daß zunächst der gesetzliche Steuerbetrag der Abkömmlinge ermittelt wird. Alsdann wird von ihm die vom überlebenden Ehegatten gezahlte Erbschaftssteuer abgezogen und nur der überschießende Betrag ist zu entrichten. Rückerstattung eines etwa hiernach höheren Betrages der vom überlebenden Ehegatten gezahlten Erbschaftssteuer billigt das Gesetz nicht zu.

3. Falls mehrere gemeinschaftliche Abkömmlinge vorhanden sind, so ist der anzurechnende Betrag unter sie nach dem Verhältnis ihrer Erwerbe zu verteilen. Sind neben gemeinschaftlichen Abkömmlingen noch einseitige Abkömmlinge vorhanden, oder andere Erben, so ändert dies nichts an der Anrechenbarkeit der vollen Erbanfallsteuer des überlebenden Ehegatten auf die von den gemeinschaftlichen Abkömmlingen zu entrichtende Steuer.

4. Finden auf einen Tatbestand die §§ 36 und 39 EStG. gleichzeitig Anwendung, so wird zunächst der unerhoben bleibende Teil der Steuer gemäß § 39 abzusetzen und alsdann § 36 anzuwenden sein.

5. Auf Schenkungen findet § 36 seinem Inhalt nach keine Anwendung.

§ 37.

Bei Berechnung der Erbanfallsteuer bleiben außer Betracht

1. Vermögensgegenstände der im § 7 dieses Gesetzes

bezeichneten Art, sofern sie Personen der Steuerklassen I oder II anfallen,

2. Kleidungsstücke und Haushaltsgegenstände, sofern sie Personen der Steuerklassen III 2, IV 2, 3, 4, V 1 anfallen, nicht zum Gewerbebetrieb oder zum Verkaufe bestimmt waren, und der Wert der zu dem Erwerbe der einzelnen Beteiligten gehörigen Gegenstände dieser Art den Betrag von 10000 Mark nicht übersteigt.

Vgl. den bei § 7 EStG. abgedruckten § 38 der Ausführungsbestimmungen.

1. Die Bestimmung entspricht dem § 7 für die Erbanfallsteuer. In Anlehnung an das Besitzsteuergesetz sollen gewisse nicht besitzsteuerpflichtige Gegenstände bei der Berechnung der Erbanfallsteuer nicht in Ansatz gebracht werden. Dementsprechend sind Schulden und Lasten, die in wirtschaftlichem Zusammenhang ausschließlich mit diesen Gegenständen stehen, nicht abzugsfähig.

2. **Zu Ziff. 1.** Es handelt sich im wesentlichen um **Hausrat** und andere nicht zum Kapitalvermögen, Grundvermögen oder Betriebsvermögen gehörige Mobilien, sowie um gewisse bewegliche Gegenstände geschichtlichen, kunstgeschichtlichen oder wissenschaftlichen Wertes.

§ 37 verweist insoweit auf § 7 EStG. Es ist dieserhalb Bezug zu nehmen auf die Erläuterungen zu § 7 bezüglich der steuerfreien Gegenstände und der Errechnung der abzugsfähigen Schulden. § 37 Ziff. 1 enthält nicht wie § 7 Ziff. 1 die Höchstgrenze von 50000 M. für den abzugsfähigen Wert. Auch in der Entstehungsgeschichte des § 37 ist von einer solchen Wertbegrenzung nicht die Rede (Begründung S. 41, Ausschußbericht S. 40). Es ist auch nicht ohne weiteres die Begrenzung aus § 7 hier herüber zu nehmen. Der maßgebende Unterschied liegt darin, daß § 37 Ziff. 1 EStG. im Gegensatz zu § 7 EStG. bereits eine Begrenzung der Steuerfreiheit auf die Erwerber der Steuerklasse I und II vornimmt und damit eine eigene Abgrenzung schafft, wie sie bei der Nachlaßsteuer nicht möglich war. Man wird daher nicht umhin können, die Erbanfallsteuerfreiheit des Hausrats usw., soweit er der Steuerklasse I und II anfällt, ohne Wertbegrenzung zuzulassen. Hierin liegt umsoweniger etwas Unzweckmäßiges, als die Bestimmung den Zweck hat, den Hausrat möglichst ungeschmälert an die nächsten Angehörigen, Ehegatten und Abkömmlinge des Erblassers gelangen zu lassen, und der Staat also ein überwiegendes Interesse daran hat, den Hausrat zur Befestigung der Familie, als der Grundlage der staatlichen Ordnung und Wirtschaft, ihr zu erhalten.

Es gilt dies ganz besonders in Zeiten, in denen die Beschaffung neuen Hausrats auf erhebliche Schwierigkeiten stößt und in denen die Grenze von 50000 M. bei den gegebenen Wertverhältnissen eine überaus niedrige ist. Man wird daher mangels Abgrenzungsvorschriften im Gesetze die Steuerfreiheit auch über die Wertgrenze der 50000 M hinaus zulassen (wie hier Hoffmann-Hendel Anm. 2; anderer Meinung Mirre Anm. 1).

3. **Zu Ziff. 2:** a) Zu den Kleidungsstücken zählen nicht Schmucksachen, auch nicht Taschenuhren oder eine Perlennadel und Ringe. Der Begriff der Haushaltungsgegenstände ist eher enger als weiter zu legen gegenüber dem Hausrat aus § 7 ESt G. Haushaltungsgegenstände sind meines Erachtens im Gegensatz zum Hausrat nur Gebrauchsgegenstände für die häusliche Wirtschaft. Schmuckstücke des Haushalts gehören meines Erachtens nicht hierher. Es haben daher meines Erachtens auszuscheiden Gemälde, Statuen usw. (anderer Meinung Mirre Anm. 2). Ein Rembrandt an der Wand ist kein Haushaltungsgegenstand. Musikinstrumente werden als Gebrauchsgegenstände bezeichnet werden können, und zwar sowohl das Klavier wie auch die im Haushalt verwahrten Streichinstrumente, z. B. eine Geige (anderer Meinung Hoffmann-Hendel für die Geige). Gemeint sind also im wesentlichen diejenigen Gegenstände, die in dem amtlichen Formular zum Nachlaßverzeichnis (abgedruckt zu § 53) unter VII a, b aufzuführen sind.

b) Ausgeschlossen sind solche Gegenstände, wenn sie zum Gewerbebetrieb oder zum Verkauf bestimmt waren.

c) Steuerfrei sind solche Gegenstände nur, soweit sie Personen der in Ziff. 2 angeführten Steuerklassen anfallen, und der Wert der zum Erwerb der einzelnen Beteiligten gehört, den Betrag von 10000 M. nicht übersteigt. Übersteigt der Wert diese Grenze, so ist der ganze Wert der Gegenstände steuerpflichtig.

d) Wie bei der Nachlaßsteuer sind 25 Stück Sparprämienanleihe steuerfrei (vgl. Anm. 8 zu § 6).

§ 38.

Hat der Erblasser einem Erwerber mehrere Vermögensvorteile der in §§ 20 und 40 gedachten Art zugewendet, so sind diese bei Anwendung der §§ 27, 28, 33 Nr. 4a und 4b, §§ 34, 37 Nr. 2, § 42 Abs. 1 Nr. 1 zusammenzurechnen. Eine bereits gezahlte Schenkungssteuer ist anzurechnen.

1. § 38 gilt nur für Zuwendungen, die nach diesem Gesetz steuerpflichtig sind, also nicht bereits nach dem ersten EStG. zu versteuern waren. Er findet also grundsätzlich nur Anwendung auf Anfälle nach dem 31. 8. 1919. Eine Anwendung des § 38 wird auch nicht zulässig sein für die nach § 72 Abs. 2 EStG. rückwirkend besteuerten Schenkungen an Personen der Steuerklasse I und II, da sonst gegenüber der Erbanfallsteuer eine weitergehende Benachteiligung der Betroffenen, als im § 72 Abs. 2 EStG. ausnahmsweise enthalten, die Folge sein würde (anderer Meinung Finger DIZ. 1920 S. 301).

2. Die **Zusammenrechnung** mehrerer Erwerbe eines Erwerbers von demselben Zuwendenden findet statt:

a) wenn derselbe Erblasser dem Erwerber mehrere Zuwendungen von Todes wegen macht,

b) wenn der Erblasser früher schon dem Erwerber eine Schenkung gemacht hat,

c) wenn der Zuwendende dem Erwerber mehrere Zuwendungen unter Lebenden gemacht hat.

Eine zeitliche Begrenzung, innerhalb derer die Zuwendungen erfolgt sein müssen, ist im Gesetz nicht enthalten.

3. Die **Berechnung** gestaltet sich insofern schwierig, als die Höhe der Steuern von besonderen Umständen, die der Veränderung unterliegen, beeinflußt wird. Solche Umstände sind: das persönliche Verhältnis des Erwerbers zum Zuwendenden (Steuerklassen § 26 EStG.), die Höhe des bereits vorhandenen Vermögens des Erwerbers (§ 28 Abs. 2 EStG.), die Zeit des Anfalls (§ 28 Abs. 3 EStG.), der Wert des Anfalls (§ 37 Ziff. 2 EStG.), das Lebensalter (§ 31 EStG.) und die persönlichen Voraussetzungen in der Person des Erwerbers nach § 33 Nr. 1a und b. Wenn solche Umstände zwischen mehreren nach § 38 EStG. zusammenzurechnenden Zuwendungen sich verändern, so ist die Berücksichtigung dieser Veränderungen mit Schwierigkeiten verbunden.

Zwei Methoden werden möglich sein:

a) Man legt die Steuerstaffel, die Zuschläge und die Abzüge auf den Zeitpunkt des letzten Anfalls fest. Dann sind noch die Veränderungen in der Zeit zwischen den einzelnen Anfällen zu berücksichtigen. Man geht deshalb aus vom vorletzten steuerpflichtigen Erwerb, zählt zu diesem den letzten Anfall hinzu, berechnet die Steuerstaffel vom letzten Anfall (§ 28 Abs. 1 EStG.), setzt aber bei Berechnung des Zuschlages für das eigene Vermögen des Erwerbers die früheren Anfälle ab, jedoch nicht die für jene gezahlte Erbanfallsteuer, weil sie dem Steuerpflichtigen nicht zugute gekommen ist. Nicht berücksichtigt werden bei dieser Methode Vermögensverminderungen wie auch Vermögensvermehrungen zwischen den einzelnen Anfällen oder der Eintritt des Erwerbers in ein günstigeres oder ungünstigeres Verwandtschaftsverhältnis (Mirre Anm. 2).

b) Die zweite Methode ist folgende: Man berechnet den zeitlich ersten Erwerb nach seiner Steuerstaffel und mit seinem Zuschlag gemäß § 28 Abs. 2 EStG. nach dem Vermögen des Erblassers unter Ansetzung des Jahresabschlags (§ 28 Abs. 3 EStG.) und der Steuerklasse wie auch der Vermögenshöhe nach dem Zeitpunkt des ersten Anfalls; beim nächsten Anfall erhöht man die Berechnung, indem man zu der früheren Rechnung in der Steuerklasse, in der sich der Erwerber beim zweiten Anfall befindet, die hinzutretenden Anfälle auf die früheren Posten in der Steuerstaffel aufsetzt, da, wo der erste Anfall aufhört:

Beispiel:

1. Anfall 80000 M.	
2. Anfall 65000 M.	Steuerklasse des Erwerbs beim 1. Anfall VI, beim 2. Anfall I (das uneheliche Kind des Vaters ist inzwischen von ihm im Testament anerkannt);
Anfall 1: 16375 M.	absolut ohne Zuschläge und Abzüge;
Anfall 2: 4400 M.	gerechnet von einem Betrage von 65000 M. nach 80000 M. in Klasse I usw.

Die 65000 M. zu 2. werden also angesetzt gemäß § 28 Abs. 2
zu ihrem 1. Teil von 20000 M. mit 6%,
zu ihrem 2. Teil von 45000 M. mit 8%,
wobei gemäß § 27 Abs. 2 eine Vorstufe von 5000 M. steuerfrei bleibt (vgl. Hoffmann-Henckel Anm. 3).

Wegen der Zuschläge wird das Vermögen des Erwerbers bei jedem späteren Anfall zum Zeitpunkt dieses Anfalls festgestellt und von ihm die früheren Anfälle in Abzug gebracht. Zuschläge und zeitliche Abzüge bestimmen sich nach dem Zeitpunkt des jeweiligen Anfalls. Dann werden die Steuerposten für die einzelnen Anfälle zusammengerechnet und die bei den früheren Zuwendungen gezahlten Steuern in Abzug gebracht (vgl. auch Wünschmann DStBl. Bd. 2 S. 395; Finger DJZ. 1920 S. 301).

4. Die **Höchstgrenze** der gesamten Erbschaftssteuer von 90% aus § 28 Abs. 2 Satz 4 (über deren Berechnung näher Anm. 3 zu § 28) wird außerdem für jeden einzelnen Anfall gelten

(Mirre Anm. 3). Es darf also die Gesamt-Erbschaftssteuer nicht höher sein als 90% des Einzelerwerbs.

5. War der Anfall zum Teil aufschiebend bedingt, so unterliegt er insoweit der Besteuerung erst beim Eintritt der Bedingung; für die alsdann notwendig werdende Berichtigung gemäß § 48 Satz 4 EStG. gelten die vorstehenden Ausführungen entsprechend.

6. Es kann sich der Fall ergeben, daß infolge Anrechnung der gezahlten Erbschaftssteuer und bei einem inzwischen eingetretenen günstigeren Verwandtschaftsverhältnis des Erwerbers infolge der Berechnung in Anm. 3 die Steuer sich nicht erhöht, sondern vermindert. Man wird mangels Anhaltspunktes im Gesetz nicht umhin können § 38 auch insoweit anzuwenden, als er zu einer **Steuerverminderung** führt, obwohl sicherlich die Tendenz bei seiner Aufnahme nicht dahin ging (anderer Meinung Mirre Anm. 3).

§ 39.

Wenn Personen der Steuerklassen I oder II Vermögen anfällt, das in den letzten fünf Jahren vor dem Anfall von Personen der gleichen Steuerklassen erworben worden ist und der Besteuerung nach diesem Gesetz unterlegen hat, so bleibt der auf dieses Vermögen entfallende Steuerbetrag zur Hälfte, und wenn der frühere Steuerfall mehr als fünf Jahre, aber nicht mehr als zehn Jahre hinter dem späteren zurückliegt, zu einem Viertel unerhoben.

1. § 39 soll die Härte mildern, die dadurch entstehen kann, daß sich Vermögen unter nahen Verwandten in kurzer Zeit wiederholt vererbt und dabei eine übermäßige Einbuße durch die Erbanfallsteuer erleidet. Die im Entwurf nur für den land- oder forstwirtschaftlichen Grundbesitz bestimmte Vergünstigung ist in den Ausschußberatungen auf alles Vermögen ausgedehnt worden (Ausschußbericht S. 17).

2. § 39 fordert, daß das Vermögen beim zweiten Erbfall genau so vorhanden ist, wie beim ersten Erbfall. Es ist also die Erbanfallsteuer zu verteilen nach dem Verhältnis des reinen Wertes des gesamten Anfalls zum ziffernmäßig berechneten reinen Anfall des Erwerbers vom Vorfahren her.

Formel:

$$\frac{x}{\text{Gesamtsteuer}} = \frac{\text{Vorfahrenvermögen}}{\text{Gesamtvermögen}}.$$

Ein Halb bzw. ein Viertel des so errechneten Betrages bleibt von der Gesamterbanfallsteuer unerhoben.

Bei Berechnung des reinen Wertes sind die mit dem Anfall vom Vorfahren her in Zusammenhang stehenden Schulden von diesem in Abzug zu bringen. Die sonstigen Schulden sind nach dem Wertverhältnis der beiden Vermögensgruppen auf diese zu verteilen, soweit sie nicht wiederum zu dem vom Vorfahren herrührenden Vermögensteil in ausschließlichem Zusammenhang stehen (anderer Meinung Mirre Anm. 3). Es müssen dieselben Vermögensgegenstände beim zweiten wie beim ersten Erbfall vorhanden sein.

3. Der letzte Erblasser muß als Erwerber zu seinem Erblasser ebenso wie zu seinem Nachfolger im Verhältnis der Klassen I oder II stehen. Ist der Erbe nur Vorerbe, so wird er der Vergünstigung zuteil, sei es daß er wie ein Nießbraucher oder wie ein befreiter Vorerbe sich versteuert (§ 23 EStG. Abs. 2 und Erläuterungen).

4. Auch der erste Anfall muß bereits nach dem 30. 8. 1919 erfolgt und nach diesem Gesetz versteuert worden sein. Treffen die Steuerermäßigungsgründe der §§ 34, 36, 39 zusammen, so sind sie sämtlich in der bei § 34 Anm. 1 festgestellten Reihenfolge anzuwenden.

5. § 39 wird auch für die Schenkungssteuer gelten.

III. Abschnitt.

Schenkungssteuer.

Vorbemerkung: Das Wesen der Schenkungssteuer als Steuer auf freigebige Zuwendungen.

1. Die Schenkungssteuer bildet gemäß § 1 EStG. (Erläuterungen hierzu) die notwendige Ergänzung zur Erbanfallsteuer und zur Nachlaßsteuer und damit den dritten Bestandteil der Besteuerung nach diesem Gesetz. Sie hat ihren Namen „Schenkungssteuer" vom ersten EStG. her (§ 55) behalten. Eine Schenkungssteuer aber ist sie ihrem Wesen nach nicht mehr, sie ist vielmehr eine Zuwendungssteuer, welche unter anderem auch Schenkungen betrifft. Dies ist jedenfalls dann zutreffend, wenn man nicht einen eigenen Begriff der steuerbaren Schenkung aufstellen will. Mit der Aufstellung eines solchen ist aber umsoweniger etwas gewonnen, als er zu Verwechslungen mit dem gleichnamigen bürgerlich-rechtlichen Begriffe (§ 516 BGB.) Anlaß geben würde. Eine solche Namengebung würde ferner dem Grundsatz (näher Vorbemerkung 2 vor § 1) widersprechen, der allein eine einheitliche Auffassung des Gesetzes ermöglicht, nämlich bei der Anziehung von dem bürgerlichen Recht

angehörigen Rechtsinstituten auf die entsprechenden Vorschriften und Bezeichnungen des bürgerlichen Rechts zurückzugreifen. Die Schenkungssteuer, wie sie der III. Abschnitt des EStG. nennt, ist eine Steuer auf freigebige Zuwendungen unter Lebenden, welche in dieser Ausdehnung die Besteuerung der Schenkung in sich schließt. Sie ist der Erbanfallsteuer wesensgleich, also ebenso eine Bereicherungssteuer und unterliegt, als Parallelerscheinung zur Erbanfallsteuer für Geschäfte unter Lebenden, der sinngemäßen Anwendung der für die Erbanfallsteuer gegebenen Vorschriften (§ 40 Abs. 1 Satz 5). Die Schenkungssteuer trifft jedoch nicht nur auf Seiten des Erwerbers natürliche oder juristische Personen in gleicher Weise, sondern auch auf Seiten des Schenkers macht es im Gegensatz zur Erbanfallsteuer keinen Unterschied, ob der Schenker eine natürliche oder juristische Person ist.

2. Es ist meines Erachtens abweichend von den bisherigen Darstellungen erforderlich, die vom Gesetz sog. Schenkungssteuer in ihrem rechtlichen Grundcharakter festzulegen, um von dieser Grundlage aus die zahlreichen sich ergebenden Zweifelsfragen entscheiden zu können. Die nach § 40 EStG. steuerbaren **Zuwendungen** sind eine eigene Art der Rechtsgeschäfte. Das Rechtsgeschäft ist eine nach der bürgerlichen Rechtsordnung geeignete Privatwillenserklärung einer Person, gerichtet auf eine rechtliche Wirkung, welche auf Grund des Parteiwillens durch die Rechtsordnung eintreten soll (vgl. Schachian: „Relative Unwirksamkeit" S. 178; Leonhardt: „Allgemeiner Teil" Bd. I S. 431 Anm. 3, gegenüber den Motiven zum BGB. Bd. I S. 126). Zuwendungen sind solche Rechtsgeschäfte, durch welche jemand einem andern einen Vermögensvorteil verschafft. Auf diesen Begriff der Zuwendung ist die sog. Schenkungssteuer zurückzuführen.

Die Zuwendung beginnt auch in der neuzeitlichen Wissenschaft des bürgerlichen Rechts zu einem eigenen Rechtsinstitut zusammengefaßt zu werden, ist allerdings der Praxis in dieser Eigenschaft bisher wenig bekannt (vgl. hierzu und zum folgenden v. Thur „Allgemeiner Teil" Bd. II §§ 71 ff.). Das Wort „Zuwendung" findet sich in den §§ 81, 516, 1624 BGB., ferner in den §§ 330 Abs. 2, 822, 1369 BGB. mit dem besonderen Zusatz „unentgeltlich". Es kann für die Schenkungssteuer die Streitfrage beiseite bleiben, ob die Zuwendung begriffsnotwendig unentgeltlich ist (bestritten: vgl. Planck § 2315 Anm. 3a; v. Thur S. 49), denn nur die freigebige Zuwendung ist schenkungssteuerpflichtig. Die Zuwendung setzt voraus eine Vermehrung des Vermögens des Erwerbers im rechtlichen Sinne (über diesen Begriff vgl. oben Anm. 1 zu § 2) durch Hinzutritt neuer Rechte, durch Erhöhung des Werts bereits vorhandener Rechte, durch den Wegfall von Verpflichtungen, durch Ersparung sonst notwendiger Ausgaben und Vermeidung sonstiger Vermögenseinbußen. Das entspricht dem Charakter der Schenkungssteuer als Bereicherungssteuer, welchen sie mit der Erbanfallsteuer teilt (§ 25, § 40 Abs. 1 Satz 5). Die Gewährung tatsächlicher Genüsse, z. B. die Einladung zu einem Theater, bildet keine Zuwendung, die Gewährung von Wohnung eher, und zwar im Umfang der Ersparnis der sonst dem Empfänger erwachsenen Ausgaben. Erlaß und Verzicht können eine Zuwendung enthalten, sie müssen dies aber nicht (vgl. § 517 BGB., Anm. 16 zu § 40 EStG.), und es ist besonders darauf zu achten, aus welchem Rechtsgrunde und wem der Vermögensvorteil aus dem Erlaß oder Verzicht zukommt. Auch im Wege der Prozeßführung läßt sich eine Zuwendung erreichen, z. B. durch unbegründetes — nicht wie man häufig sagt, fingiertes — Anerkenntnis, durch Unterlassen von Erklärungen (§ 138 ZPO.), durch Unterlassen der Einlegung von Rechtsmitteln. Diesenfalls enthält die Prozeßführung zugleich eine Zuwendung des bürgerlichen Rechts, welche, falls freigebig geschehen, der Schenkungssteuer unterliegt, ungeachtet der prozessualen Form, in der sie sich vollzieht.

Ob in der unentgeltlichen Leistung von Diensten eine steuerbare Zuwendung liegt, wird bestritten. Auf der einen Seite wird die Frage verneint, weil die Zuwendung diesenfalls nicht aus dem Vermögen des Zuwendenden, sondern aus seiner Person her erfolgt (so v. Thur S. 156; Oertmann Anm. 13 vor § 516). Andererseits wird man doch unterscheiden dürfen zwischen der nicht zum Vermögen gehörigen, höchst persönlichen Arbeitskraft des Menschen und ihrer Verwendung. Die letztere wird man eher, besonders nach neuzeitlichen volkswirtschaftlichen Anschauungen, als Gegenstand des Wirtschaftsverkehrs und damit auch des Rechtsverkehrs ansehen können (so Enneccerus § 343 I 2, Dernburg Bd. II § 205 II 2). Voraussetzung wird bei dieser freigebigen Zuwendung sein, daß die Vergütung dem Empfänger der Dienste erlassen wird (RGR. Anm. 2 § 516).

3. **Freigebig** ist eine Zuwendung, wenn sie nach dem Willen des Zuwendenden unentgeltlich erfolgt. Unentgeltliche Zuwendungen ohne den Willen des Zuwendenden begründen einen Bereicherungsanspruch für diesen und, wenn dieser auch kein Entgelt für die Zuwendung ist, so pflegt man diesen Fall doch unter die freigebigen Zuwendungen nicht mit einzubeziehen (anderer Meinung v. Thur S. 141). Ist die freigebige Zuwendung eine solche, die mit dem Willen des Zuwendenden

ohne Entgelt erfolgt, so bedarf noch das Entgelt als Gegenleistung der Untersuchung. Damit die Gegenleistung zu einem Entgelt wird, welches die Zuwendung des Charakters als freigebigen beraubt, ist nicht erforderlich, daß die Gegenleistung objektiv gleichwertig ist, noch auch, daß sie nach der Vorstellung der Parteien ihrem Werte nach der Zuwendung entspricht. Es genügt, daß „sie als ein festgesetztes Äquivalent der Zuwendung vom Zuwendenden betrachtet wird, so daß Zuwendung und Gegenleistung gleichwertige Zwecke der Parteien darstellen" oder, wie der Reichsfinanzhof in einem Urteil vom 14. 3. 1919 (Bd. 1 S. 18) es bezeichnet „ob nach der subjektiven Seite hin die Zuwendung (der Gegenseite) als eine Gegenleistung . . . . gelten soll" (v. Thur S. 140, RG. in RGZ. Bd. 62 S. 273). Aus den unentgeltlichen Zuwendungen werden nach dieser Begriffsbestimmung auszuscheiden haben z. B. Zuwendungen an den Treuhänder wie z. B. eine fiduziarische Zession (KG. vom 18. 3. 1912: OLG., RSpr. Bd. 26 S. 352. anderer Meinung v. Thur S. 138).

Es zeigt sich nunmehr das gemeinsame Moment der Erbanfallsteuer und der Schenkungssteuer: Beide erfassen freigebige Zuwendungen, die erstere solche von Todes wegen, die letztere unter Lebenden, denn auch die Zuwendungen von Todes wegen erfolgen begrifflich ohne Äquivalent.

4. Zuwendungen können, wie alle Rechtsgeschäfte, abstrakter oder kausaler Natur sein. Der Zweck gibt der Zuwendung die Richtung. Weist A den X an, an B eine Leistung zu vollziehen, so erfolgt diese aus dem Vermögen des X, ist aber eine Zuwendung des A, sofern sie zu Lasten des A erfolgt. Es können sich hier mehrere Kausalbeziehungen ergeben, die untereinander verschieden sein können, z. B. wenn X auf Anweisung des A an B leistet, so kann die Zuwendung des A an B entgeltlich oder unentgeltlich sein, je nach den Beziehungen zwischen beiden und die Verwendung des X in Verauslagung des Betrages für A kann ihrerseits nach seinen Beziehungen zu A entgeltlich oder unentgeltlich sein. Man hat also hier zu unterscheiden die Leistung des X an B und die Aufwendung des X für A. So kann die Leistung des X an B zugleich eine freigebige Zuwendung des A an B und eine freigebige Verwendung des X für A darstellen; sie kann aber auch bloß eine **mittelbare Zuwendung** des A an B enthalten. Jede dieser Zuwendungen hat ihren eigenen Zweck. Soweit dieser Zweck ein solcher der Erfüllung einer Verbindlichkeit ist oder einer Leistung mit Rückerstattungspflicht, ist die Zuwendung keine freigebige (RGR. Anm. 7 § 2050 BGB.).

Wenn A an B eine Forderung gegen X abtritt, so erfolgt die Leistung des X an B erfüllungshalber, soweit sie aber eine mittelbare Zuwendung des A an B darstellt, kann sie eine freigebige Leistung des A sein, danach steuerpflichtig, oder eine steuerfreie Erfüllungsleistung des A, sofern B sein Gläubiger war. Es ist also in jedem Falle bei derartigen mittelbaren Zuwendungen das Valutierungsverhältnis (A zu B) und das Deckungsverhältnis (X zu A) zu unterscheiden, wohingegen häufig zwischen X und B die Zuwendung rein abstrakter Natur sein wird. Es braucht auch die Aufwendung des X der Höhe nach der Zuwendung des A an B keineswegs zu entsprechen, was in der Praxis häufig übersehen wird. So kann unter Umständen im Wege einer geringeren Aufwendung des X eine höherwertige Zuwendung des A an B erfolgen.

Wenn A an X eine Zuwendung macht, unter der Bedingung, daß X an B leistet, so ist die Rechtslage eine entsprechende (v. Thur S. 93, 94).

5. Innerhalb der freigebigen Zuwendungen nimmt steuerrechtlich die **Schenkung** keine besondere Stelle ein. Sie ist eine der denkbaren freigebigen Zuwendungen unter Lebenden, wohl auch ihr Hauptfall, bietet aber steuerlich nichts besonderes. Es ist daher irreführend, wenn das Gesetz in §40 EStG. Satz 1 die Schenkung als den Gegenstand der Besteuerung schlechthin bezeichnet (vgl. Anm. 1 zu § 40). Die Schenkung unterscheidet sich von sonstigen freigebigen Zuwendungen im wesentlichen dadurch, daß eine Einigung der Parteilen über die Unentgeltlichkeit der Zuwendung, sei es bei ihrer Vornahme, sei es nachträglich, erfolgt (§ 516 BGB.); während die freigebige Zuwendung den Schenkungswillen des Bereicherten rezeptiv nicht erfordert, bildet er ein notwendiges Betriebsmoment der Schenkung des bürgerlichen Rechts. Nicht entscheidend ist die Absicht der Bereicherung oder ihrer Entgegennahme, welche nur Motive zum Abschluß des Rechtsgeschäfts darstellen (RGZ. 70 S. 16); denn es sind auch Schenkungen denkbar, mit der Endabsicht der Vermehrung des eigenen Vermögens, wie auch als Ausführung anderweitiger Geschäfte; sondern entscheidend ist ausschließlich die Einigung beider Parteien über die Unentgeltlichkeit der Zuwendung (Örtmann S. 507). Somit stellt die Schenkung weiter nichts dar, als eine steuerlich keiner besonderen Behandlung fähige Unterart der freigebigen Zuwendung unter Lebenden, deren Unterschied von sonstigen Zuwendungen unter Lebenden in der steuerlich bedeutungslosen Einigung der Parteien über die Unentgeltlichkeit der Zuwendung liegt. Wegen der Einzel-

heiten und der sog. gemischten Schenkung vgl. die Erläuterungen zu § 40.

§ 40.

Schenkungen unter Lebenden unterliegen der gleichen Besteuerung wie der Erwerb von Todes wegen. Schenkungen stehen gleich freigebige Zuwendungen unter Lebenden, soweit der Bedachte durch sie auf Kosten des Zuwendenden mit dessen Willen bereichert wird. Die Übernahme von Gegenleistungen steht der Annahme einer Bereicherung insoweit nicht entgegen, als es sich dabei um nicht geldwerte Leistungen handelt. Wo in diesem Gesetze der Ausdruck „Schenkung" gebraucht wird, umfaßt er auch solche Zuwendungen. Die Vorschriften über die Erbanfallsteuer sind sinngemäß anzuwenden.

Als Erwerb durch Schenkung gilt auch

1. ein Erwerb, der infolge der Vollziehung der einer Schenkung beigefügten Auflage oder der Bewirkung einer Leistung, von welcher der Schenker eine Schenkung abhängig gemacht hat oder, sofern die Schenkung der Genehmigung einer Behörde unterliegt, infolge der Vollziehung einer Anordnung dieser Behörde erlangt wird;
2. was als Abfindung für einen Erbverzicht (§§ 2346, 2352 des Bürgerlichen Gesetzbuchs) gewährt wird;
3. was durch Rechtsgeschäft unter Lebenden mit der Bestimmung zugewendet wird, daß es auf den Pflichtteil angerechnet werden soll;
4. was mit der Bestimmung, daß dem Schenker für die Lebensdauer an dem geschenkten Gegenstande der Nießbrauch zustehen soll, geschenkt oder was sonst mit Rücksicht auf ein künftiges Erbrecht zugewendet wird;
5. das infolge eines Stiftungsgeschäfts unter Lebenden von dem Stifter zugewendete und auf die Stiftung übergegangene Vermögen;
6. was als Abfindung für den Verzicht auf einen Erwerb der im § 20 Nr. 2, 5 bezeichneten Art gewährt wird.

Ausstattungen, die Abkömmlingen zur Einrichtung eines angemessenen Haushalts gewährt werden, sowie der Verzicht auf den Pflichtteilsanspruch gelten nicht als Schenkung. Bei einem Schenkungsversprechen tritt die Steuerpflicht erst ein, wenn und soweit es vollzogen wird.

1. § 40 ErbStG. enthält die Besteuerung freigebiger Zuwendungen unter Lebenden. Die Begriffe der Zuwendung und der freigebigen Zuwendung unter Lebenden sind in der Vorbemerkung zu § 40 eingehend erläutert. Dort ist dargelegt, daß die sog. Schenkungssteuer ihrer Rechtsnatur nach eine Steuer auf freigebige Zuwendungen unter Lebenden ist und die Schenkung nur eine Unterart der freigebigen Zuwendung unter Lebenden bildet, welche steuerrechtliche Besonderheiten nicht aufweist. Von diesem systematischen Grundsatze aus erklärt sich nunmehr ohne weiteres, daß die Vorschriften über Zuwendungen von Todes wegen, welche ihrer Natur nach freigebige sind, sinngemäße Anwendung finden auf die Schenkungssteuer und zwar die Vorschriften der Erbanfallsteuer, welche der Schenkungssteuer als Bereicherungssteuer wesensgleich ist (§ 40 Abs. 1 Satz 5 ErbStG.). Die Fassung des Gesetzes ist allerdings geeignet, irre zu führen. Sie geht von der Schenkung aus und fährt dann fort, daß der Schenkung die freigebigen Zuwendungen unter Lebenden „gleichstehen", und daß der Ausdruck „Schenkung" im Gesetz „auch solche Zuwendungen umfaßt". Diese an sich schon zu beanstandende Fassung wird notwendig dadurch, daß das Gesetz vom Unterbegriff, der Schenkung, ausgeht und dann im Widerspruch zum systematischen Aufbau dahin fortfahren muß, daß es dem Unterbegriff der Schenkung deren Oberbegriff, die freigebige Zuwendung, „gleichstellt" und vom Namen des Unterbegriffs sogar den Oberbegriff umfassen läßt. Man wird die von früher her übernommene eingebürgerte Bezeichnung „Schenkungssteuer" beibehalten können, muß aber bei der Erläuterung meines Erachtens entsprechend den Ausführungen der Vorbemerkung vor § 40 von der freigebigen Zuwendung ausgehen.

2. Die Steuer bestimmt sich nach dem Betrage, um den das Vermögen des Schenkers sich vermindert und dasjenige des Beschenkten sich erhöht hat. Es ist dieserhalb zu verweisen auf die Erläuterungen zu § 25 ErbStG. Es genügt, daß objektiv eine **Vermögensvermehrung** beim Empfänger der freigebigen Zuwendung eingetreten ist (RGR. Anm. 5 § 516, Oertmann Anm. 5b § 516). Wie bei der Erbanfallsteuer ist es bei der Besteuerung ohne Bedeutung, wie der Empfänger nach Empfang der Leistung über diese verfügt. Immaterielle Güter (ökonomische Potenzen) können insoweit Gegenstand einer freigebigen Zuwendung sein, als sie nach Anm. 4 zu § 5 zum steuerbaren Vermögen zu rechnen sind. Über die unentgeltliche Leistung von Diensten ist zu verweisen auf Vorbemerkung 2 vor § 40.

3. Über mittelbare Zuwendungen vgl. Vorbemerkung 4 vor § 40.

4. Zu den freigebigen Zuwendungen zählen vor allen Dingen die Fälle der häufigen sog. **verkappten Zuwendung** also die Fälle von Zuwendungen, in denen sich Freigebigkeit verbirgt hinter der Form der Entgeltlichkeit. Es ist in Vorbemerkung 3 vor § 40 eingehend ausgeführt, daß es bezüglich der einer Zuwendung gegenüberstehenden Gegenleistung auf den Willen der Parteien ankommt, ob die Gegenleistung ein Entgelt für die Zuwendung darstellt und diese dadurch des Charakters der Freigebigkeit beraubt. Es kommt also nicht etwa auf das objektive Wertverhältnis von Leistung und Gegenleistung an, sondern darauf, inwieweit die Gegenleistung ein Äquivalent für die empfangene Zuwendung nach dem Willen der Beteiligten, vor allem des die Gegenleistung Vornehmenden bilden soll.

5. Nach diesem Grundsatz laut vorstehender Anmerkung hat sich auch die Behandlung der **gemischten Schenkung** zu richten, d. h. eines Geschäfts, bei dem die Leistung in einem so auffälligen Mißverhältnis zur Gegenleistung steht, daß anzunehmen ist, der Wille der Parteien ging nicht auf eine entgeltliche Zuwendung sondern auf eine Bereicherung des die überwiegende Leistung empfangenden Teils. Bei der Entscheidung, ob eine solche gemischte Schenkung oder ein entgeltliches Geschäft vorliegt, werden die Umstände des Einzelfalles sorgfältig zu prüfen sein. Nicht immer, wenn ein Entgelt gewährt wird, welches über das normale erheblich hinausgeht, liegt eine gemischte Schenkung vor. Es gibt im wirtschaftlichen Leben nicht selten Fälle, in denen dem einen Teil insbesondere Dienste des andern Teils in einem solchen Maße persönlich von Wert sind, daß ein das übliche übersteigendes Entgelt nicht als unentgeltliche Bereicherung sondern als bares, der Wertschätzung des Zuwendenden entsprechendes Entgelt gedacht ist (RG. vom 28. 10. 1907 IV 119,07; RGR. Anm. 4 § 516): liegt ein solcher Fall vor, so kommt Schenkungssteuer nicht in Frage. Zu beachten ist stets, daß nicht das objektive Wertverhältnis der beiderseitigen Leistungen maßgebend ist, sonst wäre jeder für einen Teil besonders ungünstige Kauf eine Schenkung, sondern maßgebend ist, welcher Teil der Leistung nach dem Vertragszweck durch die Gegenleistung als Äquivalent gedeckt werden soll (Vorbemerkung 3 vor § 40; Örtmann S. 509).

Liegt aber die Rechtslage so, daß der Wille des Zuwendenden auf eine freigebige Zuwendung an den Empfänger geht und dieser Wille, welcher im Einzelfall aus den Tatumständen festzustellen ist, sich nur in die Form eines entgeltlichen Geschäfts kleidet, so liegt eine steuerbare freigebige Zuwendung vor.

Im bürgerlichen Recht ist bestritten, ob eine Schenkung bei der sog. gemischten Schenkung nur in Höhe des die Gegenleistung übersteigenden Betrages vorliegt (RG. in RGZ. 68 S. 328), oder ob die gemischte Schenkung als einheitliches Geschäft zu behandeln ist (Müller, Iherings Jahrb. 48 S. 209; Enneccerus § 347). Für die Schenkungssteuer wird jedenfalls der letzteren Auffassung zu folgen sein. Zunächst ist in jedem Falle festzustellen, ob überhaupt eine freigebige Zuwendung nach Maßgabe der vorstehenden Grundsätze vorliegt. Wird die Frage bejaht, ist die Zuwendung schenkungssteuerpflichtig.

Es handelt sich nur noch darum, die Höhe der steuerbaren Bereicherung bei der gemischten Schenkung festzustellen. Hier kann die Entscheidung freilich zweifelhaft sein. Die Feststellung der Höhe der Bereicherung ist namentlich zu unterscheiden von der Frage, ob die gemischte Schenkung einheitlich als freigebige Zuwendung zu behandeln ist. Auch wenn man diese Frage bejaht, so ist damit noch nicht entschieden, inwieweit die Gegenleistung auf die Höhe der freigebigen Zuwendung eine Anrechnung gestattet. Von der Bereicherung ist in jedem Fall diejenige Aufwendung abzuziehen, welche der Bereicherte hat machen müssen, um die Bereicherung zu erlangen. Das ist ein allgemeiner Grundsatz bei der Feststellung einer jeden Bereicherung (vgl. Anm. 4, 5 zu § 25) und hat mit der besonderen Rechtsnatur der gemischten Schenkung nichts zu tun.

Die Schenkungssteuer hat es mit jeder anderen Bereicherungssteuer gemeinsam, daß sie nur die durch den Spezialerwerb erzielte Nettovermehrung des Vermögens des Erwerbers erfaßt (vgl. Vorbemerkung 1 vor § 1, Vorbemerkung vor § 20). Wenn daher bei der gemischten Schenkung nicht bloß ein Scheingeschäft vorliegt, sondern es sich nur um ein solches Mißverhältnis zwischen Leistung und Gegenleistung handelt, daß nach dem Willen der Beteiligten offenbar die Zuwendung eine freigebige ist, so ist doch dasjenige von der Bereicherung abzuziehen, was der Erwerber leistet, um die freigebige Zuwendung zu erlangen. Es ist daher nicht der Auffassung zuzustimmen, daß bei der gemischten Schenkung die Höhe der steuerbaren Bereicherung dadurch festzustellen ist, daß man die gemischte Schenkung zerlegt in einen entgeltlichen und einen unentgeltlichen Teil (Hoffmann-Henckel Anm. 3a § 40), noch ist schlechthin die Gesamtzuwendung steuerpflichtig (Mirre Anm. 4). Vielmehr ist meines Erachtens zwar davon auszugehen, daß die ganze Zuwendung der Steuer unterliegt, aber von ihr die Gegenleistung insoweit in Abzug zu bringen, als sie eine die Bereicherung mindernde Aufwendung enthält, die mit der Zuwendung als zu ihrer Erlangung gemacht in Beziehung steht. Diesenfalls ist die Aufwendung von der durch die Zuwendung herbeigeführten Bereicherung in Abzug zu bringen.

6. Wäre die Fassung des Gesetzes nicht in ihrem grundsätzlichen Ausgangspunkt irreführend (vgl. Anm. 1), so würde es keiner Hervorhebung bedurft haben, daß **nicht geldwerte Gegenleistungen** die Steuerpflicht der freigebigen Zuwendung nicht berühren. Nach den vorangegangenen Darlegungen (auch in der Vorbemerkung vor § 40) ist diese Folgerung, wenn man den Begriff der freigebigen Zuwendung als Ausgangspunkt nimmt, eine Selbstverständlichkeit. Eine steuerbare freigebige Zuwendung liegt also vor, wenn jemand zu einer Reise eingeladen wird und seine Gegenleistung darin besteht, zur Unterhaltung des Einladenden ihm Gesellschaft zu leisten. Das gleiche ist der Fall, wenn jemand Geld nimmt dafür, daß er einen andern nicht mehr durch Zuschriften bittstellenden oder belästigenden Inhalts behelligt, wenn das mißratene Familienmitglied sich die Überfahrt bezahlen läßt zur Auswanderung (weitere Beispiele bei Roth S. 141). Es gibt aber hier ein Grenzgebiet, auf dem die Entscheidungen sehr zweifelhaft werden. Die Zweifel beginnen dann, wenn der Besitz gewisser, an sich nicht geldwerter Gegenstände vermögensrechtliche Auswirkungen haben kann. Es ist zwar an sich zuzustimmen, wenn Mirre (Anm. 8 zu § 40) meint, daß der Rückkauf eigener Briefe, sofern sie keinen literarischen oder historischen Wert darstellen, eine freigebige Zuwendung darstellt. Solche Briefe können jedoch leicht einen Geldwert gewinnen, wenn es sich z. B. um Briefe kompromittierenden Inhalts handelt. Briefe kompromittierenden Inhalts haben insofern einen Geldwert, als sie für Erpressungen und ähnliche Manipulationen eine Unterlage bieten; sie können ferner einen Geldwert dadurch haben, daß sie den Verfasser bloßzustellen und damit auf seine wirtschaftliche Stellung nachteilig einzuwirken geeignet sind, falls sie in unrechten Händen bleiben. Man wird den Rückkauf solcher Briefe, da sie für den Rückerwerber einen Geldwert haben, nicht als steuerbare Schenkung bezeichnen dürfen. Man wird sogar voraussetzen dürfen, daß in der Mehrzahl der Fälle eine erhebliche Bloßstellung zugleich auf die wirtschaftlichen Verhältnisse rückwirken wird, wodurch dann die Briefe einen Geldwert erhalten.

Freigebige Zuwendungen für nicht geldwerte Leistungen treten besonders häufig auf in Fällen, in denen solche freigebigen Zuwendungen einer sittlichen Pflicht oder einer auf den Anstand zu nehmenden Rücksicht entsprechen. Es sei nur erwähnt der Fall, daß Eltern ihre Kinder oder Kinder ihre Eltern zum Besuch bei sich einladen oder zu einer Reise einladen, ferner die Abfindung für langjährige vertrauliche Beziehungen usw. In solchen Fällen kann die Besteuerung mit der Schenkungssteuer außerordentliche Härten mit sich bringen. Die Frage wird zu § 42 Anm. 3 g eingehend behandelt werden.

7. **Gratifikationen** an Angestellte können eine steuerbare freigebige Zuwendung darstellen, sie brauchen es aber nicht. Man hat zu unterscheiden Gratifikationen als Teile des Gehalts (schenkungssteuerfrei) und Gratifikationen als Schenkungen. Die Gratifikationen sind Teile des Gehalts nicht nur dann, wenn sie ihrem Umfange nach festgelegt sind oder errechenbar sind, z. B. in der Form der Provisionen oder sonstigen prozentualen Gewinnbeteiligungen, sie sind auch dann noch Teile des Gehalts, wenn sie der Höhe nach nicht begrenzt sind, wenn man nur allgemein in den beteiligten Kreisen sie als Teile des Gehalts erwartet, d. h. also die Arbeitgeber und Arbeitnehmer der beteiligten Kreise mit ihnen als einem integrierenden Teil der Entlohnung rechnen. Das ist deshalb zutreffend, weil § 315 BGB. als Inhalt eines Vertrages noch zuläßt, daß einer der Vertragschließenden die Leistung nicht bloß nach billigem, sondern nach freiem Ermessen bestimmt, soweit der Gegenstand der Leistung überhaupt noch bestimmbar bleibt (RG. in RGZ. 64 S. 116; RGR. Anm. 2 § 315). Sofern daher die beteiligten Kreise mit einer Gratifikation rechnen, bildet diese auch dann einen Teil des Gehalts, wenn sie in das freie Ermessen des Arbeitgebers gestellt ist, nicht bloß wenn sie von seinem billigen Ermessen abhängt. Gratifikationen brauchen noch nicht einmal dann steuerpflichtige Schenkungen zu sein, wenn sie für langjährige Dienste erfolgen (anderer Meinung Mirre Anm. 3); wenn z. B. die Angestellten eine Ertragsbeteiligung erhalten, die sich aufspeichert von Jahr zu Jahr und beim Verlassen des Dienstes ihnen ausgeschüttet wird, so liegt ein steuerfreier Teil des Gehalts vor. Für die übrigen Fälle der Gratifikationen beim Ausscheiden aus dem Dienst (belohnende Schenkungen) ist zu verweisen auf § 42 Ziff. 2 EStG. und Anm. 3c, 6 zu § 42, vgl. auch RGZ. 74 S. 139. Es wird also bei Gratifikationen stets von Fall zu Fall festzustellen sein, inwieweit sie einen Teil des Gehalts bilden oder eine steuerbare freigebige Zuwendung.

8. Über Zuwendungen an Pensionskassen und Gründung von Pensionskassen vgl. Anm. 3c—e zu § 42 EStG.

9. Bei der Übernahme einer **Bürgschaft** ohne Entgelt kann nur von Fall zu Fall festgestellt werden, ob in ihr eine freigebige Zuwendung liegt. Das gleiche muß gelten von der unentgeltlichen Über-

nahme einer **Garantie**. Der Unterschied zwischen Bürgschaft und Garantie liegt darin, daß die Garantie nicht, wie die Bürgschaft, ein Einstehen enthält für die Erfüllung der Hauptverbindlichkeit, sondern die Garantie eines gewissen Erfolges, die Übernahme eines Risikos, welches sich z. B., im Gegensatz zur Bürgschaft, gerade häufig auf den Fall erstreckt, daß die Hauptschuld, mit deren Bestand die Bürgschaft erlöschen würde, nicht besteht oder später fortfällt (vgl. RG. in RGZ. Bd. 61 S. 157, Bd. 71 S. 56, Bd. 72 S. 138; Gruchot Bd. 51 S. 191). Beide Fälle, Bürgschaft und Garantievertrag, werden für die Schenkungssteuer gleich zu behandeln sein. In beiden Gestaltungen kann eine freigebige Zuwendung vorliegen, sie braucht aber nicht vorzuliegen. Es ist zunächst in beiden Fällen zu unterscheiden das Verhältnis zwischen dem Garantieübernehmer oder dem Bürgen einerseits und dem Gläubiger andererseits von demjenigen zwischen dem Garantieübernehmer oder Bürgen einerseits und dem Schuldner andererseits. In der Übernahme einer Bürgschaft oder einer Garantie kann einerseits eine Zuwendung an den Gläubiger liegen, indem er eine Sicherheit für seine Forderung erhält, andererseits aber auch an den Schuldner, der vor der Exekution durch die Sicherheitsleistung bewahrt wird. Es sind die Grundsätze anzuwenden über die mittelbare Zuwendung laut Vorbemerkung 4 vor § 40. Ob aber eine solche Zuwendung vorliegt, werden nur die Umstände jedes einzelnen Falles ergeben können; entscheidend dürfte sein, ob in der Garantieübernahme oder Bürgschaft eine Verbesserung der Vermögenslage, sei es des Schuldners, sei es des Gläubigers, zu finden ist. Wenn z. B. ein großes kaufmännisches Handelshaus gegenüber einer Behörde aus gewissen allgemein gegebenen Vorschriften heraus die Garantie einer Großbank beibringen muß, so ist, falls die Großbank diese Garantie für das Handelshaus übernimmt, und zwar, wie gewöhnlich in solchen Fällen, für ein geringfügiges Entgelt, eine steuerbare freigebige Zuwendung nicht als vorliegend zu erachten. Die Bank gewährt die Garantie für das unverhältnismäßig geringe Entgelt einmal, weil sie ein Risiko in Anbetracht des Standes des Handelshauses kaum für damit verbunden erachtet, zweitens aus Geschäftsrücksichten gegenüber dem großen Kunden. Damit ist aber meines Erachtens zugleich festgestellt, daß eine Zuwendung nicht vorliegt, indem eine Erklärung von der Bank abgegeben wird, welche zwar rechtsverbindlichen Charakter hat, aber wirtschaftlich bei dem Stande der Beteiligten eine Vermehrung des Vermögens keines von ihnen darstellt. Auch wird die Freigebigkeit der Transaktion verneint werden müssen. Umgekehrt wird in der Bürgschaft eine steuerbare

Zuwendung liegen, wenn der reiche Vater für Schulden seines unvermögenden und liederlichen Sohnes einzustehen verspricht. Es wird also von Fall zu Fall nach den angeführten Gesichtspunkten zu prüfen sein, ob in der Übernahme einer Bürgschaft oder Garantie eine freigebige steuerbare Zuwendung zu erblicken ist (vgl. auch RG. in RGZ. Bd. 54 S. 284).

10. Desgleichen kann die Vereinbarung der **allgemeinen Gütergemeinschaft** unter Ehegatten einen Weg darstellen für eine freigebige Zuwendung. Da mit der Vereinbarung der allgemeinen Gütergemeinschaft das Vermögen beider Ehegatten zum Gesamtgut verschmolzen wird, bei der Auseinandersetzung bei Auflösung der allgemeinen Gütergemeinschaft aber jeder Ehegatte vom Gesamtgut die Hälfte erhält (vgl. über Gütergemeinschaft Anm. 1, 2 zu § 12, Anm. 1 zu § 21, §§ 1438, 1477 BGB.), so tritt infolge der allgemeinen Gütergemeinschaft, ähnlich bei der Fahrnisgemeinschaft, soweit ihr Gesamtgut reicht (§ 1549 BGB.), eine endgültige Verschiebung des Vermögensstandes beider Ehegatten ein. Eine solche Verschiebung kann zu einer Bereicherung führen, wenn der eine Ehegatte in seinem Vermögensstande erheblich unter dem Vermögensstande des andern Ehegatten vor der Ehe stand und nun infolge der allgemeinen Gütergemeinschaft am Gesamtgut Beteiligter wird. Es kann also sein, daß in der Vereinbarung der allgemeinen Gütergemeinschaft oder der Fahrnisgemeinschaft eine freigebige steuerpflichtige Zuwendung liegt. Notwendig ist aber in jedem Fall einmal das angeführte Mißverhältnis zwischen dem Vermögensstande beider Ehegatten vor der Ehe, alsdann aber auch der Wille, der Abschluß des Ehevertrages solle eine freigebige Zuwendung an den anderen Ehegatten enthalten. Regelmäßig wird dies kaum der Fall sein. (Weitgehend in der Fassung: Verf. d. RFM. vom 9. 9. 1920.) Dann ist die angeführte Vermögensveränderung nur eine der gesetzlichen Folgen der Einführung des Güterrechts der allgemeinen Gütergemeinschaft oder der Fahrnisgemeinschaft. Gewollt aber wird die freigebige Zuwendung als solche sein, sobald die Eingehung der Gütergemeinschaft und die Aufteilung des Gesamtgutes zur „planmäßigen Durchführung“ einer Vermögenszuwendung an den minderbemittelten Ehegatten vorgenommen sind (RG. in RGZ. Bd. 87 S. 301).

11. Tritt jemand einem **Verein** bei, so sind die einzelnen **Beiträge** nicht steuerpflichtig, sofern sie ein Entgelt für die Mitgliedschaft sind. Das wird auch gelten müssen bei der Stiftung einmaliger Beiträge für lebenslängliche Mitgliedschaft, falls hierfür bestimmte Summen als Beiträge festgesetzt sind. Eind solche nicht fest-

gesetzt und geht das Maß solchen Beitrages offenbar nach dem Willen der Beteiligten soweit, daß er eine Zuwendung an den Verein darstellt, für die die lebenslängliche Mitgliedschaft kein Entgelt mehr sein soll, so ist in der Zuwendung eine steuerpflichtige Schenkung zu erblicken, nicht aber schon in der bloßen Zusage, z. B. in der Unterzeichnung und Ausfüllung eines Beitragsscheines. Entsprechendes wird auch dann gelten, wenn die Mitglieder nach eigenem Ermessen sich selbst einschätzen sollen.

12. § 40 **Abs. 2** führt einige Fälle freigebiger Zuwendungen auf, die nach den grundsätzlichen Ausführungen in der Vorbemerkung zu § 40 und in Anm. 1 zu § 40 ErbStG. ohne weiteres als freigebige Zuwendungen sich darstellen. Die Wendung in Abs. 2 § 40 „als Erwerb durch Schenkung gilt auch" erklärt sich wiederum aus der irreführenden Anlage des Abs. 1 § 40, welcher anstatt des Oberbegriffs der freigebigen Zuwendung den Unterbegriff der Schenkung voran stellt.

13. Vom Begriff der freigebigen Zuwendung ausgehend, ergibt sich somit ohne weiteres, daß eine solche vorliegt, wenn infolge der Ausführung der einer Schenkung beigefügten **Auflage** ein Erwerb eintritt. Ist schon der Erwerb von Todes wegen infolge Vollziehung einer Auflage nach § 20 Ziff. 4 ErbStG. erbanfallsteuerpflichtig, so muß dies umsomehr von der Auflage bei einer Schenkung gelten, bei der im Gegensatz zur testamentarischen Auflage der Berechtigte einen Anspruch auf die Vollziehung der Auflage erhält (§ 525 BGB. mit § 330 Satz 2 BGB.); daß, wie bei der Schenkung überhaupt, auch bei der Auflage nicht nur natürliche, sondern auch juristische Personen als steuerpflichtige Erwerber in Frage kommen, ist einleuchtend. Die Zuwendung an den Beschenkten tritt in Höhe der Schenkung abzüglich der Auflage ein, diejenige an den Auflageberechtigten in Höhe des Auflagewertes.

Auch soweit der Auflageberechtigte nicht einen unmittelbaren Anspruch nach § 330 BGB. gegen den Beschenkten hat, weil ausnahmsweise die Auflagenormierung nicht als Vertrag zugunsten Dritter anzusprechen ist, bleibt sein Erwerb eine steuerpflichtige Zuwendung, sowie die Auflage vollzogen wird; der Fassung des Gesetzes entsprechend wird man auch dann, wenn der Auflageberechtigte einen eigenen Anspruch gemäß § 330 BGB. hat, die Steuerpflicht erst eintreten lassen, wenn die Auflage vollzogen ist. Das hat seinen guten Grund darin, daß man sonst den Auflageberechtigten geradezu zwingen würde, die Auflage zu beanspruchen, die ihm vielleicht ohne sein Wissen zugewendet worden ist, indem er sonst die Schenkungssteuer zu begleichen haben würde, auch wenn er die Auflage nicht beanspruchte. Nur die Vollziehung der Auflage ist deshalb steuerpflichtig.

Auf die Ausführung sonstiger **Verträge zugunsten Dritter** werden die Ausführungen entsprechend anwendbar sein, welche in Vorbemerkung 4 vor § 40 für mittelbare Zuwendungen gemacht sind. Es wird danach auf das Kausalverhältnis zwischen dem Dritten und dem die Zuwendung Vereinbarenden ankommen, ob die Zuwendung eine freigebige ist. Zu beachten ist jedoch in diesem Zusammenhange, daß nach §§ 328, 331 BGB. Verträge zugunsten Dritter auf den Todesfall formlos gültig sind, so daß der Berechtigte ein unentziehbares Recht erwirkt, das nicht zum Nachlaß gehört (vgl. oben Anm. 2 § 8). Weist jemand seine Bank an, mit der er im Kontokorrentverhältnis steht, nach seinem Tode an einen Dritten zu zahlen, so liegt ein Geschäft auf den Todesfall vor, dessen Kausalverhältnis (Deckungsverhältnis) nicht freigebig sondern das Kontokorrentverhältnis des Anweisenden zur Bank ist, während dasjenige zwischen dem Anweisenden und dem Empfänger das einer Zuwendung auf den Todesfall ist (RG. in RGZ. Bd. 88 S. 138).

14. Der Vollziehung einer Auflage steht es nach Ziff. 1 § 40 Abs. 2 EStG. gleich, wenn **Leistungen** bewirkt werden, von denen der Schenker eine Schenkung abhängig gemacht hat. Der Unterschied von der Auflage liegt darin, daß bei letzterer der Erwerb der Schenkung nicht an die Leistung geknüpft ist, andererseits aber eine Rechtspflicht zur Leistung mit dem Erwerb der Schenkung besteht, während bei der bedingten Schenkung diese erst mit der Leistung erworben wird, ohne daß eine Pflicht zur Vollziehung der Leistung begründet ist (vgl. Urteil des Reichsfinanzhofes vom 18. 3. 1920 Bd. 2 S. 221). In der Vollziehung der Leistung liegt ebenso wie in der einer Auflage eine steuerbare freigebige Zuwendung.

15. Steuerpflichtig ist ferner der Erwerb infolge Vollziehung einer **Anordnung der Behörde**, welcher die Genehmigung einer Schenkung vorbehalten ist. Es ist der gleiche Fall, wie in § 20 Ziff. 4 (vgl. § 20 Anm. 5). Hauptfall wird der sein, daß nach Landesrecht (Art. 86 EG. z. BGB.) die Genehmigung der Schenkung abhängig gemacht wird von der Bedenkung unbemittelter Angehöriger des Schenkers, wobei dann solche Bedenkungen der Schenkungssteuer unterliegen sollen.

16. Steuerpflichtig ist als freigebige Zuwendung ferner die Abfindung für einen **Erbverzicht**. Verzichte auf den Erwerb von Rechten sind in der Regel keine Zuwendung, weil der Zuwendende aus seinem Vermögen kein Recht hergibt, das schon zu seinem Ver-

mögen gehört hat. Deshalb ist der Erbverzicht keine Schenkung, ferner keine Schenkung die Ausschlagung der Erbschaft oder eines Vermächtnisses, weil der endgültige Anfall erst mit Ablauf der Ausschlagungsfrist eintritt (vgl. oben Anm. 2a zu § 20). Der Pflichtteilsanspruch entsteht zwar unmittelbar mit dem Erbfall, aber aus demselben Grunde, aus dem erst der geltend gemachte Pflichtteilsanspruch nach § 20 Ziff. 1 EStG. (vgl. Anm. 2b zu § 20) steuerpflichtig ist, bleibt der Verzicht auf den Pflichtteil schenkungssteuerfrei (§ 40 Abs. 3 EStG.). Materiellrechtlich liegt in der Ausschlagung einer Erbschaft oder eines Vermächtnisses oder im Unterlassen eines Vermögenserwerbs keine Schenkung, wohl aber im Gegensatz zum Steuerrecht im Verzicht auf den mit dem Erbfall entstehenden Pflichtteil (§ 517 BGB.; RG. in RGZ. Bd. 77 S. 238; Örtmann Anm. 1b § 517). Die Abfindung für den Verzicht auf den entstandenen Pflichtteilsanspruch oder für die Ausschlagung einer Erbschaft oder eines Vermächtnisses ist erbanfallsteuerpflichtig nach § 20 Ziff. 7 EStG. (Anm. 8 zu § 20), die Abfindung für den Erbverzicht hingegen ist schenkungssteuerpflichtig nach § 40 Abs. 2 Ziff. 2 EStG.

Der Erbverzicht, welchen Ziff. 2 § 40 im Auge hat, ist ein Vertrag in gerichtlicher oder notarieller Form, durch den Verwandte oder Ehegatten des Erblassers dem Erblasser gegenüber auf ihr gesetzliches Erbrecht verzichten, oder die durch Testament oder Erbvertrag als Vermächtnisnehmer oder Erben Eingesetzten auf die Zuwendung verzichten. Der Erbverzicht der gesetzlichen Erben kann auf den Pflichtteil beschränkt werden (§§ 2346 ff. BGB.). Beim Erbvertrag ist zu bemerken, daß der Erbverzichtvertrag nicht mit dem Gegenkontrahenten des Erbvertrags (mit ihm nur Aufhebungsvertrag) sondern mit dem bedachten Dritten geschlossen wird (Kipp S. 430). Ein Erbverzicht kann auch im Ehevertrage oder im Adoptionsvertrage erklärt werden (§§ 2347, 1767 BGB.).

17. Schenkungssteuerpflichtig ist ferner, was mit der Pflicht zur Anrechnung auf den **Pflichtteil** durch Rechtsgeschäfte unter Lebenden zugewendet wird. Solche Zuwendungen sind gemäß § 2315 BGB. auf den Pflichtteil anzurechnen, nachdem der Wert der Zuwendung bei der Bestimmung des Pflichtteils dem Nachlaß hinzugerechnet ist. Die Anrechnungspflicht, die auch den nachrückenden Abkömmling trifft (§ 2051 Abs. 1 BGB., § 2315 Abs. 3 BGB.), muß in einem Rechtsgeschäft unter Lebenden festgesetzt sein und kann nicht durch Verfügung von Todes wegen nachgeholt werden (RGZ. 67 S. 307). Ist die Anrechnung rechtsgültig festgesetzt, so ist die Zuwendung schenkungssteuerpflichtig.

18. Steuerpflichtig sind ferner freigebige Zuwendungen, an denen sich der Zuwendende den **Nießbrauch** für die Lebensdauer vorbehalten hat. Die Schenkungssteuerpflicht beruht auf dem gleichen Grunde, wie die Nachlaßsteuerpflicht solcher Zuwendungen gemäß § 8 Ziff. 3 EStG. (vgl. Anm. 4 zu § 8). Der kapitalisierte Wert des Nießbrauchs ist jedoch im Gegensatz zur Nachlaßsteuer vom Wert der Zuwendung abzuziehen, entsprechend dem Wesensunterschied der Schenkungssteuer als einer Bereicherungssteuer gegenüber der Nachlaßsteuer als einer reinen Vermögenssteuer (vgl. Vorbemerkung 1, 3 vor § 1, Vorbemerkung vor § 20, Anm. 5 zu § 40.)

19. Steuerpflichtig sind ferner alle Zuwendungen mit Rücksicht auf ein **künftiges Erbrecht**; so wie die Schenkungssteuer eine Art antizipierter Erbanfallsteuer ist, so ist die freigebige Zuwendung mit Rücksicht auf ein künftiges Erbrecht wirtschaftlich als Vorwegnahme des Erbrechts anzusehen und darum steuerpflichtig. Eine entsprechende Wendung findet sich in § 1521 BGB., indem dort als eingebrachtes Gut erklärt wird, was der Ehegatte „von Todes wegen oder mit Rücksicht auf ein künftiges Erbrecht durch Schenkung oder Ausstattung erwirbt". Werden Gegenleistungen gemacht, so wird es sich um gemischte Schenkungen handeln, die gemäß Anm. 5 zu § 40 EStG. zu behandeln sind.

Häufig ist der Fall, daß bei Einsetzung von Vorerben und Nacherben der Vorerbe vorzeitig den Nachlaß an die Nacherben herausgibt. Nicht selten setzt sich z. B. die Mutter schon vor ihrem Tode über einen Teil des Nachlasses, häufig über die zum Nachlaß gehörige Fabrik, mit ihren Kindern auseinander. Derartige Verträge erscheinen dann meist in der Form einer Erbauseinandersetzung, indem sie z. B. den Söhnen die Fabrik, den Töchtern eine Abfindung zusprechen und im übrigen der Mutter einen Teil des Vermögens oder eine Rente vorbehalten. In solchen Fällen ist zu prüfen, inwieweit für die Kinder bereits ein konkreter Rechtsanspruch kraft Erbrechts entstanden ist. Ist dies der Fall, so ist die Erbauseinandersetzung nicht steuerpflichtig, ist dies aber nicht der Fall, so ist die Anwendung des § 40 Ziff. 4 gegeben. Das gilt vor allem ausnahmslos in den Fällen der Anwendbarkeit des § 2269 BGB, in denen also die gemeinschaftlichen Kinder als Erben des letztversterbenden Ehegatten eingesetzt sind (eingehend über die Frage Anm. 7, 8 zu § 23). Hier ist eine steuerpflichtige Schenkung in Höhe der ganzen Nachlaßsubstanz gegeben und dies schon deshalb, weil nicht nur die Kinder noch gar kein Erbrecht vor dem Tode des letztversterbenden Ehegatten haben, sondern weil dieser auch völlig frei in der Verfügung unter

Lebenden ist. Bei Vorerbschaft und Nacherbschaft wird die gleiche Behandlung bei der Nacherbschaft auf den Überrest (§ 23 Abs. 2 ESt.G.) einzutreten haben, wohingegen bei der gewöhnlichen Vorerbschaft der Vorerbe schenkungsweise nur die Nutzung weggibt, welche ihm nach den Vorschriften des BGB. §§ 2100 ff. zustand. Die steuerpflichtige Zuwendung besteht diesenfalls in dem kapitalisierten Nutzungsrecht des Vorerben, jedoch nicht kapitalisiert zum Zeitpunkt des Erbanfalls wie bei der Erbanfallsteuer (§ 23 Abs. 1 ESt.G.) sondern kapitalisiert zum Zeitpunkt der Zuwendung. Selbstverständliche Voraussetzung der Steuerpflicht ist jedoch in diesem Falle, daß kein Entgelt von Seiten des Empfängers geleistet wird, welches der Zuwendung den Charakter als freigebige Zuwendung nimmt, gemäß den Ausführungen in Vorbemerkung 3 vor § 40. Sobald der Nacherbe oder sonstige Erwerber eine Gegenleistung entrichtet, welche nach dem Inhalt der Vereinbarung als Entgelt für die vorzeitige Übereignung des Nachlasses anzusehen ist, entfällt, ohne daß es auf das objektive Wertverhältnis von Leistung und Gegenleistung ankommt, die Steuerpflicht. Entgeltlichkeit ist vor allem dann anzunehmen, wenn der Empfänger eine Verpflichtung übernimmt, an der der Zuwendende ein eigenes Interesse hat (Urteil des Reichsfinanzhofs vom 14. 3. 1919 Bd. 1 S. 18).

20. Ziff. 5 läßt steuerpflichtig sein das infolge eines **Stiftungsgeschäfts** unter Lebenden vom Stifter zugewendete und auf die Stiftung übergegangene Vermögen. Das Stiftungsgeschäft bedarf der Schriftform (§§ 81, 82 BGB.).

Die Zuwendungen der Stiftung als solcher sind steuerfrei; für Familienstiftungen gilt die Besonderheit des § 33 Ziff. 5 (vgl. Anm. 6 zu § 33).

21. Steuerpflichtig ist die Abfindung für einen Verzicht auf die Nachfolge in **gebundene Güter** und auf Bezüge aus Familienstiftungen. Es ist zu verweisen auf die Ausführungen über Abfindungen in Anm. 16 zu § 40 ESt.G.

22. Steuerfrei sollen **Ausstattungen** bleiben, die Abkömmlingen zur Einrichtung eines angemessenen Haushalts gewährt werden. Das Steuerrecht weicht hier vom bürgerlichen Recht beträchtlich ab. Nach BGB. ist zu unterscheiden

a) die Aussteuer, welche Vater oder Mutter der Tochter im Falle der Verheiratung zur Einrichtung des Haushalts in angemessenem Umfange unter Berücksichtigung ihrer eigenen sonstigen Verpflichtungen, ohne Gefährdung ihres eigenen standesgemäßen Unterhalts und beim Fehlen eines hinreichenden Vermögens auf Seiten der Tochter zu gewähren haben (§ 1620 BGB.);

b) die Ausstattung, d. i. die Zuwendung, welche Vater oder Mutter einem Kinde mit Rücksicht auf seine Verheiratung oder auf die Erlangung einer selbständigen Lebensstellung, zur Begründung oder zur Erhaltung der Wirtschaft oder der Lebensstellung zukommen lassen (§ 1624 BGB.).

Die Aussteuer ist niemals schenkungssteuerpflichtig, denn sie wird nicht freigebig, sondern zwecks Erfüllung der gesetzlichen Pflicht aus § 1620 BGB. gewährt. Steuerfrei ist sie aber auch nur im Rahmen jener Verpflichtung, sofern insbesondere sie sich in angemessenem Umfange hält und die Tochter kein hinreichendes eigenes Vermögen hat. Im Gegensatz zur Aussteuer besteht zur Ausstattung nach § 1624 BGB. keine Verpflichtung der Eltern. Die Ausstattung erstreckt sich im Gegensatz zur Aussteuer nicht bloß auf Töchter sondern auch auf Söhne. Sie gilt nach § 1624 BGB. nur insoweit als Schenkung, als die Ausstattung das den Umständen, insbesondere den Vermögensverhältnissen des Vaters oder der Mutter, entsprechende Maß übersteigt. Begrifflich aber ist die Ausstattung auch da, wo sie keine Schenkung ist, doch eine unentgeltliche Zuwendung, und zwar eine freigebige Zuwendung im Sinne der Vorbemerkung 3 vor § 40 (vgl. RGZ. 80 S. 217). Sie ist daher nur insoweit steuerfrei, als das Gesetz diese Steuerfreiheit ausdrücklich normiert. Steuerfrei ist danach nur die Ausstattung zur Einrichtung eines angemessenen Haushalts. Steuerpflichtig dagegen ist die Ausstattung zur Erlangung einer selbständigen Lebensstellung und vor allem die Ausstattung zur Erhaltung der Wirtschaft oder der Lebensstellung. Steuerpflichtig ist danach das zur geschäftlichen Etablierung des Sohnes Zugewendete, soweit es nicht zur Begründung seines Haushalts Verwendung finden soll; steuerpflichtig sind vor allem Zuwendungen, die an Abkömmlinge gemacht werden, sobald ihr Haushalt einmal begründet ist. Zur Erhaltung des Haushalts oder zur Erhaltung der Lebensstellung kann eine Ausstattung steuerfrei nicht erfolgen.

In Erweiterung der Bestimmung aus § 1624 BGB. auf der anderen Seite sind nicht nur Ausstattungen an Kinder sondern auch solche an weitere Abkömmlinge, z. B. Enkel, steuerfrei, soweit sie sich in den Grenzen des § 40 Abs. 3 EStG. halten. Die Finanzverwaltung läßt auch bei der Aussteuer das Vorliegen einer solchen nicht bloß dann bejahen, wenn Haushaltsgegenstände zugewendet werden, sondern wenn die notwendigen Barmittel zur Einrichtung der Tochter gegeben werden, im wesentlichen auch im Hinblick auf die Schwierigkeiten der Beschaffung von Einrichtungsgegenständen in gegenwärtiger Zeit (Verfügung des Reichsfinanzministers IIIa 2911 Mi.).

Es steht fest, daß Aussteuern nur erfolgen können im Falle der Verheiratung der Tochter, also zeitlich nur zu diesem Anlaß. Bei Ausstattungen ist der Zeitpunkt im § 1624 BGB. nicht normiert worden. Man nimmt deshalb an, daß auch ein früherer und ein späterer Zeitpunkt zulässig ist, und auch die Zweckbestimmung für die spätere Einrichtung einer selbständigen Wirtschaft genügt (Zimmermann ZSt. S. 44).

Die Mitgift ist eine Zuwendung, die einer Tochter oder ihrem Bräutigam bzw. ihrem Ehemann mit Rücksicht auf die Eheschließung zuteil wird. Soweit die Mitgift der Tochter zukommt, handelt es sich um Aussteuer oder Ausstattung; wird die Mitgift dem Bräutigam oder unmittelbar nach der Eheschließung dem Ehemann gewährt, so kann eine solche Zuwendung verschiedenen Charakters sein. Entweder ist sie eine steuerpflichtige Schenkung an den Bräutigam oder sie enthält einen Vertrag mit dem Bräutigam, der keine Schenkung nach bürgerlichem Recht ist, indem die Mitgift die bedingungsgemäße Gegenleistung für die Eingehung der Ehe des Bräutigams mit der Tochter darstellt (RG. in Jur. Woch. 1908 S. 71 Nr. 6, 1913 S. 278 Nr. 21). Im letzteren Falle würde zwar keine Schenkung des bürgerlichen Rechts vorliegen, aber eine Zuwendung mit einer nicht geldwerten Gegenleistung, wie solche die Eheschließung durch den Bräutigam ist. Sie wäre danach gleichwohl steuerpflichtig. Häufig vertritt aber auch der Bräutigam bei Entgegennahme der Mitgift nur die Braut, dann soll die Mitgift deren eingebrachtes Gut sein; möglich ist auch, daß der Bräutigam einen Vertrag zugunsten der Braut als einer Dritten schließt, so daß diese selbst bezugsberechtigt wird neben dem Bräutigam (RG. bei Gruchot Bd. 48 S. 970 ff.). In den beiden letzteren Fällen wird wegen des unmittelbaren Rechts der Tochter die Zuwendung wiederum als Aussteuer oder Ausstattung anzusehen sein. Gewährt ein Dritter die Mitgift, so ist sie von vornherein Schenkung, falls keine Gegenleistung erfolgt (vgl. Kipp-Wolff § 77 und Neubecker: Mitgiftversprechen).

Überblick.

Art der Zuwendung	nach bürgerlichem Recht	nach Steuerecht
Aussteuer durch Einrichtungsgegenstände	Bei Verheiratung nur an Tochter: Keine Schenkung	Bei Verheiratung nur an Tochter: Steuerfrei
Ausstattung zur Begründung des angemessenen Haushalts	an Kinder: Keine Schenkung	an sämtliche Abkömmlinge: Steuerfrei
Ausstattung zur Begründung einer selbständigen Lebensstellung (Etablierung)	an Kinder: Keine Schenkung	Steuerpflichtig
Ausstattung zur Erhaltung des Haushalts	an Kinder: Keine Schenkung	Steuerpflichtig
Ausstattung zur Erhaltung der Lebensstellung	an Kinder: Keine Schenkung	Steuerpflichtig
Mitgift durch Dritte	Schenkung	Steuerpflichtig
Mitgift an die Tochter	vgl. Aussteuer und Ausstattung	vgl. Aussteuer und Ausstattung
Mitgift an den Bräutigam	falls Gegenleistung für Ehe: Keine Schenkung	Steuerpflichtig
Mitgift an den Bräutigam	falls in Vertretung oder zugunsten der Tochter: vgl. Aussteuer und Ausstattung	vgl. Aussteuer und Ausstattung

23. Das **Schenkungsversprechen** gemäß § 518 BGB. enthält seinem Wesen nach bereits eine freigebige Zuwendung (v. Thur S. 75). Die Ausführung des Schenkungsversprechens bedeutet die Erfüllung. Aber schon vorher ist dem Empfänger das Recht aus dem Schenkungsversprechen zugewendet. In Abweichung hiervon läßt § 40 Abs. 3 EStG. die Steuerpflicht des Schenkungsversprechens erst bei der Vollziehung eintreten. Besteuert wird also nicht das Schenkungsversprechen, sondern seine Vollziehung (Begründung S. 43), während das Schenkungsversprechen als solches nicht versteuert wird. Es richtet sich danach die gesamte Steuerpflicht ausschließlich nach der Vollziehung des Schenkungsversprechens, dieses selbst ist nicht von Bedeutung. Der maßgebende Zeitpunkt des Eintritts der Steuerpflicht im Sinne des § 45 Abs. 1 Ziff. 3 EStG. ist daher derjenige der vollzogenen Zuwendung.

Zum Inhalt eines Schenkungsversprechens ist zu beachten, daß die Kosten seiner Erfüllung der Schenker zu tragen hat. Übernimmt sie der Beschenkte, so ist er in Höhe ihres Betrages durch die Schenkung geringer bereichert, als ohne eine solche Auflage (Reichsfinanzhof vom 14. 5. 1919 Bd. 1 S. 59). Wird eine Rente zugesagt, so wird in der Mehrzahl der Fälle es sich meistens um ein einheitliches Recht handeln, welches den jedesmaligen Einzelanspruch auf den Rentenbetrag von sich aus zur Entstehung bringt. Das gilt vor allem von der Leibrente nach § 759 BGB. (RG. in RGZ. 67 S. 207, 68 S. 340). Ist dies ausnahmsweise nicht der Fall, so ist freilich nach dem grundsätzlichen Standpunkt des Gesetzes beim Versprechen mehrerer Rentenzahlungen jede einzelne Rentenzahlung als Vollziehung des Schenkungsversprechens einzeln steuerpflichtig, und zwar ohne Begrenzung auf den Kapitalbetrag der Rente (Mirre Anm. 29 zu § 40).

24. Die Vorschriften über die **Erbanfallsteuer** sollen für die Schenkungssteuer nach § 40 Abs. 1 letzter Satz EStG. gelten. Wie es mit der Anwendbarkeit jener Vorschriften steht, ist bei ihnen im einzelnen vermerkt. Die Anwendung kann nur eine sinngemäße sein; es haben also diejenigen Bestimmungen der Erbanfallsteuer auszuscheiden, welche durch Spezialbestimmungen der Schenkungssteuer ersetzt sind oder die ihre Rechtfertigung in der Natur der Zuwendung von Todes wegen finden.

Anwendbar sind insbesondere:

§ 24 betreffend die subjektive Steuerpflicht, bei der wie überall der Schenker die Stelle des Erblassers, der Beschenkte diejenige des Erben einnimmt,

§ 25 betreffend die steuerpflichtige Bereicherung,

§ 26 betreffend die Steuerklassen,

§ 27 betreffend die steuerfreie Vorstufe,

§ 28 enthaltend die Steuersätze,

§ 29 betreffend den Wert des vorhandenen Vermögens des Beschenkten,

§ 30: bei Zweckzuwendungen ist Steuerschuldner der mit der Zuwendung Beschwerte,

§ 32 betreffend Steuerfreiheit der Zuwendungen an das Reich,

§ 33 enthaltend Steuerbefreiungen, zuzüglich § 42,

§ 34 betreffend Steuerermäßigung für Abkömmlinge,

§ 35 betreffend zehnprozentige Steuer für privilegierte Zuwendungen,

§ 37 betreffend steuerfreien Hausrat, Kleidungsstücke, Haushaltungsgegenstände,

§ 38 betreffend Zusammenrechnungen (mit Ausnahme von § 42 Ziff. 2—4),

§ 39 betreffend Steueranrechnung bei mehrfachen Anfällen innerhalb der Steuerklassen I und II (vgl. Hoffmann-Hendel Anm. 5 zu § 40 ESt G.).

§ 41.

Neben dem Beschenkten haftet für die Steuer auch der Schenker.

Die Verjährung des Steueranspruchs beginnt nicht vor dem Tode des Schenkers.

Ausführungsbestimmungen § 15 Abs. 3:

Die Gerichte und Notare haben vor Beurkundung von Schenkungen die Beteiligten auf die etwaige Steuerpflicht des Beschenkten und die Haftung des Schenkers für die Steuer als Gesamtschuldner hinzuweisen.

1. § 41 normiert eine **Steuerpflicht** des Schenkers neben dem Beschenkten. Beide haften gemäß § 95 RAO. (vgl. oben Anm. 2 zu § 17, Anm. 4 zu § 19) als Gesamtschuldner. Danach haftet der Schenker nicht etwa subsidiär hinter dem Beschenkten, sondern es liegt dem Ermessen des Finanzamts ob, an welchen der beiden Schuldner es sich ganz oder zum Teil halten will (§ 421 BGB.). Da nach sinngemäßer Anwendung des § 30 EStG. grundsätzlich der Erwerber der Steuerpflichtige ist, so wird man vom Finanzamt erwarten dürfen, daß es sich zunächst an den Beschenkten hält, soweit das nicht bei seinen Vermögensverhältnissen oder seinen sonstigen persönlichen Verhältnissen eine Erschwerung der Verfolgung des Steueranspruchs bedeuten würde. Unter normalen Verhältnissen wird daher zunächst die Steuer vom Beschenkten zu erfordern sein. Das Finanzamt wird es jedoch nicht nötig haben, sich zuerst an den Beschenkten zu wenden, wenn dieser z. B. notorisch vermögenslos ist oder im Ausland weilt oder als Mitglied einer fremden diplomatischen Vertretung exterritorial ist.

2. Grundsätzlich beginnt die **Verjährung** des Steueranspruchs mit dem Ende des Jahres, in welchem die Steuerschuld entsteht (§ 122 RAO.). Über die Verjährungsfrist und ihren Lauf vgl. Anm. 10 zu § 62.

Die regelmäßig fünfjährige Verjährungsfrist für die Schenkungssteuer (§ 121 RAO.) müßte danach mit Rücksicht auf den Stichtag des § 45 Ziff. 3 EStG. (vgl. Anm. 4 zu § 45) mit Ablauf des Jahres beginnen, in welchem die Zuwendung erfolgt. In Abweichung hiervon bestimmt § 41 EStG., daß die Verjährung nicht vor dem Tode des Schenkers beginnen soll. Der Grund der Vorschrift ist der, eine vorzeitige Verjährung der Schenkungen zu verhindern, welche häufig erst beim

Tode eines der Beteiligten zur Kenntnis der Steuerbehörde kommen. Die Vorschrift wird nach ihrem Inhalt auf Schenkungen natürlicher Personen beschränkt sein (Mirre Anm. 2).

§ 42.

Von der Schenkungssteuer sind außer den Fällen der §§ 27, 33 befreit

1. Schenkungen beweglicher Sachen im Werte von nicht mehr als 5000 Mark an Personen der Steuerklassen III bis V, sofern die Sachen dem persönlichen Gebrauche des Beschenkten oder seiner Familienangehörigen zu dienen bestimmt sind;
2. Zuwendungen zum Zwecke des angemessenen Unterhalts oder der Ausbildung des Bedachten, Ruhegehalte und ähnliche Zuwendungen, die ohne rechtliche Verpflichtung früheren oder jetzigen Angestellten oder Bediensteten gewährt werden, sowie die üblichen Gelegenheitsgeschenke;
3. der Erlaß von Schulden, die durch Gewährung von Mitteln zum Zwecke des angemessenen Unterhalts oder der Ausbildung begründet worden sind;
4. Zuwendungen, die zu ausschließlich kirchlichen, mildtätigen oder gemeinnützigen Zwecken aus öffentlichen Mitteln oder aus den Mitteln solcher juristischer Personen oder ihnen gleich zu erachtenden Personengemeinschaften gemacht werden, die ausschließlich Zwecke der bezeichneten Art verfolgen.

Die Steuerpflicht einer Schenkung wird nicht dadurch ausgeschlossen, daß sie zur Belohnung oder unter einer Auflage gemacht oder in die Form eines lästigen Vertrags gekleidet wird.

1. § 42 enthält die **Befreiungen** von der Schenkungssteuer. Die Bestimmung findet ihre Ergänzung durch Heranziehung des § 40 Abs. 1 letzter Satz EStG., betreffend die sinngemäße Anwendung der Vorschriften über die Erbanfallsteuer auf die Schenkungssteuer.

Wegen der Steuervergünstigungen ist zu verweisen auf § 40 Anm. 24. Von den Befreiungsvorschriften für die Erbanfallsteuer ist außer den in § 42 angezogenen noch § 32 herauszunehmen.

Hiernach treten Befreiungen von der Schenkungssteuer ein in den Fällen:

der §§ 27, 32, 33 EStG., und

in den Fällen des § 42 Ziff. 1—4.

Schenkungssteuerfrei sind danach:

a) Zuwendungen an das Reich oder an ein Land und Zuwendungen, die ausschließlich Zwecken des Reichs oder eines Landes dienen oder an solche Gesellschaften, Anstalten oder Stiftungen gemacht werden, die ausschließlich Zwecke des Reichs oder eines Landes verfolgen (§ 32 EStG. und Erläuterungen);

b) die bei der Erbanfallsteuer befreiten Vorstufen von 500 M. bzw. 5000 M., letzteres soweit der Erwerber den Steuerklassen I, II, III 1, IV 1 und V angehört (§ 27 EStG. und Erläuterungen);

c) in den sechs Fällen, in denen § 33 EStG. von der Erbanfallsteuer befreit (vgl. § 33 und Erläuterungen). Begrifflich scheidet dabei der Fall des § 33 Ziff. 1 aus.

2. **Zu Ziff. 1.** a) Ferner sind steuerfrei nach § 42 Ziff. 1 Schenkungen beweglicher Sachen im Werte von nicht mehr als 5000 M. an Personen der Steuerklassen III—V, sofern die Sachen dem persönlichen Gebrauch des Beschenkten oder seiner Familienangehörigen zu dienen bestimmt sind. Das betrifft Zuwendungen an Eltern, voll- und halbbürtige Geschwister, Großeltern und die entfernteren Voreltern, die Abkömmlinge ersten Grades von Geschwistern, Schwieger- und Stiefeltern, Schwieger- und Stiefkinder, die an Kindesstatt angenommenen Personen und ihre einbezogenen Abkömmlinge, soweit sie nicht in die Steuerklassen I oder II gehören, Großneffen und Großnichten, Onkel und Tanten, Schwager und Schwägerinnen. Bei Klasse III ist zu bemerken, daß zu den Eltern die uneheliche Mutter gehört, der uneheliche Vater nur, wenn er das Kind anerkannt hat. Adoptiveltern gehören nicht unter Klasse III, sondern unter Klasse IV. Vollbürtige Geschwister sind die, die mit dem Erblasser beide Elternteile gemeinsam haben, halbbürtige, die nur einen Elternteil gemeinsam haben: Bruder, Schwester, Stiefbruder, Stiefschwester. Stiefeltern sind die Ehegatten des Vaters oder der Mutter im Verhältnis zum Kinde, die nicht Erzeuger des Kindes sind. Schwiegerkinder sind die Gattin des Sohnes und der Gatte der Tochter, Stiefkinder sind die vom Ehegatten mit in die Ehe gebrachten Kinder, bei unehelichen Kindern nur die Kinder der Ehefrau. Bei Annahme an Kindesstatt werden die späteren Abkömmlinge regelmäßig in die Annahme miteinbezogen, mit Ausnahme der zur Zeit der Annahme bereits vorhandenen, falls nicht mit diesen besonders abgeschlossen (§ 1762 BGB.). Das angenommene uneheliche Kind der Mutter fällt niemals unter Klasse IV, 5, sondern stets unter Klasse I, 2. Das angenommene uneheliche Kind des Vaters fällt nicht unter Klasse IV, 5, falls es im Sinne des § 26 I 2 anerkannt wird. Über

Einzelheiten und die sonstigen Steuervergünstigungen der einzelnen Steuerklassen vgl. Erläuterungen zu § 26 EStG. und Anm. 24 zu § 40 über ihre entsprechende Anwendung auf die Schenkungssteuer.

b) Welche Sachen dem **persönlichen Gebrauch** eines den Steuerklassen III—V angehörigen Beschenkten oder eines seiner Familienangehörigen zu dienen bestimmt sind, wird sich am besten im Anschluß an § 37 EStG. beantworten lassen. Es sind dies im wesentlichen die Gebrauchsgegenstände des täglichen Lebens, nicht aber Sachen, die zum Verbrauch bestimmnt sind, also insbesondere nicht Geld. Mechanisch wird man aber den Grundsatz nicht anwenden dürfen, um den Zweck der Bestimmung nicht zu verfehlen. Es kann keinen Unterschied machen, ob der Schenker dem Beschenkten einen Hut kauft, oder ob er ihm das Geld gibt, mit der Bestimmung, einen Hut dafür zu kaufen, sobald nur feststeht, daß der Hut von diesem Geld gekauft ist. In beiden Fällen hat der Schenker dem Beschenkten den Hut als Gebrauchsgegenstand geschenkt. Der Kreis der hiernach steuerfreien Gegenstände wird sich im wesentlichen decken mit den in § 37 Ziff. 1 in Verbindung mit § 7 befreiten Sachen. Es ist zu verweisen auf Anm. 1 zu § 7. Danach gehören hierher regelmäßig alle zur Wohnungseinrichtung und zum außergewerblichem Gebrauch dienenden Sachen. Es scheiden aus die zu einem Gewerbebetrieb dienenden Gebrauchsgegenstände. Wie dort, werden die Gegenstände, welche die Angehörigen freier Berufe, wie Rechtsanwälte, Ärzte, Schriftsteller, für ihren Beruf benutzen, hierher gezählt werden dürfen, jedoch nur, falls sie dem persönlichen Gebrauch des Inhabers dienen. Insoweit wird § 42 Ziff. 1 EStG. der Abgrenzung nach enger sein als § 37 Ziff. 1 EStG. Es wären hierher zu zählen: Die Bücher des Rechtsanwalts, die Instrumente des Arztes, dagegen nicht die Schreibmaschine für das Büro des Rechtsanwalts, obwohl die letztere zu den in § 7 und § 37 Ziff. 1 EStG. gemeinten Gegenständen gehört. Gegenstände der Büroeinrichtung gehören zwar nicht zum Betriebsvermögen (§ 7 Ziff. 1 Anm. 1 EStG.) bei Angehörigen der freien Berufe, weil sie solches nicht besitzen, aber sie dienen, falls zum Gebrauch durch Hilfspersonal bestimmt, nicht zum persönlichen Gebrauch des Inhabers. Insofern sind infolge der Abweichung des § 37 Ziff. 1 von § 42 Ziff. 1 EStG. die Personen der Steuerklassen I und II als Beschenkte besser gestellt, als die Personen der Steuerklassen III—V.

Wenn Gegenstände zum Gebrauch für den Gewerbebetrieb bestimmt sind, so sind sie, dem Zwecke der Vorschrift nach, meines Er achtens auch dann steuerpflichtig, wenn sie der Beschenkte im Gewerbebetrieb selbst benutzt (anderer Meinung Mirre Anm. 1).

Übersicht.

Gegenstand der Schenkung	Beschenkte der Steuerkl. I—II	Beschenkte der Steuerkl. III—V
Schenkungen über 5000 Mark enthaltend persönliche Gebrauchsgegenstände	steuerfrei	steuerpflichtig
Schenkungen von persönlichen Gebrauchsgegenständen unter 5000 Mark	steuerfrei	steuerfrei
Schenkungen von Gegenständen für den Gewerbebetrieb	steuerpflichtig ohne Rücksicht auf den Wert	steuerpflichtig ohne Rücksicht auf den Wert
Schenkungen an Angehörige freier Berufe zum nicht persönlichen Berufsgebrauch	steuerfrei ohne Rücksicht auf die Höhe	steuerpflichtig

c) Es kann sein, daß die nach § 12 Ziff. 1 befreiten Sachen zugleich auch solche gemäß § 37 Ziff. 2 EStG. sind, also Kleidungsstücke und Haushaltungsgegenstände. Soweit die Empfänger dann den in § 37 Ziff. 2 EStG. angeführten Steuerklassen angehören, ist § 37 Ziff. 2 gemäß § 40 Abs. 1 EStG. letzter Satz (vgl. Anm. 24 zu § 40) neben § 42 Ziff. 1 EStG. anwendbar. Das ist also nicht bei sämtlichen Angehörigen der Steuerklassen III—V der Fall, sondern nur bei voll- und halbbürtigen Geschwistern, bei Neffen und Nichten, bei Schwiegereltern, Schwiegerkindern, Stiefeltern, Stiefkindern, Großneffen und Großnichten. Soweit solchen Personen Kleidungs- und Haushaltungsgegenstände geschenkt werden, sind sie gemäß § 37 Ziff. 2 EStG., soweit sie nicht zum Gewerbebetrieb oder zum Verkauf bestimmt waren, bei jedem einzelnen Beschenkten bis zum Wert von 10000 M. steuerfrei. Ist somit der Tatbestand des § 37 Ziff. 2 und des § 42 Ziff. 1 EStG. gleichzeitig gegeben, handelt es sich also um geschenkte Kleidungsstücke und Haushaltungsgegenstände an Angehörige der in § 37 Ziff. 2 angeführten Steuerklassen, so sind meines Erachtens die nach § 42 Ziff. 1 steuerfreien 5000 M. auf die nach § 37 Ziff. 2 steuerfreien 10000 M. anzurechnen. Es sind also bei einem Geschenk von 20000 M. nicht etwa 15000 M. frei, bestehend aus 5000 M. nach § 42 Ziff. 1 und 10000 M. nach § 37 Ziff. 2 EStG., sondern insgesamt nur 10000 M. nach § 37 Ziff. 2 EStG.

d) Nach § 38 EStG. sind bei Berechnung der steuerfreien 5000 M. mehrere Zuwendungen des Schenkers an den Beschenkten zusammenzuzählen.

3. **Zu Ziff. 2.** a) Steuerfrei sind Zuwendungen zum Zwecke des angemessenen **Unterhalts** oder der Ausbildung des Bedachten.

Angemessen ist mehr als „notwendig" und weniger als „standesgemäß". In beiden angeführten Fällen ist Bedürftigkeit des Beschenkten nicht mehr Voraussetzung. Auch bezüglich des das Erfordernis der Bedürftigkeit des Beschenkten noch aufstellenden § 56 des ersten EStG. hatte der Reichsfinanzhof im Urteil vom 30. 4. 1919 (Bd. 1 S. 35) bereits dahin erkannt, daß ein kleines Vermögen des Beschenkten dessen Bedürftigkeit nicht ausschließen soll. Aus der Grenze der Angemessenheit aber ergibt sich, daß der Unterhalt nur dann steuerfrei ist, wenn er an Personen gewährt wird, die für ihn nach ihrer Vermögenslage immerhin entsprechende Verwendung haben.

b) Bei Zuwendungen zum Zwecke der **Ausbildung** des Bedachten ist eine Grenze nicht ausdrücklich gezogen. Das Wort „angemessen" findet sich nur bei „Unterhalt" und nicht bei „Ausbildung" und ist dem Wortlaut nach nicht auf „Ausbildung" zu beziehen. Danach müßte man an sich annehmen, daß Zuwendungen zum Zwecke der Ausbildung ohne jede Begrenzung frei sind; das würde aber dem Zwecke des Gesetzes meines Erachtens nicht entsprechen. Wenn schon bei Unterhaltsbeiträgen die Grenze der Angemessenheit gezogen wird, so wird das Gesetz die Grenze der steuerfreien Ausbildung nicht weiter stecken wollen, als bei der Abgrenzung des zum Lebensunterhalt Notwendigsten. Es würde auch entgegen dem Zwecke der Vorschrift zu einer schweren Beeinträchtigung der Erbschaftssteuer führen müssen, wenn z. B. der Vater seinem Sohn, der infolge Erbschaft vom Großvater her vermögender ist als der Vater selbst, große Summen zum Zwecke seiner Ausbildung noch steuerfrei zuwendet. Die Grenze der Angemessenheit wird daher zweckentsprechend trotz der wenig glücklichen Fassung des Gesetzes auch auf die Zuwendungen zum Zwecke der Ausbildung zu erstrecken sein (anderer Meinung Mirre Anm. 2).

Es kommt nicht an auf die Angabe des Zweckes der Zuwendung, welche der Zuwendende wählt, wenn diese nicht den Tatsachen entspricht. Niemals dürfen durch Zuwendungen unter dem Vorgeben der Ausbildung Vorwegnahmen des Erbganges erworben werden; diesenfalls sind sie unbeschränkt steuerpflichtig (Reichsfinanzhof Urteil vom 28. 6. 1920 Bd. 3 S. 223).

c) Steuerfrei sind ferner **Ruhegehälter** und ähnliche Zuwendungen, die ohne rechtliche Verpflichtung früheren oder jetzigen Angestellten oder Bediensteten gewährt werden. Es war überaus zweifelhaft, ob derartige Zuwendungen nach dem ersten EStG. § 56 Abs. 2 Steuerfreiheit genossen. Der Reichsfinanzhof (z. B. Urteil vom 3. 10. 1919 II A 216/19 Bd. I S. 213, vom 30. 4. 1919 Bd. I S. 40, auch AZ. II A 133/19) hat die Steuerfreiheit der Zuwendungen von Arbeitgebern an Arbeiter- und Angestelltenunterstützungskassen für das erste EStG. regelmäßig verneint und sie nur in besonderen Fällen zugelassen, z. B. wenn die Arbeitnehmer die Zuwendungen erwarten durften; die Gründe lagen in der abweichenden Fassung des § 56 Abs. 1 des ersten EStG. von § 12 Abs. 1 Ziff. 4 des ersten EStG. Die Folgen dieser Rechtsprechung machten es der Industrie unmöglich, auf dem Wege der Zuwendung an ihre Arbeiter- und Angestelltenkassen die Arbeiter und Angestellten an den Erträgnissen der Werke aus den Kriegsjahren in der von ihnen beabsichtigten Weise teilnehmen zu lassen, oder sie schmälerten jedenfalls derartige Zuwendungen um die beträchtliche Steuer, ein Ergebnis, das jedenfalls vor allem die Kriegsteilnehmer und ihre Familien mehr noch als die hoch bezahlten Industriearbeiter traf, da jene Kassen vor allem die Versorgung der Angehörigen der im Kriege Befindlichen und Gefallenen bestritten. Jener Rechtszustand verhinderte es auch, in dieser Form einer zweiten Funktion der Unterstützungskassen gerecht zu werden, welche im Flusse der sozialen Bewegung dahin ging, den Angestellten und Arbeitern eine Besserung ihrer Lebensstellung aus den Gewinnen der Gesellschaft unmittelbar zu gewähren. § 42 EStG. Ziff. 2 läßt nunmehr die Möglichkeit zu, zu einem abweichenden Ergebnis zu kommen, wenn gleich für das erste KStG. vom 21. 6. 1916 § 4 Abs. 1 sich noch das Hindernis ergeben hatte, daß Zuwendungen an Kassen mit eigener Rechtspersönlichkeit selbst dann, wenn sie statutenmäßig ein Mitbestimmungsrecht der Arbeiter oder Angestellten vorsahen, nicht als solche an Arbeiter oder Angestellte unmittelbar erachtet wurden (Zimmermann KStG. Anm. 7 § 4; Strutz KStG. S. 157).

Nach der Fassung des § 42 Ziff. 2 wird man kein Hindernis mehr darin sehen, seine Geltung nicht nur auf Zuwendungen an frühere oder jetzige Angestellte und Arbeiter persönlich zu erstrecken, sondern auch auf Zuwendungen an Kassen mit eigener Rechtspersönlichkeit, welche die Unterstützung früherer oder jetziger Angestellter und Arbeiter oder ihrer Familienangehörigen bezwecken, sofern nur dieser Zweck statutenmäßig festgelegt ist. Am unbedenklichsten ist die Annahme einer unmittelbaren Zuwendung an Arbeiter oder Angestellte dann, wenn diese, wie zur Zeit häufig, an der Verwaltung des Kassenvermögens selbst beteiligt sind. Eine solche, über den engeren Wortlaut hinausgehende Auslegung entspricht einem starken wirtschaftlichen Bedürfnis in der Industrie und der erheblichen sozialen Bedeutung solcher Zuwendungen. Die Zuwendungen an Arbeiter- oder Angestelltenkassen müssen freilich ausgehen vom Arbeitgeber, also grundsätzlich vom Werk, dem die Kasse angegliedert ist. Es werden aber auch hierher zu rechnen sein Zuwendungen von Groß-Aktionären, z. B. bei Familiengründungen, Zuwendungen des Vorstandes oder des Aufsichtsrats sowie einzelner gegenwärtiger oder früherer Mitglieder von ihnen. Das Ruhegehalt setzt jedoch voraus eine Erwerbsunfähigkeit auf Seiten des Empfängers. Bei Kassen muß also statutenmäßig vorgesehen sein, daß Bezüge nur bei einer erheblichen Beeinträchtigung der Erwerbsfähigkeit des Empfängers erfolgen. Ob die Erwerbsunfähigkeit auf Betriebsunfällen, auf Alter, überhaupt auf mit dem Betriebe oder nicht mit dem Betriebe zusammenhängenden Ereignissen beruht, ist nicht entscheidend, ebensowenig die Dauer der Beschäftigung der Bezieher im Betriebe. Ausscheiden müssen vorab alle Zuwendungen, die auf rechtlicher Verpflichtung des Zuwendenden beruhen, z. B. auf dem Dienstvertrage. Zu verweisen ist über die Abgrenzung der verschiedenen Arten der Gratifikationen und belohnenden Schenkungen auf Anm. 7 zu § 40 EStG. Ein Entgelt an Direktoren, welche in den Aufsichtsrat übertreten, wird regelmäßig nicht steuerfrei sein, weil man nach der Stellung des Aufsichtsrates nicht annehmen soll, daß in der Erwerbsfähigkeit schwer beeinträchtigte Personen seine Funktion wahrnehmen. Es kann dies aber auch unter Umständen der Fall sein, z. B. wenn der Vorstand einer Aktiengesellschaft erwerbsunfähig wird infolge eines körperlichen Leidens und man ihn, um ihm die Bezüge zuzuwenden, in den Aufsichtsrat übernimmt. Steuerpflichtig werden aber stets die Zuwendungen dann sein, wenn das Vorstandsmitglied in gleicher Eigenschaft in ein anderes Unternehmen übertritt, da sich daraus ergibt, daß er offenbar erwerbstüchtig ist. Aus dem Worte „Zuwendungen" folgt jedoch meines Erachtens nicht, daß nur dauernde Bezüge steuerfrei sind; auch eine einmalige Zuwendung kann hierher gehören, z. B. wenn dem wegen Krankheit ausscheidenden Direktor eine einmalige Zuwendung im Hinblick auf seine eingetretene Erwerbsunfähigkeit gewährt wird oder wenn dem erkrankten Direktor eine einmalige Zuwendung gewährt wird zur Deckung seiner ungewöhnlichen Auslagen, die ihm z. B. dadurch entstehen, daß er bei ungünstigen Valutenverhältnissen in einem Sanatorium in der Schweiz Heilung suchen muß. Auch solche einmaligen Zuwendungen werden vom Wortlaut und Zweck des § 42 Ziff. 2 EStG. gedeckt.

d) Neben § 42 Ziff. 2 EStG. steht **§ 35 Ziff. 4** EStG. in entsprechender Anwendung. § 35 Ziff. 4 läßt für einen Erwerb der Kassen oder Anstalten zum Zwecke der Unterstützung der mit dem Erblasser in einem Dienst- oder Arbeitsverhältnis stehenden Personen oder ihrer Familienangehörigen nur eine auf 10% verminderte Steuer bestehen. Das gleiche soll gelten, wenn der Erwerb Kassen oder Anstalten anfällt, welche die Unterstützung von Personen sowie deren Familienangehörigen bezwecken, die zu einem wirtschaftlichen Unternehmen, bei dem der Erblasser beteiligt oder tätig war, in einem Dienst- oder Arbeitsverhältnis stehen. Es ist im einzelnen zu verweisen auf die Erläuterungen Anm. 5 zu § 35 EStG. Bei einem Vergleich von § 42 Ziff. 2 mit § 35 Ziff. 4 EStG. ergibt sich, daß beide Tatbestände keineswegs dieselben sind. Unterstützung nach § 35 Ziff. 4 EStG. ist nicht dasselbe, wie Ruhegehalt. Unterstützungen setzen weder eine Erwerbsunfähigkeit des Bezugsberechtigten noch seine Bedürftigkeit voraus. Ruhegehalt und ähnliche Zuwendungen werden sich beziehen vor allem regelmäßig auf die Zeit nach Ausscheiden aus dem Dienste oder auf die Zeit verminderter Arbeitsfähigkeit im Dienst, während Unterstützungen gerade die Zeit während des Dienstes bei voller Arbeitsfähigkeit im Auge haben, wenngleich der Begriff als der weitere auch Ruhegehalte einschließen wird. Unterstützungen werden daher schon dann vorliegen, wenn sie für Erholungsreisen während der Ferien, zu Studienzwecken usw. gewährt werden (Hoffmann-Henckel Anm. 6a § 35). Der Hauptunterschied der beiden Bestimmungen liegt darin, daß § 35 Ziff. 4 EStG. nur eingreift bei Kassen mit eigener juristischer Persönlichkeit, während sonst nur unter besonderen Voraussetzungen § 35 Ziff. 3 EStG. eintreten kann, während § 42 EStG. Ziff. 2 als Hauptfall den der unmittelbaren Zuwendung an die Angestellten im Auge hat. Liegt der Tatbestand des § 42 Ziff. 2 EStG. vor, so ist die Schenkung steuerfrei, liegt nur derjenige des § 35 EStG. Ziff. 4 vor, so beträgt die Steuer 10%.

e) Neben § 42 EStG. Ziff. 2 kann auch noch von Bedeutung sein **§ 35 Ziff. 3** EStG., der ebenfalls gemäß § 40 Abs. 1 EStG. letzter Satz auf Schenkungen entsprechend anzuwenden ist. Sind die Zuwendungen ausschließlich mildtätigen oder gemeinnützigen Zwecken innerhalb des deutschen Reichs oder seiner Schutzgebiete oder deutschen Reichsangehörigen im Ausland gewidmet, so beträgt die Steuer 10%, sofern die Verwendung zu dem bestimmten Zweck gesichert und die Zuwendung nicht auf einzelne Familien oder bestimmte Personen beschränkt ist. Über diese privilegierten Zweckzuwendungen ist zu verweisen auf die Ausführungen in Anm. 4 zu § 35. Die hiernach eintretende zehnprozentige Versteuerung findet dann statt, wenn zwar der Tatbestand des § 12 Ziff. 2 und des § 35 Ziff. 4 EStG. nicht gegeben ist (vgl. oben Anm. 3d), wohl aber eine Zweckzuwendung zu mildtätigen Zwecken, z. B. wenn ein anderer als der Arbeitgeber mildtätige Zuwendungen macht. Wenn ein Bergwerksunglück eintritt und ein Wohltäter zur Unterstützung der bedürftigen Familienangehörigen der Verunglückten eine Zuwendung an die Unterstützungskasse des Bergwerks macht, so ist hier ein typischer Fall gegeben, bei dem eine Steuerermäßigung nach § 35 Ziff. 3, nicht aber eine Steuerbefreiung nach § 12 Ziff. 2 eintritt.

f) Steuerfrei sind ferner die üblichen **Gelegenheitsgeschenke**. Es sind die Verkehrssitte und die Verhältnisse der Beteiligten maßgebend. Bei großem Reichtum ist es nicht ungewöhnlich, wenn bei der Geburt des ersten Kindes der Ehemann der Ehefrau eine Villa oder eine Perlenkette schenkt. Auf die Verkehrsanschauung der beteiligten Kreise wird es sowohl bezüglich der Üblichkeit ankommen, wie auch hinsichtlich der Feststellung, ob ein Gelegenheitsgeschenk überhaupt vorliegt. Ebenso wie für den Umfang des Geschenks ist die Gelegenheit zum Schenken in den einzelnen Kreisen der Bevölkerung eine verschiedene. Was in gewissen Kreisen eine übliche Gelegenheit zum Schenken ist, bildet sie in andern nicht; auch örtliche Gewohnheiten sind hierbei verschieden. Man wird bei der Prüfung nicht engherzig verfahren dürfen, dies um so weniger, als die Steuerfreiheit der Gelegenheitsgeschenke das einzige Ventil bildet gegenüber der in der nachfolgenden Anmerkung erörterten Steuerpflicht für Anstandsschenkungen. Es sollte daher die Frage, ob für die Beteiligten wirklich eine übliche Gelegenheit zum Schenken bestand, nur dann aufgeworfen werden, wenn offenbar nach den Anschauungen der beteiligten Kreise eine solche üblicherweise ausgeschlossen war. Auch die Schenkung in Gebelaune kann sonach steuerfrei sein. Es muß meines Erachtens genügen, daß dem Schenker in Anbetracht seiner Beziehungen zum Beschenkten und mit Rücksicht auf die im Zeitpunkt der Schenkung obwaltenden Umstände und nach den in seinen Kreisen üblichen Anschauungen geglaubt werden kann, hier habe für ihn eine Gelegenheit zum Schenken obgewaltet, die bei seinesgleichen eine übliche genannt werden kann. Üblich und regelmäßig ist nicht dasselbe. Auch auf sprunghafte Neigungen, die mit einer Verkehrssitte nicht geradezu übereinstimmen, wird meines Erachtens die Steuerbefreiung angewendet werden können; die Zuwendung darf nur nicht bei einer Gelegenheit erfolgen, die nach den Anschauungen der beteiligten Kreise eine solche zum Schenken nicht darstellt, und sie darf nicht über den Rahmen dessen hinausgehen, was bei solchen Gelegenheiten nach den Verhältnissen der Beteiligten als übliche Schenkung angesehen werden kann. Man wird daher steuerfrei lassen, wenn der Geschäftsmann nach einem besonders günstigen Geschäftsabschluß seiner Ehefrau ein neues Kleid oder einen neuen Hut oder auch ein Schmuckstück in üblichem Umfange kauft; über den Rahmen wird es aber hinausgehen, wenn z. B. der Vater an seinem Geburtstage die Hälfte seines Vermögens unter seine Kinder verteilt. Die Steuerbehörde hat hier dem innerhalb der beteiligten Kreise Üblichen zu folgen und nicht etwa das Übliche nach einem Normalmaßstabe zu regulieren. Sie muß aus eigener Erfahrung ermessen, ob bei den Vermögensverhältnissen, der sozialen Stellung und den kulturellen Anschauungen der Beteiligten das Geschenk als eine übliches Gelegenheitsgeschenk anzusehen ist.

g) Mit Vorbedacht hat das Gesetz aus dem ersten EStG. nicht übernommen die Befreiung der Zuwendungen, die einer **sittlichen Pflicht** oder einer auf den Anstand zu nehmenden Rücksicht entsprechen (Begründung S. 43). Als sittliche Pflicht ist anzusehen „eine über die allgemeine Pflicht zur Wohltätigkeit hinausgehende besondere, aus den Umständen des einzelnen Falles erwachsende und in den Geboten der Sittlichkeit wurzelnde Verpflichtung". Das durch den Anstand gebotene Verhalten ist ein solches, welches „nicht dergestalt gegen die Anschauungen der in Betracht kommenden Kreise verstößt, daß der Handelnde oder der ein bestimmtes, von ihm erwartetes Handeln Unterlassende dadurch eine Einbuße in der Achtung und Anerkennung seiner Kreise erleidet". Im einzelnen ist zu verweisen auf die Entscheidungen des RG. in RGZ. Bd. 70 S. 15, 383, Bd. 78, S. 414, dem der Reichsfinanzhof in dem Urteil vom 13. 6. 1919 Bd. 1 S. 110 beipflichtet. Mit den vom Reichsgericht aufgestellten Richtlinien war eine durchaus feste Umschreibung gewonnen für die einer sittlichen Pflicht oder einer auf den Anstand zu nehmenden Rücksicht entsprechenden Schenkungen. Es lag daher nicht die Gefahr vor, wenn man sie steuerfrei gelassen hätte, daß eine zu weitgehende Befreiung stattgefunden haben würde. Indem man aber nunmehr diese Arten der Schenkung in keiner Weise mehr begünstigt, treten außerordentliche Härten ein, und es werden Fälle der Schenkungssteuer unterworfen, bei denen der Steuerpflichtige regelmäßig selbst nichts von einer Steuerpflicht weiß, und bei denen eine Besteuerung häufig den sittlichen und moralischen Anschauungen zuwider läuft. Es läuft schon grundsätzlich den allgemeinen Anschauungen zuwider, Schenkungen zu versteuern, die einer sittlichen Pflicht entsprechen oder einer Handlungsweise, bei deren Unterlassen der Schenker die Achtung seiner Standesgenossen eingebüßt haben würde. Es sind dies meist Fälle, die in persönlichste Angelegenheiten des Einzelnen hineinführen und gegen deren Anmeldung bei der Steuerbehörde an sich schon das Empfinden des Steuerpflichtigen sich sträuben wird. Nach der bestehenden Gesetzeslage kann gleichwohl kein Zweifel sein, daß der Schenker und neben ihm der Beschenkte gemäß § 41 EStG. in allen Fällen derartiger Schenkungen ausnahmslos steuerpflichtig sind.

Beispiele:

Die Eltern laden die verheiratete Tochter nebst ihren Kindern auf längere Zeit zu Besuch ein, die verheiratete Tochter ladet die verwitwete Mutter zum längeren Besuch ein, der Sohn ladet die verwitwete Mutter zu einer Reise ein, der reiche Schwager gibt der verarmten Schwägerin, welche mit ihren Kindern nach dem Tode ihres Mannes in Not ist, eine reichliche Beihilfe zu ihrer Existenz und zu derjenigen ihrer Kinder, der Bruder des Schenkers muß finanziell in seinem Geschäft gestützt werden, die Freunde sammeln reichlich für den verarmten Freund, ein Grundbesitzer ladet Kinder armer Leute zum Landaufenthalt zwecks Erholung ein usw. Alle solche Fälle enthalten steuerpflichtige Schenkungen, zumal auch nichtgeldwerte Gegenleistungen hieran nichts zu ändern vermögen (§ 40 Anm. 6). Das schlimmste dabei ist, daß der Zweck der Schenkungen in solchen Fallen dahin geht, in diskreter Weise den Beschenkten zu helfen, das Gesetz aber aus der Verborgenheit der persönlichen Beziehungen die Zuwendung herausnimmt und den Schenker zur Anmeldung bei der Steuerbehörde zwingt.

Das führt weiter auf alle Zuwendungen, die auf dem Gebiete intimer Beziehungen geleistet werden. Wie steht es mit der Steuerpflicht der Prostituierten für empfangenes Entgelt? Ein übliches „Gelegenheitsgeschenk" ist es kaum, die von ihr gewährte Gegenleistung hat keinen Geldwert. Soll die Schenkung angemeldet werden und steuerpflichtig sein? Es kann dahingestellt bleiben, ob das Rechtsgeschäft unsittlich und vielleicht nichtig ist, sofern in der Übergabe des Entgelts ohne Anspruch auf Rückforderung eine freigebige und deshalb steuerbare Zuwendung liegt. Es ist unbestritten, das nach dem EStG. Zuwendungen z. B. bei Lösung intimer Beziehungen schenkungssteuerpflichtig sind (Mirre Anm. 8 § 40). Das gleiche gilt für Zuwendungen, die z. B. während langjähriger intimer Beziehungen gewährt werden, soweit sie über die üblichen Gelegenheitsgeschenke hinausgehen (Reichsfinanzhof Bd. 1 S. 35). Der Reichsfinanzhof führt in dem angeführten Urteil vom 30. 4. 1919 Bd. 1 S. 40 zum ersten EStG. aus: „Eine derartige Begrenzung des Begriffs der sittlichen Pflicht wäre bei weitem zu eng. Nicht jede Betätigung der Nächstenliebe ist Erfüllung einer sittlichen Pflicht im Sinne des Gesetzes, wohl aber jede Handlung, soweit sie bei den besonderen Beziehungen der Beteiligten nicht unterlassen werden kann, ohne die Gebote der Sittlichkeit zu verletzen. Das Leben ist zu vielgestaltig, um eine für alle Fälle bindende Regel geben zu können, die Entscheidung muß von Fall zu Fall getroffen werden. Vorliegend steht grundsätzlich zur Entscheidung die Frage, ob derjenige, welcher mit einem Mädchen zwölf Jahre in den vertrautesten Beziehungen gestanden hat, nur einer sittlichen Pflicht entspricht, wenn er dem Mädchen im Falle ihrer Erkrankung und Erwerbsunfähigkeit, ohne seine Beziehungen zu lösen, von seinem Überflusse zukommen läßt, was es zur Wiederherstellung seiner Gesundheit und zu seinem Unterhalte während dieser Zeit benötigt. Diese Frage ist unbedenklich zu bejahen, eine andere Handlungsweise würde einem gesunden sittlichen Empfinden widersprechen. Die sittliche Pflicht zur Gewährung geht aber nicht über das Maß dessen hinaus, was zur Zeit der Gewährung zu dem beabsichtigten Zwecke als notwendig angesehen werden konnte."

Mit diesen, den Erfahrungen des Lebens entsprechenden Ausführungen des Reichsfinanzhofs zum ersten EStG. steht das geltende Gesetz in krassem Widerspruch. Alle derartigen Schenkungen sind steuerpflichtig und sind, was den Beteiligten vielleicht noch peinlicher ist, anzeigepflichtig. Es ist nur auf diese und auf die vorstehenden übrigen Beispiele zu verweisen, z. B. auf die Stützung des bedürftigen Bruders, der Geschäftsmann ist, um darzutun, daß das Gesetz hier dem moralischen Empfinden entgegenläuft und einer Abänderung bedarf. Vorerst jedoch sind alle einer sittlichen Pflicht oder einer auf den Anstand zu nehmenden Rücksicht entsprechenden Schenkungen, außer den üblichen Gelegenheitsgeschenken, schenkungssteuerpflichtig. Helfen kann nur teilweise eine weitgehende Auslegung der Steuerbefreiung für übliche Gelegenheitsgeschenke, wie in Anm. 3 f geschehen, und im übrigen ein Antrag auf Grund des Härteparagraphen (§ 108 RAO.). Es wird aber nur in besonders geeigneten Fällen ein Antrag auf Steuererlaß beim Finanzamt gestellt werden können und zugunsten des Steuerpflichtigen der Härteparagraph in Anwendung gebracht werden (§ 108 RAO.) gemäß dessen Praxis (vgl. über diese Anm. 1 zu § 17).

4. **Zu Ziff. 3**: Steuerfrei ist der **Erlaß von Schulden**, die durch Gewährung von Mitteln zum Zweck des angemessenen Unterhalts oder der Ausbildung begründet worden sind. Die Vorschrift ist die notwendige Ergänzung zu Ziff. 2 § 42 EStG. Soweit dort die Zuwendungen für solche Zwecke für steuerfrei erklärt worden sind, wird hier das gleiche bestimmt für den Erlaß von Schulden, die durch Gewährung von Mitteln zu jenen Zwecken entstanden sind. Es ist deshalb wegen der Begriffe des angemessenen Unterhalts und der Ausbildung zu verweisen auf Anm. 3a, b zu § 42 EStG.

5. **Zu Ziff. 4**. Steuerfrei sind Zuwendungen, die zu ausschließlich **kirchlichen, mildtätigen** oder **gemeinnützigen** Zwecken aus öffentlichen Mitteln oder aus den Mitteln solcher juristischen Personen oder ihnen gleich zu achtenden Personengemeinschaften gemacht werden, die ausschließlich solche Zwecke verfolgen. Die Vorschrift lehnt sich in ihrer Fassung eng an diejenige des § 35 Ziff. 3 EStG. an, welche daneben gemäß § 40 Abs. 1 EStG. letzter Satz Anwendung findet (vgl. Anm. 3e zu § 42). Die Steuerfreiheit ist gemäß Ziff. 4 § 42 an zwei Voraussetzungen geknüpft:

a) Die Zuwendungen müssen zu den vorbezeichneten Zwecken erfolgen;
b) Zuwendende müssen sein die vorbezeichneten Personengemeinschaften, welche ausschließlich gleiche Zwecke verfolgen, oder die Zuwendungen müssen aus öffentlichen Mitteln geschehen. Vorausgesetzt werden also Zweckzuwendungen im Sinne des § 30 EStG. (vgl. Anm. 3 zu § 30 EStG.).

Solche Zweckzuwendungen sind so anzusehen, als ob sie eine selbständige Stiftung mit Rechtspersönlichkeit wären, und der Beschwerte hat, entsprechend dem Organ einer rechtsfähigen Stiftung, für die Entrichtung der Steuern Sorge zu tragen. Eine solche Zweckzuwendung ist als eigener Steuerträger somit anzusehen. Voraussetzung ist die ausschließliche Bestimmung zu kirchlichen, mildtätigen oder gemeinnützigen Zwecken. Über kirchliche Zwecke vgl. Anm. 2c zu § 35 EStG. Mildtätige Zwecke setzen Bedürftigkeit des Bedachten voraus. Im einzelnen ist zu verweisen auf Anm. 1c zu § 35.

Ebenso ist wegen der **Gemeinnützigkeit** auf Anm. 4c zu § 35 EStG. zu verweisen. Die Bedingung der **Ausschließlichkeit** erfordert, daß durch den Zuwendenden selbst die ausschließliche Verwendung zu solchen Zwecken festgelegt ist und damit zum Inhalt der Zuwendung gehört (vgl. Anm. 4d, e § 35). Die Zuwendungen müssen entweder geschehen aus **öffentlichen Mitteln**, d. h. aus Mitteln einer juristischen Person des öffentlichen Rechts, **oder von Seiten juristischer Personen oder Personengemeinschaften**, die ausschließlich jene privilegierten Zwecke verfolgen, also von Stiftungen, Vereinen, Anstalten, die neben diesen Zwecken einen andern Zweck auch nicht als Nebenzweck verfolgen. Die Frage der Zusammenrechnung mehrerer gleichartiger Zuwendungen nach § 38 EStG. kommt nicht in Betracht, da die Steuerfreiheit gegebenenfalls ohne Grenze eintritt.

Der Zweck der Vorschrift ist der, Vermögensteile steuerfrei zu lassen, bei denen infolge der Zuwendung zwar rechtlich der Inhaber wechselt, die aber an ihrem wohltätigen Zweck festgehalten werden, z. B. Beihilfen des Staates aus einem Wohlfahrtsfonds an die Hinterbliebenenkasse eines Bergwerks zur Versorgung der bedürftigen Hinterbliebenen gelegentlich eines Bergwerksunglücks. **Bei Schenkungen zu kirchlichen, mildtätigen oder gemeinnützigen Zwecken, auch bei Schenkungen von oder an Personenvereinigungen mit solchen Zwecken ergibt sich daher folgende Übersicht** (die vorbezeichneten Zwecke sind kurz als „privilegierte" bezeichnet und die Personenvereinigungen, die ausschließlich solche Zwecke verfolgen, als „privilegierte Personenvereinigungen"):

Übersicht.

Zuwendung	mit 10% steuerpflichtig	steuerfrei
1. Zu privilegierten Zwecken ohne Besonderheit der Beteiligten	10% § 35 Ziff. 3 EStG.	—
2. Zuwendungen wie zu 1, Ruhegehalte oder ähnliche Zuwendungen enthaltend	—	steuerfrei § 42 Ziff. 2 EStG.
3. Zuwendungen wie zu 1. aus öffentlichen Mitteln oder von privilegierten Personengemeinschaften	—	steuerfrei § 42 Ziff. 4 EStG.
4. Gewöhnliche Zuwendungen an privilegierte juristische Personen	10% § 35 Ziff. 2 EStG.	—

6. **Abs. 2** § 42 bestimmt, daß die Steuerpflicht einer Schenkung nicht dadurch ausgeschlossen wird, daß sie zur **Belohnung** erfolgt. Es

ist hier aber Obacht zu geben, ob eine belohnende Schenkung vorliegt oder eine Gratifikation, die einen Teil des Dienstvertrages bildet. Dies ist bereits zu § 40 Anm. 7 eingehend erörtert worden. Die belohnende Schenkung ist steuerpflichtig, die Gratifikation ist steuerfrei als Teil des Dienstvertrages.

7. Es entspricht der irrtümlichen Fassung des § 40 EStG., (vgl. § 40 Anm. 1), wenn § 42 Abs. 2 EStG. es für notwendig hält, zu bestimmen, die Steuerpflicht einer Schenkung wird nicht dadurch geändert, daß sie in der Form eines lästigen **Vertrages** oder unter einer **Auflage** erfolgt. Geht man, wie hier, systematisch vom Begriff der freigebigen Zuwendung aus (näher Vorbemerkung vor § 40), so ist es selbstverständlich, daß weder die Auflage etwas zu ändern vermag an der Rechtsnatur der freigebigen Zuwendung, noch auch die Form des endgültigen Vertrages, in welche sich die freigebige Zuwendung kleidet. Es ist dieserhalb darauf hinzuweisen, daß die Übernahme nichtgeldwerter Gegenleistungen überhaupt nicht in Frage kommt (§ 40 Abs. 1 Satz 3, näher Anm. 6 zu § 40 EStG.). Bezüglich der Auflage ist zu verweisen auf § 40 Anm. 13, auch auf Vorbemerkung 4 vor § 40 betreffend mittelbare Zuwendungen. Die Auflage hat entweder Bedeutung, indem sie selbst eine mittelbare freigebige Zuwendung an den Empfänger der Auflage darstellt und in dieser Funktion schenkungssteuerpflichtig ist (§ 40 Abs. 2 Ziff. 1 EStG.), oder indem sie die Bereicherung des steuerpflichtigen Beschenkten mindert.

Beispiel:

A schenkt dem X mit einer Auflage zugunsten des B, dann handelt es sich, falls kein Entgelt vereinbart, um eine mittelbare freigebige Zuwendung des A an B in Höhe der bezogenen Auflage. Bezüglich der Zuwendung des A an X hat die Auflage die Bedeutung, daß sie die steuerbare Bereicherung des X (§ 25 EStG., § 40 Abs. 1 Satz 5 EStG.) in Höhe der Auflage mindert.

Die äußere Form, in die sich der Vertrag kleidet, ist, falls sie auf einem Scheingeschäft beruht — z. B. die Schenkung wird nach außen in die Form des Kaufs gekleidet —, schon nach § 117 Abs. 2 BGB. belanglos, und nur die Rechtsnatur des durch die Form verwischten Geschäfts entscheidend (§ 117 Abs. 2 BGB.). Von Bedeutung ist auch in diesem Zusammenhange die Vorschrift des § 5 RAO. (vgl. Anm. 2 zu § 52), welche den Mißbrauch von Formen und Gestaltungsmöglichkeiten des bürgerlichen Rechts als unerheblich für die Steuerpflicht erklärt. Vom Standpunkt der freigebigen Zuwendung ausgehend, wird man nicht fehlgehen können, indem man im einzelnen Falle nur festzustellen hat, ob ungeachtet der Form eine freigebige Zuwendung mit den in der Vorbemerkung vor § 40 EStG. festgelegten Merkmalen gegeben ist.

Liegt dem materiellen Inhalt nach wirklich ein gemischtes Geschäft vor, teils freigebiger, teils entgeltlicher Natur, so ist wegen der Besteuerung der gemischten Schenkung zu verweisen auf Anm. 5 zu § 40 EStG.

§ 43.

Erfüllt der Erbe eine wegen Formmangels nichtige Verfügung von Todes wegen, so ist nur die Steuer zu erheben, die bei Gültigkeit der Verfügung des Erblassers zu entrichten gewesen wäre.

1. § 43 enthält zur Vermeidung von Härten ein Eingehen auf Rücksichten der Pietät. Voraussetzung ist, daß eine wegen **Formmangels** nichtige Verfügung von Todes wegen vorliegt. Die Verfügung von Todes wegen muß als solche vom Erblasser gewollt sein, ihr einziger Mangel muß der Formmangel sein.

Die Bestimmung setzt zu ihrer Anwendbarkeit nicht voraus, daß der Erblasser die Verfügung von Todes wegen für gültig hielt. Sie greift ein, auch wenn der Erblasser die Nichtigkeit wegen Formmangels kannte, und zwar auch dann, wenn er sie nicht bloß nach Errichtung der letztwilligen Verfügung entdeckte, sondern sie ihm schon bei ihrer Abfassung bekannt war. Voraussetzung ist nur, daß der Erblasser von Todes wegen eine Verfügung treffen wollte, sei es auch, daß er seine Erben z. B. nur moralisch binden wollte (Mirre Anm. 1 § 43). Häufig wird dies der Fall sein bei Briefen an Erben, die der Erblasser hinterläßt, welche Verfügungen von Todes wegen enthalten, aber wegen eines Verstoßes gegen die Formvorschriften über das handschriftliche Testament (§ 2231 Ziff. 2 BGB.) nichtig sind, z. B. wegen fehlender Ortsangabe. Ein besonders häufiger Fall wird der sein, daß bei gemeinschaftlichen Testamenten der zweite Ehegatte einfach seinen Namen ebenfalls unter das Testament setzt. Ein solches Testament entspricht nicht der Vorschrift des § 2267 BGB., was häufig von den Beteiligten übersehen wird, und ist deshalb nichtig, aber im Sinne des § 43 EStG. zu berücksichtigen.

2. Wenn in solchen Fällen der Erbe die Verfügung von Todes wegen **erfüllt**, obwohl sie rechtlich für ihn nicht bindend ist, also

sich aus Rücksichten der Pietät leiten läßt, so liegt rechtlich eine freigebige Zuwendung des Erben vor, die der Schenkungssteuer unterliegen müßte, da die Leistung ohne rechtliche Verpflichtung durch den Erben erfolgt. Das Gesetz bestimmt hier aber, daß nur die Steuer erhoben werden soll, die bei Gültigkeit der Verfügung des Erblassers zu entrichten gewesen wäre. Es ist also so anzusehen, als wenn der Erwerber auf Grund eines gültigen Testaments die Zuwendung vom Erblasser bezogen hätte. Daher ist nicht, wie es bei der Schenkung der Fall gewesen wäre, der Zeitpunkt der Zuwendung durch den Erben und das Verwandtschaftsverhältnis des Erwerbers zum Erben maßgebend, sondern maßgebend ist der Todestag des Erblassers und das Verwandtschaftsverhältnis des Erwerbers zum Erblasser (§§ 26, 28 EStG.).

Das vom Erben zur Erfüllung der nichtigen letztwilligen Verfügung des Erblassers Aufgewandte mindert seine Bereicherung.

§ 44.

Die Steuer ist zu erstatten,

1. **soweit das Geschenk wegen eines Rückforderungsrechts hat herausgegeben werden müssen;**
2. **wenn die Herausgabe gemäß § 528 Abs. 1 Satz 2 des Bürgerlichen Gesetzbuchs abgewendet worden ist.**

1. § 44 bringt den Gedanken zum Ausdruck, daß, wenn die steuerpflichtige **Schenkung rückgängig** gemacht wird, die Steuer zu erstatten ist. Es ergibt sich dies aus dem Grundgedanken der freigebigen Zuwendung (Vorbemerkung vor § 40). Als Rückforderungsrechte kommen in Frage diejenigen aus:

§ 528 BGB. nachträgliche Armut des Schenkers,

§ 530 BGB. Undank des Beschenkten,

§§ 1301, 1584 BGB. Rückforderung der Verlobungsgeschenke nach aufgelöster Verlobung und der Ehegeschenke nach der Scheidung,

§ 2287 BGB. Rückforderungsrecht des Vertragserben gegenüber dem vom Erblasser Beschenkten, desgleichen

§ 2288 BGB. desgleichen des Vertrags-Vermächtnisnehmers und

§ 2329 BGB. des Pflichtteilsberechtigten gegen den vom Erblasser Beschenkten, auch wohl die Fälle der Anfechtung unentgeltlicher Zuwendungen nach der Konkursordnung und dem Gesetz betreffend die Anfechtung von Rechtshandlungen eines Schuldners außerhalb des Konkursverfahrens vom 17. 5. 1898 (KO. §§ 32ff., AnfGes. § 3).

Ferner gehören hierher die Fälle, in denen von vornherein Unwirksamkeit oder Nichtigkeit oder spätere Anfechtung aber mit rückwirkender Kraft (§ 142 BGB.) vorliegt; wird hier die Zuwendung zurückgewährt, sei es, daß das Kausalgeschäft nichtig ist oder seine dingliche Vollziehung der Wirksamkeit entbehrt, so gilt § 44 EStG. ebenfalls sinngemäß. Bei Nichtigkeit des Kausalverhältnisses beruht das Rückforderungsrecht auf ungerechtfertigter Bereicherung, bei Nichtigkeit der Verfügung beruht es auf dem absoluten Recht des Berechtigten, oft weil es der Verfügende nicht ausüben konnte, da nicht verfügungsberechtigt. Das persönliche Rückforderungsrecht dehnt sich gegebenenfalls aus gegen Dritte, wenn der Empfänger das Erlangte diesen unentgeltlich zuwendet (§ 822 BGB.). Auch in diesem Falle wird, wenn der Berechtigte den Gegenstand zurückverlangt, im Verhältnis des Empfängers zum Dritten die Schenkungssteuer erstattungsfähig sein, welche für die unentgeltliche Zuwendung des Erlangten von seiten des Empfängers an den Dritten entrichtet worden ist.

Beispiel:

Der Kaufvertrag von A mit X wird angefochten. X hat die gekaufte Sache an B verschenkt. Schenkung des X an B steuerpflichtig. Fordert A von B die Sache zurück (§ 822 BGB.), ist die Schenkungssteuer des B erstattungsfähig.

Als weiteren Fall der Erstattungsfähigkeit erwähnt das Gesetz den des § 528 Abs. 1 Satz 2 BGB., wenn der Bedachte die Rückgabe des Geschenkes an den verarmten Schenker durch Zahlung des für seinen Unterhalt erforderlichen Betrages abwendet. Hier ist die volle Schenkungssteuer erstattungsfähig, nicht etwa nur in Höhe des Unterhaltsbetrages (anderer Meinung Hoffmann-Henckel Anm. 3).

2. Der **Erstattungsanspruch** richtet sich nach §§ 127 ff. RAO. Er ist innerhalb der einjährigen Ausschlußfrist nach Ablauf des Jahres der Rückgabe des Geschenkes geltend zu machen (§ 130 RAO.).

Gehört der Erstattungsanspruch zu einem Nachlaß, so erlischt er nicht vor Ablauf von sechs Monaten nach Annahme der Erbschaft oder Eröffnung des Erbschaftskonkurses (§ 131 Abs. 2 RAO.).

Der Erstattungsantrag ist rechtzeitig schriftlich oder mündlich bei einem Finanzamt, nicht notwendigerweise bei dem zuständigen Finanzamt, zu stellen, welches ihn der zuständigen Stelle zu übermitteln hat (§ 127 Abs. 1 RAO.).

Zweiter Teil.

Veranlagung und Erhebung der Steuern.

Vorbemerkung.

Der zweite Teil des Reichserbschaftssteuergesetz enthält **Verfahrensvorschriften**, welche für sämtliche Steuern nach diesem Gesetze gelten, also gemäß § 1 für die Nachlaßsteuer, die Erbanfallsteuer und die Schenkungssteuer. Hinter den Verfahrensvorschriften des zweiten Teils des EStG. steht die Reichsabgabenordnung vom 13. 12. 1919 (RGBl. S. 1999), welche für sämtliche nach dem EStG. zu beurteilenden Fälle maßgebend ist, selbst wenn der Erbfall in der Zeit zwischen Inkrafttreten des EStG. und Inkrafttreten der Reichsabgabenordnung liegen sollte (§ 461 RAO., näher zu § 72 EStG.). Die Vorschriften des zweiten Teils des EStG. sind gegenüber der Reichsabgabenordnung teils ergänzender, teils auch abändernder Natur; in letzterem Falle gehen sie als Spezialvorschriften der Reichsabgabenordnung vor. Es gilt nicht etwa der Grundsatz, daß das spätere Gesetz, die Reichsabgabenordnung, dem früheren, dem EStG., vorgeht. Soweit Aufhebungen beabsichtigt sind, hat sie die Reichsabgabenordnung ausdrücklich vorgenommen (§§ 451, 452 Ziff. 4, 459 RAO.). Wie die letztangeführten Bestimmungen im Zusammenhalt mit der Vorschrift des § 461 RAO. über die rückwirkende Kraft der Reichsabgabenordnung ergeben, ist davon auszugehen, daß beide Gesetze im Verhältnis des allgemeinen und des besonderen stehen, so daß die Spezialbestimmungen des zweiten Teils des EStG., soweit sie von der Reichsabgabenordnung abweichen, dieser vorgehen. Die einschlägigen Vorschriften der RAO., welche zur Ergänzung des EStG. dienen, sind in den Erläuterungen zu den einzelnen Paragraphen wiedergegeben. Die zeitliche Geltung der RAO. in der Übergangszeit ist zu § 72 Anm. 15 behandelt.

§ 45.

Für die Steuerpflicht und die Ermittlung des Wertes ist maßgebend,

1. **bei der Nachlaßsteuer der Zeitpunkt des Todes des Erblassers;**
2. **bei der Erbanfallsteuer der Zeitpunkt des Anfalls;**
3. **bei der Schenkungssteuer der Zeitpunkt der Zuwendung.**

Der Wert von Zuwendungen der im § 8 bezeichneten Art bestimmt sich, sofern die Zuwendung erst mit dem Tode des Erblassers erworben wird, nach diesem Zeitpunkt, in den sonstigen Fällen nach dem Zeitpunkt, in welchem die Zuwendung erfolgt ist.

1. § 15 gibt Vorschriften über den Stichtag, welcher für die Steuerpflicht und die Ermittlung des Wertes des steuerbaren Vermögens oder Anfalls maßgebend ist.

2. Daß bei der **Nachlaßsteuer** der Zeitpunkt des Todes des Erblassers entscheidend sein soll, entspricht ihrem Wesen als Verkehrssteuer (vgl. Vorbemerkung 1 vor § 1 und Erläuterungen zu § 2 EStG.). Der Todestag des Erblassers ist derjenige Zeitpunkt, in dem sein nachgelassenes Vermögen von Todeswegen in den Verkehr eintritt und auf die Erben übergeht. Bei Vermächtnissen und Schenkungen auf den Todesfall ist der gleiche Zeitpunkt maßgebend.

3. Die **Erbanfallsteuer** stellt zeitlich, ihrem Wesen als Bereicherungssteuer entsprechend (vgl. Vorbemerkung 1 vor § 1, Vorbemerkung vor § 20 und Erläuterungen zu § 25), auf den Zeitpunkt ab, zu dem die Bereicherung des Erwerbers eintritt, also auf den Zeitpunkt des Anfalls. Da nach § 20 Ziff. 1 EStG. (Anm. 2b zu § 20) erst der geltend gemachte Pflichtteilsanspruch als steuerbarer Erwerb von Todes wegen gilt, so liegt hier der Anfall erst im Zeitpunkt der Geltendmachung. Der Anfall der Auflage tritt gemäß § 20 Ziff. 4 mit ihrer Vollziehung ein.

4. Die **Schenkungssteuer** ist ihrem Wesen nach eine Bereicherungssteuer auf freigebige Zuwendungen (vgl. eingehend Vorbemerkung vor § 40 und Erläuterungen zu § 40). Deshalb ist auch der Zeitpunkt der Vollziehung der Zuwendung der entscheidende. Gemäß § 40 Abs. 3 Satz 2 bildet die Erfüllung des Schenkungsversprechens erst den Zeitpunkt der steuerbaren Zuwendung.

5. Wird erst einige Zeit nach dem Stichtag im Wege des rechtskräftigen **Urteils** oder des **Vergleichs** über die Abgrenzung des Vermögens, des Erbanfalls oder der Schenkung entschieden, so ist, wie eingehend oben Anm. 9 zu § 2; Anm. 2e zu § 20; Anm. 2 zu § 25 ausgeführt, eine solche spätere Feststellung auch für die Steuer verbindlich. Es wird jedoch damit nicht der Urteilsanspruch (**actio judicati**) oder der Anspruch aus dem Vergleich zum Gegenstand der Besteuerung, sondern der für die Steuer maßgebende Rechtsvorgang bleibt nach wie vor derjenige, über den der Streit oder die Ungewißheit bestand. Urteile oder Vergleiche haben nur die Folge, daß es so angesehen wird, als ob von vornherein die durch sie geklärte Rechtslage bestanden habe. Es bleibt

also der Zeitpunkt laut § 45 EStG. auch in diesen Fällen maßgebend (Reichsfinanzhof vom 23. 4. 1919 Bd. 1 S. 30).

6. Bei **Todeserklärungen** ist im Gegensatz zu der bürgerlichrechtlichen Bestimmung des § 18 BGB. steuerrechtlich nach § 81 Abs. 5 RAO. der Tag der Rechtskraft des Ausschlußurteils als Todestag anzusehen. Liegen zwischen dem zivilrechtlich als Todestag vermuteten Tage und dem steuerrechtlich als entscheidend angenommenen Tage der rechtskräftigen Todeserklärung mehrere Erbfälle, so kommt steuerlich nur der letzte Erbe vor dem Zeitpunkt der rechtskräftigen Todeserklärung in Betracht, und zwar zu dem Steuersatze, der dem Verhältnis des derzeitigen Erben zu dem Verschollenen entspricht (Buck-Lucas Anm. 5 § 81 RAO.).

7. § 45 enthält den **Stichtag** der Erbschaftssteuer. Begrifflich ist daher der Wert an diesem Stichtage maßgebend. Man wird aber nicht umhin können, solche Umstände zu berücksichtigen, die erst nach dem Stichtag in die Erscheinung treten, aber schon vor dem Stichtag bestanden haben. Wenn z. B. der Erblasser eine Aktiengesellschaft kurz vor seinem Tode gegründet hat und die Aktien sind nach seinem Tode an der Börse herausgebracht worden, so ist es eine Tatfrage, ob man den Emissionskurs für den Wert der Aktien zum Tage des Erbfalls zugrunde zu legen hat. Die Aktien waren damals vielleicht noch nicht einmal vorhanden, da die Aktiengesellschaft noch nicht eingetragen war, und hatten jedenfalls auch noch keinen Kurs. Es hängt aber von den Umständen des einzelnen Falles ab, ob sie in ihrem Werte seit dem Stichtage sich geändert haben. Regelmäßig wird dies freilich der Fall sein; denn die Einführung an der Börse wird von den Zulassungsstellen nach ihrer Praxis gewöhnlich erst gestattet, wenn zwei vollständige Jahresabschlüsse vorliegen und diese eine gute Entwicklung des Unternehmens erkennen lassen. Bei solchen Gründungen wird daher meist ein Stück Entwicklung zwischen der Gründung vor dem Erbfall und der Emission der Aktien liegen, so daß der Emissionskurs nicht ohne weiteres dem Wert zur Zeit des Erbfalls entspricht. Denn in dem Emissionskurs gelangen neue Umstände zum Ausdruck, die erst nach dem Stichtag eingetreten sind.

Dem Begriffe des Stichtages entspricht es ferner, daß der in § 45 angegebene Zeitpunkt im Zweifel auch für alle anderen Momente maßgebend ist, welche für die Erbschaftssteuer von Bedeutung sein können (Steuerklassen § 26 EStG., auch §§ 33, 36, 39 EStG.).

8. Abs. 2 § 45 bezieht sich auf den Spezialfall der Zurechnungen zur Nachlaßsteuer gemäß **§ 8 EStG** und ist in den Anmerkungen zu § 8 erläutert.

§ 46.

Für die Berechnung der Steuer wird das steuerpflichtige Vermögen auf volle hundert Mark nach unten abgerundet. Die Abrundung erfolgt erst nach Berücksichtigung der Hinzurechnungen und Abzüge gemäß den §§ 8 bis 11.

Der Steuerbetrag wird auf volle Mark nach unten abgerundet.

1. § 46 enthält gegenüber dem ersten EStG. § 28 Abs. 2 einen Fortschritt, indem nicht nur die Steuer sondern auch das steuerpflichtige Vermögen auf den vollen Hundertsatz abgerundet wird.

2. Die **Abrundung** nach § 46 EStG. erfolgt nach endgültiger Feststellung des steuerbaren Vermögens bei der Nachlaßsteuer oder des steuerbaren Anfalls bei der Erbanfall- oder Schenkungssteuer. Bei Berechnung jeder der Steuern ist zunächst das Vermögen bezw. der Anfall oder die Zuwendung mit allen Zu- und Abschlägen zu berechnen; alsdann ist das Vermögen abzurunden und endlich der vom abgerundeten Vermögen berechnete Steuerbetrag abzurunden.

§ 47.

Abs. 1—5 aufgehoben.

(6) Wird nach dem Ertragswert veranlagter Grundbesitz innerhalb zehn Jahren nach dem für die Berechnung der Steuer maßgebenden Zeitpunkt zu einem Preise veräußert, der um ein Viertel höher ist als der veranlagte Wert, so hat eine Neuveranlagung zu erfolgen. Der Neuveranlagung ist als Wert des Grundstücks der Verkaufspreis abzüglich der nach dem Erwerbe gemachten besonderen Aufwendungen zugrunde zu legen, jedoch nicht über den gemeinen Wert zur Zeit des Erwerbes hinaus.

Abs. 7 aufgehoben.

Ausführungsbestimmungen §§ 20—35:

§ 20. Bei der Ermittlung des Ertragswerts land- oder forstwirtschaftlicher oder gärtnerischer Grundstücke sind die der Land- oder Forstwirtschaft oder Gärtnerei einschließlich etwaiger Nebenbetriebe (Brennerei, Brauerei usw.) dienenden Gebäude und Betriebsmittel mit zu berücksichtigen. Dabei wird ein angemessener Bestand an lebendem und toten Inventar und sonstigem Betriebskapital vorausgesetzt. Ein Mehr- oder Minderwert an Gebäuden und Betriebsmitteln gegenüber einem wirtschaftlich regelmäßigen Stande ist dem Ertragswert hinzu-

oder von ihm abzurechnen, insoweit er geeignet ist, den Ertrag zu beeinflussen.

§ 21. Der Berechnung des Ertragswerts landwirtschaftlicher oder gärtnerischer Grundstücke ist der Reinertrag zugrunde zu legen, den ein ordentlicher Unternehmer von den Grundstücken nach ihrer bisherigen wirtschaftlichen Bestimmung bei ordnungsmäßiger Bewirtschaftung und unter gewöhnlichen Verhältnissen mit entlohnten fremden Arbeitskräften im Durchschnitt einer Reihe von Jahren für ein Wirtschaftsjahr erzielen kann.

Bei Grundstücken, bei denen die Ergebnisse des Wirtschaftsbetriebs dem Boden unmittelbar entnommen werden, wie Sand-, Lehm-, Tongruben, Stein-, Schiefer-, Kalk- oder Kreidebrüchen, Torfstichen usw., und deren Ausbeutung in unmittelbarer Verbindung mit einem land- oder forstwirtschaftlichen oder Gärtnereibetriebe erfolgt, ist die Jahresgewinnung um einen der fortschreitenden Erschöpfung des Bodens entsprechenden Betrag zu kürzen.

Sind Grundstücke zu einer wirtschaftlichen Einheit verbunden, so ist der Reinertrag unter Berücksichtigung der Zusammengehörigkeit von den Grundstücken als einheitlichem Ganzen zu berechnen.

Der Betrieb einer Gärtnerei gilt, je nachdem die Bodenbewirtschaftung überwiegt oder nicht, als landwirtschaftlicher oder gewerblicher Betrieb.

§ 22. Der Reinertrag ist aus dem Rohertrage durch Abzug der Bewirtschaftungskosten, d. i. der Kosten zu berechnen, die aufzuwenden sind, um mit entlohnten fremden Arbeitskräften den Rohertrag zu er-erzielen. Ist bei Zugrundelegung der Verhältnisse einer ordnungsmäßigen Bewirtschaftung zur Oberleitung des gesamten Betriebs eine besondere Arbeitskraft für erforderlich zu erachten, so ist bei selbstbewirtschafteten Betrieben der Wert der Tätigkeit des Selbstbewirtschafters vom Rohertrag insoweit abzuziehen, als diese Tätigkeit des Selbstbewirtschafters eine solche besondere Arbeitskraft ersetzt und der dafür angesetzte Wertbetrag die angemessene Entlohnung einer solchen Arbeitskraft nicht übersteigt.

Zum Rohertrag ist auch der Mietwert der vom Eigentümer oder Pächter oder deren Angehörigen selbst bewohnten oder zur Führung des Haushalts benutzten Gebäude zu rechnen.

Was zur Bestreitung des Haushalts des Besitzers aus den Ergebnissen des Wirtschaftsbetriebs zu entnehmen ist, darf aus dem Rohertrage nicht ausgeschieden werden.

§ 23. Bei verpachteten Landgütern oder anderen Grundstücken darf im allgemeinen als Reinertrag der Pachtwert gelten, vorausgesetzt, daß sich das Gut oder Grundstück in ordnungsmäßigem wirtschaftlichen Zustand befindet und der Pachtzins dem Pachtzins entspricht, der im gewöhnlichen Verkehre für ein derartiges Landgut oder Grundstück gezahlt zu werden pflegt. Pachtzinsen, deren Höhe durch persönliche, besonders verwandtschaftliche Verhältnisse oder andere besondere Umstände, z. B. bei Zupachtung zwecks Abrundung des Besitzes, bestimmt ist, dürfen bei Ermittlung des Ertragswerts nicht berücksichtigt werden.

Als Pachtwert gilt der bar zu entrichtende jährliche Pachtzins abzüglich des Geldwerts der vom Verpächter etwa zu tragenden, zu den Bewirtschaftungskosten gehörigen Leistungen und zuzüglich des Geldwerts der dem Verpächter etwa vorbehaltenen Nutzungen sowie der vom Pächter neben dem Pachtzins übernommenen Lieferungen und Leistungen, soweit sie nicht zu den Bewirtschaftungskosten gehören.

§ 24. In der Steuererklärung sind anzugeben:

a) die Grundstücke nebst den dazu gehörigen Gebäuden und dem Zubehör nach ihrer Bezeichnung im Grundbuch, Größe, Beschaffenheit (Gebäude, Hof, Kulturland) und Kulturart (Acker, Wiese, Weide, Teich usw.);
b) die Feuerversicherungssumme der Gebäude;
c) der letzte Erwerbspreis und die Erwerbszeit;
d) ob die Grundstücke verpachtet sind, ob mit oder ohne Inventar, die Höhe des Pachtzinses mit den Nebenleistungen.

Statt der Einzelangaben genügt die Bezugnahme auf einen gleichzeitig vorzulegenden amtlichen Ausweis (Besitzstandsverzeichnis, Katasterauszug), wenn daraus die erforderlichen Angaben nach dem neuesten Stande hervorgehen.

Für jedes Grundstück ist der Ertragswert und, wenn er nicht zuverlässig angegeben werden kann, der gemeine Wert anzugeben. Wurden vom Erblasser über den Betrieb des Grundstücks geordnete Bücher geführt, so kann der Erklärende die Bücher oder die Buchabschlüsse zur Unterstützung der Wertermittlung vorlegen.

Erklärt sich der Steuerpflichtige glaubhaft zu einer zuverlässigen Angabe des Ertrags außerstande und ist der gemeine Wert hinlänglich festzustellen, so kann mit seiner Zustimmung als Ertragswert der gemeine Wert der Steuerberechnung zugrunde gelegt werden.

§ 25. Ist eine Ertragsermittlung nach den vorstehenden Vorschriften nicht möglich, so kann der Ertragswert nach dem Miet- oder Pachtwert von Grundstücken aus dem Bezirke des Finanzamts oder aus benachbarten Bezirken ermittelt werden, sofern es sich um Betriebe von annähernd gleicher Lage und Beschaffenheit und annähernd gleichen wirtschaftlichen Verhältnissen handelt und Miet- oder Pachtwerte, die sich zur Vergleichung eignen, in hinreichender Zahl vorhanden sind.

Werden Pachtgüter oder Pachtgrundstücke in Vergleich gezogen, bei denen das Betriebskapital (bewegliche Inventar) mitverpachtet ist, so ist der Pachtzins unter Abzug der Zinsen für den Kapitalwert des Betriebskapitals festzustellen. Ebenso ist der im Pachtzins mitenthaltene Mietwert der vom Pächter für sich, seine Familie und das nicht zum Landwirtschaftsbetriebe gehaltene Personal sowie für Fremde bestimmten Wohnräume einschließlich der nicht dem landwirtschaftlichen Betriebe dienenden Stallungen und Wirtschaftsräume auszuscheiden.

Aus den Vergleichswerten ist der Pachtwert auf den Hektar der landwirtschaftlich genutzten Fläche, soweit möglich getrennt nach Kulturarten zu berechnen, mit der Zahl der Hektare des abzuschätzenden Grundstücks zu vervielfältigen und um den jährlichen Reinertrag aus besonderen, zu dem abzuschätzenden Grundstück gehörenden Nutzungen, wie Jagd und Fischerei, zu vermehren. Dem so gefundenen Werte ist ein Zuschlag für die Verzinsung eines durchschnittlichen Betriebskapitals in einer auf den Hektar zu rechnenden Höhe und für den Mietwert der dem landwirtschaftlichen Betriebe dienenden Wohn- und Wirtschaftsgebäude hinzuzurechnen. § 20 Satz 3 findet Anwendung. Ein Abzug für die Tätigkeit des Selbstbewirtschafters (§ 22) erfolgt nicht.

§ 26. Ist eine Berechnung des Ertragswerts auch nach § 25 nicht tunlich, so ist durch Sachverständigenschätzung festzustellen, welcher Reinertrag auf den Hektar der landwirtschaftlich genutzten Fläche, getrennt nach Kulturarten, bei Zugrundelegung von Durchschnittszahlen für den Kulturaufwand einerseits und die Preise der landwirtschaftlichen Erzeugnisse anderseits zu rechnen ist, und hieraus der Reinertrag unter Hinzurechnung des Mietwerts der dem landwirtschaftlichen Betriebe dienenden Wohn- und Wirtschaftsräume zu ermitteln. Das Ergebnis ist gegenüber dem gleichzeitig festzustellenden gemeinen Werte abzuwägen und hiernach der Ertragswert festzustellen.

§ 27. Bei Forsten (Holzungen) ist, soweit eine ordnungsmäßige Bewirtschaftung auf Grund eines nach forstwirtschaftlichen Grundsätzen aufgestellten Bewirtschaftungsplans stattgefunden hat und außergewöhnliche, nicht innerhalb der regelmäßigen Nutzung liegende Abtriebe nicht vorgekommen sind, zunächst der Gesamtreinertrag während des dem Tode des Erblassers vorangegangenen, der Zahl der Jahre der Wirtschaftsperiode entsprechenden Zeitraums zu berechnen. Hierbei sind in Einnahme zu stellen der Erlös für die in dem maßgebenden Zeitraum aus dem regelmäßigen Abtrieb sowie den Zwischen- und

Nebennutzungen erzielten Erzeugnissen, in Ausgabe als Bewirtschaftungskosten die Aufwendungen für Aufsicht und Verwaltung, Schlagen, Aufbereitung, Rücken und Flößen der Hölzer, für Aufforstung sowie für Unterhaltung der Baulichkeiten (Forsthäuser, Brücken, Wege usw.). Der Berechnung des Ertragswerts ist der Reinertrag zugrunde zu legen, der durchschnittlich auf ein Jahr des der Berechnung des Gesamtreinertrags zugrunde gelegten Zeitraums entfällt. Von der Berechnung des Ertragswerts nach dem wirklichen Reinertrage sind die Flächen auszuscheiden, auf denen während des maßgebenden Zeitraums Neubeforstungen behufs Erweiterung des Forstbestandes oder Abtriebe behufs Änderung der Kulturart stattgefunden haben.

§ 28. Soweit nicht § 27 etwas anderes bestimmt, ist der Reinertrag schätzungsweise zu ermitteln. Eine Berechnung des Ertragswerts aus dem von den Grundstücken wirklich erzielten Reinertrage findet nicht statt.

§ 29. Bei bebauten Grundstücken, die Wohnzwecken oder gewerblichen Zwecken zu dienen bestimmt sind, wird der Berechnung des Ertragswerts der Miet- oder Pachtreinertrag zugrunde gelegt, der im Durchschnitt der letzten drei Jahre erzielt worden ist oder bei Vermietung oder Verpachtung hätte erzielt werden können. Der Miet- oder Pachtreinertrag ergibt sich aus dem Miet- oder Pachtrohertrage nach Abzug von ein Fünftel des Rohertrags für Nebenleistungen und Instandhaltungskosten oder von dem als erforderlich nachgewiesenen höheren Betrage für Nebenleistungen und Instandhaltungskosten, ohne Rücksicht darauf, ob die hierzu notwendigen Arbeiten von dem Steuerpflichtigen selbst oder durch entlohnte fremde Arbeitskräfte geleistet worden sind.

§ 30. Ist das Grundstück (§ 29) vermietet oder verpachtet gewesen, so ist der durchschnittliche Jahresmiet- oder -pachtrohertrag aus dem Miet- oder Pachtzins zu berechnen, der auf Grund der Miet- oder Pachtverträge in den letzten drei Jahren zu entrichten war. Soweit das Grundstück zum Teil oder zeitweise nicht vermietet oder nicht verpachtet war, ist für den vom Eigentümer selbst benutzten oder aus einem anderen Grunde unvermietet oder unverpachtet gebliebenen Teil des Grundstücks ein dem Nutzungswerte dieses Teiles und des vermieteten oder verpachteten Teiles entsprechender oder ein dem Zeitraum entsprechender Verhältnisbetrag dem erzielten Miet- oder Pachtzins zuzurechnen.

Ist das Grundstück in den letzten drei Jahren überhaupt nicht oder nur zu einem unwesentlichen Teile oder für einen unwesentlichen Zeitraum vermietet oder verpachtet gewesen, so ist der Miet- oder

Pachtertrag nach den ortsüblichen Miet- oder Pachtzinsen für gleiche oder ähnliche Grundstücke zu berechnen.

§ 31. Verlangt der Steuerpflichtige einen höheren Abzug als ein Fünftel von dem Miet- oder Pachtrohertrage (§ 29), so hat er den erforderlichen tatsächlichen Aufwand für Nebenleistungen und Instandhaltungskosten nachzuweisen. Soweit für Nebenleistungen und für die Instandhaltung des Grundstücks die eigene Arbeitskraft des Eigentümers oder seiner Angehörigen in Anspruch genommen worden ist, kann dafür ein angemessener Betrag angesetzt werden, der aufzuwenden gewesen wäre, wenn die Arbeit durch entlohnte fremde Arbeitskräfte verrichtet worden wäre. Abzugsfähig sind nur die Kosten, die durch die ordnungsmäßige Instandhaltung des Grundstücks notwendig geworden sind, nicht die Kosten für außergewöhnliche Maßnahmen, für Umbauten, Erweiterungsbauten usw.

Ist das Grundstück vor dem Tode des Erblassers durch solche außergewöhnliche Maßnahmen, Umbauten, Erweiterungs- oder Neubauten wesentlich geändert worden, so kommt für die Berechnung des Miet- oder Pachtertrags nur der neue Zustand in Betracht.

§ 32. Im Falle des § 30 Abs. 2 bleiben bei der Berechnung des Ertragswerts für bebaute Grundstücke, die gewerblichen Zwecken dienen, Betriebsmittel, die nicht herkömmlicherweise mit dem Grundstück mitvermietet oder mitverpachtet werden, unberücksichtigt. Diese Betriebsmittel sind besonders mit ihrem gemeinen Werte anzusetzen.

§ 33. Ist im Falle des § 30 Abs. 2 der Grundstückseigentümer zu einer zuverlässigen Angabe des Ertragswerts außerstande und stehen dem Finanzamt ortsübliche Miet- oder Pachtpreise für gleiche oder ähnliche Grundstücke nicht zu Gebote, so ist als Ertragswert der gemeine Wert zugrunde zu legen.

§ 34. In den Ländern, in denen eine Einschätzung nach dem Reinertrag oder dem Nutzungswerte zu Steuerzwecken stattgefunden hat und aktenmäßig festgestellt ist, können bis zur anderweiten reichsgesetzlichen Regelung als Hilfsmittel bei der Ermittlung des Ertragswerts die landesrechtlichen Einschätzungen benutzt werden, wenn die Beschaffenheit des Grundstücks sich nicht wesentlich geändert hat und wenn die landesrechtliche Schätzung den gegenwärtigen Ertragsverhältnissen entspricht oder ausreichende Anhaltspunkte, z. B. durch Vergleichung von Kaufpreisen für die Grundstücke oder die aus ihnen zu gewinnenden Erzeugnisse aus den verschiedenen Zeiträumen vorhanden sind, um den gegenwärtigen Ertragswert zu ermitteln.

§ 35. Der Steuerpflichtige bleibt an einen nach § 47 Abs. 7 des Gesetzes gestellten Antrag gebunden.

Wird der Antrag noch rechtzeitig nach Zustellung des Steuerbescheids gestellt, so ist die Veranlagung zu berichtigen.

1. a) Das ESt G. enthält nur diese einzige Vorschrift über die **Wertermittlung**. Sie ist übrig geblieben, während die Absätze 1—5 und Abs. 7 des ursprünglichen § 47 ESt G. durch § 459 RAO. aufgehoben wurden. An ihre Stelle ist § 152 RAO. getreten, welcher im wesentlichen mit dem ursprünglichen § 47 ESt G. Abs. 1—5 und Abs. 7 inhaltlich übereinstimmt mit gewissen, aus der Vorlage zur RAO. entnommenen Änderungen.

§ 152 RAO. lautet:

„Bei der Bewertung von Grundstücken ist der gemeine Wert zugrunde zu legen.

Soweit es sich um Steuern vom Vermögen (einschließlich der Erbschaftssteuer) handelt und die einzelnen Steuergesetze nichts anderes vorschreiben, ist bei Grundstücken, die dauernd land- oder forstwirtschaftlichen oder gärtnerischen Zwecken, sowie bei bebauten Grundstücken, die Wohnzwecken oder gewerblichen Zwecken zu dienen bestimmt sind und bei denen die Bebauung und Benutzung der ortsüblichen Bebauung und Benutzung entspricht, der Ertragswert zugrunde zu legen.

Als Ertragswert gilt bei land- oder forstwirtschaftlichen oder gärtnerischen Grundstücken das Fünfundzwanzigfache des Reinertrags, den sie nach ihrer wirtschaftlichen Bestimmung bei ordnungsmäßiger und gemeinüblicher Bewirtschaftung unter gewöhnlichen Verhältnissen mit entlohnten fremden Arbeitskräften im Durchschnitt nachhaltig gewähren können. Dies gilt nicht für Grundstücke, deren Wert bereits durch ihre Lage als Bauland oder als Land zu Verkehrszwecken bestimmt wird oder bei denen nach sonstigen Umständen, insbesondere nach ihrer Lage und Beschaffenheit, ihrem Erwerbspreis oder ihrer Belastung, anzunehmen ist, daß sie in absehbarer Zeit anderen als land- oder forstwirtschaftlichen oder gärtnerischen Zwecken dienen werden.

Die der Land- und Forstwirtschaft oder der Gärtnerei dienenden Gebäude und Betriebsmittel werden nicht besonders bewertet, sondern bei der Ermittlung des Ertragswerts einbegriffen.

Bei bebauten Grundstücken, die Wohnzwecken oder gewerblichen Zwecken zu dienen bestimmt sind, gilt als Ertragswert das Fünfundzwanzigfache des Miet- oder Pachtertrags, der in den letzten drei Jahren im Durchschnitt erzielt worden ist oder im Falle der Vermietung oder Verpachtung hätte erzielt werden können, nach Abzug von einem Fünftel für Nebenleistungen und Instandhaltungskosten oder von dem als erforderlich nachgewiesenen höheren Betrage für Nebenleistungen und Instandhaltungskosten ohne Rücksicht darauf, ob die hierzu notwendigen Arbeiten von dem Steuerpflichtigen selbst oder durch entlohnte fremde Arbeitskräfte geleistet worden sind.

In allen Fällen kann der Steuerpflichtige verlangen, daß statt des Ertragswerts der gemeine Wert der Bewertung zugrunde gelegt wird. Dieses Recht erlischt, wenn es nicht spätestens bis zum Ablauf der mit der Zustellung des Wertfestsetzungs- oder Steuerbescheids eröffneten Rechtsmittelfrist geltend gemacht wird."

b) Grundsätzlich sind danach Grundstücke zum **gemeinen Wert** anzusetzen. Als solcher ist der objektive Wert anzusehen, der im gewöhnlichen Geschäftsverkehr als Verkaufs- oder Verkehrswert ohne Rücksicht auf die persönlichen Neigungen oder persönlichen und ungewöhnlichen Verhältnisse zum Ausdruck kommt (vgl. § 138 RAO., §§ 114, 115 I 2 Allg. Landrecht, § 9 PrErgStG., § 27 Abs. 2 Ausführungsbestimmungen zum Besitz-StG., PrOVG. Bd. 5 S. 69, Bd. 9 S. 363, Dt. Jur. Z. 1915 S. 1170). Bei der Wertermittlung sind maßgebend die allgemeinen Bestimmungen der Reichsabgabenordnung §§ 137 ff. über Wertermittlung, soweit nicht in §§ 152 ff. RAO. für Grundstücke Besonderes bestimmt ist. Wird bei der Bewertung von Grundstücken der gemeine Wert zugrunde gelegt, so ist das bewegliche Inventar nicht zu berücksichtigen und der Wert von Maschinen sowie sonstigen Vorrichtungen aller Art, die zu einer Betriebsanlage des Grundstücks verwandt sind, abzurechnen oder nicht zu berücksichtigen. Dies gilt auch dann, wenn es sich um wesentliche Bestandteile handelt (§ 154 Abs. 2 RAO.). Die Bewertung erstreckt sich jedoch auf die mit den Grundstücken als solchen verbundenen Rechte und Nutzungen einschließlich solcher mit einem Grundstück verbundenen Rechte, auf welche die Vorschriften über Grundstücke Anwendung finden (§ 153, § 154 Abs. 1 RAO.). Wenn das Eigentum am Grund und Boden und an dem darauf errichteten Gebäude verschiedenen Personen zusteht, so ist der Wert für den Grund und der für die Baulichkeiten besonders zu errechnen, vor allem gilt dies bei von Pächtern errichteten Gebäuden (§ 153 RAO., § 95 BGB.). Die RAO. (§§ 155 ff. RAO.) sieht Grundstücksverzeichnisse vor, in denen die Steuerwerte enthalten sein sollen. Sobald diese eingerichtet sind, wird man regelmäßig den Steuerwert aus ihnen entnehmen können. Bislang ist dies nicht geschehen, so daß bis auf weiteres jedes Grundstück für sich nach Maßgabe der gesetzlichen Bestimmungen zu schätzen ist.

2. Über den Begriff des Grundstücks, der Bestandteile und des Zubehörs ist zu verweisen auf Anm. 2 zu § 3 und wegen

der selbständigen Rechte, welche im bürgerlichen Recht wie Grundstücke behandelt werden, auf Anm. 1, 2 zu § 4.

3. § 152 RAO. gibt danach für die **Bewertung der Grundstücke** folgendes Bild:

a) Grundsätzlich ist der gemeine Wert maßgebend.

b) Der Ertragswert ist die Regel

aa) bei Grundstücken, die dauernd land- oder forstwirtschaftlichen oder gärtnerischen Zwecken zu dienen bestimmt sind,

bb) bei bebauten Grundstücken, die Wohnungszwecken oder gewerblichen Zwecken zu dienen bestimmt sind und bei denen die Bebauung und Benutzung der ortsüblichen Bebauung und Benutzung entspricht.

c) Aber auch in den Fällen zu b tritt die Bewertung nach dem gemeinen Wert wieder ein

aa) auf Antrag: in allen Fällen; der Antrag muß jedoch bis zum Ablauf der Rechtsmittelfrist von einem Monat gestellt sein,

bb) ohne Antrag: in den Fällen zu b) aa) für Grundstücke, deren Wert bereits durch ihre Lage als Bauland oder als Land zu Verkehrszwecken bestimmt ist oder bei denen nach sonstigen Umständen, insbesondere nach ihrer Lage und Beschaffenheit, ihrem Erwerbspreis oder ihrer Belastung anzunehmen ist, daß sie in absehbarer Zeit anderen als land- oder forstwirtschaftlichen oder gärtnerischen Zwecken dienen werden.

4. Als **Ertragswert** gilt bei den sog. privilegierten Grundstücken, in vorstehender Anmerkung zu b aufgezählt, das Fünfundzwanzigfache des Reinertrags, den sie nach ihrer wirtschaftlichen Bestimmung bei ordnungsmäßiger und gemeinüblicher Bewirtschaftung unter gewöhnlichen Verhältnissen mit entlohnten fremden Arbeitskräften im Durchschnitt nachhaltig gewähren können. Zur Berechnung des Ertragswertes sollen die oben abgedruckten Ausführungsbestimmungen §§ 20—35 beitragen; sie sind inhaltlich übernommen aus den Ausführungsbestimmungen zum BesitzStG. §§ 34 ff. (neu lediglich §§ 21 Ziff. 4, 25, 26, 29, die jedoch nur nähere Einzelheiten enthalten). Ihre Auslegung gibt zu mancherlei Zweifeln Anlaß. Zunächst ist festzustellen, daß für die Eigenschaft als privilegiertes Grundstück, d. h. ob es land- oder forstwirtschaftlichen oder gärtnerischen Zwecken oder bei bebauten Grundstücken Wohnzwecken oder gewerblichen Zwecken zu dienen bestimmt ist, lediglich die objektive Zweckbestimmung entscheidend ist, welche für die dauernde Benutzung des Grundstücks maßgebend erscheint nach seiner Lage, nach seiner Beschaffenheit, nach seinen Einrichtungen und nach seinem wirtschaftlichen Zusammen-

hange mit der Umgebung. Es sind die Grundstücke gemeint, welche ihrer Natur nach zu jenen Kategorien gehören, also objektiv nach den äußeren Umständen im Augenblick des Erbfalls und nicht nach dem Willen des eingetretenen Erwerbers; andernfalls würde man den Erwerber einen Wert versteuern lassen, der nicht vom Erblasser in dieser Form herrührt (Reichsfinanzhof vom 3. 10. 1919 Bd. 1 S. 200).

Ohne Bedeutung muß daher die Tätigkeit des Inhabers bei der Bewertung bleiben. Deshalb ist die Normalbewirtschaftung mit fremden Arbeitskräften bei der Bewertung vorausgesetzt. Der Inhaber ist somit berechtigt, seine eigene Arbeitskraft als Abzugsposten in der Ausdehnung anzusetzen, als er eine notwendige fremde Arbeitskraft ersetzt. Umgekehrt darf der Besitzer seinen persönlichen Bedarf aus den wirtschaftlichen Erträgnissen oder seine Wohnung auf dem Grundstück nicht in Abzug bringen.

Besondere Schwierigkeiten ergeben sich gewöhnlich bei der Frage der Einrechnung und Anrechnung von Betriebsinventar und von Einrichtungen eines landwirtschaftlichen Grundstücks. Hierbei wird ein angemessener Bestand an lebendem und totem Inventar und sonstigem Betriebskapital vorausgesetzt und Abweichungen vom normalen Werte der Gebäude und Betriebsmittel hinzu- oder abgerechnet, soweit sie den Ertrag beeinflussen. Damit ergibt sich als Unterschied vom gemeinen Wert, welcher in der Regel sich mit dem Kaufpreis deckt, für den Ertragswert die Berücksichtigung des im Gut arbeitenden normalen Betriebskapitals und seiner Verzinsung (Mrozek, Kriegssteuer in Rundschau für G. m. b. H. 17 S. 201 ff.). Im einzelnen ist wegen der Ertragsberechnung landwirtschaftlicher Grundstücke auf die oben abgedruckten §§ 20—28 AB. z. EStG. zu verweisen. Hierher gehören danach aber nicht Zubehör oder Baulichkeiten, die ohne das landwirtschaftliche Grundstück, zu dessen Bewirtschaftung sie dienen, vererbt werden (Gutachten des Reichsfinanzhofes vom 16. 7. 1919, Bd. 1 S. 33, auch Komm. Bericht zum ersten EStG.).

Für **Pachtgrundstücke** gibt § 23 AB. die in den Ausführungsbestimmungen zum BesitzStG. nicht enthaltenen besonderen Vorschriften über die Errechnung des Pachtwerts.

Als privilegiertes **bebautes Grundstück** ist nur ein solches anzusehen, das zu Wohnzwecken oder gewerblichen Zwecken bestimmt ist. Ersteres ist nicht der Fall, wenn eine Luxusvilla in einer Villengegend liegt, sie ist nicht als Wohngrundstück im steuerlichen Sinne anzuerkennen (PrOVGSt. Bd. 16 S. 368).

Der Ertragswert privilegierter bebauter Grundstücke errechnet sich nicht, wie der Ertragswert landwirtschaftlicher privilegierter Grundstücke nach dem nachhaltig möglichen Durchschnittsertrag, also dem objektiven Normalwert, sondern feststehend nach dem erzielten Durchschnittsertrag der letzten drei Jahre; derselbe ist, wie bei landwirtschaftlichen Grundstücken, mit 25 zu multiplizieren. Die Abzugsposten sind bei bebauten Grundstücken dahin normiert, daß die als erforderlich nachgewiesenen Aufwendungen als Nebenleistungen und Instandhaltungskosten bei der Errechnung des Reinertrages abzugsfähig sind. Abzugsfähig sind aber nur die Instandhaltungskosten, nicht die Instandsetzungskosten, also nur die Reparaturen, welche die Gebäude in ihrem ursprünglichen Zustande zu erhalten bestimmt sind, nicht aber Verbesserungen oder Abschreibungen. Die Grenze zwischen beiden ist allerdings flüssig, jedoch in der früheren Steuerrechtsprechung bereits in den wesentlichsten Punkten festgelegt (vgl. PrOVG. Bd. 5 S. 30, Bd. 10 S. 104, Bd. 11 S. 91 usw.). Soweit der Steuerpflichtige die Instandhaltungsarbeiten selbst ausführt, kann er ebenso einen angemessenen Betrag in Abzug bringen, wie wenn er die Arbeiten durch entlohnte fremde Arbeitskräfte hätte ausführen lassen. Übernimmt der Mieter die Instandhaltung, so wird der entsprechende Betrag dem Mietszins hinzuzurechnen sein.

Abzugsfähige Nebenleistungen sind vor allem solche Nebenleistungen, die im Mietsvertrage dem Vermieter auferlegt sind, z. B. Beheizung, Warmwasserversorgung, Entstaubung, es sei denn, daß er für diese Leistungen außerhalb des Mietszinses besonders entschädigt wird. Ist also ein besonderes Entgelt für solche Nebenleistungen neben der Miete ausbedungen, so sind nur anderweitige Abzüge von dem Mietszins im engeren Sinne vorzunehmen, es sei denn, daß z. B. das Heizungsentgelt die Heizungsauslagen nicht deckt. Diese Grundsätze sind auch dann von Bedeutung, wenn besondere Aufwendungen für Instandhaltung vom Vermieter nicht nachgewiesen werden. Dann ist er berechtigt, einen Normalabzug von 20% des Rohertrages zu machen (Buck-Lucas Anm. 10 § 152 RAO.). Zu beachten sind also die Veränderungen, welche laufende Mietsverträge durch die Verordnungen zum Schutze der Mieter erlitten haben, vor allem durch die Verordnungen über Sammelheizungs- und Warmwasserversorgungsanlagen in Mietsräumen (vgl. Bekanntmachung zum Schutze der Mieter vom 23. 9. 1918, RGBl. S. 1140, nebst Abänderungsverordnung vom 22. 6. 1919, RGBl. S. 591, und für Preußen: Verordnung vom 9. 12. 1919 PrGS. S. 182). Soweit infolge dieser Verordnungen nachträglich eine Trennung der Beheizungs- und Warmwasserversorgungszuschüsse vom reinen Mietszins erfolgt ist, errechnen sich somit die abzugsfähigen 20% ausschließlich von demjenigen Mietszins, welcher allein als Gegenleistung für den Gebrauch der Wohnung übrigbleibt.

Der Ertragswert bei bebauten Grundstücken, die Wohnzwecken oder gewerblichen Zwecken zu dienen bestimmt sind, errechnet sich demnach so:

a) Durchschnittlicher Miet- oder Pachtertrag der letzten drei Jahre,
b) Berechnung der tatsächlich erforderlichen Instandhaltungskosten,
c) falls zu b) Berechnung nicht möglich, Abzug von 20% vom Wert zu a) unter Fortlassung des besonderen Entgelts für Nebenleistungen,
d) fünfundzwanzigfacher Betrag.

Ist das Grundstück in den letzten drei Jahren teilweise oder zeitweise nicht vermietet oder verpachtet gewesen, so ist ein dem Nutzungswert für den leer gebliebenen Teil oder für die Zeit des Leerstehens entsprechender Verhältnisbetrag zum erzielten Miets- oder Pachtzins hinzuzurechnen, nicht etwa ist ein Ertragswert insoweit als nicht gegeben anzusehen. Die vom Vermieter benutzten Räume sind gleichfalls entsprechend zu bewerten. Im einzelnen ist zu verweisen auf die oben abgedruckten §§ 29, 30 AB. z. EStG.

5. Der allein bestehen gebliebene **Abs. 6** des § 47 EStG. sieht eine **neue Veranlagung** vor für den Fall, daß Grundbesitz nach dem Ertragswert veranlagt ist und innerhalb zehn Jahren nach dem Stichtag zu einem Preis veräußert wird, der um ein Viertel höher ist als der veranlagte Ertragswert. Die neue Veranlagung soll erfolgen zum Verkaufspreis, welchen das Grundstück bei seinem nachträglichen Verkauf erzielt hat, abzüglich inzwischen erfolgter besonderer Aufwendungen. Die obere Grenze bei der neuen Veranlagung bildet jedoch stets der gemeine Wert zur Zeit des Stichtags für die Erbschafts- bzw. Schenkungssteuerpflicht. Das gleiche bestimmt auch § 18 Abs. 2 Reichsnotopfergesetz. Es empfiehlt sich nach den Erfahrungen der Praxis, falls ein Grundstück zum Ertragswert bewertet wird, in Anbetracht der Gefahr einer späteren Neuveranlagung, für alle Fälle den gemeinen Wert zur Zeit des Steuerstichtags sachverständig feststellen zu lassen, wenn man ihn auch nicht der Besteuerung zugrunde legt. Denn dieser gemeine Wert bildet für eine spätere Neuveranlagung die Höchstgrenze; sie ist, wenn z. B. acht Jahre später das Grundstück veräußert wird, häufig nicht mehr mit Sicherheit festzustellen.

6. Die Neuveranlagung tritt nicht ein, wenn ein **zweiter Verkauf** innerhalb der zehn Jahre geschieht, während der erste Verkauf durch die Erben des Steuerpflichtigen zur Neuveranlagung Anlaß geben wird.

7. Nach den Umständen des Einzelfalls wird es zu beurteilen sein, inwieweit eine **Erbauseinandersetzung** zwischen Miterben für die Anwendbarkeit des § 47 Abs. 6 von Bedeutung ist. Die bloße Erbauseinandersetzung wird regelmäßig nicht hierher gehören. Die Ausführung einer Teilungsanordnung wird regelmäßig keine Veräußerung im Sinne des Abs. 6 § 47 darstellen, ebensowenig wie die Zuweisung des dem Miterbenanteil entsprechenden Anteils am Grundstück an die einzelnen Miterben (Hoffmann-Henckel Anm. 4; Mirre Anm. 8). Anders wird es schon sein, wenn die Zuweisung auf Grund Übereinkunft der Miterben und nicht in Ausführung einer Teilungsanordnung erfolgt, wobei die Höhe der Anrechnung auf den Erbteil und das Wertverhältnis zu dem übrigen Nachlaß von Bedeutung sein werden. Der Verkauf eines Miterbenanteils im ganzen in der Form des § 2033 BGB. wird eine Veräußerung, welche eine Neuveranlagung notwendig macht, in der Regel nicht darstellen, wohl aber der Verkauf des Miteigentumsanteils am Grundstück, welchen ein Miterbe, entsprechend seinem Erbteil zugewiesen erhalten hat. Ausnahmsweise wird man aber auch den Verkauf des Miterbenanteils als ganzen zum Anlaß einer Neuveranlagung nehmen müssen, nämlich dann z. B., wenn der Nachlaß ausschließlich aus dem Grundstück besteht. Dem wird aber nicht entgegenstehen, daß, wenn z. B. das ganze Vermögen einer G. m. b. H. aus einem Grundstück, wie bei einer sog. „Grundstücks-G.m.b.H.", in Großstädten häufig, besteht, doch nur der Gesellschaftsanteil als Gesamtrecht der Bewertung unterliegt; denn in diesem Fall gehört das Grundstück zum Betriebsvermögen der G. m. b. H. und unterliegt dessen besonderen Bewertungsgrundsätzen (vgl. unten Anm. 9), während die gewöhnliche Miterbengemeinschaft über ein Betriebsvermögen, falls nicht sonst ein Betrieb zur Erbschaft gehörig, nicht verfügt.

Inwieweit in der Übernahme des Grundstücks durch einen Erben eine Schenkung oder eine gemischte Schenkung liegt, bestimmt sich nach den allgemeinen hierfür geltenden Grundsätzen (vgl. Erläuterungen zu § 40).

8. Die neue Veranlagung ist gemäß § 41 Abs. 7 AB. z. EStG. nicht in die **Ueberwachungsliste** aufzunehmen, vielmehr bildet eine Hilfe für die Steuerbehörde nur § 11 der AB. z. GrunderwerbsStG., nach dem bei Veräußerung eines Grundstücks, welches nach dem 31.8.1919 Gegenstand eines Erbschaftssteuerfalls gewesen ist, das für die Grund-

erwerbssteuer zuständige Finanzamt dem für die Erbschaftssteuer zuständigen die notwendigen Mitteilungen zu machen hat. Im übrigen wird sich die Überwachung an die in § 155 RAO. vorgeschriebenen Grundstücksverzeichnisse anzuschließen haben. Eine Neuveranlagung ist nach dem in Anm. 5 Ausgeführten jedoch dann nicht vorzusehen, wenn der versteuerte Ertragswert über den gemeinen Wert zur Zeit des Anfalls hinaus geht, der ohnehin die Höchstgrenze der Neuveranlagung bildet (Verfügung des Reichsfinanzministers vom 29. 3. 1920 IIIa 1404 Mi.).

9. Soweit Grundstücke zu einem **Betriebsvermögen** gehören, sind sie zu bewerten als Teile der Bewertungseinheit des Betriebsvermögens. Das ergibt sich ohne weiteres aus § 137 Abs. 2 RAO. Es bildet also das Grundstück in diesem Falle nicht eine wirtschaftliche Einheit für sich, sondern es geht auf in der wirtschaftlichen Einheit des Betriebsvermögens, für dessen Bewertung die Grundsätze des § 5 EStG. maßgebend sind. In diesem Falle ist für die Bewertung der dauernd dem Betriebe gewidmeten Gegenstände, also auch eines Grundstücks, nach § 139 RAO. der Anschaffungs- und Herstellungspreis abzüglich angemessener Abnutzung maßgebend unter Zulassung des Ansatzes eines niedrigeren Wertes, wenn er dem wirklichen Werte zur Zeit der Bilanzaufstellung entspricht: Grundsätzlich also im Gegensatz zur sonstigen Grundstücksbewertung die Gestehungskosten, dahinter der niedrigere tatsächliche Wert. Wenn die Grundsätze für die Wertermittlung nach dem Reichsnotopfergesetz vom 11. 9. 1920 (Zentralblatt f. d. Deutsche Reich S. 1429 II 5) für Betriebsgrundstücke die Vorschriften über Grundstücksbewertung anwenden wollen, so dürfte dies meines Erachtens nicht dem Gesetz entsprechen (ebenso Höpker S. 356; Lion S. 500; anderer Meinung Strutz in Zeitgem. Steuerfr. 1920: Veranlagung der Grundstücke zum Reichsnotopfer; für das EStG.: Mirre S. 303).

10. Soweit der Bereich der Erbschafts- und der Schenkungssteuer sich erstreckt, also beim Erwerb eines Grundstücks von Todes wegen und im Wege einer freigebigen Zuwendung unter Lebenden (§§ 20, 40 EStG.), wird eine **Grunderwerbssteuer** nach § 8, 1 des Grunderwerbssteuergesetzes vom 12. 5. 1919 nicht erhoben.

§ 48.

Vermögen, dessen Erwerb von dem Eintritt einer aufschiebenden Bedingung abhängt, unterliegt der Besteuerung erst bei dem Eintritt der Bedingung. Das gleiche gilt, wenn der Erwerb von einem Ereignis abhängt, das nur hinsichtlich

des Zeitpunkts seines Eintritts ungewiß ist. Die Besteuerung ist nachzuholen. Hängt der Erwerb mit einem bereits besteuerten Erwerbe zusammen, so ist die frühere Veranlagung zu berichtigen. Auf Verlangen der Steuerbehörde ist für den Steuerbetrag Sicherheit zu leisten.

1. § 48 betrifft die Besteuerung **bedingten oder zeitlich ungewissen Erwerbs**. Als Spezialbestimmung geht er, entsprechend dem grundsätzlichen Verhältnis des EStG. zur Reichsabgabenordnung deren § 147 vor. § 48 ist zunächst bestimmt für die Erbanfallsteuer, wird aber auch seiner Stellung im Gesetze nach, gemäß Vorbemerkung vor § 45, für die Nachlaßsteuer zu gelten haben. Diesenfalls bezieht er sich nicht auf aufschiebend bedingten Erwerb, sondern auf zum Nachlaß gehörige aufschiebend bedingte Rechte. Auch auf die Schenkungssteuer findet § 48 Anwendung, und zwar mit Rücksicht auf § 40 Abs. 3 Satz 2 EStG. nicht auf den Fall eines aufschiebend bedingten Schenkungsversprechens sondern nur auf den Fall einer aufschiebend bedingten freigebigen Zuwendung, sei es daß sie in Erfüllung eines Schenkungsversprechens erfolgt oder ohne daß ein solches vorangegangen ist, vgl. näher Anm. 23 zu § 40 (anderer Meinung Hoffmann-Henckel Anm. 1).

2. Der **Tag des Eintritts** der Bedingung ist für die sämtlichen, bei der Besteuerung maßgebenden Momente der entscheidende. Die Bedingung ist entsprechend dem bürgerlichen Recht die durch Parteiabrede zum Inhalt eines Rechtsgeschäfts erhobene Bestimmung, daß die Rechtswirkungen des Geschäfts von einem zukünftigen ungewissen Tatbestand abhängig gemacht werden (Staudinger I, Vorbemerkungen vor § 158 BGB.). Die Bedingung hat nach § 158 im Zweifel keine rückwirkende Kraft. Auch der Umstand, daß Satz 4 § 48 EStG. von der Möglichkeit einer Berichtigung der Besteuerung eines früheren Erwerbs spricht, vermag meines Erachtens hieran nichts zu ändern. Satz 4 bezieht sich eben nur auf den Fall, daß bereits ein früherer Erwerb versteuert ist, und sagt nicht, daß die Berichtigung auf den Zeitpunkt des Eintritts des ersten steuerpflichtigen Anfalls inhaltlich zurückzubeziehen ist (vgl. Anm. 3, anderer Meinung Mirre Anm. 2). Daher tritt meines Erachtens der Zeitpunkt des Eintritts der Bedingung in jeder Hinsicht an die Stelle des nach § 45 EStG. regelmäßig anzuwendenden Stichtags. Das gleiche gilt nach Satz 2 § 48, wenn der Eintritt eines nur zeitlich ungewissen Ereignisses entscheidend ist (**dies certus an, incertus quando**). Zunächst also bleibt der aufschiebend bedingte oder der

ungewiß betagte Erwerb steuerfrei. Die Besteuerung ist beim Eintritt der Bedingung oder des maßgeblichen Zeitpunktes nachzuholen.

3. Hängt der Erwerb mit einem früheren Erwerb zusammen, der bereits besteuert worden ist (§ 38 ESt.G. und Erläuterungen), so ist die frühere Veranlagung zu **berichtigen**, indem der neue Erwerb, auf den Zeitpunkt des Eintritts der Bedingung eingestellt, hinzugefügt wird (näher vorige Anmerkung). Es wird auch hier bei der Nachversteuerung die gesamte Erbschaftssteuer nicht mehr als 90% des Nacherwerbs betragen dürfen (§ 28 Abs. 2 Satz 4, näher Anm. 4 zu § 38 ESt.G.). Die Praxis hat bisher die Methode verfolgt, dem Nießbraucher eines ihm unter aufschiebender Bedingung vermachten Vermögens oder dem Rentenberechtigten eines ihm unter aufschiebender Bedingung vermachten Kapitals die Möglichkeit zu bieten, an Stelle des Nießbrauchs sogleich das Stammvermögen zu versteuern. Hauptfall war der, daß derselben Person unbedingt Nutzung oder Rente und aufschiebend bedingt das Eigentum an demselben Vermögensteil vermacht wurde. Der Erwerb wurde als auflösend bedingter anstatt als aufschiebend bedingter versteuert. Es liegt nämlich eine gewisse Härte darin, wenn sonst zunächst die Nutzung versteuert wird und beim Eintritt der Bedingung noch der Stammwert unter gleichzeitiger Berichtigung des Nutzungswertes auf die Zeit der tatsächlichen Nutzung, da auf diese Weise mehr Steuern zur Erhebung kommen, als bei einem unbedingten Erwerb. Das bisherige Verfahren der Praxis wird sich jedoch unter dem geltenden Gesetz nicht mehr rechtfertigen lassen (Hoffmann-Henckel Anm. 7 § 48 ESt.G.).

4. Bei auflösenden **Bedingungen** wird der Erwerb wie ein unbedingter behandelt. Bei Eintritt der Bedingung ist die Veranlagung, jedoch nur auf Antrag, nach dem tatsächlichen Wert des Erwerbs zu berichtigen (§ 148 RAO.). § 214 RAO. bestimmt für letzteren Fall: „wo das Gesetz wegen bedingter, befristeter oder sonst ungewisser Verhältnisse die Steuerfestsetzung aussetzt oder eine vorläufige vorsieht, ist die Steuerfestsetzung nachzuholen oder zu berichtigen, wenn die Ungewißheit beseitigt ist. Nach Ablauf des Jahres, das auf die Beseitigung der Ungewißheit folgt, kann der Steuerpflichtige die Berichtigung nicht mehr beantragen. Eine Berichtigung zum Nachteil des Steuerpflichtigen ist unzulässig, wenn der Anspruch auf Nachzahlung verjährt ist." Entsprechendes gilt, „wenn ein Tatbestandsmerkmal, dessen Vorliegen das Gesetz für die Besteuerung fordert, nachträglich mit Wirkung für die Vergangenheit weggefallen ist, wie bei Anfechtung einer letztwilligen Verfügung oder einer Erbschaftsannahme".

Häufige Fälle eines bedingten Erwerbs von Todes wegen

sind Erbeinsetzungen und Vermächtnisse unter aufschiebender oder auflösender Bedingung. In solchen Fällen pflegen **Vorerbschaft** und **Nacherbschaft**, Vorvermächtnis und Nachvermächtnis vorzuliegen (§§ 2103 ff., 2191 ff.). Im einzelnen vgl. Anm. 3b, 6 zu § 2 und Anm. 2 zu § 23 EStG. Dabei ist aber zu beachten, daß nach der besonderen Vorschrift der §§ 2074 und 2177 BGB. bei der Berufung unter einer aufschiebenden Bedingung die Anwartschaft des unter aufschiebender Bedingung eingesetzten Nacherben oder Nachvermächtnisnehmers im Zweifel nicht vererblich ist, sondern der Bedachte den Eintritt der Bedingung erlebt haben muß, damit die Zuwendung gelten soll. Der Regelung in § 2074 BGB. entspricht die Regelung in § 48 EStG. Es wird also im Zweifel die Einsetzung des Nacherben unwirksam, wenn er vor Erfüllung der Bedingung stirbt. Hat der Nacherbe den Erbfall und die Erfüllung der Bedingung erlebt, so ist die Anwartschaft des Nacherben vererblich. § 2074 BGB. gilt freilich nur für die bedingte Einsetzung, nicht aber für die Einsetzung auf ungewisse Zeit. Zu seiner Anwendung ist auch erforderlich, daß nicht ein anderer Wille des Erblassers anzunehmen ist, dahin, daß dem Bedachten schon mit dem Erbfall eine vererbliche Anwartschaft auf die aufschiebend bedingte Zuwendung zukommen soll (Strohal I § 25 Ziff. 5; Planck Anm. 1 § 2074, Anm. 3 § 2108). Regelmäßig ist hier aber erst mit dem Eintritt der Bedingung ein Erwerb des Nacherben oder des Nachvermächtnisnehmers überhaupt eingetreten, und deshalb ist er auch erst dann zu versteuern (§ 2108 Abs. 2 Satz 2 BGB. und § 48 EStG., vgl. RGR. Anm. 3 § 2074, abweichend Hoffmann-Hendel Anm. 5). So findet sich ein innerer Zusammenhang zwischen der bürgerlich-rechtlichen Regelung in §§ 2108 Abs. 2, 2074 BGB. und der steuerrechtlichen Bestimmung des § 48 EStG.

5. **Vorzeitige Herausgabe** eines Anfalles durch den gegenwärtigen Inhaber, der unter auflösender Bedingung eingesetzt ist, vor dem Eintritt des Tatbestands der auflösenden Bedingung, ist regelmäßig eine Schenkung und als solche steuerpflichtig. Das gleiche gilt von der Herausgabe an den unter aufschiebender Bedingung Eingesetzten, vor Eintritt der aufschiebenden Bedingung; es ist des näheren zu verweisen auf Anm. 19 zu § 40. Die Zuwendung besteht entweder in Höhe der vorzeitigen Nutzung oder in Höhe der vorzeitig herausgegebenen Substanz, je nachdem der verfügende bisherige Inhaber einem Nießbraucher oder einem Eigentümer gleichsteht (vgl. z. B. § 23 Abs. 1 und § 23 Abs. 2 EStG.).

§ 49.

Sind bei der Erteilung des Steuerbescheids abzugsfähige Verbindlichkeiten (§§ 10, 25) nicht berücksichtigt worden, weil sie dem Steuerpflichtigen unbekannt waren, so kann er bis zum Ablauf der Verjährungsfrist eine Berichtigung der Veranlagung beantragen.

1. Die Bestimmung gibt dem Steuerpflichtigen ein **Berichtigungsrecht** unter einer doppelten Voraussetzung:

a) Abzugsfähige Verbindlichkeiten sind bei der Erteilung des Steuerbescheides nicht berücksichtigt worden. Als solche gelten nur für die Nachlaßsteuer die in § 10 EStG. aufgeführten, für die Erbanfallsteuer diejenigen, deren Abzug nach § 25 bei Errechnung der steuerpflichtigen Bereicherung zulässig ist (vgl. Erläuterungen zu §§ 10, 25);

b) Die Nichtberücksichtigung der abzugsfähigen Verbindlichkeiten ist auf Unkenntnis des Steuerpflichtigen von ihrem Bestehen zurückzuführen.

Es scheiden also aus: Verbindlichkeiten, die infolge eines Irrtums der Steuerbehörde nicht berücksichtigt wurden, wenn sie der Steuerpflichtige bei der Veranlagung aufgeführt hatte, ferner solche, die die Steuerbehörde absichtlich nicht berücksichtigte, weil sie die Verbindlichkeiten irrtümlicherweise nicht für abzugsfähig hielt, obwohl der Steuerpflichtige sie als solche bezeichnet hatte, oder solche, wo der Steuerpflichtige die Verbindlichkeit zwar kannte, aber sie nicht für abzugsfähig hielt. Für die Berichtigung können daher nur solche Verbindlichkeiten in Frage kommen, deren Existenz, nicht nur deren Eigenschaft als Abzugsposten, dem Steuerpflichtigen unbekannt war. Der Grund der Unkenntnis ist ohne Bedeutung.

2. Bei der Nachlaßsteuer wird, ihrem Wesen als Vermögenssteuer entsprechend, die **Kenntnis** jedes einzelnen Miterben die Anwendung des § 49 ausschließen, während bei der Erbanfallsteuer die Unkenntnis jedes einzelnen Miterben bezüglich der Versteuerung seiner eigenen Bereicherung maßgebend ist.

3. Bis zum Ablauf der Rechtsmittelfrist kann der Steuerpflichtige ohne weiteres seine Steuererklärung ergänzen. Es fragt sich, ob § 49 EStG. auch dann anwendbar sein soll, wenn der Steuerpflichtige noch bis zur Rechtskraft des Steuerbescheides aber nach dessen Zugehen von der Existenz neuer Verbindlichkeiten Kenntnis erhielt, aber die Berichtigung bis zur Rechtskraft des Steuerbescheides

vorzunehmen unterlassen hat. Es liegt dann zwar eine Nachlässigkeit des Steuerpflichtigen vor, aber bei der „Erteilung" des Steuerbescheides waren jene Verbindlichkeiten dem Steuerpflichtigen noch nicht bekannt und, wenn sie ihm zwischen Erteilung und Rechtskraft des Steuerbescheides bekannt wurden, so schließt dies nach dem Wortlaut des § 49 die nachträgliche Berichtigung nicht aus.

4. Der Antrag muß bis zum Ablauf der **Verjährungsfrist**, also regelmäßig binnen fünf Jahren vom Ende des Jahres an, in dem der Steueranspruch entstanden ist, geltend gemacht werden (vgl. §§ 81, 121, 122 RAO., im einzelnen Anm. 10 zu § 62).

5. Wegen der Verjährung des Pflichtteils vgl. Anm. 2b zu § 20.

6. Nach Ablauf der Verjährungsfrist kann, wenn spätere Verbindlichkeiten bekannt werden, die dem Steuerpflichtigen früher unbekannt waren, nur der **Härteparagraph** helfen. Nach § 108 RAO. kann der Reichsminister der Finanzen für Einzelfälle Steuern, deren Einziehung nach Lage der Sache unbillig wäre, ganz oder zum Teil erlassen oder in solchen Fällen die Erstattung oder Anrechnung bereits entrichteter Steuern verfügen. Die Befugnis hierzu kann für bestimmte Arten von Fällen den Landesfinanzämtern oder den Finanzämtern übertragen werden. Für Fälle bestimmter Art kann der Reichsminister der Finanzen mit Zustimmung des Reichsrats aus Billigkeitsgründen allgemeine Befreiung oder Ermäßigung von Steuern sowie die Erstattung oder Anrechnung bereits entrichteter Steuern vorsehen (wegen der Praxis zum Härteparagraphen vgl. Anm. 1 zu § 17; Schachian S. 148ff.; Potthast in DStBl. 1919 S. 415ff.). Gerade bei der Erbschaftssteuer wird sich für die Anwendung des Härteparagraphen reichlich Gelegenheit bieten, wenn nach Ablauf der Verjährungsfrist bis dahin unbekannte Ansprüche größeren Umfangs an den Erben herantreten.

§ 50.

Steuern, die von dem Kapitalwert von Renten oder anderen wiederkehrenden Nutzungen oder Leistungen zu entrichten sind, können nach Wahl des Steuerpflichtigen statt vom Kapitalwert jährlich im voraus von dem Jahreswert entrichtet werden. Die Steuer wird in diesem Falle von dem Hundertsatz erhoben, der sich nach § 28 für den gesamten Kapitalbetrag ergibt.

1. Bilden **Renten** oder andere wiederkehrende **Nutzungen** oder Leistungen mit ihrem Kapitalwert als Teile des steuerbaren

Vermögens (§ 6 Ziff. 5 EStG. Anm. 5 zu § 6) oder als Teile des steuerbaren Erwerbs den Gegenstand der Besteuerung, so bestimmt sich die **Berechnung** ihres Wertes nach den §§ 144—146 RAO. Diese lauten:

§ 144 RAO.: „Der Gesamtwert von Nutzungen oder Leistungen, die auf bestimmte Zeit beschränkt sind, ist durch Zusammenzählen der einzelnen Jahreswerte unter Abrechnung der Zwischenzinsen zu berechnen. Der Gesamtwert darf den zum gesetzlichen Zinssatz kapitalisierten Jahreswert nicht übersteigen. Ist die Dauer des Rechtes außerdem durch das Leben einer oder mehrerer Personen bedingt, so darf der nach § 145 zu berechnende Kapitalwert nicht überschritten werden.

Immerwährende Nutzungen oder Leistungen sind mit dem Fünfundzwanzigfachen des Jahreswerts, Nutzungen oder Leistungen von unbestimmter Dauer vorbehaltlich des § 145 mit dem Zwölfundeinhalbfachen des Jahreswerts zu veranschlagen.

Ist der gemeine Wert des Gesamtbezugs der Nutzungen oder Leistungen nachweislich geringer oder höher, so ist der gemeine Wert zugrunde zu legen.

§ 145 RAO.: Der Wert von Renten oder anderen auf die Lebenszeit einer Person beschränkten Nutzungen und Leistungen bestimmt sich nach dem Lebensalter dieser Person.

Als Wert wird angenommen bei einem Alter

1.		bis zu	15	Jahren das	18fache
2.	von mehr als 15	„ „	25	„ „	17 „
3.	„ „ „ 25	„ „	35	„ „	16 „
4.	„ „ „ 35	„ „	45	„ „	14 „
5.	„ „ „ 45	„ „	55	„ „	12 „
6.	„ „ „ 55	„ „	65	„ „	$8\frac{1}{2}$ „
7.	„ „ „ 65	„ „	75	„ „	5 „
8.	„ „ „ 75	„ „	80	„ „	3 „
9.	„ „ „ 80 Jahren das				2 „

des Wertes der einjährigen Nutzung.

Hat jedoch eine nach Abs. 2 bewertete Nutzung oder Leistung im Falle der

Nr. 1	nicht mehr als	9	Jahre,
„ 2, 3.....	„ „ „	8	„
„ 4	„ „ „	7	„
„ 5	„ „ „	6	„
„ 6	„ „ „	4	„
„ 7 bis 9 .	„ „ „	2	„

bestanden, so ist die Veranlagung auf Antrag nach der wirklichen Dauer der Nutzung oder Leistung zu berichtigen. Handelt es sich um den

Wegfall einer Last, so ist in gleicher Weise eine Nachveranlagung vorzunehmen.

Hängt die Dauer der Nutzung oder Leistung von der Lebenszeit mehrerer ab, so entscheidet, je nachdem das Recht mit dem Tode des zuerst oder des zuletzt Sterbenden erlischt, das Lebensalter des Ältesten oder Jüngsten.

§ 146 RAO.: Der einjährige Betrag der Nutzung einer Geldsumme ist, wenn kein anderer Wert feststeht, zu vier vom Hundert anzunehmen.

Bei Nutzungen oder Leistungen, die ihrem Betrage nach ungewiß sind oder schwanken, ist als Jahreswert der Betrag zugrunde zu legen, der voraussichtlich für die Zukunft durchschnittlich erzielt werden wird.

Für die Errechnung des Kapitalwertes der auf eine bestimmte Zeit beschränkten Renten und Nutzungen dient die nachfolgende zu § 37 AB. z. EStG. erlassene Hilfstafel:

Hilfstafel 1.

über den gegenwärtigen Kapitalwert einer Rente oder Nutzung von vier vom Hundert im Werte von 1 Mark auf eine bestimmte Anzahl von Jahren behufs Berechnung der davon zu entrichtenden Steuer.

Anzahl der Jahre	Kapitalwert		Anzahl der Jahre	Kapitalwert		Anzahl der Jahre	Kapitalwert	
	Mark	Pf.		Mark	Pf.		Mark	Pf.
1	1	0,0	24	15	85,7	47	21	88,5
2	1	96,2	25	16	24,7	48	22	04,3
3	2	88,6	26	16	62,2	49	22	19,5
4	3	77,5	27	16	98,3	50	22	34,2
5	4	63,0	28	17	33,0	51	22	48,2
6	5	45,1	29	17	66,3	52	22	61,8
7	6	24,2	30	17	98,4	53	22	74,8
8	7	00,2	31	18	29,0	54	22	87,3
9	7	73,2	32	18	58,9	55	22	99,3
10	8	43,5	33	18	87,4	56	23	10,9
11	9	11,1	34	19	14,8	57	23	22,0
12	9	76,0	35	19	41,1	58	23	32,7
13	10	38,5	36	19	66,5	59	23	43,0
14	10	98,6	37	19	90,8	60	23	52,8
15	11	56,3	38	20	14,3	61	23	62,4
16	12	11,8	39	20	36,8	62	23	71,5
17	12	65,2	40	20	58,5	63	23	80,3
18	13	16,6	41	20	79,3	64	23	88,7
19	13	65,9	42	20	99,3	65	23	96,9
20	14	13,4	43	21	18,6	66	24	04,7
21	14	59,0	44	21	37,1	67	24	12,2
22	15	02,9	45	21	54,9	68	24	19,4
23	15	45,1	46	21	72,0	69	24	26,4

Anzahl der Jahre	Kapitalwert Mark	Pf.	Anzahl der Jahre	Kapitalwert Mark	Pf.	Anzahl der Jahre	Kapitalwert Mark	Pf.
70	24	33,0	75	24	62,8	80	24	87,2
71	24	39,5	76	24	68,0	81	24	91,5
72	24	45,6	77	24	73,1	82	24	95,7
73	24	51,6	78	24	78,0	83	24	99,7
74	24	57,3	79	24	82,7	84 u. mehr	25	00,0

Die Hilfstafel findet nur Anwendung in den Fällen des § 144 Abs. 1 RAO., während § 145 RAO. z. B. in Fällen heranzuziehen ist, in denen sich eine Nutzung nach der Lebensdauer einer Person richtet. Ist eine Rente ausgesetzt für eine Person bis zu ihrem 30. Lebensjahre, so ist zwar ungewiß, ob die eingesetzte Person das 30. Lebensjahr erlebt, gleichwohl wird in Anbetracht der Begrenzung auf das 30. Lebensjahr eine Einsetzung auf feste Zeit anzunehmen sein (Pr. OVG. vom 26. 6. 1915 E IVa 23/15 S. 365; Buck-Lucas Anm. 4 § 144 RAO.). Ist aber die Dauer eines Rentenrechtes gleichzeitig auf die Lebenszeit des Berechtigten und daneben noch auf einen bestimmten Zeitpunkt beschränkt, so ist für die Festlegung seines Vermögenswerts diejenige der beiden in Frage kommenden Bestimmungsmethoden anzuwenden, nach der sich der niedrigste Kapitalwert ergibt (Reichsfinanzhof vom 17. 1. 1920 Bd. 2 S. 195). Die Grenzen zwischen den beiden letztgenannten Fällen sind freilich recht flüssig und auch die Entscheidung zweifelhaft (vgl. auch Mrozek BesStG. Anm. 3 § 37; Schachian S. 107). Erlischt das Nutzungsrecht dadurch, daß der Nutzungsberechtigte Erbe des mit der Nutzung Belasteten wird, so findet eine Erstattung auf Grund des § 145 Abs. 3 RAO. nicht statt (Reichsfinanzhof vom 26. 11. 1919 Bd. 2 S. 8).

2. § 50 EStG. gibt in den Fällen der Versteuerung des Kapitalwerts von Renten oder anderen wiederkehrenden Nutzungen oder Leistungen dem Steuerpflichtigen ein **Wahlrecht** statt der Entrichtung der Steuer vom Kapitalwert die jährliche Vorausentrichtung vom Jahreswert vorzunehmen. Das Wahlrecht erlischt, falls der Steuerpflichtige bereits den nach dem Kapitalwert errechneten Steuerbetrag entrichtet hat, es sei denn, daß das Finanzamt in eine anderweitige Berechnung willigt. Die **Berechnung** gestaltet sich, falls die Jahresnutzung zugrunde gelegt wird und außer der Rente noch sonstiges Kapital anfällt, so, daß der Steuersatz nach dem dem gesamten Erwerbe entsprechenden Satze zu berechnen ist.

Man muß schon deshalb von dem Gesamtbetrage ausgehen, weil, wenn man den Rentenwert allein berücksichtigen würde, man nicht wüßte, ob man ihn innerhalb der gesamten Erbschaft in den unteren oder in den oberen der in Frage kommenden Steuerstufen anzusetzen hätte.

Beispiel:

Steuerpflichtiger Erwerb .... 60500 M.
Darin eine Rente mit Kapitalwert
von 12 × 2000 .... 24000 M.

Anfallsjahr 1936 Steuerklasse VI, sonstiges Vermögen des Erwerbers unter 100000 M.:

ab nach § 27 EStG. 500 M.,
Steuer nach § 28 EStG. von

20000 M.	15 %	3000 M.
30000 „	20 %	6000 „
10000 „	25 %	2500 „
60000 M.		11500 M.

dazu laut § 27 EStG. 500 M.
Gesamtkapital: 60500 M.

Hundertsatz für den gesamten Kapitalbetrag
11500 : 605 = 19

Jahreswert der Rente 2000 M., davon 19% = 380 M., die von dem Steuerpflichtigen jährlich im voraus zu entrichten sind. Unerhoben bleiben 19% von 24000 M.

Es wird die Zahl der tatsächlich entrichteten Jahresrenten versteuert. Fällt die Rente fort, so fällt auch die Steuer fort, ohne daß hier eine Berichtigung nach § 145 Abs. 3 RAO. in Frage kommt. Ebensowenig kommt, falls die Rente im Laufe eines Jahres in Wegfall kommt, eine anteilige Erstattung der für das Jahr im voraus entrichteten Steuer in Frage.

§ 51.

Beim Erwerbe von Vermögen, dessen Nutzung einem anderen als dem Steuerpflichtigen zusteht, kann der Pflichtige verlangen, daß die Versteuerung bis zum Erlöschen des Nutzungsrechts ausgesetzt bleibt. In diesem Falle erfolgt die Versteuerung nach dem Werte des Vermögens zur Zeit des Erlöschens des Nutzungsrechts. Auf Verlangen der Steuerbehörde hat der Steuerpflichtige für die Steuer Sicherheit zu leisten.

Geht in dem Falle des Abs. 1 das mit dem Nutzungsrechte belastete Vermögen vor dem Erlöschen des Nutzungsrechts durch Erbfolge auf einen anderen über, so wird die Erbanfallsteuer für diesen Uebergang nicht erhoben, vielmehr tritt die gleiche Behandlung ein, wie wenn derjenige, dem das Vermögen zur Zeit des Erlöschens gehört, das Vermögen unmittelbar von dem ursprünglichen Erblasser erworben hätte.

1. § 51 Abs. 1 gibt dem Steuerpflichtigen beim Erwerb von Vermögen, dessen Nutzung einem andern zusteht, das Recht, die **Aussetzung** der Besteuerung bis zum Erlöschen des Nutzungsrechts zu verlangen. Erstes Erfordernis ist danach, daß der Steuerpflichtige das Stammvermögen unbedingt erworben hat. Der Erwerb unter einer aufschiebenden Bedingung ist der Gegensatz zu dem von § 51 vorausgesetzten Tatbestand. Dieserhalb ist insbesondere zu verweisen auf die Ausführungen Anm. 2, 4 zu § 48 EStG. Damit gelangt man zugleich zu dem Hauptfall des § 51, nämlich demjenigen, daß einem andern als dem Steuerpflichtigen die Nutzung des erworbenen Vermögens zusteht, aber eine vererbliche Anwartschaft des Steuerpflichtigen auch bezüglich der Nutzung besteht — hier wiederum im Gegensatz zur Bedingung, wie die Ausführungen Anm. 4 zu § 48 über § 2074 BGB. ergeben.

2. Die Vorschrift des **Abs. 1** § 51 EStG. findet sowohl Anwendung auf die Erbanfallsteuer, wie auch auf die Nachlaßsteuer. Die Nutzung, welche einem andern als dem Steuerpflichtigen zusteht, muß den Erwerb im erbrechtlichen Sinne beschweren. Wie überall, scheidet daher die familienrechtliche Nutznießung aus, insbesondere der Fall, daß den Eltern die Nutznießung kraft elterlicher Gewalt an dem den Kindern vermachten Vermögen zusteht (vgl. § 25 Anm. 4). Für solche familienrechtlichen Nutzungen ist § 51 nicht gemacht, er gilt nur, wenn ein Dritter eine den Erwerb beschwerende Nutzung inne hat. Als Nutzung wird man das Rentenrecht nicht bezeichnen können, sondern vielmehr nur ein solches Recht, welches zum Bezuge der Früchte oder der Gebrauchsvorteile eines Gegenstandes (Nutzungen nach § 100 BGB.) berechtigt (Hoffmann-Hendel, Anm. 1b). Ob schon der Erblasser Nutzungsberechtigter war oder die Nutzung von vornherein einem andern zustand, macht keinen Unterschied.

3. Der Hauptfall der Anwendbarkeit des § 51 ist hiernach derjenige der **Vorerbschaft** und der **Nacherbschaft**. Es ist dieserhalb zu verweisen auf die eingehenden Erläuterungen wegen der Nachlaßsteuer zu § 2 EStG., wegen der Erbanfallsteuer zu § 23 EStG.,

woselbst in Anm. 6 die Steuerberechnung bei der Aussetzung dargelegt ist. Es ist folgendes hinzuzufügen:

Bei Anfall von Vermögen, dessen Nutzung einem andern zusteht, ist grundsätzlich vom Erwerber der Stammwert abzüglich des Kapitalwerts des Nutzungsrechts zu versteuern. Der Erwerber kann aber auch von dem Recht aus § 51 Gebrauch machen und verlangen, daß seine Versteuerung bis zum Erlöschen des Nutzungsrechts ausgesetzt bleibt. Der Nutzungsberechtigte hat sein kapitalisiertes Recht jedenfalls alsbald zu versteuern, ohne daß seine Steuerpflicht von der Aussetzung derjenigen des Erwerbers des Stammvermögens berührt wird. Solange letzterer die Steuer vom Stammvermögen noch nicht entrichtet hat, kann er den Antrag auf Aussetzung der Versteuerung bis zum Erlöschen des Nutzungsrechts stellen; dann wird sein Erwerb erst mit diesem Zeitpunkt versteuert, und zwar mit dem Werte des Vermögens zur Zeit des Erlöschens des Nutzungsrechts, also nunmehr, ohne daß dieses einen Abzugsposten bildet.

4. **Abs. 2** § 51 EStG. hat den Fall im Auge, daß das mit dem Nutzungsrecht belastete Vermögen vor dem Erlöschen des Nutzungsrechts durch Erbfolge auf einen andern übergeht. Dann wird die Erbanfallsteuer für diesen Übergang nicht erhoben werden, vielmehr soll die Versteuerung so eintreten, wie wenn der Inhaber des Vermögens zur Zeit des Erlöschens des Nutzungsrechts unmittelbar das Vermögen vom ursprünglichen Erblasser erworben hätte; Abs. 2 betrifft danach nur den Fall der Erbanfallsteuer. Im Gegensatz zu § 48 EStG. und §§ 2074, 2108 Abs. 2 Satz 2 BGB. betreffend die Einsetzung unter einer Bedingung (vgl. Anm. 4 zu § 48 EStG. Anm. 1 zu § 51) setzt die Bestimmung voraus, daß während der Aussetzung der Besteuerung durch Erbfolge das mit dem Nutzungsrecht belastete Vermögen auf einen andern übergeht, z. B. bei Vererbung des Anwartschaftsrechts des Nacherben (§ 2108 Abs. 2 Satz 1 BGB.). Dann tritt der neue Erwerber vollständig an die Stelle des früheren und es wird so angesehen, als hätte er unmittelbar von dem ursprünglichen Erblasser das Vermögen erworben. Er versteuert dann das Vermögen zu seinem Werte nach Erlöschen des Nutzungsrechts. Die Steuerberechnung erfolgt nach den Beziehungen des alsdann Steuerpflichtigen zum Erblasser, nach den ihm zustehenden Befreiungen und unter Berücksichtigung des Standes seines Vermögens bei Berechnung der Zuschläge (§§ 28, 33, 36, 37, 39 EStG., Hoffmann-Hendel Anm. 3b; anderer Meinung Wunschmann D. Not. Z. 1920

S. 167/168). Maßgebend sind also die Verhältnisse zur Zeit des Erlöschens der Nutzung.

Unter Umständen ist nach § 26 Abs. 2 EStG. das Verhältnis des Nacherben zum Vorerben und nicht zum ursprünglichen Erblasser maßgebend (vgl. Erläuterungen zu § 26 EStG.).

5. Für die **Schenkungssteuer** gilt Abs. 2 § 51 EStG. nicht. Es ist ausdrücklich in ihm nur von der Erbanfallsteuer die Rede und für eine ausdehnende Auslegung besteht im Hinblick auf das Endergebnis kein Anlaß. Bei unentgeltlicher Übertragung und Zuwendung des Vermögens durch den Erben während der Aussetzung entsteht daher sowohl eine Erbanfallsteuer nach dem Verhältnis des Veräußerers zum ursprünglichen Erblasser, wie auch eine Schenkungssteuer nach dem Verhältnis des Beschenkten zum Veräußerer und zwar für den Anfall des Erblassers an den Veräußerer die Erbanfallsteuer und eine Schenkungssteuer für den Übergang vom Veräußerer auf den Beschenkten (Mirre Anm. 6; Finger Anm. 4; anderer Meinung Hoffmann-Henckel Anm. 5b). Der Beschenkte wird wiederum das Recht haben, gemäß § 51 Abs. 1 die Aussetzung der Versteuerung zu verlangen.

6. Auf Verlangen der Steuerbehörde hat der Steuerpflichtige, falls er die Aussetzung beantragt, **Sicherheit** zu leisten. Diesenfalls setzt eine Überwachung des Steuerpflichtigen ein durch seine Aufnahme in eine Überwachungsliste.

§ 52.

Hat der Erblasser die Entrichtung der von dem Erwerber geschuldeten Steuer einem anderen auferlegt, so sind die Erbanfallsteuern so zu berechnen, wie wenn die Auflage nicht erfolgt wäre. Diese Vorschrift findet auf Schenkungen entsprechende Anwendung.

Ausführungsbestimmungen § 41: Alle Fälle, in denen die Versteuerung ausgesetzt ist oder die nachträgliche Erhebung einer Steuer eintreten kann, hat das Finanzamt aus den Erbschafts- und Schenkungssteuerlisten unter fortlaufender Nummer in eine Überwachungsliste zu übertragen, die nach Muster 10 zu führen ist. Insoweit nur eine Erstattung der Steuer in Frage kommt, unterbleibt die Überwachung und die Eintragung in die Überwachungsliste.

Die Eintragung muß die Sachlage, insbesondere die für die Höhe des künftig zu versteuernden Vermögens maßgebenden Umstände und die Bedingungen, unter denen die Steuer nachzuerheben ist, derart erläutern, daß die zur Überwachung Anlaß gebenden Verhältnisse deutlich zu übersehen sind; auch sind Art und Höhe der Sicherheit und die Hinterlegungsstelle anzugeben.

Zur Überwachungsliste ist ein nach der Buchstabenfolge geordnetes Namenverzeichnis zu führen.

Wird die Steuer nicht nach einer bestimmten Zeit fällig, so sind von Zeit zu Zeit Erhebungen darüber anzustellen, ob der Grund zur Überwachung noch fortdauert.

Sobald die weitere Überwachung nicht mehr nötig ist, ist der Fall in der Überwachungsliste zu löschen, in die laufende Erbschafts- oder Schenkungssteuerliste aufzunehmen und darin bis zur vollständigen Erledigung fortzuführen.

Liegt in besonderen Fällen ein Bedürfnis vor, so ist auch die Versteuerung ungewisser oder unsicherer Rechte oder anderer zur sofortigen Wertermittlung nicht geeigneter Gegenstände durch die Überwachungsliste zu überwachen.

Die Fälle des § 47 Abs. 6 des Gesetzes werden nicht in die Überwachungsliste aufgenommen, wenn dies nicht aus anderen Gründen erforderlich ist (siehe § 11 der Ausführungsbestimmungen zum Grunderwerbsteuergesetze vom 10. 9. 1919, RGBl. S. 1617ff.)

Siehe Muster S. 243.

1. § 52 ist zu dem Zwecke aufgenommen, um die umständliche Berechnung zu vermeiden, die dann eintreten muß, wenn der Erblasser die Entrichtung der Erbanfallsteuer einem andern als dem Erwerber auferlegt hat; diesenfalls ist nämlich, genau gerechnet, der Empfänger steuerfreien Vermögens auch um den Betrag der Steuer bereichert, und derjenige, der mit der Zahlung beschwert ist, mit dieser belastet. Die hierdurch notwendig werdende Verrechnung soll durch die Vorschrift des § 52 EStG. vermieden werden. Es soll so angesehen werden, als wenn die Auflage der Steuerentrichtung nicht erfolgt wäre. Die Vorschrift beschränkt sich ihrem Wortlaut nach auf die Erbanfallsteuer und besagt, daß weder bei Berechnung der Erbanfallsteuer des Erwerbers noch des mit ihrer Entrichtung Belasteten — also eines anderen Bedachten — die Auflage berücksichtigt werden soll. Hat der Erblasser also angeordnet, daß ein Schuldner die gesamte Erbanfallsteuer entrichten, im übrigen aber von seiner Schuld befreit sein soll, so hat der Schuldner die volle erlassene Schuld als Bereicherung zu versteuern, außerdem aber, auf Grund der Auflage, die Erbanfallsteuer der übrigen Erwerber an sie zu erstatten, ohne daß die Steuerpflicht der anderen Erwerber damit geändert würde (vgl. auch § 30 EStG. und Erläuterungen). Die Anordnung, daß die Erbanfallsteuer vorweg aus dem

Muster 10:

Überwachungsliste für Erbschafts- und Schenkungssteuerfälle.

Lfd. Nr.	Der Fall ist übernommen		Bei einem Erwerbe von Todes wegen:		Angabe, aus welchem Grunde und zu welchem Zwecke die Überwachung erfolgt.	a) Bezeichnung der Sicherheit (Art und Höhe), b) Name u. Wohnort des Hinterlegers, c) Angabe, bei welcher Behörde u. unter welch. Buchungsnummer die Sicherheit hinterlegt ist	Nach Wegfall des Ueberwachungsgrundes ist der Fall übertragen in		Bemerkungen
	aus der Haupt-/Nachtrags-Liste für das ...te Halbjahr 19..	Nr.	Name, Stand und Wohnort des Erblassers	Todestag			die Nachtragsliste für das ...te Halbjahr 19..	unter Nr.	
			Bei einer Schenkung unter Lebenden: Name, Stand u. Wohnort a) des Schenkers, b) des Beschenkten	Tag der Schenkung					
1	2		3	4	5	6	7		8

Nachlaß zu entrichten ist, hat ebenso wie die vorgedachte Anordnung nur Wirkung unter den Beteiligten; es sind dabei die gesamten Erbanfallsteuern zusammen zu rechnen, wobei die Erwerber nach Maßgabe ihrer Anfälle im Wege der Verrechnung belastet werden (Finger Anm. 1, 2 § 52; Mirre Anm. 2 § 52).

2. Die Folge ist, daß es jetzt häufig vorteilhafter ist, wenn der Erblasser, anstatt ein großes Vermächtnis zuzuwenden, dem Vermächtnisnehmer nur ein kleineres Vermächtnis zuwendet und die Steuern den Erben auferlegt. Durch § 5 RAO. wird eine solche Gestaltung nicht ausgeschlossen, sofern nicht besondere Anzeichen gegeben sind, welche einen Mißbrauch als vorliegend erscheinen lassen. **§ 5 RAO.** lautet: „Durch Mißbrauch von Formen und Gestaltungsmöglichkeiten des bürgerlichen Rechtes kann die Steuerpflicht nicht umgangen oder gemindert werden. Ein Mißbrauch im Sinne des Abs. 1 liegt vor, wenn 1. in Fällen, wo das Gesetz wirtschaftliche Vorgänge, Tatsachen und Verhältnisse in der ihnen entsprechenden rechtlichen Gestaltung einer Steuer unterwirft, zur Umgehung der der Steuer ihnen nicht entsprechende, ungewöhnliche Rechtsformen gewählt oder Rechtsgeschäfte vorgenommen werden, und 2. nach Lage der Verhältnisse und nach der Art, wie verfahren wird oder werden soll, wirtschaftlich für die Beteiligten im wesentlichen derselbe Erfolg erzielt wird, der erzielt wäre, wenn eine den wirtschaftlichen Vorgängen, Tatsachen und Verhältnissen entsprechende rechtliche Gestaltung gewählt wäre, und ferner 3. etwaige Rechtsnachteile, die der gewählte Weg mit sich bringt, tatsächlich keine oder nur geringe Bedeutung haben. Liegt ein Mißbrauch vor, so sind die getroffenen Maßnahmen für die Besteuerung ohne Bedeutung. Die Steuern sind so zu erheben, wie sie bei einer den wirtschaftlichen Vorgängen, Tatsachen und Verhältnissen angemessenen rechtlichen Gestaltung zu erheben wären. Steuern, die auf Grund der für unwirksam zu erachtenden Maßnahmen etwa entrichtet sind, werden auf Antrag erstattet, wenn die Entscheidung, die diese Maßnahmen als unwirksam behandelt, rechtskräftig geworden ist." Der bloße Umstand jedoch, daß auf dem Wege der Zuwendung eines geringeren steuerfreien Vermächtnisses anstatt eines größeren Vermächtnisses, dessen Steuer der Bedachte selbst zu tragen hat, eine niedrigere Versteuerung eintritt, läßt diese Gestaltung nicht als verboten erscheinen, wenn sie wirklich § 52 ESt G. unmittelbar hervorgerufen hat (vgl. Ridinger D. St. Z. 1919 S. 206 und Kloß ebenda Nr. 10). Es wird z. B. bei einer Zuwendung von einem Millionenvermächtnis in Steuerklasse **VI** durch

die günstigere Gestaltung mehr als ein Viertel der zugewandten Summe an Steuern gespart.

3. Über die Erbschaftssteuerversicherung auch bezüglich der Erbanfallsteuer ist eingehend zu § 9 EStG. gehandelt.

4. Der **2. Satz** des § 52 EStG. läßt die Vorschrift auf **Schenkungen** entsprechende Anwendung finden. Fraglich ist, ob die Vorschrift sich hiernach auf Fälle beschränkt, wo von mehreren Beschenkten einem die Entrichtung der Schenkungssteuer auferlegt wird, oder ob sich die Vorschrift auch auf den Fall erstreckt, wo der Schenker selbst die Zahlung der Schenkungssteuer übernimmt. In dem ersteren Fall hat der Beschwerte die Schenkungssteuer ohne Abzug seiner Belastung, bestehend in der Zahlung der Steuer der übrigen, zu entrichten, während die Bedachten die Steuerbefreiung als weitere Bereicherung nicht zu versteuern haben. In dem letzteren Fall besteht freilich die Gefahr einer Umgehung, indem Vermögensteile unter Übernahme der Steuer durch den Schenker mittels Schenkung übertragen werden, wobei Erbschaftssteuer gespart werden könnte. Man wird aber dieser Gefahr gegenüber ein genügendes Vorbeugungsmittel in § 5 RAO. (abgedruckt oben Anm. 2) erblicken dürfen, welcher hinreichend weit gefaßt ist, um Umgehungen zu verhindern. Für die Ausdehnung des § 52 EStG. auf den letzteren Fall ist vor allem anzuführen, daß die ganze Durchbrechung des Prinzips einer Besteuerung der Bereicherung (Vorbemerkung vor § 20, Anm. 1 zu § 25, Vorbem. 1 vor § 40), welche § 52 EStG. mit sich bringt, zwecklos wäre, wenn man den häufigsten Fall, nämlich den letztgenannten, ausließe und für ihn die umständliche Berechnung ließe, die man durch § 52 EStG. vermeiden wollte. Da übrigens diese Berechnung längst nicht die umständlichste ist, welche die Erbschaftssteuer mit sich bringt, so würde die Aufnahme des § 52 EStG. bei dieser Einschränkung beinahe zwecklos erscheinen. Es ist daher meines Erachtens (ebenso Hoffmann-Henckel Anm. 2) § 52 EStG. auch für den Fall anzuwenden, daß der Schenker die Schenkungssteuer selbst übernommen hat (anderer Meinung Mirre Anm. 3, nach dessen Ausführungen in Zeitgem. Steuerfr. I S. 185 ff. freilich der ganze Zweck der Aufnahme des § 52 in das Gesetz problematisch erscheint). Man wird jedoch zugeben müssen, daß besondere Vorsicht gegenüber Versuchen am Platze ist, durch Mißbrauch der Gestaltung Steuerersparnisse zu erzielen; solche Versuche sind nach § 5 RAO. unbeachtlich.

§ 53.

Jeder der Nachlaßsteuer unterliegende Erbfall ist von den zur Entrichtung der Steuer verpflichteten Personen unter

Einreichung einer Nachlaßsteuererklärung bei der Steuerbehörde binnen einer Frist von drei Monaten anzumelden. Die Frist beginnt mit dem Zeitpunkt, in welchem der Verpflichtete von dem Anfall der Erbschaft Kenntnis erlangt hat, für die gesetzlichen Vertreter der Erben, den Testamentsvollstrecker, den Nachlaßpfleger und den Nachlaßverwalter jedoch nicht vor der Uebernahme der Verwaltung.

Die Steuerbehörde ist außerdem berechtigt, wenn sie von dem Erbfall vor der Anmeldung Kenntnis erlangt, den oder die Verpflichteten zur Einreichung einer Nachlaßsteuererklärung innerhalb einer von ihr zu bestimmenden Frist von mindestens einem Monat aufzufordern.

Die Erklärung hat ein Verzeichnis der zum Nachlaß gehörigen Gegenstände und die sonstigen für die Feststellung der Masse erforderlichen Angaben nach näherer Bestimmung des Reichsministers der Finanzen mit Zustimmung des Reichsrats zu enthalten.

Ausführungsbestimmungen:

§ 9. Sobald dem Finanzamt ein zu seiner Zuständigkeit gehörender Erbfall (Todesfall, Erwerb von Todes wegen) bekannt wird, bei dem es eine Steuerpflicht annimmt, übersendet es ohne Rücksicht auf die gesetzlichen Fristen dem zur Anmeldung Verpflichteten einen Vordruck zur Erbschaftssteuererklärung nach Muster 5.

Sind bei einem Erbschaftssteuerfall mehrere zur Anmeldung verpflichtete Personen vorhanden, so unterliegt es dem Ermessen des Finanzamts, welcher von ihnen der Vordruck zu senden ist. Von mehreren Erben ist der Vordruck in der Regel dem Erben zu übersenden, von dem angenommen werden kann, daß er mit den in Betracht kommenden Verhältnissen am besten vertraut ist. Sind gesetzliche Vertreter der Erben oder Erwerber, Testamentsvollstrecker, Nachlaßpfleger oder Nachlaßverwalter vorhanden, so ist der Vordruck diesen zu senden.

Im Falle des § 54 Abs. 3 des Gesetzes ist der Vordruck nur zu senden, wenn die Erbschaftssteuererklärung erforderlich ist.

Die Zusendung kann unterbleiben, wenn sie nach Lage des Falles nicht notwendig erscheint.

§ 10. Die Anmeldungen und Steuererklärungen nach §§ 53—56 des Gesetzes haben bei dem zuständigen Finanzamt schriftlich oder zu Protokoll zu erfolgen.

Bei einem unzuständigen Finanzamt eingegangene Anmeldungen oder Erklärungen sind unter Mitteilung des Tages des Einganges an das zuständige Finanzamt abzugeben. Der Anmeldende oder Erklärende ist davon zu benachrichtigen.

Vordrucke für die Erklärung sind, soweit sie nicht schon gemäß § 9 Abs. 1 zugesandt wurden, auf Verlangen dem zur Abgabe der Steuererklärung Verpflichteten von jedem Finanzamt kostenlos zu verabfolgen.

§ 19. Die Steuererklärung ist nicht an ein bestimmtes Muster gebunden. Dem Finanzamt bleibt überlassen, den Beteiligten eine geeignete Anleitung zu derselben zu geben, wobei auf § 41 des Gesetzes hinzuweisen ist.

§ 24. In der Steuererklärung sind anzugeben:

a) die Grundstücke nebst den dazu gehörigen Gebäuden und dem Zubehör nach ihrer Bezeichnung im Grundbuch, Größe, Beschaffenheit (Gebäude, Hof, Kulturland) und Kulturart (Acker, Wiese, Weide, Teich usw.);
b) die Feuerversicherungssumme der Gebäude;
c) der letzte Erwerbspreis und die Erwerbszeit;
d) ob die Grundstücke verpachtet sind, ob mit oder ohne Inventar, die Höhe des Pachtzinses mit den Nebenleistungen.

Statt der Einzelangaben genügt die Bezugnahme auf einen gleichzeitig vorzulegenden amtlichen Ausweis (Besitzstandsverzeichnis, Katasterauszug), wenn daraus die erforderlichen Angaben nach dem neuesten Stande hervorgehen.

Für jedes Grundstück ist der Ertragswert und, wenn er nicht zuverlässig angegeben werden kann, der gemeine Wert anzugeben. Wurden vom Erblasser über den Betrieb des Grundstücks geordnete Bücher geführt, so kann der Erklärende die Bücher oder die Buchabschlüsse zur Unterstützung der Wertermittlung vorlegen.

Erklärt sich der Steuerpflichtige glaubhaft zu einer zuverlässigen Angabe des Ertrages außerstande und ist der gemeine Wert hinlänglich festzustellen, so kann mit seiner Zustimmung als Ertragswert der gemeine Wert der Steuerberechnung zugrunde gelegt werden.

Siehe Muster S. 248—264.

1. § 53 enthält die Pflicht zur **Anmeldung** für die Nachlaßsteuer, diejenige für die Erbanfall- und Schenkungssteuer enthält § 54. Über die Anmeldepflicht der Verwalter und Vertreter des Nachlasses vgl. die Ausführungen Anm. 2 zu § 17, Anm. 4 zu § 19, Anm. 1 zu § 30 ESt G.

2. Bei der Anmeldung zur Nachlaßsteuer ist eine gleichzeitige **Nachlaßsteuererklärung,** entsprechend vorstehenden Ausführungsbestimmungen nebst Anlagen, vorgeschrieben. Das Nachlaßverzeichnis ist entsprechend jenem Vordruck beizufügen, sofern nicht ein solches

Fortsetzung der Anm. S. 265.

Muster 5.

Erbschaftssteuererklärung

nach de..... am .....ten .... 19..... in ....

gestorbenen (Stand und Name) ....

Vorbemerkungen.

1. Die Erbschaftssteuererklärung ist in den §§ 53 bis 56 des Erbschaftssteuergesetzes vorgeschrieben. In ihr ist eine Bezugnahme auf ein nach den §§ 1993 ff. BGB. für das Nachlaßgericht aufgestelltes Inventar insoweit zulässig, als dieses die nach der Erbschaftssteuererklärung erforderlichen Angaben enthält.
2. Für alle Angaben ist der Zeitpunkt des Todes des Erblassers maßgebend (mit Ausnahme der Wertangaben zu V und VI (s. die Bemerkung in Spalte 4)).
3. Zu jeder Abteilung des Nachlaßverzeichnisses sind genaue Einzelangaben erforderlich. Soweit der Raum in den einzelnen Abteilungen des Vordrucks nicht ausreicht, sind die Angaben in ein besonderes Verzeichnis aufzunehmen; im Nachlaßverzeichnis genügt alsdann die Angabe der Endsumme jeder Abteilung und ein Hinweis auf das angefügte Verzeichnis. Sind in einzelnen Abteilungen Angaben nicht zu machen, so ist dies in dem Vordruck zu vermerken. — Die Angaben sind zu belegen.
4. Die Prüfung, was steuerpflichtig ist und was nicht, steht nur dem Finanzamt, nicht dem Erklärenden zu.
5. Ausländisches Vermögen, gebundenes Vermögen (Fideikommiß, Lehen, Hausgut, Stammgut u. dgl.) sowie Vermögen, das der Erblasser als Vorerbe hatte, ist gesondert anzugeben.
6. Forderungen und Schulden des Erblassers an ein und dieselbe Person sind je für sich aufzuführen; auch sind Forderungen des Erblassers an einen Erben, Vermächtnisnehmer u. dgl. in voller Höhe anzugeben, selbst für den Fall, daß der Erblasser die Schuld durch letztwillige Verfügung, Schenkung von Todes wegen o. dgl. ganz oder um Teil erlassen hat.
7. Wegen der Haftung der Erben, ihrer gesetzlichen Vertreter und Bevollmächtigten, der Testamentsvollstrecker, Nachlaßpfleger, Nachlaßverwalter u. dgl. für die gesamten, den Erbfall treffenden Erbschaftssteuern empfiehlt es sich, die Erbschaftssteuererklärung tunlichst bald, jedenfalls vor der Verteilung des Nachlasses einzureichen.

8. Auf Verlangen hat der Steuerpflichtige die Richtigkeit seiner Angaben nachzuweisen: auch kann er von dem Finanzamt zur mündlichen Vernehmung vorgeladen und mit Genehmigung des Landesfinanzamts zur Abgabe einer eidesstattlichen Versicherung über die von ihm behaupteten Tatsachen angehalten werden.
9. Die Hinterziehung der Steuer, der Versuch der Hinterziehung, die Steuergefährdung und die Steuerhehlerei werden mit Geldstrafen, unter Umständen bis zum Zwanzigfachen des Steuerbetrags, sowie mit Gefängnis bestraft. Sonstige Zuwiderhandlungen gegen die Vorschriften des Gesetzes oder der zugehörigen Verwaltungsbestimmungen können mit Ordnungsstrafen bis zu 1000 M. geahndet werden. Die Befolgung seiner Anordnungen kann das Finanzamt durch Geldstrafen, Ausführung auf Kosten der Pflichtigen sowie unmittelbar erzwingen.

A. Nachla

I. Grun

a) Land- und forstwirtschaftlic

Laufende Nr.	Bezeichnung des Grundstücks oder der Besitzung, Benutzungsart (z. B. Bauerngut, Stellenbesitzung, Acker, Wiese, Wald u. dgl.)	Lage des Grundstücks, grundbuchliche Bezeichnung	Größe des Grundstücks ha | a	a) Letzter Erwerbspreis u. Zeitpunkt des Erwerb b) Feuerversicherungssumme der Gebäude ℳ
1	2	3	4	5

b) Bebaute Grundstücke, die Wohnzwecken od

Laufende Nr.	Bezeichnung des Grundstücks od. der Besitzung, Benutzungsart (z. B. Zinswohnhaus, Eigenwohnhaus mit Garten, Fabrik u. dgl.)	Lage des Grundstücks, grundbuchliche Bezeichnung	a) Letzter Erwerbspreis u. Zeitpunkt des Erwer b) Feuerversicherungssumme ℳ
1	2	3	4

c) Sonsti

Laufende Nr.	Bezeichnung des Grundstücks oder der Besitzung, Benutzungsart (z. B. Bauplatz, Lagerplatz, usw.)	Lage des Grundstücks, grundbuchliche Bezeichnung	a) Größe (in ha, a) b) Letzter Erwerbspreis u. Zeitpunkt des Erwerbs c) Feuerversicherungssumme der Gebäude ℳ
1	2	3	4

d) Berechtigungen, auf welche die Vorschriften des bürg
(z. B. Erbaurecht, Erbpachtrecht, Bewerkseigentu

Laufende Nr.	Bezeichnung der Berechtigung	Grundbuchliche Bezeichnung, Lage der Berechtigung
1	2	3

verzeichnis.

vermögen.

oder gärtnerische Grundstücke.

Ertragswert (= 25faches des Reinertrages, den das Grundstück nach seiner wirtschaftlichen Bestimmung bei ordnungsmäßiger Bewirtschaftung mit entlohnten fremden Arbeitskräften nachhaltig gewähren kann) ℳ	Bemerkungen: 1. Nebenbetriebe (z. B. landwirtschaftliche Brennerei oder Brauerei), Gebäude und Betriebsmittel sind bei Berechnung des Ertragswerts mit zu berücksichtigen. 2. Wirtschaftlich zusammengehörige Grundstücke gelten als eine Besitzung. 3. Beim Tode des Erblassers laufende oder rückständige Beträge an Pacht, Miete o. dgl. sind unter III b anzugeben. 4. Hypotheken und sonstige Lasten sind hier nicht abzuziehen (s. VIII).
6	7

gewerblichen Zwecken zu dienen bestimmt sind.

Ertragswert (= 25 faches des Miet- oder Pachtertrags, der in den letzten 3 Jahren im Durchschnitt erzielt worden ist oder im Falle der Vermietung oder Verpachtung hätte erzielt werden können, nach Abzug von einem Fünftel für Nebenleistungen und Instandhaltungskosten oder von dem als erforderlich nachgewiesenen höheren Betrag solcher Ausgaben)	Bemerkungen: 1. Wirtschaftlich zusammengehörige Grundstücke gelten als eine Besitzung. 2. Beim Tode des Erblassers laufende oder rückständige Beträge an Pacht, Miete o. dgl. sind unter III b anzugeben. 3. Hypotheken und sonstige Lasten sind hier nicht abzuziehen (s. VIII). 4. Bei Grundstücken, die einem Unternehmen gewidmet sind, ist der Wert von Maschinen, Inventar und sonstigen Vorrichtungen hier nicht zu berücksichtigen (s. II).
5	6

Grundstücke.

Gemeiner Wert (Verkaufswert) ℳ	Bemerkungen: 1. Wirtschaftlich zusammengehörige Grundstücke gelten als eine Besitzung. 2. Beim Tode des Erblassers laufende oder rückständige Beträge an Pacht, Miete o. dgl. sind unter III b anzugeben. 3. Hypotheken oder sonstige Lasten sind hier nicht abzuziehen (s. VIII). 4. Bei Grundstücken, die einem Unternehmen gewidmet sind, ist der Wert von Maschinen, Inventar und sonstigen Vorrichtungen hier nicht zu berücksichtigen (s. II).
5	6

lichen Rechtes über Grundstücke Anwendung finden u. dgl.), soweit sie nicht unter II aufzuführen sind.

a) Ertragswert, wenn die Berechtigungen unter I a oder I b fallen (s. dort Spalte 6 bezw. 5), sonst b) gemeiner Wert (Verkaufswert) ℳ	Bemerkungen: Beim Tode des Erblassers laufende oder rückständige Nutzungen sind unter III b anzugeben
4	5

II. Betriebsvermögen, soweit es nicht unter I und III enthalten ist

(Betriebskapital und sonstiges Vermögen des Erblassers, das dem Betriebe der Lan und Forstwirtschaft, des Bergbaues oder eines Gewerbes gewidmet ist, z. B. Geschäft einlagen, Beteiligungen an Handelsgesellschaften, Handelsunternehmungen, Pachtunge Fabrik- und Geschäftseinrichtungen, insbesondere Maschinen und sonstige Vorrichtung bei Betriebsanlage, zur Weiterveräußerung bestimmte, aus dem Betriebe herrühren und sonstige Vorräte, auf fremden Grundstücken stehende Gebäude u. dgl.).

Laufende Nr.	Bezeichnung und Lage des Betriebs	Betriebsstätte, Firma	Größe des Geschäftsanteils usw.	Gemeiner Wert Verkaufswert ℳ	Bemerkunge
1	2	3	4	5	6
			Zus. . . .		

III. Kapitalvermögen.

a) Selbständige Rechte und Gerechtigkeiten, soweit sie nicht unter II fallen, oder a Zubehör eines Grundstücks oder Betriebskapitals unter I oder II schon berücksicht sind. (Z. B. Verlagsrechte, Patentrechte, Ausgedinge u. dgl.).

Laufende Nr.	Bezeichnung des Rechtes oder der Gerechtigkeit	Name und Wohnort des Schuldners, Bezeichnung des haftenden Grundstücks	Gemeiner Wert (Verkaufswert) ℳ	Bemerkung
1	2	3	4	5
		Zus. . . .		

b) **Verzinsliche und unverzinsliche Kapitalforderungen jeder Art, soweit sie nicht unter II oder III c bis f fallen (z. B. Hypotheken, Grundschuldforderungen, Tilgungsfonds, Forderungen aus Schuldverschreibungen, Wechseln, Darlehen, Kautionen, Hinterlegungsgelder, Einlagen bei Sparkassen und Banken, Abrechnungs- und Kontokorrentguthaben, laufende und rückständige Forderungen von Pacht, Miete oder sonstigen Nutzungen des unter I, II und III a aufgeführten Nachlaßvermögens).**

Laufende Nr.	Bezeichnung der Forderung	Name und Wohnort des Schuldners	Nennbetrag der Forderung		Zinsfuß	Laufende oder rückständige Zinsen			Gesamtbetrag (Sp. 4 + Sp. 7)		Bemerkungen: 1. Bei unsicheren oder ungewissen Forderungen ist (außer dem Nennbetrag in Sp. 4) in dieser Spalte ihr mutmaßlicher Wert beim Tode des Erblassers anzugeben. 2. Für Bank und Sparkassenguthaben sind Abrechnungen der Kassen über den Stand der Guthaben einschließlich Zinsen bis zum Tode des Erblassers vorzulegen.
						seit	im Betrage von				
			ℳ	₰	v. H.		ℳ	₰	ℳ	₰	
1	2	3	4		5	6	7		8		9

c) **Kapitalforderungen aus Anleihen oder Schuldverschreibungen deutscher oder nichtdeutscher Staaten, Gemeinden, anderer öffentlicher Verbände, Eisenbahn- und Industrieobligationen, Pfandbriefe, Lospapiere.**

Laufende Nr.	Bezeichnung der Forderung (börsenmäßige Benennung des Wertpapiers)	Zinsfuß	Nennbetrag der Forderung		Kurs	Tatsächlicher Wert der Forderung (Kurswert des Wertpapieres)		Laufende oder rückständige Zinsen (Dividenden)			Gesamtbetrag (Sp. 6 + Sp. 8)		Bemerkungen: Wird die Aufstellung eines Bankhauses vorgelegt, aus der sich die Angaben zu den Sp. 2—9 ergeben, so genügt die Ausfüllung der Sp. 9 und ein Hinweis auf die mit vorzulegende Aufstellung in Sp. 10.
								seit	im Betrage von				
		v. H.	ℳ	₰		ℳ	₰		ℳ	₰	ℳ	₰	
1	2	3	4		5	6		7	8		9		10

d) Aktien- oder Anteilscheine, Kuxe, Geschäftsguthaben bei Genossenschaften. Geschäftsanteile und andere Gesellschaftseinlagen (soweit sie nicht unter II aufgeführt sind).

Laufende Nr.	Bezeichnung der Forderung (börsenmäßige Benennung des Wertpapiers)	Zinsfuß (bei Guthaben, Anteilen, Einlagen) v. H.	Nennbetrag der Forderung ℳ | ₰	Kurs (bei Aktien, Anteilscheinen, Kuxen)	Tatsächlicher Wert der Forderung (Kurswert der Aktien usw.) ℳ | ₰	Laufende oder rückständige Dividenden oder Zinsen seit	im Betrage von ℳ | ₰	Gesamtbetrag (Sp. 6 + Sp. 8) ℳ | ₰	Bemerkungen: Wird die Aufstellung eines Bankhauses vorgelegt, aus der sich die Angaben zu den Sp. 2—9 ergeben, so genügt die Ausfüllung der Sp. 9 und ein Hinweis auf die mit vorzulegende Aufstellung in Sp. 10. Der Wert der Geschäftsguthaben, Geschäftsanteile und anderen Gesellschaftseinlagen ist durch Abrechnungen, Bilanzen, Gewinn- und Verlustrechnungen u. dgl. zu belegen.
1	2	3	4	5	6	7	8	9	10

e) Vererbliche Rechte auf Renten und andere wiederkehrende Nutzungen und Leistungen, die dem Erblasser entweder vertragsmäßig als Gegenleistung für die Hingabe von Vermögenswerten oder aus letztwilligen Verfügungen, Schenkungen, Familienstiftungen oder vermöge hausgesetzlicher Bestimmungen zustanden.

Laufende Nr.	Gegenstand und Rechtsgrund des Anspruchs	Geldwert der einjährigen Hebung ℳ | ₰	Name und Wohnort des Verpflichteten	Name und Wohnort des nach dem Erblasser Berechtigten	Tag, Monat, Jahr, seitdem der Anspruch besteht	Zeitpunkt oder Ereignis, mit dessen Eintritt der Anspruch wegfällt	Falls die Dauer des Anspruchs vom Leben einer Person oder mehrerer Personen abhängt: Angabe des Namens, der Wohnung sowie Tag, Monat und Jahr der Geburt dieser Person (Personen)	Kapitalwert des Rechtes ℳ | ₰	Bemerkungen
1	2	3	4	5	6	7	8	9	10

f) Noch nicht fällige Ansprüche aus Lebens- und Kapitalversicherungen oder aus Rentenversicherungen, aus denen der Berechtigte noch nicht in den Rentenbezug eingetreten war. (Mit dem Tode des Erblassers fällig gewordene Ansprüche sind, wenn sie nach dem Versicherungsscheine bestimmten Personen zustehen, unter IV aufzuführen, sonst unter III b).

Lfd. Nr.	Bezeichnung des Anspruchs	Name (Firma) und Wohnort des Schuldners (Versicherungsunternehmers)	Versicherungssumme, Jahresbetrag der Rente ℳ | ₰	Kapitalwert des Anspruchs ℳ | ₰	Bemerkungen: Als Kapitalversicherung gilt jede Versicherung, auf Grund deren dem Versicherten unter allen Umständen eine Kapitalsauszahlung gewährleistet ist. — Als Kapitalwert (Sp. 5) gelten $^2/_3$ der eingezahlten Prämien oder Kapitalbeiträge, bei näherem Nachweis auch der Rückkaufswert der Versicherung
1	2	3	4	5	6
			Zus.		

g) Bares Geld deutscher Währung, fremde Geldsorten, Banknoten und Kassenscheine sowie Gold und Silber in Barren.

Bestand beim Tode des Erblassers .... ℳ

.... ℳ

.... ℳ

Zus. .... ℳ

Lfd. Nr.	Gegenstand	Wert ℳ	Wert ₰	Bemerkungen
1	2	3		4
	IV. Vermögen, das auf Grund eines vom Erblasser geschlossenen Vertrags unter Lebenden von einem Dritten mit dem Tode des Erblassers unmittelbar erworben wurde (z. B. Lebensversicherungsbeträge, Renten u. dgl., die nach dem Vertrage bestimmten Personen zufallen; andere gehören unter III b).			1. Anzugeben sind insbesondere Name und Wohnort des aus dem Vertrage Verpflichteten (z. B. des Versicherers) sowie Name und Wohnort des Berechtigten und sein Verwandtschaftsverhältnis zum Erblasser, bei wiederkehrenden Leistungen (Renten) auch deren Jahresbetrag und Dauer sowie Geburtstag und -jahr des Berechtigten. 2. Versicherungen auf den Todesfall, die zugunsten des Reichs lediglich zur Berichtigung von Nachlaß- und Erbanfallsteuer aufgenommen worden waren, sind als solche ersichtlich zu machen.
	Zus. . . .	....	.....	
	V. Vermögen, das vom Erblasser in Vollziehung einer Schenkung dem Beschenkten unter der Bedingung, daß dieser den Schenker überlebt, unter Lebenden zugewendet worden ist.			Der Zeitpunkt der Schenkung sowie Name und Wohnort des Beschenkten und sein Verwandtschaftsverhältnis zum Erblasser sind anzugeben, das geschenkte Vermögen ist im einzelnen, und zwar mit seinem Werte zur Zeit der Schenkung aufzuführen.
	Zus. . . .	....	.....	
	VI. Vermögen, das vom Erblasser mit der Bestimmung geschenkt worden ist, daß ihm für die Lebensdauer an dem geschenkten Gegenstande der Nießbrauch zustehen soll.			Der Zeitpunkt der Schenkung sowie Namen und Wohnort des Beschenkten und sein Verwandtschaftsverhältnis zum Erblasser sind anzugeben, das geschenkte Vermögen ist im einzelnen, und zwar mit seinem Werte zur Zeit der Schenkung aufzuführen. Außerdem ist hier der Jahreswert des vom Erblasser bezogenen Nießbrauchs anzugeben.
	Zus. . . .	....	.....	

Lfd. Nr.	Gegenstand	Gemeiner Wert (Verkaufswert) ℳ	₰	Bemerkungen
1	2	3		4
	VII. Sonstiges Vermögen a) Hausrat und Haushaltungsgegenstände (auch Vorräte zum Verbrauch in der Hauswirtschaft).			1. Hier sind nur solche Vermögensstücke aufzuführen, die nicht (für sich allein oder als Zubehör) unter I oder II gehören. 2. Wird für nicht zur Veräußerung bestimmte bewegliche Gegenstände von geschichtlichem, kunstgeschichtlichem oder wissenschaftlichem Werte, die seit mindestens 20 Jahren im Besitze der Familie des Erblassers sind, Steuerfreiheit beansprucht, so ist ein besonderes Verzeichnis mit Angabe des Wertes der Gegenstände vorzulegen und nachzuweisen, daß sie gemäß den von der zuständigen Behörde erlassenen Anordnungen den Zwecken der Forschung und Volksbildung nutzbar gemacht sind.
	Zus. . . .			
	b) Kleidungsstücke und Leibwäsche.			
	Zus. . . .			
	c) Gegenstände aus Edelmetall, Juwelen und sonstige Kostbarkeiten, Kunstgegenstände und sonstige Gegenstände von besonderem Wert			
	Seite . . .			

Lfd. Nr.	Gegenstand	Gemeiner Wert (Verkaufswert) M	Pf	Bemerkungen
1	2	3		4
	Übertrag . . .			
	d) Sammlungen.			
	e) Bücher, Schriften, Noten u. dgl.			
	f) Instrumente, Waffen.			
	g) Fahrzeuge u. Geschirre.			
	h) Tiere.			
	i) Sonstige Sachen und Rechte (z. B. auch Nutzungsrechte an in- und ausländischem Betriebsvermögen).			
	Zus. e—i . . .			

VIII. Verbindlichkeiten.

Lfd. Nr.	Bezeichnung der Verbindlichkeit (Schuldgrund)	Zeit der Entstehung	Des Gläubigers Namen	Des Gläubigers Wohnort	Betrag ℳ	Betrag ₰	Bemerkungen
1	2	3	4	5	6		7
	1. Auf dem Grundvermögen (I) ruhende Verbindlichkeiten (eingetragene Hypotheken, Grundschulden und sonstige Lasten, soweit sie zur Zeit des Erbfalls noch zu Recht bestanden).						1. Die Verbindlichkeiten sind einzeln aufzuführen und zu belegen. 2. Soweit die Zinsen nachträglich zu entrichten sind, ist der Zinsfuß, der Zeitpunkt der letzten Zinszahlung vor dem Tode des Erblassers sowie der bis zum Todestag aufgelaufene oder etwa rückständige Zinsbetrag anzugeben. 3. Bei Tilgungshypotheken ist in Sp. 6 der Nennbetrag der ursprünglichen Forderung und unter III b der Tilgungsfonds aufzuführen, sofern dieser als Bestandteil des Grundstücks gilt.
	2. Auf dem Betriebsvermögen (II) ruhende Verbindlichkeiten.						
				Seite . .			

Lfd. Nr.	Bezeichnung der Verbindlichkeit (Schuldgrund)	Zeit der Entstehung	Des Gläubigers Namen	Des Gläubigers Wohnort	Betrag ℳ	Betrag ₰	Bemerkungen
1	2	3	4	5	6		7
				Übertrag . .			
	3. **Kosten** der Bestattung des Erblassers (einschl. der Kosten der landesüblichen kirchlichen und bürgerlichen Leichenfeierlichkeiten und der eines angemessenen Grabdenkmals).						
	4. Kosten der gerichtlichen und außergerichtlichen Nachlaßregelung (einschl. der Kosten der Eröffnung einer Verfügung von Todes wegen, der gerichtlichen Nachlaßsicherung, der Nachlaßpflegschaft, des Aufgebots der Nachlaßgläubiger, der Inventarerrichtung, des Verfahrens der Todeserklärung des Erblassers und der für den Nachlaß geführten Rechtsstreite).						
	5. Sonstige vom Erblasser herrührende Verbindlichkeiten.						
				Zus. . .			

IX. Zusammenstellung.

	ℳ	₰	ℳ	₰
I a				
I b				
I c				
I d				
II				
III a				
III b				
III c				
III d				
III e				
III f				
III g				
IV				
V				
VI				
VII a				
VII b				
VII c—i				
Zusammen:				
ab VIII . . .				
bleiben				

B. Darlegung der für die Steuerpflicht in Betracht kommenden Verhältnisse.

1. Befindet sich der Nachlaß — ganz oder teilweise —
   a) in Deutschland? (Ort, Land) ....
   b) im Ausland? (Ort, Staat) ....
      An welcher Stelle des Nachlaßverzeichnisses ist der ausländische Nachlaß aufgeführt? ....
2. Erfolgt die Regelung des Nachlasses
   a) außergerichtlich? .... Durch wen? ....
   b) Gerichtlich? (Bezeichnung des Gerichts, Aktenzeichen).......
   c) Durch einen Notar? (Name, Wohnort) ....
3. War der Erblasser
   a) ein Deutscher? ....
   b) ein Ausländer? (Staatsangehörigkeit) ....
4. Hatte der Erblasser seinen Wohnsitz .... oder in Ermangelung eines Wohnsitzes seinen gewöhnlichen Aufenthalt
   a) in Deutschland? (Ort, Land) ....
   b) im Ausland? (Ort, Staat) ....
5. Falls der Erblasser verwitwet war:
   a) wie hieß der verstorbene Ehegatte (bei Frauen auch der Mädchenname) ....
      und wann und wo starb er? ....
   b) wieviel an Nachlaßsteuer (.........ℳ) und wieviel an Erbanfallsteuer (..........ℳ) hatte der Erblasser für seinen Anteil am Nachlaß des Ehegatten entrichtet? ....
      Welches Finanzamt hatte die Steuer damals festgesetzt?.......
      ....
   c) hatte der Erblasser mit dem verstorbenen Ehegatten in Gütergemeinschaft gelebt und diese mit Abkömmlingen bis zu seinem Tode fortgesetzt? ....
   d) ist der Anteil des Erblassers am ungeteilten gütergemeinschaftlichen Vermögen in dem Nachlaßverzeichnis aufgeführt?.....
      ....
      An welcher Stelle? ....
   e) stand dem Erblasser bei seinem Tode etwa noch ein Anteil am ungeteilten eigenen Vermögen des verstorbenen Ehegatten zu
      ....
      An welcher Stelle des Nachlaßverzeichnisses ist dieser Anteil aufgeführt? ....

6. Falls der Erblasser bei seinem Tode an ungeteiltem Nachlaßvermögen seiner Eltern (oder eines Elternteils) anteilsberechtigt war: wo ist sein Anteil in dem Nachlaßverzeichnis angegeben?
....

7. War der Erblasser bei seinem Tode Vorerbe? (Name, Stand, Wohnort und Todestag desjenigen, der ihn zum Vorerben eingesetzt hatte)..
Ist das Vermögen, das er als Vorerbe hatte, in dem Nachlaßverzeichnis angegeben? ....
An welcher Stelle? ....

8. Besteht das Vermögen ganz oder zum Teil in gebundenem Vermögen (Lehen, Fideikommiß, Hausgut, Stammgut u. dgl.)?...
....

9. Falls Personen der Steuerklassen I und II (Ehegatten, ehelichen Kindern, Kindern, denen die rechtliche Stellung ehelicher Kinder zukommt — außer Adoptivkindern —, eingekindschafteten Kindern, sofern diesen die rechtliche Stellung ehelicher Kinder zukommt, unehelichen Kindern der Mutter, vom Vater anerkannten unehelichen Kindern sowie Abkömmlingen der vorstehend genannten Kinder) Nachlaßvermögen anfällt:

   a) ist dieses Vermögen in den letzten 5 Jahren vor dem Erbanfall von Personen der gleichen Steuerklassen von Todes wegen erworben worden? ....

   b) ist es mehr als 5, aber nicht mehr als 10 Jahre vor dem Erbanfall von Personen der gleichen Steuerklassen von Todes wegen erworben worden? ....

   c) hat es der Besteuerung nach dem jetzt geltenden Erbschaftssteuergesetz unterlegen? ....

10. Hatte der Erblasser einem und demselben Erwerber mehrere Zuwendungen unter Lebenden gemacht? (Name, Stand und Wohnort des Erwerbers und sein Verwandtschaftsverhältnis zum Erblasser; Gegenstand, Wert und Zeitpunkt der Zuwendungen)...........

11. Angabe etwa streitiger Ansprüche ....

12. Ist eine Verfügung von Todes wegen (Testament, gemeinschaftliches Testament, Erbvertrag, Schenkung von Todes wegen o. dgl.) vorhanden? (Bezeichnung; Tag und Jahr der Verfügung von Todes wegen; Tag und Jahr ihrer Eröffnung; Amtsstelle, die sie eröffnete) ....

C. Von dem Nachlaß haben zu erhalten:

Laufende Nr.	Familienname, Vornamen, Stand, Staatsangehörigkeit und Wohnort (Straße und Hausnummer) des Erwerbers	Verhältnis des Erwerbers zum Erblasser (Verwandtschaft, Schwägerschaft usw.	Bezeichnung des Erwerbs (Erbteil, gesetzlicher Pflichtteil, Vorausteil, Vermächtnis usw.)	Bei Erbteilen oder Pflichtteilen: Größe in Bruchteilen	Betrag des einzelnen Anfalls ℳ	Betrag des einzelnen Anfalls ₰	Beim Tode des Erblassers vorhandenes Vermögen des Erwerbers ℳ	Erläuterungen. Zu Spalte 3: Genaue Angabe über Verwandtschaft usw. (nicht: Neffe, Nichte, Onkel, Cousine u. dgl., sondern Brudersohn, Schwesterenkelin, Vaterbruder, Mutterbrudertochter usw.). — Bei minderjährigen Abkömmlingen des Erblassers: Tag und Jahr ihrer Geburt. Desgl. bei Nutzungsberechtigten. — Bei Zuwendungen unter einer Auflage: Wert der Auflage. — Bei Erwerb von Vermögen ohne Nutzung: Angabe, ob Aussetzung der Versteuerung bis zum Erlöschen des Nutzungsrechts beantragt wird. — Bei ungewissen oder unsicheren Rechten: in Vorschlag gebrachter mutmaßlicher Wert.
1	2	3	4	5	6		7	8

Ich versichere, daß ich die vorstehenden Angaben nach bestem Wissen und Gewissen gemacht habe.

.................................., den ......ten .... 19......
(Wohnort, Straße und Hausnummer)

.... (Name und Stand)

bereits bei dem Nachlaßgericht eingereicht ist (§ 57 EStG.). Ist der Nachlaß nicht steuerpflichtig, so ist gleichwohl auf eine **Aufforderung** des Finanzamts nach Abs. 2 § 53 der Aufgeforderte ohne Rücksicht auf das Bestehen einer Steuerpflicht zur Abgabe der Erklärung gehalten (§ 169 Abs. 2 RAO.). Regelmäßig wird daher der Gang der sein, daß die Steuerbehörde auf die amtliche Mitteilung nach § 58 EStG. hin die Aufforderung erläßt; jedoch besteht die Anmeldepflicht ohne Rücksicht auf das Ergehen einer Aufforderung. Im Falle einer solchen Aufforderung ist die von der Steuerbehörde nach § 53 Abs. 2 EStG. gesetzte Frist von mindestens einem Monat auch dann maßgebend, wenn sie vor der Dreimonatsfrist aus § 53 Abs. 1 abläuft. Für Steuerpflichtige, welche nicht im Deutschen Reiche sich befinden, beginnt die Steuerpflicht mit ihrer Rückkehr nach Deutschland, aber mit der Einschränkung, daß sie für die in außereuropäischen Ländern und Gewässern Abwesenden höchstens sechs Monate, für andere Abwesende höchstens sechs Wochen beträgt. Es gilt aber die Regel des § 53 wieder, wenn Bevollmächtigte im Inland vorhanden sind oder sein müßten (§ 66 RAO.).

3. Wer zur Anmeldung **verpflichtet** ist, ergibt § 17 EStG. (vgl. Erläuterungen hierzu). Sind mehrere nebeneinander verpflichtet, z. B. Erben und Testamentsvollstrecker (vgl. oben Anm. 1), so kommt die Erfüllung der Pflicht durch den einen der Verpflichteten dem andern zustatten, soweit nicht das Finanzamt ein besonderes Interesse auch an einer Erklärung der übrigen Beteiligten hat (§ 94 RAO.).

4. **Steuerbehörde** ist das Finanzamt (§ 21 RAO.), welches die Erbschaftssteuer ohne Mitwirkung von Steuerausschüssen bearbeitet (§ 25 RAO.). Über die **Zuständigkeit** der Finanzämter bestimmt § 55 RAO.: „Wenn das Gesetz die Steuerpflicht auf einen Erbfall oder eine Schenkung gründet, so gelten für die Zuständigkeit der Finanzämter sinngemäß die Vorschriften des § 51; statt der Verhältnisse des Steuerpflichtigen sind die des Erblassers zur Zeit seines Todes oder die des Schenkers zur Zeit der Schenkung maßgebend. Wenn für einen Nachlaß ein Testamentsvollstrecker, Verwalter, Pfleger oder sonstiger Vertreter im Inland bestellt ist, so tritt dieser an die Stelle des im § 51 Abs. 3 Nr. 2 bezeichneten Vertreters. Läßt sich aus den Vorschriften des ersten Absatzes die Zuständigkeit eines Finanzamts nicht begründen, so entscheiden die Verhältnisse der Erwerber zur Zeit des Erwerbes. Sind danach mehrere Finanzämter zuständig, so geht das Finanzamt vor, das zuerst mit der Sache befaßt wird."

§ 57 RAO.: „Läßt sich aus den Vorschriften der Steuergesetze die Zuständigkeit eines bestimmten Finanzamts für einen einzelnen

Fall oder für gewisse Arten von Fällen nicht herleiten, so bestimmt der Reichsminister der Finanzen, welches Finanzamt zuständig sein soll."

§ 58 RAO.: „Auf Ersuchen eines zuständigen Finanzamts kann ein anderes Finanzamt die Ermittlung und Festsetzung einer Steuer übernehmen. Lehnt das ersuchte Finanzamt die Übernahme ab, so entscheidet das ihm vorgesetzte Landesfinanzamt endgültig. Liegt das ersuchte Finanzamt in dem Bezirk eines anderen Landesfinanzamts, so kann gegen eine vom Landesfinanzamte bestätigte Ablehnung die Entscheidung des Reichsministers der Finanzen angerufen werden."

§ 59 RAO.: „Wird vor Beendigung eines Steuerfestsetzungsverfahrens infolge Änderung der Umstände die Zuständigkeit eines anderen Finanzamts begründet, so hat das erste Finanzamt die Steuer festzusetzen und die Verhandlungen dem nunmehr zuständigen Finanzamt zu senden. Wird bei Steuern, die regelmäßig wiederkehrend zu erheben sind, die Zuständigkeit zu einer Zeit geändert, wo kein Festsetzungsverfahren schwebt, so hat das erste Finanzamt dem zuständig werdenden Finanzamt die Änderung unverzüglich mitzuteilen."

§ 60 RAO.: „Meinungsverschiedenheiten und Zweifel über die Zuständigkeit verschiedener Finanzämter entscheidet die nächste gemeinschaftliche obere Behörde. Bei mehrfacher Heranziehung zu derselben Steuer bestimmt sie, welche Heranziehung außer Kraft zu setzen sei."

§ 51 RAO. lautet: „Wenn das Gesetz eine natürliche Person für steuerpflichtig erklärt, ist, soweit nichts anderes vorgeschrieben ist, das Finanzamt für die Besteuerung zuständig, in dessen Bezirk der Steuerpflichtige seinen Wohnsitz oder, wenn er im Inland keinen Wohnsitz hat, seinen gewöhnlichen Aufenthalt hat.

Bei mehrfachem Wohnsitz im Inland ist der Wohnsitz, der mit einem dienstlichen Wohnsitz zusammenfällt, vor einem anderen Wohnsitz, der Wohnsitz im Heimatsstaate vor dem Wohnsitz in einem anderen Lande und, wenn keiner dieser Fälle vorliegt, der Wohnsitz an dem Orte maßgebend, wo sich der Steuerpflichtige vorwiegend aufhält. Bei Steuerpflichtigen, die zur Zeit der Ermittlung der Steuer weder einen Wohnsitz noch ihren gewöhnlichen Aufenthalt im Inlande haben, ist,

1. wenn die Steuerpflicht nur an den Besitz inländischen Grundvermögens oder an den Betrieb eines Unternehmens im Inlande geknüpft ist,

   a) bei inländischem Grundvermögen das Finanzamt zuständig, in dessen Bezirk das Grundstück liegt. Liegt es in den Bezirken mehrerer Finanzämter, so ist das Finanzamt zuständig, in

§ 173: Auf Verlangen (§ 205 Abs. 1, 2) hat der Steuerpflichtige die Richtigkeit seiner Steuererklärung nachzuweisen. Wo seine Angaben zu Zweifeln Anlaß geben, hat er sie zu ergänzen, den Sachverhalt aufzuklären und seine Behauptungen, soweit ihm dies nach den Umständen zugemutet werden kann, zu beweisen, zum Beispiel den Verbleib von Vermögen, das er früher besessen hat.

Er hat Aufzeichnungen, Bücher und Geschäftspapiere sowie Urkunden, die für die Festsetzung der Steuer von Bedeutung sind, auf Verlangen (§ 207) zur Einsicht und Prüfung vorzulegen.

§ 174: Steuerpflichtige, die Handelsbücher im Sinne des Handelsgesetzbuches führen, haben auf Verlangen eine Abschrift ihrer unverkürzten Bilanzen mit Erläuterungen einzureichen. Wenn sie nach ihrer Buchführung eine Gewinn- und Verlustrechnung aufstellen, ist auch diese beizufügen.

Aus der Bilanz oder den Erläuterungen soll klar hervorgehen, wie Gegenstände des Gebrauchs und Lagerbestände bewertet und welche Beträge darauf und auf zweifelhafte und uneinbringliche Forderungen oder sonst abgeschrieben worden sind.

Wenn Ausgaben für Anlagen als Unkosten gebucht sind, ist der Betrag in den Erläuterungen anzugeben.

Als Schuldposten dürfen Verpflichtungen aus Bürgschaften, Gefälligkeitsakzepten und dergleichen in der Bilanz nur aufgeführt werden, wenn die Rückgriffsrechte berücksichtigt sind.

§ 175: Die Beamten der Finanzämter und ihre Beauftragten können Grundstücke und Räume de. Steuerpflichtigen betreten, um im Steuerinteresse an Ort und Stelle nötige Abschätzungen innerhalb der üblichen Geschäfts- oder Arbeitsstunden vorzunehmen. Die Steuerpflichtigen haben ihnen jede Auskunft und Nachweisung zu erteilen, deren sie bedürfen.

Wertsachen (§ 165 Abs. 1) hat der Steuerpflichtige auf Verlangen (§ 209) vorzulegen und Einsicht in die Behältnisse zu gewähren oder zu verschaffen, in denen er sie verwahrt.

§ 176: Mit Genehmigung des Landesfinanzamts, die für den einzelnen Fall einzuholen und zu erteilen ist, kann das Finanzamt verlangen, daß der Steuerpflichtige Tatsachen, die er behauptet, durch Versicherung an Eides Statt erhärte (§ 209).

Die Versicherung ist dem Vorsteher des Finanzamts abzugeben. Dieser zieht einen Schriftführer zu. Die Tatsachen, deren Richtigkeit versichert werden soll, sind schriftlich festzustellen und dem Steuerpflichtigen mindestens eine Woche vor Abgabe der Versicherung mitzuteilen. Die Versicherung besteht darin, daß der Steuerpflichtige erklärt: „Ich versichere an Eides Statt, daß ich nach bestem Wissen die reine Wahrheit gesagt habe.“ Die Niederschrift ist vorzulesen; der Steuerpflichtige hat sie zu unterschreiben.

Die Versicherung an Eides Statt kann nicht nach § 202 erzwungen werden.

6. Für das **Ermittlungsverfahren** der Finanzämter gelten die §§ 204—209, für Zwangsmittel § 202 RAO., wegen Bestrafungen in Steuersachen vgl. Erläuterungen zu § 68 EStG.

§ 202 RAO. lautet: Die Finanzämter können Anordnungen, die sie bei Ermittlung von Steueransprüchen oder Durchführung der Steueraufsicht innerhalb ihrer gesetzlichen Befugnis treffen, durch Geldstrafen, Ausführung auf Kosten der Pflichtigen und unmittelbar erzwingen.

Die einzelne Geldstrafe darf 500 M. nicht übersteigen. Wird die Strafe gegen natürliche Personen festgesetzt, so ist zugleich die Dauer der Haft festzusetzen, die für den Fall des Unvermögens an die Stelle der Geldstrafe treten soll. Die Haft darf vier Wochen nicht übersteigen. Bei der Umwandlung der Geldstrafe ist ein Betrag von zehn bis zu fünfzig M. einer eintägigen Haftstrafe gleichzuachten. Sind mehrere Strafen nebeneinander zu vollstrecken, so hat das Finanzamt, das die höchste Haftstrafe festgesetzt hat, die Strafen in eine Gesamtstrafe zusammenzuziehen; diese besteht in einer Erhöhung der verwirkten höchsten Strafe und darf drei Monate nicht übersteigen. Auf Ersuchen des Finanzamts hat die zur Vollstreckung gerichtlich erkannter Haftstrafen zuständige Behörde die Haftstrafe zu vollstrecken. Nachdem der Anspruch auf die Geldstrafe verjährt ist, darf die Haft nicht mehr vollstreckt werden.

Die Kosten der Ausführung durch Dritte und des unmittelbaren Zwanges können im voraus in einem vorläufig zu veranschlagenden Betrag zwangsweise eingezogen werden.

Unmittelbarer Zwang darf nur angewandt werden, wenn die Anordnung sonst nicht durchführbar ist oder Gefahr im Verzuge liegt.

Gegen öffentliche Behörden sind Zwangsmittel nicht zulässig.

Bevor ein Zwangsmittel festgesetzt wird, muß der Pflichtige unter Androhung des Zwangsmittels mit Setzung einer angemessenen Frist zur Vornahme der von ihm geforderten Handlung aufgefordert werden. Die Aufforderung und die Androhung müssen schriftlich geschehen, außer wenn Gefahr im Verzuge liegt.

Wer meint, zur Erfüllung der Aufforderung nicht verpflichtet zu sein, hat dies dem Finanzamt rechtzeitig unter Darlegung der Gründe mitzuteilen.

§ 54.

Jeder der Erbanfallsteuer oder Schenkungssteuer unterliegende Erwerb ist vom Erwerber binnen einer Frist von drei Monaten nach erlangter Kenntnis von dem Anfall der Steuerbehörde anzumelden. Die Anmeldung kann mit der Einreichung der Nachlaßsteuererklärung (§ 53) verbunden werden.

Erfolgt der steuerpflichtige Erwerb durch ein Rechtsgeschäft unter Lebenden, so ist zur Anmeldung auch derjenige verpflichtet, aus dessen Vermögen der Erwerb stattfindet.

Einer Anmeldung bedarf es nicht, wenn der Erwerb auf einer von einem deutschen Gericht oder einem deutschen Notar eröffneten Verfügung von Todes wegen beruht und sich aus der Verfügung das Verhältnis des Erwerbers zum Erblasser unzweifelhaft ergibt. Das gleiche gilt, wenn eine Schenkung unter Lebenden gerichtlich oder notariell beurkundet ist.

Ausführungsbestimmungen:

§ 11. Die Anmeldung eines der Erbanfallsteuer unterliegenden Erwerbes soll enthalten:

a) Vor- und Familiennamen, Stand oder Gewerbe, Wohnort (auch Straße und Hausnummer) des Erblassers und des Erwerbers, Todestag und Sterbeort des Erblassers;
b) die Staatsangehörigkeit des Erblassers und des Erwerbers;
c) den Gegenstand des Erwerbes;
d) den Rechtsgrund des Erwerbes (gesetzliche Erbfolge, Verfügungen von Todes wegen usw.);
e) das etwaige Verwandtschafts- oder Schwägerschaftsverhältnis des Erwerbers zum Erblasser;
f) den Wert des Erwerbes;
g) den Wert des zur Zeit des Anfalls vorhandenen in- und ausländischen Vermögens des Erwerbers;
h) die Angabe, ob der Erwerber bereits frühere Schenkungen von dem Erblasser erhalten hat und welche.

Die Anmeldung ist mit der Angabe des Tages sowie des Wohnortes (auch Straße und Hausnummer) des Anmeldenden zu versehen und von ihm zu unterzeichnen.

Die Anmeldung kann mit der Erbschaftssteuererklärung verbunden werden. Eine vorschriftsmäßige Erbschaftssteuererklärung gilt zugleich als Anmeldung.

§ 12. Der zur Anmeldung eines Erwerbes Verpflichtete ist zur Abgabe einer Steuererklärung auf Verlangen des Finanzamts verpflichtet, und zwar auch, wenn es nach § 54 Abs. 3 des Gesetzes einer Anmeldung nicht bedarf.

Die Erklärung ist insbesondere zu verlangen, wenn auf Grund der Angaben in der Anmeldung oder in der Verfügung von Todes wegen die Steuerfreiheit sich nicht zweifelsfrei ergibt oder die Erbanfallsteuer sich nicht ohne weiteres berechnen läßt.

Die Erklärung kann außer von dem oder den steuerpflichtigen Erben oder sonstigen Erwerbern auch von ihren gesetzlichen Vertretern, von Testamentsvollstreckern, Nachlaßpflegern oder Nachlaßverwaltern verlangt werden. Sind mehrere Verpflichtete vorhanden, so soll sie in der Regel nur von dem verlangt werden, der im Besitze des Nachlasses ist.

§ 18. Die Anmeldung soll enthalten

a) Vor- und Familiennamen, Stand oder Gewerbe und Wohnort (auch Straße und Hausnummer) des Schenkers und des Beschenkten;
b) die Zeit der Schenkung;
c) die Staatsangehörigkeit des Schenkers und des Beschenkten,
d) Gegenstand und Wert der Schenkung sowie die Lage des geschenkten Grund- oder Betriebsvermögens;
e) den Wert des zur Zeit der Schenkung vorhandenen in- und ausländischen Vermögens des Beschenkten;
f) die Angabe, ob der Beschenkte bereits früher Schenkungen von dem Schenker erhalten hat und welche;
g) die Angabe, ob der Beschenkte in einem Verwandtschafts- oder Schwägerschaftsverhältnis zum Schenker steht und in welchem;
h) die Angabe, ob die Schenkung beurkundet ist und von wem.

Die Anmeldung ist mit der Angabe ihres Tages und des Wohnorts (auch Straße und Hausnummer) des Anmeldenden zu versehen und von ihm zu unterzeichnen.

1. Für die **Erbanfall-** und **Schenkungssteuer** besteht im Gegensatz zur Nachlaßsteuer (§ 53 ESt G.) nur eine Anmeldepflicht, ohne Abgabe einer Anfalls- bzw. Schenkungssteuererklärung, jedoch kann diese nach § 55 ESt G. von der Steuerbehörde verlangt werden.

2. Über Anmeldepflicht vgl. Anm. 1 zu § 53 EStG. Jeder Erwerber ist für seinen Erwerb anmeldepflichtig, bei Zweckzuwendungen der Beschwerte (vgl. § 30 EStG. und Erläuterungen). Bei Schenkungen sind Schenker und Beschenkter gleichmäßig anmeldepflichtig. Der Nacherbe ist alsbald mit dem Erbfall anmeldepflichtig, nicht erst beim Eintritt des Nacherbfalls.

3. Nur steuerpflichtiger Erwerb ist anmeldepflichtig, auch solcher, der in Rücksicht auf die Zusammenrechnung mit anderen Erwerben gemäß § 38 EStG. steuerpflichtig geworden ist.

4. Soweit der Erwerber anmeldepflichtig ist, ist der Testamentsvollstrecker oder sonstige Verwalter des Nachlasses nicht anmeldepflichtig. Das Gesetz gibt durch Erklärung des Erwerbers zum Anmeldepflichtigen zu erkennen, daß es von diesem, als dem Steuerpflichtigen, die Anmeldung haben will, während der Testamentsvollstrecker oder sonstige Nachlaßverwalter nicht gerade für den Erwerber und seinen Erwerb als solchen tätig sind (Hoffmann-Henckel Anm. 3, auch Anm. 2 zu § 17, Anm. 4 zu § 19, Anm. 1 zu § 30 EStG.

5. Für die nach dem 31. 12. 1916 aber vor dem 1. 9. 1919 getätigten und gemäß § 72 Abs. 2 EStG. der Schenkungssteuer unterliegenden Zuwendungen hat die Anmeldefrist mit dem 1. 9. 1919 begonnen (§ 72 Abs. 3, § 54 EStG., Anm. 10 zu § 72). Wenn ein Steuerpflichtiger seinen Erwerb gelegentlich der Anmeldung zur Ergänzungssteuer, zum Reichsnotopfer oder zur Kriegsabgabe vom Vermögenszuwachs vom 10. 9. 1919 als nunmehrigen Bestand oder Zuwachs seines Vermögens angemeldet hat, so wird eine solche Anmeldung die durch das Gesetz vorgeschriebene Anmeldung zur Schenkungssteuer nicht ohne weiteres ersetzen können. Man wird aber regelmäßig dem Steuerpflichtigen einen Vorwurf nicht machen können, da eine eigene vorschriftsmäßige Deklarationspflicht zur Schenkungssteuer für jene Schenkungen aus früherer Zeit in weitesten Kreisen unbekannt ist.

6. Die Befreiung von der Anmeldepflicht aus Abs. 2 beruht darauf, daß das Finanzamt auf dem Wege des § 58 EStG. durch die Gerichte und Notare die notwendige Kenntnis erhält, vgl. auch über deutsche Gerichte Art. 147 EG. z. BGB.

§ 55.

In den Fällen des § 54 kann die Steuerbehörde von den zur Anmeldung Verpflichteten innerhalb einer von ihr zu bestimmenden Frist die Abgabe einer Erklärung verlangen.

Die Frist muß mindestens einen Monat betragen. § 53 Abs. 3 findet mit der Maßgabe Anwendung, daß an die Stelle des Nachlasses der steuerpflichtige Erwerb tritt.

1. Es ist zu verweisen auf Anm. 2 zu § 53 Abs. 2, welche entsprechend auch hier gilt. Die Frist, welche die Steuerbehörde setzt, ist, falls sie die Monatsgrenze einhält, bindend, auch wenn sie vor der Dreimonatsfrist aus § 54 EStG. abläuft. Fordert die Steuerbehörde zur Anmeldung auf, so ist dieser ein Verzeichnis der zum Erwerb gehörigen Gegenstände entsprechend § 53 Abs. 3 beizufügen. Im übrigen ist zu verweisen auf § 12 AB. z. EStG., abgedruckt bei § 54 EStG.

2. Bei der Schenkungssteuer ist die Steuererklärung an ein bestimmtes Muster nicht gebunden. Dem Finanzamt bleibt eine besondere Anleitung unter Hinweis auf § 41 EStG. überlassen (§ 19 AB. z. EStG.).

§ 56.

Zur Anmeldung der dem Nachlaß hinzuzurechnenden Zuwendungen (§ 8) sind auch der Erwerber und seine Erben verpflichtet. Die Vorschriften des § 53 finden Anwendung mit der Maßgabe, daß die Frist in Abs. 1 vom Zeitpunkt der vom Erbfall erlangten Kenntnis an läuft.

Die gleiche Verpflichtung liegt den im § 19 Abs. 2 bezeichneten Unternehmungen und Personen in Ansehung der daselbst angegebenen Vermögensgegenstände ob. Die Frist des § 53 Abs. 1 beginnt für sie nicht vor erlangter Kenntnis vom Erbfall. Soweit nach der mit einem ausländischen Staate getroffenen Vereinbarung die zum Nachlaß eines Angehörigen dieses Staates gehörigen Vermögensgegenstände seinem konsularischen Vertreter auszuantworten sind, hat die Anmeldung spätestens gleichzeitig mit der Ausantwortung zu erfolgen.

Ausführungsbestimmungen § 13, Abs. 1: Versicherungsunternehmungen und die im § 19 Abs. 2 des Gesetzes bezeichneten Personen sind von dem Finanzamt zur Erfüllung der ihnen nach den § 19 Abs. 2, § 56 Abs. 2, § 60 des Gesetzes obliegenden Verpflichtungen aufzufordern, sobald das Finanzamt Kenntnis von den die Verpflichtung begründenden Tatsachen erhält.

1. § 56 **Abs. 1** EStG. dehnt die Anmeldepflicht auf die Erwerber der für die Nachlaßsteuer zurechenbaren Zuwendungen aus und auch auf ihre Erben. Über den Umfang

jener Zuwendungen vgl. § 8 EStG. und Erläuterungen. Auch den Genannten liegt Anmeldepflicht unter Einreichung einer Nachlaßsteuererklärung ob, wie in § 53 EStG., nur daß die Anmeldefrist erst vom Zeitpunkt der Kenntnis vom Erbfall an läuft. Es gilt entsprechend § 10 AB., abgedruckt bei § 53 EStG., es gilt daher auch § 9 Ziff. 1 AB. mit Muster 5. Nicht aber gelten § 54 EStG. und § 11 AB., denn wenn es sich auch in § 8 EStG. um Zuwendungen handelt, so handelt es sich doch nur um Hinzurechnung zum Nachlaß bei Berechnung der der Nachlaßsteuern, nicht aber um die Besteuerung von Zuwendungen beim Erwerber (näher Erläuterungen zu § 8).

2. **Abs. 2** legt den in § 19 Abs. 2 EStG. bezeichneten Unternehmungen und Personen die gleiche Anmeldepflicht auf. Es handelt sich hier um Versicherungsunternehmungen und um Personen, in deren Gewahrsam sich Vermögen des Erblassers befindet (näher Anm. 5, 6 zu § 19). Die Anmeldepflicht erstreckt sich bei Versicherungsgesellschaften auf beim Todesfall in das Ausland zu zahlende Versicherungssummen oder Leibrenten, bei Personen, in deren Gewahrsam sich Vermögen des Erblassers befindet, auf solches Vermögen, das in das Ausland gebracht wird. Die Anmeldepflicht entfällt dann, wenn dem Anmeldepflichtigen nachgewiesen wird, daß die Nachlaßsteuer bereits entrichtet ist: das ergibt der Zusammenhang von § 56 Abs. 2 mit § 19 Abs. 2 EStG.

3. Es ist wegen der Versicherungsunternehmungen und ihrer von § 56 EStG. betroffenen Zahlungen zu verweisen auf Anm. 5 zu § 19 EStG. und wegen der Gewahrsam ausübenden Personen und ihrer Anmeldepflicht auf Anm. 6 zu § 19 EStG. Die Anmeldepflicht aus § 56 Abs. 2 Satz 1 deckt sich durchaus mit der Haftung aus § 19 EStG. Abs. 2, wie solche in den vorbezeichneten Erläuterungen beschrieben. Die Anmeldepflicht aus § 56 wird noch ergänzt durch diejenige aus §§ 59, 60 EStG (näher Erläuterungen zu diesen). Auch über die Anmeldepflicht des Erbschaftssteuergesetzes hinaus bleiben die Auskunftspflichten und Anzeigepflichten auf Grund der Reichsabgabenordnung bestehen, und zwar die Auskunftspflicht der Steuerpflichtigen selber nach §§ 168—176 RAO. (abgedruckt in Anm. 5 zu § 53), die Auskunftspflicht anderer Personen als der Steuerpflichtigen nach §§ 177—188 RAO. und die Anzeigepflicht nach § 189, 190 RAO.

4. Zum letzten Satz des § 56 bemerkt die Begründung S. 46: „Abs. 2 legt auch den in § 17 Abs. 2 des Entwurfs bezeichneten Unternehmungen und Personen eine besondere Anmeldepflicht auf. Dies ist insbesondere erforderlich, wenn in Nachlaßkonventionen, wie in

der deutsch-russischen vom 12. 11./31. 10. 1874 (RGBl 1875 S. 136, mit Notenwechsel vom 24./11. 5. 1909) die bedingungslose Ausantwortung des Nachlaßvermögens des ausländischen Erblassers an den Konsul des betreffenden Staates vorgesehen ist, mag dieser Konsul auch verpflichtet sein, die Steuer zu entrichten und den Nachlaß nicht an die Berechtigten abzugeben, ohne die Steuer zurückzubehalten oder für deren rechtzeitige Entrichtung eine sonstige Gewähr zu leisten. Daher erscheint es zweckmäßig, wenn spätestens gleichzeitig mit der Auslieferung des Vermögens an den fremden Konsul der Steuerbehörde wenigstens Kenntnis davon gegeben wird, damit sie für Entrichtung der Steuer vor der Auslieferung der Vermögensgegenstände seitens des Konsuls in das Ausland Sorge tragen kann."

§ 57.

Hat nach der Vorschrift der §§ 1993 ff. des Bürgerlichen Gesetzbuchs der Erbe ein Verzeichnis des Nachlasses bei dem Nachlaßgericht eingereicht oder das Nachlaßgericht auf Antrag des Erben ein Inventar aufgenommen oder aufnehmen lassen, so kann bei Abgabe der Erbschaftssteuererklärung auf das Verzeichnis oder Inventar Bezug genommen werden.

1. Nach § 1993 BGB. ist der Erbe berechtigt, ein Verzeichnis des Nachlasses beim Nachlaßgericht einzureichen. Das Nachlaßgericht hat dem Erben auf Antrag eines Nachlaßgläubigers zur Errichtung des **Inventars** eine Frist zu bestimmen (§ 1994 BGB.). Die Inventarfrist beträgt 1—3 Monate von der Fristbestimmung ab (§1995 BGB.). Die rechtzeitige Einreichung des Inventars begründet im Verhältnis zwischen dem Erben und den Nachlaßgläubigern die Vermutung, daß zur Zeit des Erbfalls weitere Nachlaßgegenstände als die angegebenen nicht vorhanden gewesen sind (§ 2009 BGB.). Die Versäumung der Inventarfrist sowie die Einreichung eines absichtlich unvollständigen Inventars und die absichtliche Verfälschung des Inventars führen zur unbeschränkten Erbenhaftung (§ 2005 BGB.). Das Inventar wird nach § 2002 vom Erben unter Zuziehung einer zuständigen Behörde, eines zuständigen Beamten oder Notars errichtet, oder auf Antrag des Erben vom Nachlaßgericht selbst, einer von diesem beauftragten Behörde oder einem von diesem beauftragten Beamten oder Notar aufgenommen (§ 2003 BGB.). Das Inventar soll die sämtlichen beim Erbfall vorhandenen Nachlaßgegenstände vollständig angeben, auch unter Wertangabe beschreiben, sowie die Nachlaßverbindlichkeiten enthalten (§ 2001 BGB.).

2. § 57 ESt G. gestattet, bei Abgabe der Erbschaftssteuererklärung auf das Inventar zu verweisen. Das der Erbschaftssteuererklärung beizufügende Nachlaßverzeichnis wird also durch die Bezugnahme auf das beim Nachlaßgericht befindliche, gemäß den Vorschriften des BGB. aufgenommene Nachlaßinventar ersetzt.

3. Andere Vermögensverzeichnisse, z. B. das beim Tode der Mutter vom Vater zwecks Auseinandersetzung dem Vormundschaftsgericht eingereichte Verzeichnis über das Kindesvermögen (§ 1640 BGB.), reichen nicht aus.

§ 58.

Den Steuerbehörden haben von Amts wegen mitzuteilen

1. **die Standesämter: die Sterbefälle;**
2. **die Gerichte: Todeserklärungen, die sie ausgesprochen haben, und die von ihnen angeordneten Nachlaßpflegschaften;**
3. **die Gerichte und die Notare: die Vornahme von Erbauseinandersetzungen.**

Die Gerichte und Notare haben ferner beglaubigte Abschriften der von ihnen eröffneten Verfügungen von Todes wegen und beurkundeten Schenkungen zu übersenden.

Ausführungsbestimmungen:

§ 1. Die Standesämter haben die von ihnen beurkundeten Sterbefälle den Finanzämtern mitzuteilen. Die Mitteilung erfolgt durch Totenlisten, die den Zeitraum eines Monats zu umfassen haben und in den ersten zehn Tagen nach Ablauf des Monats dem Finanzamt einzureichen sind.

Das Landesfinanzamt kann die Aufstellung der Totenlisten in kürzeren oder längeren Zeiträumen anordnen.

Sind in dem betreffenden Zeitabschnitte keine Sterbefälle eingetreten, so ist dies dem Finanzamt binnen gleicher Frist schriftlich mitzuteilen (Fehlanzeige).

In die Totenlisten sind auch die im Ausland erfolgten Sterbefälle von Deutschen sowie von Ausländern, die im Inland einen Wohnsitz oder ihren dauernden Aufenthalt hatten oder im Inland Vermögen hinterlassen haben, aufzunehmen, falls sie in glaubhafter Weise zur Kenntnis der Standesämter gelangen.

Der pünktliche Eingang der Totenlisten ist durch die Finanzämter zu überwachen.

Zu den Totenlisten dient das Muster 1 (S. 279—282) nach Maßgabe der vorgedruckten Anleitung. Die Standesbeamten haben auch die in der Totenliste enthaltenen Fragen, über die das Sterberegister keine Auskunft gibt, zu beantworten, soweit sie es aus eigenem Wissen oder infolge Befragung des den Sterbefall Anmeldenden vermögen.

Die zur Beurkundung der Sterbefälle von Deutschen ermächtigten diplomatischen Vertreter und Konsuln des Reichs sind zur Mitteilung der von ihnen beurkundeten Sterbefälle von Deutschen verpflichtet. Die gleiche Verpflichtung haben die genannten Stellen hinsichtlich der innerhalb ihres Amtsbezirkes vorkommenden, ihnen auf sonstige Weise bekannt werdenden Sterbefälle von Deutschen. Die Mitteilung ist alsbald unter Benutzung eines der Totenliste entsprechenden Musters der Reichsregierung (Auswärtiges Amt) oder der von dieser bestimmten Amtsstelle zu übersenden.

§ 2. Bei Todeserklärungen (§§ 13 ff. des Bürgerlichen Gesetzbuchs) tritt das Urteil an die Stelle der Totenliste. Die Amtsgerichte haben beglaubigte Abschrift des Urteils unverzüglich nach der Verkündung dem zuständigen Finanzamt zu übersenden und mitzuteilen, was ihnen über das Vorhandensein von Erben oder einer letztwilligen Verfügung bekannt geworden ist. Der Ablauf der im § 976 der Zivilprozeßordnung für die Anfechtungsklage bestimmten Frist ist nicht abzuwarten.

§ 3. Die Gerichte haben von den von ihnen angeordneten Nachlaßpflegschaften, die Gerichte und Notare von den von ihnen vorgenommenen Erbauseinandersetzungen dem zuständigen Finanzamt unter Angabe des Nachlasses, von Namen und Wohnung des Nachlaßpflegers und der bei der Auseinandersetzung Beteiligten Mitteilung zu machen.

Die Gerichte und Notare haben dem zuständigen Finanzamt beglaubigte Abschriften der von ihnen eröffneten Verfügungen von Todes wegen alsbald nach der Eröffnung zu übersenden. Hat das Gericht oder der Notar die Verfügung nach der Eröffnung an das Nachlaßgericht abgeliefert, so liegt die alsbaldige Übersendung diesem ob. Im Falle der Eröffnung eines gemeinschaftlichen Testaments oder eines Erbvertrags ist nur Abschrift des verkündeten Teiles zu übersenden.

Die Gerichte und Notare haben bei der Übersendung die für die Erbschaftssteuer erheblichen Umstände, die ihnen bei Gelegenheit der Eröffnung bekannt geworden sind, mitzuteilen, insbesondere

a) Veränderungen in der Person der Erben, Vermächtnisnehmer, Testamentsvollstrecker, z. B. Tod, Änderung von Namen, Beruf, Wohnort, Wohnung;

Fortsetzung der Anm. S. 285.

Aktenzeichen des Finanzamts

Muster 1.
(Ausführungsbestimmungen § 1.)

Totenliste

des

Standesamtsbezirks

für den Zeitraum vom bis mit

Kreis, Bezirksamt usw. Postbestellbezirk

Anleitung für die Aufstellung und Einsendung der Totenlisten:

1. Die Totenliste ist beim Beginne des Monats anzulegen. Die einzelnen Sterbefälle sind darin sofort nach ihrer Beurkundung im Sterberegister einzutragen. Die in Spalte 4 bezüglich der Staatsangehörigkeit und die in den Spalten 8 bis 13 enthaltenen Fragen, über die das Sterberegister keine Auskunft gibt, sind zu beantworten, soweit es der Standesbeamte aus eigenem Wissen oder nach Befragung des den Sterbefall Anmeldenden vermag. Spalte 14 ist nur auszufüllen, soweit die Verhältnisse dem Standesbeamten bekannt sind oder der Anmeldende freiwillig darüber Auskunft gibt.
2. Die Totenliste hat alle in dem Monat im Standesamtsbezirke vorgekommenen Sterbefälle zu umfassen. Sind keine Sterbefälle eingetreten, so ist darüber in der Totenliste eine Fehlbescheinigung auszustellen. Die Totenliste ist innen, hinter der letzten Eintragung, ebenso wie die Fehlbescheinigung mit Orts- und Zeitangabe sowie der Unterschrift des Ausstellers zu versehen und in den ersten zehn Tagen nach Ablauf des Monats an das Finanzamt zu senden. Ist für einzelne Bezirke durch besondere Anordnung die Einreichung in anderen Fristen vorgeschrieben, so hat die Einsendung nach dieser Anordnung zu erfolgen.

Fortsetzung Seite 4 des Musters.

Laufende Nummer	Nummer des Sterberegisters	a) Familienname (bei Ehefrauen und Witwen außer dem Familiennamen des Mannes auch ihr Geburtsname), b) Vornamen, c) Stand oder Gewerbe (bei Ehefrauen Stand oder Gewerbe des Mannes, bei Witwen auch ihr Stand od. Gewerbe; bei ehel. Kindern Stand od. Gewerbe d Vaters, bei unehel. Kindern Stand oder Gewerbe der Mutter) — des Gestorbenen	a) Geburtsort b) Staatsangehörigkeit — des Gestorbenen	Wohnort (in größeren Orten auch Straße und Hausnummer). Falls nicht in der Gemeinde heimisch: Wohnsitz, politischer Bezirk, Land — des Gestorbenen	Alter Jahre — des Gestorbenen	Sterbetag — des Gestorbenen	a) Hat der Verstorbene ein Testament, einen Erbvertrag, einen Ehevertrag, Verpflegungsvertrag oder dgl. hinterlassen? b) Wo befindet sich diese Urkunde? c) Ist ein Testamentsvollstrecker oder Vertreter bestellt? (Angabe von Name, Stand u. Wohnort)	War der Verste[...] bene ledig, verhe[...] rate[...] verwitw[...] geschie[...] den
1	2	3	4	5	6	7	8	9

ben von dem Verstorbenen eheliche Kinder oder diesen rechtlich gleichgestellte (durch Ehe legitimierte oder für ehelich erklärte oder eingekindschaftete) Kinder oder Abkömmlinge von solchen? uneheliche Kinder, deren Mutter oder deren Vater die (der) Verstorbene ist, oder Abkömmlinge von solchen? Sind die Kinder vom Vater anerkannt? an Kindes Statt angenommene Personen oder Abkömmlinge von solchen?	a) Bei einem gestorbenen ehelichen Kinde: Leben beide Eltern? b) Bei einem gestorbenen unehelichen Kinde: Lebt die Mutter?	Der Ausfüllung der Spalte 12 und — falls diese keine Erben angibt — der Spalte 13 bedarf es nur, wenn die Fragen in den Spalten 10a 11 verneint sind		Wieviel beträgt der ganze Nachlaß etwa? In wessen Händen ist er?	War der Verstorbene: a) Vor- oder Nacherbe? Betrag der Vor- oder Nacherbschaft? b) Inhaber eines gebundenen Vermögens (Hausgut, Fideikommiß, Lehen, Stammgut, sonstiges?)	Bemerkungen	Nummer der Erbschaftssteuerhauptliste
		a) Welcher Teil der Eltern lebt? b) Leben Geschwister (voll- oder halbbürtig) oder Abkömmlinge von Geschwistern? (Namen, Stand, Wohnort derselben)	Welche sonstigen Verwandten oder welche Verschwägerten leben? (Namen, Stand, Wohnort derselben)				
10	11	12	13	14	15	16	17

3. Auf dem Titelblatt jeder Liste ist oben links — unter dem Vordruck: Aktenzeichen des Finanzamts — die ein für allemal feststehende, den Standesämtern bekanntzugebende Ordnungsnummer anzugeben, die den Totenlisten jedes Standesamts von dem Finanzamt erteilt worden ist. Einlagebogen sind in den Titelbogen einzuheften.

4. Ausfüllung der einzelnen Spalten.

a) Spalte 2 muß die Nummern des Sterberegisters in ununterbrochener Reihenfolge nachweisen. Auslassung einzelner Nummern (z. B. bei Totgeburt) ist in Spalte 16 zu erläutern. Ist die Leiche eines Unbekannten aufgefunden worden, so ist der Sterbefall, unter entsprechendem Vermerk in Spalte 3, in die Liste aufzunehmen.

b) Der Eintragung in Spalte 11 muß stets der Buchstabe a) oder b) vorangesetzt werden, je nachdem das Kind ehelich oder unehelich geboren war.

c) Übersteigt der Nachlaß bekanntermaßen den Betrag von 500 ℳ nicht, so ist dies in Spalte 14 mit den Worten „Nachlaß nicht über 500 ℳ" anzugeben; einer Ausfüllung der Spalten 8 bis 13 bedarf es dann nicht. Eine solche Angabe setzt aber voraus, daß die Verhältnisse dem Standesbeamten aus eigener Wissenschaft bekannt sind.

d) Bei der Ausfüllung der Spalten sind Bezugnahmen auf Eintragungen bei vorhergehenden Fällen, wie „desgl." oder auch Strichzeichen („) zu vermeiden.

e) Spalte 17 ist nicht auszufüllen.

5. In die Totenliste sind auch im Ausland erfolgte Sterbefälle von Deutschen und von Ausländern, die im Inland einen Wohnsitz oder ihren gewöhnlichen Aufenthalt hatten oder im Inland Vermögen hinterlassen, aufzunehmen. Sind solche Fälle nicht bekannt geworden, so ist folgende Bescheinigung unterschriftlich zu vollziehen:

Daß Fälle der unter Ziffer 5 der Anleitung bezeichneten Art dem unterzeichneten Standesbeamten nicht bekannt geworden sind, bescheinigt

. . . .
Standesbeamter.

Amtsgericht . . . .
Notariat . . . .

Muster 2.
(Ausführungsbestimmungen § 3)

. . . ., den . . . . . ten . . . . 19 . . .

Die anliegende . . . . beglaubigte . . . . Abschrift . . . . wird — werden mit folgenden Bemerkungen übersandt:

Erblasser: . . . .

Todestag: . . . .

Wohnort: . . . .

Sterbeort: . . . . Standesamt: . . . .

Sterberegister Nr. . . . .

Testamente — Erbvertrag — vom . . . .

Tag der Eröffnung: . . . .

Die Gebühr für die Errichtung — Aufbewahrung — Eröffnung

ist berechnet nach einem Werte von } . . . . ℳ — . . . . ℳ — . . . . ℳ.

Veränderungen in der Person (Name, Stand, Wohnung) der Erben, Vermächtnisnehmer, Testamentsvollstrecker usw.

. . . .

. . . .

— ergibt die beiliegende Abschrift der Eröffnungsverhandlung. Gegen die Rechtsgültigkeit der letztwilligen Verfügung . . . . bestehen keine — folgende Bedenken . . . .

. . . .

An

. . . .

in

. . . .

Muster 3.

(Ausführungsbestimmungen § 5.)

Sitz des Finanzamts ....

Totenbeiliste

über die aus den Totenlisten nicht ersichtlichen Erbschaftssteuerfälle für das Kalenderjahr 19...

Tag des Einganges	Grund der Eintragung a) Todeserklärung, b) Überweisung, c) Tod im Ausland, d) andere Gründe	Des Erblassers			Übernommen zur Erbschaftssteuer- Haupt- Nachtrags- } Liste		Steuerfrei erledigt am	Bemerkungen
		Familien- und Vornamen, Stand	Wohnort	Todestag	für das Halbjahr	unter Nummer		
2	3	4	5	6	7		8	9

b) den Betrag und die Zusammensetzung des Nachlasses. Wird eine Gerichtsgebühr nach dem Werte des Nachlasses berechnet, so genügt die Angabe des Wertes, der der Gebührenberechnung zugrunde gelegt wird.

Enthält die Eröffnungsverhandlung derartige Angaben oder solche, die für die Beurteilung der Rechtsgültigkeit eines Testaments oder Erbvertrags von Bedeutung sind, so ist ein Auszug der Verhandlung mitzuteilen. Die Gerichte und Notare haben sich in allen Fällen über die Rechtsgültigkeit der letztwilligen Verfügung zu äußern. Für die Erbschaftssteuer erhebliche Umstände, die dem Gericht oder dem Notar erst nach dem Abgang des Übersendungsschreibens bekannt werden, sind alsbald mitzuteilen.

Für die Übersendungsschreiben ist Muster 2 (S. 283) maßgebend.

§ 4. Bedarf ein Erwerb von Todes wegen der Genehmigung einer Behörde, so hat diese die Genehmigung dem zuständigen Finanzamt mitzuteilen. Wird die Genehmigung zur Annahme von der Vollziehung einer Anordnung abhängig gemacht, so hat die Behörde dem zuständigen Finanzamt auch die Anordnung mitzuteilen.

§ 5. Sterbefälle, die dem Finanzamt in anderer Weise als durch die Totenlisten bekannt werden (Mitteilung von Todeserklärungen, Überweisung von Sterbefällen durch nicht zuständige Finanzämter, Anzeigen von Sterbefällen im Ausland usw.), sind in die nach Muster 3 (S. 284) zu führende Totenbeiliste einzutragen. Sie ist für je ein Kalenderjahr zu führen und hat die in diesem Jahre dem Finanzamt bekannt gewordenen Erbschaftssteuerfälle zu enthalten.

Für die Erledigung dieser Fälle gelten die Vorschriften über die Totenlisten (§§ 6, 7).

§ 6. Die Totenlisten sind alsbald nach dem Eingang zu prüfen und erforderlichenfalls durch Einziehung weiterer Auskunft zu vervollständigen.

Ergibt sich hierdurch, daß nur nach §§ 7, 13, 14 des Gesetzes steuerfreies Nachlaßvermögen und nach §§ 24, 27, 32, 33, 34, 37 des Gesetzes steuerfreier Erwerb in Betracht kommen, so ist die steuerfreie Erledigung in der Totenliste ersichtlich zu machen. Die Freibelege sind mit der Ordnungsnummer der Totenliste und ihrer laufenden Nummer zu versehen und ebenso wie die Totenliste vierteljahrsweise in einer festzuhaltenden Reihenfolge geordnet aufzubewahren. Die Freibelege zur Totenbeiliste sind nach der laufenden Nummer derselben geordnet aufzubewahren.

Enthält die Totenliste Sterbefälle, die nicht zur Zuständigkeit des Finanzamts gehören, so werden sie dem zuständigen Finanzamt unter

Übersendung einer Abschrift aus der Totenliste überwiesen. Das zuständige Finanzamt hat unverzüglich nach dem Eingang des Überweisungsschreibens dem überweisenden Finanzamt eine Empfangsbestätigung zu übersenden, deren Eingang in der Totenliste zu vermerken ist.

§ 7. Das Finanzamt trägt die in den Totenlisten und in der Totenbeiliste enthaltenen Erbschaftssteuerfälle, soweit sie nicht nach § 6 Abs. 2, 3 zu erledigen sind, alsbald in die Erbschaftssteuerliste unter fortlaufender Nummer ein. Einzutragen sind auch die zunächst steuerfreien Fälle, die steuerpflichtig werden können und deshalb zu überwachen (§ 41) sind. In Spalte 17 der Totenliste und in Spalte 7 der Totenbeiliste sind die Erbschaftssteuerliste und die Nummer, die der Fall darin erhalten hat, anzugeben.

§ 8. Für jedes Halbjahr des Rechnungsjahrs ist je eine Erbschaftssteuerhauptliste und eine Erbschaftssteuernachtragsliste nach Muster 4 (S. 291 u. 292) zu führen.

In die Hauptliste sind die in dem Halbjahr eingetretenen Erbschaftssteuerfälle einzutragen, soweit sie bis zum Abschluß der Liste dem Finanzamt bekannt geworden sind.

In die Nachtragsliste sind aufzunehemen

a) die Fälle aus der Totenliste und der Totenbeiliste, die dem Finanzamt erst nach Abschluß der Hauptliste des Halbjahrs, in dem der Erbschaftssteuerfall eingetreten ist, bekannt werden. Bei Todeserklärungen ist als Todestag der im Urteil als solcher festgestellte Zeitpunkt anzusehen;

b) die Fälle, die nicht bis zum Abschluß der Haupt- und Nachtragsliste, in die sie eingetragen sind, gemäß § 48 erledigt sind;

c) die Fälle, in denen ein eingestelltes Veranlagungsverfahren wieder aufzunehmen ist;

d) die Fälle, die in die Überwachungsliste aufgenommen sind, nach Wegfall des Grundes der Überwachung.

Die unter c und d bezeichneten Fälle sind auch dann in die Nachtragsliste aufzunehmen, wenn die Liste, in der sie ursprünglich eingetragen worden sind, noch nicht abgeschlossen ist.

Die Haupt- und die Nachtragslisten sind nach Ablauf des Halbjahrs (Abs. 1) noch neun Monate für die Aufnahme und Erledigung der Erbschaftssteuerfälle offenzuhalten. Das Landesfinanzamt kann für größere Finanzämter die Frist für den Abschluß der Erbschaftssteuerlisten auf ein Jahr festsetzen.

Nach Ablauf der Frist (Abs. 5) sind die Erbschaftssteuerlisten abzuschließen und mit einer Bescheinigung des Vorstehers zu versehen, daß sämtliche in die Erbschaftssteuerliste einzutragenden Erbschaftssteuerfälle aufgenommen und die eingetragenen Fälle, die bis zum Abschluß der Liste unerledigt geblieben sind, in die Nachtragsliste für das folgende Halbjahr übertragen worden sind oder daß keine in die Erbschaftssteuerliste aufzunehmenden Fälle zur Kenntnis des Finanzamts gelangt oder daß alle eingetragenen Fälle erledigt sind.

Zu den Erbschaftssteuerlisten ist ein Namenverzeichnis nach der Buchstabenfolge zu führen, in dem auch das Halbjahr und die Nummer der Liste zu vermerken ist, in welcher der Fall ursprünglich eingetragen war oder später infolge einer Neuveranlagung eingetragen wird.

§ 16. Die dem Finanzamt nach § 15 mitgeteilten und die von den Verpflichteten angemeldeten oder sonst zur Kenntnis des Finanzamts gelangten Schenkungen unter Lebenden sind in das nach Muster 6 (S. 293 u. 294) zu führende Verzeichnis der Schenkungen unter Lebenden einzutragen.

§ 17. Soweit die in dem Verzeichnis (Muster 6) enthaltenen Schenkungen nicht gemäß § 6 dieser Bestimmungen und § 42 des Gesetzes zu erledigen sind, werden sie alsbald in die Schenkungssteuerliste unter fortlaufender Nummer eingetragen.

Für jedes Halbjahr des Rechnungsjahrs ist je eine Schenkungssteuerhauptliste und eine Schenkungssteuernachtragsliste nach Muster 7 (S. 295 u. 296) zu führen.

Für die Aufnahme in die Hauptliste ist der Tag der Schenkung maßgebend. Dies gilt auch für Schenkungen, die einer behördlichen Genehmigung bedürfen.

§ 46. Über jeden in die Erbschaftssteuerlisten aufgenommenen Steuerfall sind Akten anzulegen, in die alle ihn betreffenden Eingänge und Verfügungen nach der Zeitfolge geordnet aufzunehmen sind. Die Akten sind so zu führen, daß eine Nachprüfung nach ihrem Inhalt möglich ist.

Die erledigten und nachgeprüften Akten (§ 48) sind nach Halbjahren den Nummern der Erbschaftssteuerliste gemäß zu ordnen und aufzubewahren. Soweit Jahreslisten geführt werden, sind die Akten jahrgangsweise aufzubewahren.

Die Akten über die in die Überwachungsliste aufgenommenen Steuerfälle sind nach der fortlaufenden Nummer der Liste geordnet besonders aufzubewahren. Nach Erledigung des Überwachungsfalls sind die Akten gemäß Abs. 2 weiter zu verwahren.

§ 47. Über die Erhebung der Steuer werden ein Erbschaftssteuer-Sollbuch nach Muster 11 (S. 297 u. 298) und ein Erbschaftssteuer-Einnahmebuch nach Muster 12 (S. 299 u. 300) für je ein Rechnungsjahr geführt.

Durch das Sollbuch ist zugleich der rechtzeitige Eingang der Steuer zu überwachen. Es wird am Schlusse des Rechnungsjahrs abgeschlossen. Soweit beim Abschluß zum Soll stehende Steuerbeträge noch nicht oder nicht vollständig zur Erhebung gekommen sind, werden die Rückstände in den Spalten 18 und 19 vermerkt und in das Sollbuch für das folgende Rechnungsjahr übernommen. Von einem an der Kassenführung nicht beteiligten Beamten ist unter dem Abschluß des Sollbuchs zu bescheinigen, daß die in den Erbschaftssteuerlisten eingetragenen Steuerfälle und die in den Erbschaftssteuerakten festgestellten, in Abgang gebrachten oder niedergeschlagenen Steuerbeträge in das Sollbuch richtig und vollständig eingetragen und die am Jahresschlusse rückständig gebliebenen Steuerbeträge in das Sollbuch für das folgende Rechnungsjahr übertragen worden sind.

Werden die Bücher nur geheftet in Gebrauch genommen, so sind sie vorher mit einer auf der Titelseite angesiegelten Schnur zu durchziehen und vom Vorsteher mit einer Bescheinigung über die Zahl der im Buche enthaltenen Blätter zu versehen. Die Landesfinanzämter sind befugt, an Stelle der Siegelung andere Sicherungsmaßnahmen anzuordnen. Sind die Bücher in einem festen Einband gebunden und beschnitten, so genügt es, wenn sie vor der Ingebrauchnahme möglichst auf mechanischem Wege mit Seitenzahlen versehen werden und die Gesamtzahl der letzteren auf dem Titelblatte von dem Vorsteher bescheinigt wird.

§ 48. Die in den Erbschaftssteuerlisten eingetragenen Steuerfälle sind durch das Landesfinanzamt nachzuprüfen. Sobald ein Steuerfall durch Feststellung und Einziehung oder Sicherstellung des Steuerbetrags oder auf andere Weise erledigt ist, sind die Akten unverzüglich dem Landesfinanzamt zur Prüfung vorzulegen. Das Landesfinanzamt kann die Einreichung in bestimmten Fristen vorschreiben oder die Prüfung an Ort und Stelle durch besondere Beamte vornehmen lassen. Nach der Prüfung sind die Akten mit den in sie aufzunehmenden Prüfungserinnerungen oder mit dem Vermerke, daß nichts zu erinnern sei, in Urschrift dem Finanzamt zurückzugeben. Die Erinnerungen sind ungesäumt zu erledigen und die Akten darauf nochmals dem Landesfinanzamt zur erneuten Prüfung vorzulegen.

Die mit der Prüfung betrauten Beamten des Landesfinanzamts haben für jedes Finanzamt ein Prüfungsverzeichnis für Erbschaftssteuersachen nach Muster 13 (S. 301) zu führen, in welches die einzelnen zur Prüfung eingehenden Fälle unter fortlaufender Nummer einzutragen sind. Diese Nummer ist auf der Urschrift der Verfügung, mit welcher die Akten zum Finanzamt zurückgelangen, anzugeben. In Spalte 14 der Erbschaftssteuerliste vermerkt das Finanzamt die erfolgte Prüfung durch Eintragung der Nummer des Prüfungsverzeichnisses. Für Finanzämter mit großen Bezirken ist für jedes Kalenderjahr ein neues Verzeichnis anzulegen, für kleinere kann es für mehrere Jahre fortlaufend geführt werden.

§ 49. Die Erbschaftssteuerlisten sind innerhalb vier Wochen nach dem für ihren Abschluß bestimmten Zeitpunkt (§ 8 Abs. 6) ohne die Akten dem Landesfinanzamt einzureichen. Dabei ist die Erbschaftssteuer-Haupt- und Nachtragsliste des vorhergegangenen Halbjahrs zur Prüfung, ob die unerledigt gebliebenen Fälle in die Nachtragsliste aufgenommen sind, wieder beizufügen. Auf Grund des Prüfungsverzeichnisses ist festzustellen, ob die der Prüfung unterliegenden Fälle sämtlich dem Landesfinanzamt vorgelegt worden sind.

Die Totenlisten, die Totenbeilisten, die Freibelege, die Verzeichnisse der Schenkungen unter Lebenden und die Überwachungslisten sind von Zeit zu Zeit durch das Landesfinanzamt einer probeweisen Prüfung zu unterziehen.

§ 50. Die Kassenbücher (§ 47) werden nach Ablauf des Rechnungsjahrs mit den dazu gehörigen Belegen dem Landesfinanzamt zur Prüfung eingereicht, soweit nicht im Verwaltungsweg etwas anderes bestimmt wird.

§ 51. Die Aufbewahrungsfrist beträgt für die Totenlisten, die Totenbeilisten, die Verzeichnisse der Schenkungen unter Lebenden und die Freibelege 10 Jahre, für die Erbschaftssteuerlisten, die dazugehörigen Namenverzeichnisse, die Erbschaftssteuerakten und die Kassenbücher 30 Jahre.

Die Überwachungslisten und die dazugehörigen Namenverzeichnisse sind dauernd aufzubewahren.

§ 52. Die §§ 46 bis 51 finden auf Schenkungen unter Lebenden entsprechende Anwendung.

§ 53. Der Reichsminister der Finanzen ist ermächtigt, die Muster zu ändern und neue Muster einzuführen.

1. § 58 will gewährleisten, daß Sterbefälle, Eröffnungen von Testamenten und Beurkunden von Schenkungen den Erbschaftssteuerämtern vonseiten der mit der Aufnahme oder Eröffnung jener Akte

betrauten Behörden oder Beamten mitgeteilt werden. Auf diese Weise soll die Beobachtung der Anmeldepflichten und Auskunftspflichten gemäß §§ 53—56 EStG. kontrolliert werden.

2. Bis zur Durchführung der Neuorganisation der Finanzbehörden sind **Uebergangsvorschriften** geschaffen durch gemeinsame Verfügung des Preußischen Justizministers und des Reichsministers der Finanzen vom 31. 12. 1919 (vollständiger Abdruck im Pr. JMinBl. 20 S. 4), welche auszugsweise (RStBl. 20 S. 185) wie folgt, lautet:

I.

Bis zu dem Zeitpunkt, zu dem gemäß § 3 der Verordnung zur Einführung der Reichsabgabenordnung vom 18. 12. 1919 (RGBl. S. 2101) die Geschäfte der Erbschaftssteuerämter den Finanzämtern übertragen werden, sind die nach den §§ 2—4, 13—15 der Ausführungsbestimmungen vorgeschriebenen Mitteilungen an die bisher zuständigen Erbschaftssteuerämter zu richten.

II.

Die für die Mitteilungen gemäß § 3 Abs. 2 ff. der Ausführungsbestimmungen zu verwendenden Vordrucke nach Muster 2 daselbst werden von den Finanzämtern, bis zu deren Tätigwerden (§ 1) von den Erbschaftssteuerämtern geliefert und sind dort von der Gerichtsschreiberei des Amtsgerichts unverzüglich, für die Zukunft in regelmäßigen Zeitabschnitten — zum 1. Januar und 1. Juli — zu bestellen.

III.

(1) In dem Übersendungsschreiben (Muster 2 der Ausführungsbestimmungen) ist der Wert anzugeben, nach dem die Gebühren für Errichtung und Eröffnung der Verfügung von Todes wegen erhoben werden. Ist die Verfügung nicht gerichtlich errichtet, so ist der Wert anzugeben, nach dem die Gebühren für die Eröffnung und, wenn die Verfügung in besondere amtliche Verwahrung gebracht war, für die Aufbewahrung erhoben worden. Ist zur Zeit der Übersendung der Abschrift der Verfügung von Todes wegen der Wert noch nicht bekannt, so ist dies in dem Übersendungsschreiben zu bemerken. Nach erfolgter Berechnung der Gebühren ist dem Finanzamt der der Berechnung zugrunde gelegte Wert alsbald mitzuteilen.

(2) Die Gerichte haben sich in allen Fällen in dem Übersendungsschreiben über die Rechtsgültigkeit der letztwilligen Verfügung zu äußern (§ 3 Abs. 5 Satz 2 der Ausführungsbestimmungen). Für die Erbschaftssteuer erhebliche Umstände, die ihnen erst nach Abgang des Übersendungs-

Fortsetzung der Anm. S. 302.

Sitz des Finanzamts . **Muster 4.**
(Ausführungsbestimmungen § 8.)

Erbschaftsteuer-$\frac{\text{Haupt-}}{\text{Nachtrags-}}$Liste

für das te Halbjahr des Rechnungsjahrs 19

Anleitung zum Gebrauche:

1. Spalte 2a ist nur für die Hauptliste, Spalte 3 nur für die Nachtragsliste bestimmt, alle übrigen Spalten für die Haupt- und Nachtragsliste.
2. Die Spalten 1 bis 7 sind sofort auszufüllen, die Spalten 8 bis 11 und 13, 14 erst nach der endgültigen Erledigung des Erbfalls und Prüfung durch das Landesfinanzamt.
3. Spalte 9 ist zu streichen, wenn der Gesamtbetrag des Nachlasses nicht zur Ermittlung gekommen ist.
4. Spalte 10 ist mit dem Vermerk „steuerfrei" auszufüllen, wenn sich auf Grund der Ermittlungen die Steuerfreiheit ergeben hat. Sie ist zu streichen, wenn ein steuerpflichtiger Nachlaß oder Erwerb zunächst nicht vorliegt und eine Überwachung des Erbfalls stattfindet.
5. Im Falle der Pauschversteuerung unterbleibt die Ausfüllung der Spalte 9. In Spalte 15 ist ein entsprechender Vermerk unter Bezeichnung der Entscheidung des Landesfinanzamts zu machen, durch welche die Pauschversteuerung genehmigt worden ist.
6. Beim Abschluß der Haupt- und Nachtragsliste sind hinsichtlich der unerledigten Erbfälle nur die Spalten 12 und 15 auszufüllen.

Laufende Nummer	Nummer der Totenliste	Nummer der Totenbeiliste	Nummer der vorhergehenden Erbschaftssteuer-Hauptliste	Nummer der vorhergehenden Erbschaftssteuer-Nachtragsliste	Des Erblassers Familienname und Vornamen	Des Erblassers Stand oder Gewerbe	Des Erblassers Wohnort	Des Erblassers Jahr und Tag des Todes
	a	b						
1	2		3		4	5	6	7

Angabe, ob gesetzliche Erbfolge stattfindet oder ob der Erwerb auf einer Verfügung von Todes wegen beruht, unter näherer Bezeichnung der letzteren	Gesamtbetrag des ermittelten Nachlasses		Gesamtbetrag der gezahlten Nachlaßsteuer		Gesamtbetrag der gezahlten Erbanfallsteuer		Der Steuerfall wird in der Ueberwachungsliste weitergeführt unter Nummer	Der Steuerfall ist in die nächste Nachtragsliste übernommen unter Nummer	Der Steuerbetrag ist eingetragen in das Sollbuch unter Nummer	Nummer des Prüfungsverzeichnisses des Landesfinanzamts	Grund der Nichterledigung; Hinweis auf Erinnerungen. Sonstige Bemerkungen
	ℳ	₰	ℳ	₰	ℳ	₰					
8	9		10				11	12	13	14	15

Finanzamt ....

Muster 6.
(Ausführungsbestimmungen § 16.)

Verzeichnis
der Schenkungen unter Lebenden
für das Kalenderjahr 19.....

Laufende Nummer	Tag des Eingangs der Schenkungsurkunde	Tag des Eingangs der Anmeldung	Name, Stand, Wohnort a) des Schenkers, b) des Beschenkten	Tag der Schenkung	Übernommen zur Haupt- / Nachtrags- Liste für das ...te Halbjahr 19..	Übernommen zur Haupt- / Nachtrags- Liste unter Nr.	Steuerfrei erledigt am	Bemerkungen
1	2	3	4	5	6		7	8
			a)					
			b)					
			a)					
			b)					
			a)					
			b)					
			a)					
			b)					

Sitz des Finanzamts ....

Muster 7.
(Ausführungsbestimmungen § 17.)

Schenkungssteuer- $\frac{\text{Haupt-}}{\text{Nachtrags-}}$ Liste

für das ....te Halbjahr des Rechnungsjahres 19

Lfd. Nr.	Nummer des Verzeichnisses der Schenkungen unter Lebenden	Nummer der vorhergehenden Haupt- Liste	Nummer der vorhergehenden Nachtrags- Liste	Familien- und Vornamen a) des Schenkers, b) des Beschenkten	Stand oder Gewerbe	Wohnort	Tag der Schenkung
1	2	3		4	5	6	7
1				a)			
				b)			

Gesamtbetrag der Schenkung ℳ	Gesamtbetrag der gezahlten Schenkungssteuer ℳ	Gesamtbetrag der gezahlten Schenkungssteuer ₰	Die Schenkung wird in der Überwachungsliste weitergeführt unter Nr.	Die Schenkung ist in die nächste Nachtragsliste übernommen unter Nr.	Der Steuerbetrag ist eingetragen in das Sollbuch unter Nr.	Nummer des Prüfungsverzeichnisses des Landesfinanzamts	Grund warum der Schenkungsfall noch unerledigt ist. Hinweis auf etwaige Erinnerungen. Sonstige Bemerkungen.
8	9		10	11	12	13	14

Muster 11.
(Ausführungsbestimmungen § 47.)

Erbschaftssteuer-Sollbuch

d.................... in....................

für das Rechnungsjahr 19......

Dieses Buch enthält .... Blätter und .... Seiten; die Blätter sind von einer mit dem Siegel des Unterzeichneten belegten Schnur durchzogen.

........., den ..ten ...... 19..
(Name) ....
(Dienststellung) ....

Geführt von:
(Name) ....
(Dienststellung) ....

Anleitung zum Gebrauche:

1. Die Erbschaftssteuer ist nach Feststellung sofort durch Ausfüllung der Spalten 1 bis 8 und 13 einzutragen. In Spalte 9 sind die von der Fälligkeit bis zur Zahlung der Steuer aufgelaufenen Zinsen einzutragen. Die Spalten 15 bis 17 sind nach Zahlung auszufüllen.
2. Die Herabsetzung des Solls wird in den Spalten 10 und 11 eingetragen. In die Spalte 10 sind die Beträge einzutragen, die lediglich infolge anderweiter Feststellung in Abgang kommen. In die Spalte 11 sind die Beträge einzutragen, die niedergeschlagen worden sind; in der Spalte 20 ist anzugeben, wann und von welcher Behörde die Niederschlagungsverfügung ergangen ist.
3. Zwischen den einzelnen laufenden Nummern ist Raum für weitere Eintragungen in den Spalten 10 bis 12 (bei mehrfacher Herabsetzung des Steuersolls) und 15 bis 17 (bei Teilzahlungen) zu lassen.

Laufende Nummer	Tag der Eintragung	Tag des Steuerbescheids.	Haupt- oder Nachtrags-liste		a) Name des Erblassers oder Schenkers, b) Name, Stand und Wohnort des Zahlungs-pflichtigen	Betrag der Steuer für						Zinsen			Abgang			
						den Nachlaß		den Erwerb von Todes wegen		Schen-kungen unter Lebenden		für Tage			infolge ander-weiter Festsetzung		durch Nieder-schlagung	
			Halb-jahr	Nr.		ℳ	₰	ℳ	₰	ℳ	₰		ℳ	₰	ℳ	₰	ℳ	₰
1	2	3	4		5	6		7		8		9			10		11	

Bleibt berichtigtes Soll		Die im Steuerbescheide gestellte Zahlungsfrist läuft ab am	Bedingungen, unter denen Stundung oder Teilzahlungen gewährt worden sind. Fälligkeit und Höhe der Teilbeträge. Buchungsnummer der bestellten Sicherheit	Der Betrag ist							Bemerkungen
				eingezahlt und gebucht im Einnahmebuche				rückständig geblieben			
				am	unter Nr.	mit		mit		und übertragen in das Sollbuch des folgenden Rechnungs-jahrs unter Nr.	
ℳ	₰					ℳ	₰	ℳ	₰		
12		13	14	15	16	17		18		19	20

Muster 12.
(Ausführungsbestimmungen § 47.)

Einnahmebuch

d........................ in....................

über Erbschaftssteuer

für das Rechnungsjahr 19

Dieses Buch enthält .... Blätter und .... Seiten; die Blätter sind von einer mit dem Siegel des Unterzeichneten belegten Schnur durchzogen.

........, den ...ten.......19...

(Name) ....

(Dienststellung) ....

Geführt von

(Name) ....

(Dienststellung) ....

Anleitung zum Gebrauche:

1. Die Einzahlungen werden unter bis zum Jahresschlusse fortlaufenden Nummern eingetragen.
2. Das Buch wird monatlich abgeschlossen, aber fortlaufend bis zum Vierteljahrsschluß aufgerechnet. Die Summen der vier Vierteljahre werden am Jahresschlusse wiederholt und aufgerechnet.

Lfd. Nr.	Tag der Einzahlung	Nummer des Sollbuchs	Name a) des Erblassers oder des Schenkers, b) des Zahlungspflichtigen	Haupt- oder Nachtragsliste	
				Halbjahr	Nr.
1	2	3	4	5	

Betrag der Einzahlung für						Von der Einzahlung (Sp. 6 bis 8) sind Zinsen		Tagessumme		Bemerkungen
den Nachlaß		den Erwerb von Todes wegen		Schenkungen unter Lebenden						
ℳ	₰	ℳ	₰	ℳ	₰	ℳ	₰	ℳ	₰	
6		7		8		9		10		11

Muster 13.
(Ausführungsbestimmungen § 48.)

Prüfungsverzeichnis.

Lfde. Nr.	Nummer und Halbjahr der		Name des Erblassers oder des Schenkers	Tag		Bemerkungen, insbesondere, wenn a) eine Wiedervorlage zu erfolgen hat, b) die Prüfung nur eine vorläufige war
	Erbschaftssteuerliste	Schenkungssteuerliste		des Eingangs	der Rückgabe	
				der Akten		
1	2	3	4	5		6

schreibens bekannt werden, haben sie dem Finanzamt (Erbschaftssteueramt) alsbald mitzuteilen (§ 3 Abs. 5 Satz 3 RAO.).

(3) Die Finanzämter sind angewiesen, den von ihnen ermittelten Betrag des Nachlasses den Gerichten mitzuteilen, wenn dieser Betrag den bei Berechnung der Gebühren angenommenen Wert so erheblich übersteigt, daß die Nachforderung eines namhaften Gerichtskostenbetrags begründet ist.

(4) Der vom Finanzamt ermittelte Wert des Nachlasses ist für die Berechnung der Gebühren für die Errichtung und Aufbewahrung der Verfügungen von Todes wegen, die sich nach dem Werte des Vermögens zur Zeit der Errichtung oder Übergabe zur Aufbewahrung richten, nicht ohne weiteres maßgebend; ist aber der Wert des Nachlasses erheblich höher, so wird sich hieraus regelmäßig Veranlassung zur Anstellung von Ermittlungen ergeben, ob nicht auch das Vermögen zur Zeit der Fälligkeit der Gebühren den angegebenen Betrag überstiegen hat.

(5) Die Mitteilungen des Finanzamts erfolgen in allen Fällen an das Nachlaßgericht. Soweit die Gebühr, deren Nachforderung in Frage kommt, bei einem anderen Gerichte angesetzt ist, hat das Nachlaßgericht diesem Gerichte von der Mitteilung des Finanzamts Kenntnis zu geben.

IV.

Die dem Finanzamt (Erbschaftssteueramt) gemäß § 59 Abs. 1 des Gesetzes, § 13 Abs. 2 der Ausführungsbestimmungen auf Aufforderung zu machende Mitteilung liegt auch den Notaren ob, soweit sie geschäftsmäßig mit der Verwahrung oder Verwaltung fremden Vermögens befaßt sind.

V.

(1) Die nach § 13 der Verordnung über Familiengüter vom 10. 3. 1919 (Gesetzsamml. S. 39) als Aufsichtsbehörden zuständigen Oberlandesgerichte haben in allen Fällen, in denen sie von dem Besitzwechsel in einem Hausgut, Lehn, Fideikommiß oder Stammgut oder in einem sonstigen gebundenen Vermögen (§ 20 Abs. 1 Ziff. 2 des Gesetzes) auf sichere Weise Kenntnis erhalten, dem zuständigen Finanzamt (Erbschaftssteueramt) Nachricht zu geben.

(2) Die Rundverfügung vom 15. 7. 1905 — **Ia 1146** — wird aufgehoben.

VI.

Die von den Gerichten und Notaren in der Zeit vom 1. 1. 1917 bis zum Inkrafttreten des Erbschaftssteuergesetzes vom 10. 9. 1919 (RGBl. S. 1543) beurkundeten Schenkungen unter Lebenden, die nach dem bisherigen Gesetze von der Steuer befreit waren, nach § 72 Abs. 2 des Gesetzes vom 10. 9. 1919 aber der Schenkungssteuer dieses Gesetzes unterliegen, sind von den Gerichten und Notaren zu ermitteln und in ein Verzeichnis nach dem nachfolgenden Muster einzustellen. Das Verzeichnis ist dem Finanzamt (Erbschaftssteueramt) zu übersenden.

Muster

Laufende Nr.	Vornamen, Zuname, Stand, Wohnort a) des Schenkers b) des Beschenkten	Verwandtschaftsverhältnis zwischen Schenker und Beschenkten	Zeitpunkt der Schenkung	Gegenstand und Wert der Schenkung (bei Renten u. dgl. auch der Jahreswert)	Bemerkungen
1	2	3	4	5	6

3. Über die Führung der **Erbschaftssteuerlisten** ist ferner ergangen Verfügung des Reichsfinanzministers IIIa. Mi. 710 vom 25. 3. 20.

4. Hinter der Mitteilungspflicht aus § 58 ESt.G. steht die allgemeine **Beistandspflicht** der Behörden aus § 191 RAO.:

„Die Reichs-, Staats- und Gemeindebehörden, die Beamten und Notare, sowie die Verbände und Vertretungen von Betriebs- oder Berufszweigen haben den Finanzämtern jede zur Durchführung der Besteuerung und der den Finanzämtern obliegenden Prüfung und Aufsicht dienliche Hilfe zu leisten, insbesondere Einsicht in ihre Bücher, Verhandlungen, Listen und Urkunden zu gewähren. Die Unverletzbarkeit des Post-, Telegraphen- und Fernsprechgeheimnisses bleibt unberührt.

Schuldbuchverwaltungen, Postscheckämter, Sparkassen und Banken, die die Stellung von Behörden haben, fallen nicht unter diese Vorschrift."

§ 59.

Wer sich geschäftsmäßig mit der Verwahrung oder Verwaltung fremden Vermögens befaßt, ist verpflichtet, Vermögen des Erblassers, das sich in seinem Gewahrsam befindet, und Vermögen, das bei ihm zur Verfügung des Erblassers hinterlegt ist, binnen einem Monat, nachdem er von dem

Eintritt des Erbfalls Kenntnis erlangt hat, der Steuerbehörde nach näherer Vorschrift des Reichsministers der Finanzen mit Zustimmung des Reichsrats anzumelden. Die Ausantwortung darf frühestens eine Woche nach der Anmeldung erfolgen.

Der Steuerbehörde ist ferner seitens derjenigen, die auf den Namen lautende Aktien oder Schuldverschreibungen ausgegeben haben, bevor sie die auf den Namen des Erblassers gestellten Wertpapiere nach Eintritt des ihnen bekannt gewordenen Erbfalls in ihren Büchern auf den Namen einer anderen Person umschreiben, von der beantragten Umschreibung schriftlich oder zu Protokoll Mitteilung zu machen.

Ausführungsbestimmungen § 13: Versicherungsunternehmungen und die im § 19 Abs. 2 des Gesetzes bezeichneten Personen sind von dem Finanzamt zur Erfüllung der ihnen nach den §19 Abs. 2, §56 Abs. 2, § 60 des Gesetzes obliegenden Verpflichtungen aufzufordern, sobald das Finanzamt Kenntnis von der die Verpflichtung begründenden Tatsachen erhält.

Das gleiche gilt für die im § 59 Abs. 1 des Gesetzes bezeichneten Personen. Sie haben mit der Anmeldung die Vermögensgegenstände nach Zahl, Gattung und sonstigen Unterscheidungsmerkmalen, Wertpapiere nach dem Nennwert aufzuführen. Sind Vermögensstücke verschlossen verwahrt oder sind dem Erblasser zum Zwecke der Verwahrung Sicherheitsfächer unter seinem Mitverschlusse zur Verfügung gestellt, so hat sich die Anmeldung darauf zu beschränken, daß die Verwahrung besteht oder die Fächer zur Verfügung gestellt sind. Im letzteren Falle sind die Personen zu bezeichnen, die etwa nach der Bestimmung des Erblassers berechtigt sind, die Ausantwortung des verwahrten Ververmögens zu fordern oder das Fach zu öffnen.

1. Die Vorschrift enthält eine besondere Anmeldepflicht, welche in § 13 Abs. 2 AB. z. ESt G. näher beschrieben wird für **geschäftsmäßig** mit der **Verwahrung** oder Verwaltung fremder Vermögens befaßte Stellen, welche Vermögen des Erblassers im Gewahrsam haben oder zur Hinterlegung. Der letzte Satz Abs. 1 § 59 EStG. verbietet die Ausantwortung des Vermögens an den Inhaber vor Ablauf einer Woche nach der Anmeldung beim Finanzamt. Unter Ausantwortung ist hierbei nur eine Abgabe zu verstehen, bei der das Vermögen des Erblassers aus dem Gewahrsam des Verwahrers gelangt, ohne daß der Gegenwert in diesem zurückbleibt, nicht aber etwa sind meines Erachtens die Verwahrer, z. B. die Banken, verpflichtet oder berechtigt, beim Todesfall des Inhabers

ohne weiteres das Konto zu sperren; vielmehr bleiben alle Verfügungen gestattet, welche den Gegenwert nicht dem Zugriff der Steuerbehörde entziehen, vor allem also solche, bei denen der Gegenwert oder ein sonstiges Äquivalent im Bereiche der Bank bleibt. Die Vorschrift wird, um nicht mehr Unheil anzurichten, als Nutzen zu stiften, auch nicht kleinlich gehandhabt werden dürfen. Es sollen Steuerhinterziehungen verhütet werden, nicht aber sollen anständigen Leuten, insbesondere bei fortlaufendem Geschäft, Schwierigkeiten in der notwendigen Disposition über ihre Mittel entstehen, welche zu Betriebsstockungen und unabsehbaren Schäden selbst für mittelbar Beteiligte führen können. Es wird dem pflichtgemäßen Ermessen der Banken oder sonstigen Verwahrer überlassen bleiben, wie weit sie hier gehen dürfen.

Der Reichsfinanzminister hat unter dem 7. 4. 1920 IIIa Nr. 577 Mi dieserhalb verfügt:

„Es bestehen jedoch keine Bedenken, daß die Bankstellen das Guthaben eines Verstorbenen — sofern es sich nicht um einen Fall des § 19 EStG. handelt — schon vor Ablauf der Sperrfrist insoweit auszahlen, als ihnen dies zur Abwendung eines glaubhaft dargetanen Notstandes nötig erscheint. Es ist hierbei hauptsächlich an Fälle gedacht, in denen die Guthaben zur unaufschiebbaren Erfüllung von Zahlungsverpflichtungen, wie Lohnzahlungen oder zur Bestreitung des Unterhalts während der Sperrfrist dringend gebraucht werden. Im Einzelfalle das Vorliegen dieser Voraussetzungen nachzuprüfen, wird dem pflichtgemäßen Ermessen des Leiters der Bankstelle obliegen; hierbei werden die Gründe für die vorzeitige Auszahlung des Guthabens zu den Büchern oder Akten der Bankstelle zu vermerken sein.

Fallen die Barguthaben unter § 59 Abs. 1 des Gesetzes, so bestehen keine Bedenken, daß Änderungen in der Art der Anlage des im Gewahrsam der Bank usw. befindlichen Vermögens (z. B. Ankäufe oder Verkäufe von Wertpapieren) von den hierzu Berechtigten auch während der Sperrfrist veranlaßt werden können, sofern nur der Gegenwert des ausgeantworteten Vermögens unmittelbar in den Gewahrsam der Bank kommt."

2. Über den Begriff des **Gewahrsams** vgl. Anm. 6 zu § 19 EStG. Zum Unterschied von § 19 Abs. 2 EStG. trifft § 59 EStG. nur die geschäftsmäßigen Verwahrer und Verwalter. Hierher gehören vor allem Banken, Bankiers, Lagerhalter, Spediteure, Frachtführer, die Eisenbahn als Frachtführer, Pelzhändler, soweit sie sich mit Aufbewahrungen befassen (Weinbach, Nachlaßanmeldung D. St. Z. 1919 S. 207).

Bei den Banken gehören hierher Depots, Stahlfächer unter Mitverschluß, auch Depositen (vgl. näher Anm. 6 zu § 19 EStG. und wegen der Haftung der Verwalter des Nachlasses Anm. 2 zu § 17, Anm. 4 zu § 19 EStG. mit §§ 87ff RAO.).

3. **Nicht geschäftsmäßige** Verwahrer oder Verwalter fremden Vermögens gehören nicht hierher; meist haben sie zudem nicht den Gewahrsam, z. B. mit der Anlage oder Disposition betraute Generalbevollmächtigte, auch dann nicht, wenn sie als Personen besonderen Vertrauens Generalbevollmächtigte für mehrere Personen sind, z. B. Kaufleute, Rechtsanwälte. Zweifelhaft ist es, ob Notare zur Anmeldung verpflichtet sind für bei ihnen hinterlegte Gegenstände. Sie sind zur Annahme von Hinterlegungen berufen und haben ein besonderes Hinterlegungsbuch zu führen. Ob diese Tätigkeit der Notare eine geschäftsmäßige und nicht bloß eine berufsmäßige ist (über den Begriff der Geschäftsmäßigkeit vgl. Olshausen § 144 Anm. 1 StGB.) mag zweifelhaft sein. Jedenfalls ist auf die bei ihnen hinterlegten Gegenstände die Anmeldepflicht der Notare zu beschränken, welche ihnen nach IV der Verfügung vom 31. 12. 1919 (abgedruckt in Anm. 2 zu § 58 EStG.) obliegt.

4. Nach **Abs. 2** § 59 EStG. soll die Umschreibung von Namensaktien und Obligationen gelegentlich eines Erbfalles aus Kontrollgründen dem Finanzamt mitgeteilt werden.

§ 60.

Versicherungsunternehmungen sind auch außer dem Falle des § 19 Abs. 2 verpflichtet, bevor sie auf Grund eines vom Erblasser geschlossenen Vertrags auf den Todesfall zu leistende Versicherungssummen oder Leibrenten auszahlen, der Steuerbehörde eine Abschrift des Versicherungsscheins und etwaiger Nachträge einzureichen und ihr die Person des Empfangsberechtigten nach Namen, Stand und Wohnung mitzuteilen.

Über die Pflichten bei Auszahlungen von Todesfallversicherungen ins Ausland laut § 19 Abs. 2 und § 56 Abs. 2 EStG hinaus (vgl. Erläuterungen) sollen Versicherungsunternehmungen in allen Fällen, bevor sie bei Todesfallversicherungen die Versicherungssumme oder die Leibrente auszahlen, **Abschrift** des vollständigen **Versicherungsscheins** unter Mitteilung der Person des Empfangsberechtigten dem Finanzamt einreichen. Dieses auch, wenn die Versicherungssumme in Deutschland zahlbar ist und alle Beteiligten Deutsche sind. Die Meldepflicht gilt, wie die Bestimmung erkennen läßt, nur bei Todesfällen, also dann nicht, wenn die abgekürzte Lebensversicherung zu Lebzeiten des Versicherten zur Auszahlung kommt. Trotz der Gefahr, daß hier Schenkungen vorliegen können, enthält § 60 dieserhalb eine Anmeldepflicht nicht (ebenso Mirre Anm. 2). Die Auszahlung darf erfolgen, sobald die Abschriften „eingereicht" sind, also nach dem Wortlaut der Bestimmung schon in der Zeit, nachdem die Absendung der Abschrift erfolgt ist, ohne Rücksicht darauf, wann sie postalisch dem Finanzamt zugeht. Eine Auszahlungsbewilligung oder auch nur eine Empfangsbestätigung der Abschrift braucht die Versicherungsgesellschaft nicht abzuwarten, wenn sie den Beleg über die Absendung besitzt. Für die Handhabung der Vorschrift sind bereits jetzt in der Praxis Richtlinien gegeben worden, z. B. Verfügung des Reichsfinanzministers vom 5. 1. 1920 III Mi 18020 betreffend Übersendung der allgemeinen Versicherungsbedingungen. Über Zwangsmittel vgl. § 202 RAO., (abgedruckt in Anm. 6 zu § 53 ESt.G).

§ 61.

Das Landesfinanzamt ist ermächtigt, auf Antrag der Steuerpflichtigen von der genauen Ermittlung des steuerpflichtigen Vermögens und der Vorlegung eines Verzeichnisses ganz oder zum Teil abzusehen und einen Pauschbetrag für die Steuer anzunehmen, auch die Pauschversteuerung in solchen Fällen, in denen die Versteuerung andernfalls noch ausgesetzt sein müßte, zu gestatten.

1. Das Landesfinanzamt, das Finanzamt nur auf Anweisung des Landesfinanzamts, kann von der genauen Ermittlung des steuerpflichtigen Vermögens und der Vorlegung eines Verzeichnisses ganz oder teilweise absehen und eine **Pauschversteuerung** vornehmen. Die Pauschversteuerung ist nur zulässig auf Antrag des Steuerpflichtigen; das Landesfinanzamt kann ohne Antrag des Steuerpflichtigen eine Pauschversteuerung nicht vornehmen, sondern sie nur anregen. Gegen eine ablehnende Verfügung des Landesfinanzamts ist die Beschwerde nach § 224 RAO. gegeben gemäß §§ 281 ff. RAO. Das Landesfinanzamt kann der Beschwerde selbst noch abhelfen; sie geht an das Reichsfinanzministerium.

2. Die Pauschversteuerung wird regelmäßig nur in Fällen bewilligt werden, in denen die Festlegung oder Bewertung des Nachlasses, wohl auch die Errechnung der Steuer, außerordentliche Schwierigkeiten machen würde, welche in keinem rechten Verhältnis zu dem sonst erreichbaren Ergebnis stehen. Die Pauschalierung ist desgleichen

in den Fällen zulässig, in denen die Versteuerung anderenfalls noch ausgesetzt werden müßte, z. B. in den Fällen des § 51 EStG.

3. Vorschriften über die **Methode** der Pauschalierung sind nicht gegeben; indem jedoch § 61 nur die „genaue Ermittlung" nachläßt, ist damit zu erkennen gegeben, daß die Pauschalierung nicht willkürlich sein darf, sondern der wahren Steuer möglichst nahe zu kommen hat. Zunächst also ist in jedem Falle das steuerpflichtige Vermögen insoweit zu ermitteln, als ohne besondere Mühe Anhaltspunkte für die Bemessung der Höhe des Pauschsatzes gegeben sind; alsdann wird es zweckmäßig sein, das Vermögen als Gesamtwert zu schätzen.

4. Die Pauschversteuerung beruht auf einem einseitigen Akt des Landesfinanzamts, dem allerdings zweiseitige Bindung zuzuschreiben sein wird, indem sowohl Steuerpflichtiger als auch Steuerbehörde — auch die Rechtsmittelinstanzen — an ihn gebunden sind; der Antrag steht nicht etwa zur Gewährung in einem Gegenseitigkeitsverhältnis, sondern bildet nur ein Tatbestandsmerkmal für den **obrigkeitlichen Akt** der Pauschalierung, ohne welches eine solche nicht ergehen darf. Es handelt sich also um ein Geschäft des öffentlichen Rechts, auf das nach zutreffender Ansicht die Regeln des Privatrechts keine Anwendung finden dürfen (gegenüber der unrichtigen Lehre von Kormann §§ 25ff. ist zu verweisen auf Otto Mayer Bd. 1 §§ 27ff.; auch auf Schneider und Hausmann D. St. Bl. 19 S. 133). Wenn Mirre (Anm. 3 § 61) und Hoffmann-Henckel (Anm. 1a) im Falle eines Irrtums über die als feststehend angenommenen Grundlagen der Pauschversteuerung die Vorschrift über die Anfechtung eines Vergleichs aus BGB. § 779 heranziehen wollen, so kann daher ihrer Begründung nicht beigepflichtet werden. Dem Ergebnis wird dadurch Rechnung zu tragen sein, als zweckmäßig in die Gewährung der Pauschalversteuerung der Vorbehalt aufgenommen wird, daß die tatsächlichen Voraussetzungen, die insoweit im Bescheid als gegeben aufzuführen sind, wirklich vorliegen. Dann und nur dann ergibt sich, daß die Wirksamkeit der Pauschversteuerung vom Vorliegen dieser Voraussetzungen abhängt.

5. Eine Ergänzung zu § 61 EStG. bildet die allgemeine Vorschrift des § 210 RAO.:

„Nach Abschluß seiner Ermittlungen stellt das Finanzamt die Steuer fest. Soweit es die Besteuerungsgrundlagen nach seinen Ermittlungen nicht feststellen oder berechnen kann, hat es sie zu schätzen; dabei sind alle Umstände zu berücksichtigen, die für die Schätzung von Bedeutung sind.

Zu schätzen ist insbesondere dann, wenn der Steuerpflichtige über seine Angaben keine ausreichenden Aufklärungen zu geben vermag oder weitere Auskunft oder eine Versicherung an Eides Statt verweigert. Das gleiche gilt, wenn der Steuerpflichtige Bücher oder Aufzeichnungen, die er nach den Steuergesetzen zu führen hat, nicht vorlegen kann.

Wenn eine Schätzung notwendig geworden ist, weil der Steuerpflichtige Verpflichtungen, die ihm durch die Steuergesetze auferlegt sind, schuldhaft nicht genügt hat und dies im Steuerbescheide festgestellt worden ist, ist wegen der Höhe der Schätzung nur die Beschwerde an das Landesfinanzamt zulässig. Die Frist zur Einlegung der Beschwerde beginnt mit Ablauf des Tages, an dem der Steuerbescheid im übrigen unanfechtbar geworden ist. Das Landesfinanzamt hat die Entscheidung bis zu diesem Zeitpunkt auszusetzen und entscheidet endgültig.

Die Vorschriften des Abs. 3 gelten nicht für den Fall der Verweigerung einer Versicherung an Eides Statt."

In diesen Fällen ist aber nicht das Landesfinanzamt sondern das Finanzamt zur Schätzung berufen, jedoch nur unter der besonderen Voraussetzung des § 210 RAO. Wegen der Höhe einer Schätzung auf Grund des § 210 RAO. ist nur die Beschwerde an das Landesfinanzamt gegeben und nicht das Rechtsmittelverfahren, sobald wegen Verschuldens des Steuerpflichtigen die Schätzung notwendig geworden ist; jedoch bleibt das Rechtsmittelverfahren stets gegeben wegen der Zulässigkeit des Schätzungsverfahrens (Buck-Lucas Anm. 2 zu § 210 RAO.).

§ 62.

Die Steuerbehörde stellt die Steuer fest und erteilt einen schriftlichen Steuerbescheid.

Ausführungsbestimmungen § 39: Nach Feststellung der Steuern für Erbschaftssteuerfälle ist ein Steuerbescheid nach Muster 8 (S. 311—314), für Schenkungen unter Lebenden nach Muster 9 (S. 315 u. 316) zu erteilen.

Es bleibt dem Finanzamt überlassen, nach Lage des Falles einen Steuerbescheid zu erteilen, der nur die Angaben unter A oder die unter B des Musters 8 enthält.

Der Steuerbescheid ist jedem Steuerpflichtigen zuzustellen. Ist ein Testamentsvollstrecker ohne Beschränkung der Verwaltungsbefugnis auf einzelne Gegenstände oder ein Nachlaßpfleger oder ein

Nachlaßverwalter bestellt, und haben diese Personen die Verwaltung des Nachlasses übernommen, so ist der Steuerbescheid ihnen zuzustellen. Hat einer von mehreren Erben dem Finanzamt gegenüber die Berichtigung der Steuer übernommen, so kann der Steuerbescheid ihm zugestellt werden. Haften mehrere für die Steuer als Gesamtschuldner, so kann die Zustellung nach Auswahl des Finanzamts an einen oder mehrere von ihnen erfolgen, falls das Finanzamt nicht sofort sämtliche Schuldner in Anspruch nehmen will.

Weicht der Steuerbescheid von der Steuererklärung ab, so ist der Bescheid oder ein Auszug aus ihm auch demjenigen zuzustellen, der die Erklärung abgegeben hat.

In den Fällen des § 20 Abs. 1 Nr. 2, 4, 5, 6, 7, des Gesetzes ist der Steuerbescheid dem Erwerber zuzustellen.

1. Ergänzend bestimmt § 211 RAO.: **Steuerbescheide** die nach dem Steuergesetz schriftlich zu erteilen sind, müssen die Höhe der Steuer enthalten. Sie sollen ferner enthalten:

1. eine Belehrung, welches Rechtsmittel zulässig ist und binnen welcher Frist und bei welcher Behörde es einzulegen ist,
2. die Grundlagen der Festsetzung und Veranlagung, soweit sie dem Steuerpflichtigen nicht schon mitgeteilt sind,
3. eine Anweisung, wo, wann und wie die Steuer oder Sicherheit zu entrichten ist,
4. die Punkte, in denen von der Steuererklärung abgewichen worden ist. Die Steuerbescheide sind verschlossen zuzustellen.

2. Über die **Zuständigkeit** der Finanzämter vgl. die Ausführungen Anm. 4 zu § 53 EStG. Die örtliche Unzuständigkeit eines Finanzamts kann gemäß § 61 RAO. Abs. 2 nur bis zum Ablauf der Einspruchsfrist geltend gemacht werden. Es hat daher der rechtskräftige Steuerbescheid, auch wenn er von einem örtlich unzuständigen Finanzamt erlassen ist, volle Gültigkeit.

3. Über das **Ermittlungs- und Festsetzungsverfahren** vgl. § 53 EStG. Anm. 6. Da der Anspruch der Steuerbehörde auf die Steuer mit dem Erbfall bei der Nachlaßsteuer und mit dem Anfall bei der Erbanfallsteuer entsteht (§ 81 RAO.), so ist von da ab die Steuerbehörde zur Steuerfestsetzung befugt, indem die Steuerschuld entstanden ist. Steht erst ein Teil des Nachlasses oder des Erwerbes fest, so kann ein Teilerbschaftssteuerbescheid erlassen werden (Urteil RFH. vom 19. 3. 1920 Bd. 2 S. 226). Vom Teilerbschaftssteuerbescheid, welcher bezüglich eines Teiles der Erbschaft die nach ihren Unterlagen feststehende

Fortsetzung der Anm. S. 317.

Finanzamt ....

Muster 8.
(Ausführungsbestimmungen § 39.)

.... Nr. ...... $E\frac{H}{N}I$ 19....
Nr. ... des Soldbuchs (Einn.-Verz.)

.................., den ....ten 19

Bei Eingaben ist das vorstehende Aktenzeichen anzugeben!

Erbschaftssteuerbescheid.

In der Erbschaftssteuersache de..... am ....ten .... 19....

zu .... gestorbenen ....

wird — nach Maßgabe der umseitigen Berechnung —

die **Nachlaßsteuer** auf . . . . ℳ

die **Erbanfallsteuer** auf . . . . ℳ

festgesetzt. Der Betrag von zusammen . ... ℳ

ist spätestens bis zum ....ten 19

an die ....

Girokonto der
....
....
Postscheckkonto
....
Nr. ....

zu zahlen entweder **unter Vorlegung dieses Bescheids** durch unmittelbare Einzahlung bei der vorgenannten Kasse **oder unter Angabe des obigen Aktenzeichens** durch porto- und abtragfreie Einsendung durch die Post **oder** durch Einzahlung oder Überweisung auf eines der nebengenannten Konten. Zahlkarte liegt bei.

Die Verzögerung der Erbauseinandersetzung darf die Entrichtung der Steuer **nicht** aufhalten.

Bei nicht rechtzeitiger Zahlung ist der Steuerbetrag vom Tage der Fälligkeit an mit 5 vom Hundert zu verzinsen. Die durch Mahnung oder Zwangsvollstreckung erwachsenden Kosten fallen dem Steuerpflichtigen zur Last.

Gegen diesen Bescheid ist der Einspruch binnen einer Frist von einem Monat, beginnend mit Ablauf des Tages der Zustellung, zulässig. Der Einspruch ist bei dem oben bezeichneten Finanzamt schriftlich oder durch Erklärung zu Protokoll einzulegen. Die Kosten des Rechtsmittelverfahrens können unter Umständen dem Einspruchserhebenden auferlegt werden.

Durch die Erhebung des Einspruchs wird die Hebung der Steuer nicht aufgehalten.

An

....

in

____

A. Nachlaßsteuer (siehe letzte Seite dieses Musters).

B. Erbanfallsteuer.

Lfd. Nr.	Familien-name und Vorname des Erwerbers	Verhältnis des Erwerbers zum Erblasser	Vermögen des Erwerbers (falls es 100000 ℳ übersteigt — § 28 Abs 2 d. Ges.) ℳ	Wert des Erwerbes					
				im einzelnen				im ganzen	
				ℳ	₰	ℳ	₰	ℳ	₰
1	2	3	4	5		6		7	

Zu erheben sind nach §§ 27, 28 Abs. 1 (35) d. Ges.			Erhöhung der Steuer nach § 28 Abs. 2 d. Ges.		Steuerermäßigung		Steuerbetrag	Bemerkungen
von	v. H.	Erbanfallsteuer	um v. H.	auf	nach §	auf		
M		M | Pf		M | Pf		M | Pf	M	
8	9	10	11	12	13	14	15	16

Nachlaßsteuer.

Lfd. Nr.	Steuerpflichtiges Nachlaßvermögen					Zu erheben sind nach §§ 13, 15 d. Ges.				Insgesamt
	im einzelnen				im ganzen (abgerundet)	von	v. H.	Nachlaßsteuer		
	M	Pf	M	Pf	M	M		M	Pf	M
1	2		3		4	5	6	7		8

Der Steuerbescheid weicht in folgenden Punkten von der eingereichten Steuererklärung ab:

Finanzamt ....

...... Nr. ...... $S\frac{H}{N}I$ 19......
Nr. .... des Sollbuchs (Einn.-Verz.)

Bei Eingaben ist das vorstehende Aktenzeichen anzugeben!

Muster 9.

(Ausführungsbestimmungen § 39.

......, den ... ten 19

Schenkungssteuerbescheid.

Für die am ... ten .... 19 an Sie erfolgte Schenkung de..
wird die Schenkungssteuer auf den umseitig berechneten Betrag von .... ℳ festgesetzt. Der Betrag ist an .... spätestens bis zum ... ten .... 19...
zu entrichten entweder unter Vorlegung dieses Bescheids

durch unmittelbare Einzahlung bei der vorgenannten Kasse

oder unter Angabe des obigen Aktenzeichens

durch porto- und abtragfreie Einsendung durch die Post oder durch Einzahlung oder Ueberweisung auf eines der nebengenannten Konten. Zahlkarte liegt bei.

Girokonto der
....
....
Postscheckkonto
....
Nr. ....

Bei nicht rechtzeitiger Zahlung ist der Steuerbetrag vom Tage der Fälligkeit an mit 5 vom Hundert zu verzinsen. Die durch Mahnung oder Zwangsvollstreckung erwachsenden Kosten fallen dem Steuerpflichtigen zur Last.

Gegen diesen Steuerbescheid ist der Einspruch binnen einer Frist von einem Monat, beginnend mit Ablauf des Tages der Zustellung zulässig. Der Einspruch ist bei dem obenbezeichneten Finanzamt schriftlich oder durch Erklärung zu Protokoll einzulegen. Die Kosten des Rechtsmittelverfahrens können unter Umständen dem Einspruchserhebenden auferlegt werden.

Durch die Erhebung des Einspruchs wird die Hebung der Steuer nicht aufgehoben.

An

....

in

....

Lfd. Nr.	Familienname und Vornamen des Beschenkten	Verhältnis des Beschenkten zum Schenker	Vermögen des Beschenkten (falls es 100000 ℳ übersteigt — § 28 Abs. 2 d. Ges.)	Wert der Schenkung					
				im einzelnen				im ganzen	
			ℳ	ℳ	Pf	ℳ	Pf	ℳ	Pf
1	2	3	4	5		6		7	

Zu erheben sind nach § 40 in Verb. m. §§ 27, 28 Abs. 1 (35) d. Ges.				Erhöhung der Steuer nach § 28 Abs. 2 d. Ges.			Steuerermäßigung			Steuerbetrag	Bemerkungen
von		Schenkungssteuer		um	auf		nach	auf			
ℳ	v. H.	ℳ	Pf	v. H.	ℳ	Pf	§	ℳ	Pf	ℳ	
8	9	10		11	12		13	14		15	16
											Der Steuerbescheid weicht in folgenden Punkten von der eingereichten Steuererklärung ab:

Steuer veranlagt, ist der vorläufige Steuerbescheid zu unterscheiden. Dieser ist dann gegeben, wenn ungewiß ist, ob oder inwieweit die Voraussetzungen für die Entstehung einer Steuerschuld eingetreten sind, insbesondere, ob jemandem ein Gegenstand gehört oder ob ein Recht verwirklicht werden kann, oder wenn aus besonderen Gründen der Wert eines Gegenstandes nicht sofort ermittelt werden kann (§ 82 RAO.). § 82 RAO. setzt im Gegensatz zu § 24 des ersten EStG (RFH. vom 12. 5. 1920 Bd. 2 S. 344) nicht voraus, daß eine vorherige Einigung mit dem Steuerpflichtigen versucht worden ist, vielmehr kann auch ohne den Versuch einer solchen die Steuerbehörde zu einer vorläufigen Festsetzung schreiten. Von der vorläufigen Veranlagung sollte jedoch tunlichst sparsam und mit Vorsicht Gebrauch gemacht werden. Es darf nicht etwa die Praxis sich einbürgern, daß bei schwierigen Erbschaftssteuerveranlagungen zunächst einmal ein vorläufiger Erbschaftssteuerbescheid ergeht. Durch einen solchen werden die Beteiligten in einem Maße betroffen, daß ein späterer Erstattungsanspruch kaum ein Äquivalent bietet, zumal die Erstattungen nicht eben günstig für den Steuerpflichtigen in der RAO. ausgebaut sind. Es muß daher der vorläufige Erbschaftssteuerbescheid im Gegensatz zum Teilerbschaftssteuerbescheid durchaus eine Ausnahme bleiben, und in der Regel wird zu verlangen sein, daß nur nach ihren Unterlagen feststehende Steuern festgesetzt werden.

4. Für **Erstattungsansprüche,** falls z. B. vorläufig eine zu hohe Erbschaftssteuer festgesetzt ist, welche sich nachher als unrichtig erweist, gelten die §§ 127—133 RAO.:

„§ 127 RAO.: Kann die Rückzahlung entrichteter Steuern verlangt werden, so genügt zur Geltendmachung des Anspruchs, daß der Antrag rechtzeitig schriftlich oder mündlich bei einem Finanzamt gestellt wird. Dieses hat ihn der zuständigen Stelle zu übermitteln.

Wird ein Erstattungsanspruch abgelehnt, so ist ein Bescheid zu erteilen. Der Bescheid soll eine Belehrung enthalten, welches Rechtsmittel zulässig ist und binnen welcher Frist und bei welcher Behörde es einzulegen ist.

§ 128 RAO.: Wird eine Steuerfestsetzung durch Aufhebung, Rücknahme oder Änderung des früher erlassenen Bescheides berichtigt, so ist, was zu Unrecht gezahlt ist, zurückzuzahlen. Der Anspruch auf Erstattung erlischt, wenn er nicht bis zum Schlusse des Jahres, das auf die Berichtigung folgt, geltend gemacht wird.

§ 129 RAO.: Ist eine Steuer zu Unrecht beigetrieben, weil der Steueranspruch erloschen oder gestundet war oder das Zwangsverfahren gegen den, gegen den es gerichtet war, nicht hätte erfolgen dürfen, oder ist eine Steuer doppelt bezahlt, so ist der zu Unrecht gezahlte Betrag zu erstatten. Das gleiche gilt, wenn eine Steuer für Rechnung eines Steuerpflichtigen ohne Mitwirkung des Steuerpflichtigen oder seines Vertreters zu Unrecht gezahlt ist.

Der Anspruch auf Erstattung erlischt, falls nichts anderes bestimmt ist, wenn er nicht bis zum Ablauf des dritten Kalenderjahrs, das auf die Entrichtung folgt, geltend gemacht wird.

§ 130 RAO.: Wo außer den Fällen der §§ 128, 129 Erstattungsansprüche aus Rechtsgründen zugelassen sind, erlöschen sie, falls nichts anderes bestimmt ist, wenn sie nicht bis zum Schlusse des Jahres geltend gemacht werden, das auf das Jahr folgt, in dem die Ereignisse, die den Anspruch begründen, eingetreten sind.

§ 131 RAO.: Die Ausschlußfrist für die Geltendmachung eines Erstattungsanspruchs läuft nicht, solange der Berechtigte innerhalb der letzten sechs Monate durch höhere Gewalt oder deshalb verhindert ist, den Anspruch geltend zu machen, weil er geschäftsunfähig ist und keinen gesetzlichen Vertreter hat.

Gehört der Anspruch zu einem Nachlaß, so erlischt er nicht vor Ablauf von sechs Monaten, nachdem die Erbschaft von den Erben angenommen oder Konkurs über den Nachlaß eröffnet worden ist.

§ 132 RAO.: Wenn die nach den §§ 128, 129 zu erstattenden Beträge 300 M. übersteigen, sind sie von der Entrichtung an mit 5 v. H. zu verzinsen; Zinsbeträge unter 10 M. werden nicht ausbezahlt.

§ 133 RAO.: Was zur Tilgung eines erloschenen Erstattungsanspruchs geleistet ist, kann nicht zurückgefordert werden."

§ 44 AB. z. EStG. gilt nicht mehr (Verfügung des RFMi. vom 27. 3. 1920 IIIa Nr. 534). Neben den in der Reichsabgabenordnung zugelassenen Erstattungsansprüchen stehen diejenigen aus dem EStG. selber, z. B. aus § 23 Abs. 2 Satz 2 (Zum Beweise vgl. § 130 RAO.).

5. Für **Zustellungen** gelten die Bestimmungen der §§ 70—72 RAO. Hiernach sind grundsätzlich die Vorschriften der Zivilprozeßordnung über Zustellungen von Amts wegen maßgebend (§§ 208 bis 213 ZPO.). Die Zustellung ist von Bedeutung für den Lauf der Rechtsmittelfrist (nachfolgend Anm 7).

Für die Berechnung der **Fristen** gelten nach § 64 RAO. die Vorschriften des BGB., also die §§ 186—193 BGB:

§ 186 BGB.: Für die in Gesetzen, gerichtlichen Verfügungen und Rechtsgeschäften enthaltenen Frist- und Terminsbestimmungen gelten die Auslegungsvorschriften der §§ 187—193.

§ 187 BGB.: Ist für den Anfang einer Frist ein Ereignis oder ein in den Lauf eines Tages fallender Zeitpunkt maßgebend, so wird bei der Berechnung der Frist der Tag nicht mitgerechnet, in welchen das Ereignis oder der Zeitpunkt fällt.

Ist der Beginn eines Tages der für den Anfang einer Frist maßgebende Zeitpunkt, so wird dieser Tag bei der Berechnung der Frist mitgerechnet; das gleiche gilt von dem Tage der Geburt bei der Berechnung des Lebensalters.

§ 188 BGB.: Eine nach Tagen bestimmte Frist endigt mit dem Ablauf des letzten Tages der Frist.

Eine Frist, die nach Wochen, nach Monaten oder nach einem mehrere Monate umfassenden Zeitraum — Jahr, halbes Jahr, Vierteljahr — bestimmt ist, endigt im Falle des § 187 Abs. 1 mit dem Ablauf desjenigen Tages der letzten Woche oder des letzten Monats, welcher durch seine Benennung oder seine Zahl dem Tage entspricht, in den das Ereignis oder der Zeitpunkt fällt, im Falle des § 187 Abs. 2 mit dem Ablauf desjenigen Tages der letzten Woche oder des letzten Monats, welcher dem Tage vorhergeht, der durch seine Benennung oder seine Zahl dem Anfangstage der Frist entspricht.

Fehlt bei einer nach Monaten bestimmten Frist in dem letzten Monat der für ihren Ablauf maßgebende Tag, so endigt die Frist mit dem Ablauf des letzten Tages dieses Monats.

§ 189 BGB.: Unter einem halben Jahr wird eine Frist von sechs Monaten, unter einem Vierteljahr eine Frist von drei Monaten, unter einem halben Monat eine Frist von 15 Tagen verstanden.

Ist eine Frist auf einen oder mehrere ganze Monate und einen halben Monat gestellt, so sind die 15 Tage zuletzt zu zählen.

§ 190 BGB.: Im Falle der Verlängerung einer Frist wird die neue Frist von dem Ablauf der vorigen Frist an gerechnet.

§ 191 BGB.: Ist ein Zeitraum nach Monaten oder nach Jahren in dem Sinne bestimmt, daß er nicht zusammenhängend zu verlaufen braucht, so wird der Monat zu 30, das Jahr zu 365 Tagen gerechnet.

§ 192 BGB.: Unter Anfang des Monats wird der erste, unter Mitte des Monats der 15., unter Ende des Monats der letzte Tag des Monats verstanden.

§ 193 BGB.: Ist an einem bestimmten Tage oder innerhalb einer Frist eine Willenserklärung abzugeben oder eine Leistung zu bewirken und fällt der bestimmte Tag oder der letzte Tag der Frist auf einen Sonntag oder einen am Erklärungs- oder Leistungsorte staatlich anerkannten allgemeinen Feiertag, so tritt an die Stelle des Sonntags oder des Feiertags der nächstfolgende Werktag.

6. Steuerbescheide können auch nach der Zustellung äußerlich berichtigt werden (§ 74 Abs. 3 RAO.); zurückgenommen oder geändert können sie nur werden, wenn der Steuerpflichtige zustimmt. Ist der Bescheid rechtskräftig, so ist seine Zurücknahme oder **Änderung** nur mit Zustimmung des Steuerpflichtigen und nur zu seinem Nachteil zulässig (§ 76 I 2 RAO.).

7. Als **Rechtsmittel** gegen den Steuerbescheid des Finanzamts ist im Berufungsverfahren der Einspruch gegeben, über ihn entscheidet das Finanzamt (§§ 217, 218 RAO.); gegen die Einspruchsentscheidung richtet sich die Berufung, über sie entscheidet das Finanzgericht; gegen die Berufungsentscheidung des Finanzgerichts die Rechtsbeschwerde, über sie entscheidet der Reichsfinanzhof. Ein Steuerbescheid kann nur deshalb angefochten werden, weil der Steuerpflichtige durch die Höhe der Forderung sich beschwert fühlt oder weil die Steuerpflicht verneint oder eine zu geringe Steuer festgesetzt ist (§ 221 RAO.). Über die Befugnis zur Einlegung von Rechtsmitteln vgl. §§ 225—227 RAO., woselbst der Rechtsweg vor den ordentlichen Gerichten ausgeschlossen ist; der Erbe wird für berechtigt erklärt, während der Rechtsmittelfrist das Rechtsmittel für den Erblasser einzulegen. Im einzelnen vgl. über den Einspruch § 244 RAO. und über das Berufungsverfahren vor dem Finanzgericht §§ 245—264 RAO., über die Rechtsbeschwerde an den Reichsfinanzhof vgl. §§ 265 bis 276 RAO. Die Rechtsbeschwerde kann nur darauf gestützt werden, daß die Entscheidung auf Nichtanwendung oder unrichtiger Anwendung des bestehenden Rechts oder einem Verstoß wider den klaren Inhalt der Akten beruhe oder daß das Verfahren an wesentlichen Mängeln leide (§ 227 RAO).

8. Über die Nachsicht gegenüber Versäumung der Rechtsmittelfrist vgl. §§ 68, 69 RAO. Zu dem Sonderfall der Berichtigung bei Rentenberechnungen nach § 145 Abs. 3 RAO. vgl. Anm. 1 zu § 50. Zur Berichtigung bei vorläufiger Veranlagung oder Aussetzung der Veranlagung wegen bedingter, befristeter oder ungewisser Verhältnisse nach § 214 RAO. vgl. Anm. 3, 4 zu § 48, wegen Berichtigung einer vorläufigen Veranlagung aus § 82 RAO vgl. Anm. 3 zu § 62.

9. Über die **Entrichtung** der Steuern vgl. §§ 102—104 RAO. und wegen der Bewilligung von Teilzahlungen §§ 63 ff. EStG.

Wegen der Niederschlagung von Steuern bei Nichtbeitreibbarkeit vgl. § 107 RAO. und § 42 Abs. 4 AB. z. EStG.

Über Wesen und Praxis des Härteparagraphen (§ 108 RAO.), welcher allein gegenüber rechtskräftigen Veranlagungen hilft, vgl. eingehend Anm. 1 zu § 17.

10. Steueransprüche verjähren grundsätzlich in fünf Jahren. Die **Verjährung** beginnt mit dem Ablauf des Jahres, in dem der Zeitpunkt der Entstehung des Steueranspruchs enthalten ist. Ein Unterschied in der Verjährung veranlagter und noch nicht veranlagter Steuern wird in der Reichsabgabenordnung nicht gemacht (§§ 121, 122 RAO.). Hinterzogene Beträge verjähren innerhalb zehn Jahren, jedoch nicht vor Verjährung der Strafverfolgung und Strafvollstreckung (§ 122 Abs. 2 RAO., vgl. Erläuterungen zu § 68 EStG.). Bei Hinausschiebung der Zahlung und Stundung (vgl. Erläuterungen zu § 63 EStG.) beginnt die Verjährung mit Ablauf des Jahres, in dem der Zahlungsaufschub oder die Stundung abgelaufen ist. Dasselbe wird bei Aussetzung der Besteuerung im Falle des § 31 EStG. gelten.

Für die Schenkungssteuer tritt nach der besonderen Vorschrift des § 41 Abs. 2 EStG. nicht vor dem Tode des Schenkers die Verjährung ein.

Durch Zahlungsaufschub, Stundung, durch jede Anerkennung des Zahlungspflichtigen, durch eine schriftliche Zahlungsaufforderung und durch jede Handlung, die das zuständige Finanzamt zur Feststellung des Anspruchs oder des Verpflichteten vornimmt, wird die Verjährung unterbrochen mit der Wirkung, daß mit Ablauf des Jahres, in dem die Unterbrechung ihr Ende erreicht hat, eine neue Verjährung beginnt (§ 124 RAO.). Eine Hemmung der Verjährung, d. h. eine Nichteinrechnung des Zeitraumes der Hemmung in die Verjährungsfrist unter Fortsetzung der vordem begonnenen Verjährung nach Ablauf der Hemmung tritt ein, solange die Ansprüche innerhalb der letzten sechs Monate der Verjährungsfrist wegen höherer Gewalt nicht verfolgt werden konnten (§§ 123, 124 RAO.).

Es ist zu beachten, daß diese Bestimmungen von denjenigen des BGB. über Unterbrechung und Hemmung der Verjährung (§§ 202, 203 208ff. BGB.) abweichen, z. B. im Falle der Stundung nicht wie nach BGB. § 202 Hemmung sondern Unterbrechung der Steuerverjährung eintritt, auch bei Unterbrechung die neue Verjährung nicht alsbald mit dem Aufhören der Unterbrechung (§ 217 BGB.) sondern erst mit dem auf dieses folgenden Jahresschluß einsetzt (§ 124 RAO.). Auch die Wirkung der Verjährung ist eine andere als in § 222 BGB., indem der Steueranspruch mit seinen Nebenansprüchen durch die Verjährung erlischt, nicht nur eine Einrede für den Steuerpflichtigen entsteht, und nur was auf Grund ines verjährten Anspruchs geleistet ist, diesmal entsprechend § 222

Abs. 2 BGB., nicht zurückgefordert werden kann, auch wenn die Leistung in Unkenntnis der Verjährung erfolgt ist (§ 125 RAO.).

11. **Kosten** werden für das Verfahren in Erbschaftssteuersachen nur ausnahmsweise erhoben (§ 216 RAO., § 45 AB. z. EStG.).

§ 63.

Soweit die Steuerpflicht sich auf Grundstücke bezieht, ist dem Steuerpflichtigen, nötigenfalls gegen ausreichende Sicherung, nach Maßgabe des von ihm gestellten Antrags die Zahlung der Steuer in höchstens zehn Jahresbeträgen zu gestatten, sofern nicht seine Vermögensverhältnisse eine mit sofortiger Einziehung der Steuer verbundene Härte ausschließen. Die Stundungsbewilligung kann zurückgenommen werden, wenn die Voraussetzungen der Stundung wegfallen. Als ausreichende Sicherheitsleistung gilt die Eintragung einer Sicherungshypothek für die Steuerforderung auf die Grundstücke, sofern der Hypothek andere als die zur Zeit des Anfalls bestehenden Rechte nicht vorgehen. Soweit die Bestellung einer Hypothek an einem Grundstück in der Art zulässig ist, daß Befriedigung aus dem Grundstück lediglich im Wege der Zwangsverwaltung gesucht werden kann, genügt die Bestellung einer solchen Hypothek.

Ausführungsbestimmungen:

§ 42. Abs. 1: Im Falle des § 63 des Gesetzes ist die Gewährung von Teilzahlungen zu versagen, wenn nach den Umständen die Annahme ausgeschlossen ist, daß die sofortige Einziehung der Steuer mit Härten verbunden sein würde. Dies wird regelmäßig bei Grundstücken, die Spekulationszwecken dienen, sowie dann zutreffen, wenn der Steuerpflichtige neben dem Grundvermögen Barvermögen hat, aus dem die Steuer ohne Härte gedeckt werden kann. Im Falle des Verkaufs eines Grundstücks vor Ablauf der Stundungsfrist ist die Stundungsbewilligung zurückzuziehen, sofern nicht die Fortgewährung billig erscheint.

§ 43. Ist Sicherheit zu leisten, so hat das Finanzamt den sicherzustellenden Betrag festzusetzen und die Verpflichteten zu einer Erklärung aufzufordern, in welcher Weise sie die Sicherheit leisten wollen. Die Erklärung ist von dem Finanzamt zu prüfen. Von dem Ergebnis der Prüfung sind die Verpflichteten zu benachrichtigen. Die verlangte Sicherheit ist binnen einer von dem Finanzamt zu bestimmenden Frist zu bestellen. Bei Nichteinhaltung der Frist ist die Sicherheit zwangsweise einzuziehen.

RAO. § 105: Bei Zöllen und Verbrauchsabgaben hat das Finanzamt die Zahlung fälliger Beträge auf Antrag des Steuerpflichtigen gegen Sicherheit und Verzinsung, soweit nicht eine kürzere Frist vorgeschrieben ist, auf sechs Monate hinauszuschieben. Das Landesfinanzamt kann auch ohne Sicherheit und ohne Verzinsung einen Aufschub bis zu drei Monaten bewilligen. Bei Kriegsgefahr kann ein Zahlungsaufschub widerrufen werden.

Im übrigen können Zahlungen von Steuern und sonstigen Geldleistungen gestundet werden, wenn ihre Einziehung mit erheblichen Härten für die Steuerpflichtigen verbunden wäre und der Anspruch durch die Stundung nicht gefährdet wird. Die Stundung soll in der Regel nur gegen Sicherheitsleistung und Verzinsung gewährt werden. Bei Stundungen über ein Jahr ist die Zustimmung des Landesfinanzamts einzuholen.

1. § 63 gestattet die Zahlung der Steuern, soweit sie sich auf Grundstücke beziehen, in höchstens zehn **Jahresbeträgen** unter der Voraussetzung eines Antrags des Steuerpflichtigen und unter der ferneren Voraussetzung, daß nicht seine Vermögensverhältnisse eine Härte bei sofortiger Steuereinziehung ausschließen. Wenn es sich um Spekulationsgrundstücke handelt oder bei hinreichendem Barvermögen des Steuerpflichtigen soll regelmäßig eine Härte nicht als vorliegend angenommen werden (vgl. oben abgedruckt § 42 Abs. 1 AB. z. EStG.).

2. Die Erleichterung gilt nur, soweit die Steuerpflicht sich auf Grundstücke bezieht, also nur für denjenigen Steuerteil, der dem Verhälnis des Grundstückswerts nach Abzug der Grundstückslasten zu dem Nettowert des übrigen steuerpflichtigen Vermögens entspricht (vgl. Mirre Anm. 3). Wird der Antrag bewilligt, so ist, falls der Steuerpflichtige eine Teilzahlung versäumt, und die versäumte Zahlung auch nicht innerhalb einer Woche nach Empfang einer Mahnung mit entsprechendem Hinweis auf die Versäumnisfolgen nachholt, der ganze Restbetrag der Steuerforderung fällig (§ 106 RAO.).

3. In welchem Verhältnis § 63 EStG. zu § 105 Abs. 2 RAO. (oben abgedruckt) steht, ist nicht ganz zweifellos. Grundsätzlich wird § 63 als Spezialbestimmung dem § 105 Abs. 2 RAO. vorgehen. Jedoch wird entsprechend dessen letztem Satze die Bewilligung der Teilzahlungen — Stundungen über ein Jahr — dem Landesfinanzamt vorzubehalten sein. Soweit eine Stundung auf mehr Teilbeträge hinaus als auf zehn Teilbeträge beantragt wird, ist sie nicht als unzulässig zu erachten, aber sie ist nur zuzulassen unter den Voraussetzungen des § 105 Abs. 2 RAO.

4. Das Finanzamt kann die Bewilligung von ausreichender **Sicherung** abhängig machen; für diese gelten die Voraussetzungen der §§ 109—119 RAO., welche im wesentlichen sich an die Vorschriften des bürgerlichen Rechts über Sicherheitsleistungen anschließen (§ 232 BGB.). Die Sicherheit wird regelmäßig geleistet durch Hinterlegung von Geld oder Effekten, durch Verpfändung sicherer Forderungen und durch Bestellung von mündelsicheren Grundpfandrechten (§ 1807 BGB.) nach Maßgabe der angeführten Bestimmungen. Als ausausreichend erklärt § 63 EStG. die Eintragung einer Sicherungshypothek auf dem Grundstück unmittelbar hinter den zur Zeit des Anfalls bestehenden Rechten. Eine Sicherungshypothek ist eine Buchhypothek (§§ 1184—1186 BGB.), bei der das Recht des Gläubigers aus der Hypothek sich nur nach der Forderung bestimmt und der Gläubiger sich zum Beweise seiner Forderung nicht auf die Eintragung berufen kann, sofern die Sicherungshypothek als solche im Grundbuch bezeichnet ist. Sie reicht als Sicherheit, wie der Zusammenhalt mit § 109 Ziff. 12 RAO. ergibt, nur aus, wenn sie auf einem inländischen Grundstück bestellt wird (anderer Meinung Hoffmann-Henckel Anm. 2 § 63).

5. Der letzte Satz des § 63 betrifft die sog. **Revenuen-Hypothek** (vgl. Art. 60 EG. z. BGB.).

§ 64.

Soweit das steuerbare Vermögen aus Grundstücken besteht, ist auf Antrag des Steuerpflichtigen zu gestatten, daß zum Zwecke der Befriedigung wegen des auf die Grundstücke entfallenden Teiles der Steuer während eines Zeitraums von höchstens zwanzig Jahren jährlich ein gleicher Geldbetrag (Tilgungsrente) entrichtet und hierfür an den Grundstücken eine Grundschuld bestellt wird. Die näheren Bestimmungen erläßt der Reichsminister der Finanzen mit Zustimmung des Reichsrats.

Ist der Vermögenswert nach Nutzungen oder Leistungen berechnet, so ist die Tilgungsrente durch so viele Jahre zu entrichten, als dem bei der Berechnung der Steuer angenommenen Vielfachen des Wertes der einjährigen Nutzung oder Leistung entspricht.

Diese Vorschriften finden keine Anwendung, sofern der Grundschuld andere als die zur Zeit des Eintritts der Steuerpflicht bestehenden Rechte vorgehen würden.

Ausführungsbestimmungen § 42 Abs. 2: Die Tilgungsrente (§§ 64ff. des Gesetzes) ist so zu bemessen, daß die Steuerschuld bei einer Verzinsung von 5 v. H. in dem vereinbarten Zeitraum getilgt wird. Als Kapital der Grundschuld ist der Steuerbetrag nebst Zinsen mit 5 v. H. einzutragen mit der Bestimmung, daß daß die Zahlung durch die während des vereinbarten Zeitraums zu entrichtende Tilgungsrente erfolgt. Zur Berechnung der Tilgungsrente dient die beigefügte Hilfstafel 3.

Hilfstafel 3.

Berechnung
der Tilgungsrente für 10000 ℳ. Steuer nach § 64 des Erbschaftssteuergesetzes.

Anzahl der Zahlungen (wobei die erste Zahlung sofort zu leisten ist)	Jährliche Tilgungsrente ℳ
1.	10000,—
2.	5121,95
3.	3497,22
4.	2685,83
5.	2199,76
6.	1876,36
7.	1645,90
8.	1473,54
9.	1339,91
10.	1233,38
11.	1146,56
12.	1074,53
13.	1013,86
14.	962,13
15.	917,55
16.	878,76
17.	844,75
18.	814,73
19.	788,05
20.	764,22

Beispiel: 8475 ℳ Steuern sollen auf 8 Jahre verteilt werden.

Jährliche Rente

$$\frac{1473{,}54 \cdot 8475}{10000} = 1248{,}83\ ℳ.$$

1. Die nachfolgenden Bestimmungen der §§ 64—67 sollen mit Rücksicht auf die im Gesetz statuierte Steuerpflicht der Abkömmlinge und Ehegatten und die besonderen Verhältnisse des Grundbesitzes neben den Erleichterungen aus § 63 EStG. noch andere erleichterte

Zahlungsbedingungen den Steuerpflichtigen auf ihren Antrag zur Wahl stellen und zwar ohne Beschränkung auf land- oder forstwirtschaftliche Grundstücke (Begründung S. 47).

2. § 64 gibt dem Steuerpflichtigen einen Anspruch darauf, daß ihm auf Antrag die Zahlung des auf Grundstücke entfallenden Teils der Steuer durch **Eintragung einer Grundschuld** (§ 1191 BGB.), nicht einer Rentenschuld (§ 1199 BGB.), gestattet wird. Der Teil der Steuer, welcher auf die Grundstücke entfällt, berechnet sich nach Anm. 2 zu § 63 EStG. Als Kapital der Grundschuld ist dieser Betrag nebst 5% Zinsen einzutragen, mit der Bestimmung, daß die Zahlung durch eine höchstens 20jährige gleichmäßige Tilgungsrente erfolgt, welche sich nach der vorstehend abgedruckten Hilfstafel 3 errechnet. Wie im Falle des § 63 muß die Grundschuld an der ersten Stelle stehen, welche zur Zeit des Eintritts der Steuerschuld, (hierüber § 45 EStG. und Erläuterungen) zur Verfügung stand. Seit dem Steuerstichtag eingetragene Gläubiger müssen also der Grundschuld den Vorrang einräumen. Die absolut erste Stelle braucht die Grundschuld nicht zu haben. Bis zur Höchstgrenze der 20 Jahre kann der Steuerpflichtige bestimmen, wie lange die Tilgungsrente sich erstrecken soll.

3. Die Fälle, welche § 64 Abs. 2 EStG. im Auge hat, sind z. B. Vorerbschaft, Nießbrauch, Nutzung gebundenen Gutes durch den Steuerpflichtigen. Bei ihnen bezieht sich die Grundschuld nur auf die Steuer, welche auf den Erwerb der Nutzung an Grundstücken entfällt. Abs. 2 besagt, daß in einem solchen Falle nicht die Zahl „20" die Höchstgrenze der Tilgungsjahre darstellt, sondern diejenige Zahl, welche als vermutete Dauer nach § 145 RAO. für die hinterlassene Nutzung maßgebend ist (vgl. Anm. 1 zu § 50). Wenn z. B. ein Sechsundzwanzigjähriger eine Nutzung erwirbt, so ist die Rentendauer gemäß § 145 Ziff. 3 RAO. höchstens 16 Jahre.

4. Die Grundschuld, welche eine reine Sachhaftung des Grundstücks enthält, hebt meines Erachtens die Steuerpflicht nicht auf, sondern diese wandelt sich nur nach Maßgabe der Tilgungsrente und erlischt erst jeweils mit der Zahlung aus dem Grundstück (anderer Meinung Mirre Anm. 3; Hoffmann-Henckel Anm. 7; Erlöschen der persönlichen Schuld mit Eintragung der Grundschuld annehmend). Die Grundschuld wird in der üblichen Weise, falls Zahlung nicht erfolgt, im Wege der Zwangsvollstreckung in das Grundstück zur Durchsetzung gebracht, durch Zwangsversteigerung und Zwangsverwaltung (§ 864—871 ZPO.). Die hier vertretene Ansicht, daß die Steuerschuld bestehen bleibt, führt zur Anwendungsmöglichkeit des Milderungsgrundsatzes aus § 345

Abs. 2 RAO., daß Anträge der Steuer auf Zwangsversteigerung und Zwangsverwaltung erst zulässig sind, wenn feststeht, daß der Geldbetrag durch Pfändung nicht beigetrieben werden kann. Würde die Steuerschuld, wie die herrschende Meinung annimmt, mit der Eintragung der Grundschuld erlöschen, so wäre eine Mobiliarpfändung unzulässig und es müßte daher bei Nichtleistung der Rente ohne weiteres die Zwangsversteigerung oder Zwangsverwaltung eingeleitet werden, was der Absicht bei Aufnahme der Bestimmung (oben Anm. 1) nicht entsprechen dürfte.

5. Die Vorschrift erstreckt sich nur auf inländische Grundstücke; Grundschulden auf ausländischen Grundstücken helfen der Steuerbehörde nicht zu ihrer Befriedigung. Die Vorschrift bezieht sich, abweichend von § 63 EStG., auf jegliche Art von Grundstücken.

§ 65.

Unterliegen die Grundstücke innerhalb des Zeitraums, während dessen die Tilgungsrente zu zahlen ist, von neuem einer Veranlagung, so kann zum Zwecke der Befriedigung wegen der infolge des weiteren Steuerfalls geschuldeten Steuer auf Antrag des Steuerpflichtigen eine neue, den Vorschriften des § 64 entsprechende Grundschuld in der Art bestellt werden, daß die Verpflichtung zur Zahlung der Rente der späteren Grundschuld nicht vor Ablauf eines Jahres nach Fälligkeit der letzten Rentenzahlung aus der vorhergehenden Grundschuld beginnt.

Die Vorschrift des Abs. 1 findet keine Anwendung, wenn die Grundstücke innerhalb des bezeichneten Zeitraums gegen Entgelt an andere Personen als solche der Steuerklassen I und II veräußert worden sind.

1. Wenn ein Grundstück innerhalb des Zeitraumes, in welchem die Tilgungsrente aus § 64 EStG. zu zahlen ist, von neuem einer Veranlagung nach dem EStG. unterliegt, so hat der Steuerpflichtige das Recht, auf Grund des § 64 EStG. wegen der wiederholten Steuer, die durch den neuen Steuerfall entsteht, die Eintragung einer **zweiten Grundschuld** zu verlangen, deren Tilgungsrente mit dem Stichtag des zweiten Steuerfalls beginnt. § 65 EStG. sieht eine weitere Vergünstigung in der Weise vor, daß in solchen Fällen die Zahlungspflicht der späteren Grundschuldrente nicht vor Ablauf eines Jahres nach Fälligkeit der letzten Rentenzahlung aus der Grundschuld des ersten Steuer

falls beginnen soll. Der Vorteil liegt darin, daß die zweite Tilgungsrente alsdann entsprechend der hinausgeschobenen Zahlung zu berechnen ist. Im übrigen findet auch für die zweite Grundschuld § 64 EStG. Anwendung und der ebendort abgedruckte § 42 Abs. 2 AB. z. EStG. (vgl. Erläuterungen zu § 64).

2. Anders als bei § 64 EStG. ist in das Ermessen der Steuerbehörde gestellt, ob sie dem Antrag stattgeben will; jedoch hat der Steuerpflichtige stets einen Anspruch darauf, daß § 64 EStG., wie in Anm. 1 dargelegt, zum zweitenmal zur Anwendung kommt und ist nur die Hinausschiebung der Zahlungsfristen für die zweite Rente in das Ermessen der Steuerbehörde gestellt.

Nach **Abs. 2** § 65 ist die Bewilligung der zweiten Tilgungsrente ausgeschlossen, falls während der Zahlungsdauer der alten Tilgungsrente eine Veräußerung gegen Entgelt an andere Personen, als den Steuerklassen I und II angehörende, erfolgt. Eine entgeltliche Veräußerung im Sinne dieses Absatzes wird dann nicht vorliegen, wenn überhaupt eine Steuer nach diesem Gesetz auf das Veräußerungsgeschäft erhoben wird, also z. B. nicht bei gemischten Schenkungen (Anm. 5 zu § 40; anderer Meinung Mirre Anm. 2).

§ 66.

Der noch nicht getilgte Betrag des Kapitals der Grundschuld kann von dem Eigentümer der Grundstücke jederzeit gezahlt werden. Der Steuerbehörde steht eine Kündigung nicht zu.

Die Zahlung des Kapitals und der anderen Leistungen (§§ 64, 65) hat an die von dem Landesfinanzamt bestimmte Stelle zu erfolgen.

1. Die Bestimmung gestattet dem Eigentümer, jederzeit den noch nicht getilgten Betrag des Kapitals der Grundschuld zu zahlen, ohne daß der Steuerbehörde eine vorzeitige Kündigung zusteht (abweichend von § 1193 Abs. 1 BGB.). Der Grundstückseigentümer braucht nicht zugleich der Steuerpflichtige zu sein. Kompliziert kann die **Zinsberechnung** werden; sie wird sich etwa so gestalten:

Von der Steuerschuld ist vom Stichtage ab in der Zeitfolge ihrer Entrichtungen jede einzelne erfolgte Zahlung in Abzug zu bringen. Der nach Abschlag der einzelnen Tilgungsraten verbleibende Steuerbetrag ist auf ein Jahr mit 5% zu verzinsen, von dem alsdann verbleibenden Betrage ist die nächste Abschlagszahlung in Abzug zu bringen, der Saldo wieder auf ein Jahr mit 5% zu verzinsen usw., bis zum Tage, zu dem der Steuerpflichtige die Steuerschuld zahlen will. Der bei Durchführung der Rechnung bis zu diesem Tage sich ergebende Betrag ist der noch ausstehende Betrag des Grundschuldkapitals. Auf diese Weise werden zugleich die Zinsen des noch ausstehenden Betrages bis zum Zahlungstage entrichtet.

2. **Abs. 2** § 66 war notwendig, weil sonst nach § 1194 BGB. die Zahlung des Kapitals am Sitz des Grundbuchamts hätte erfolgen müssen.

§ 67.

Ist das Grundbuch noch nicht als angelegt anzusehen, so ist in den Fällen des § 64 auf Antrag des Steuerpflichtigen zu gestatten, daß die Steuerschuld durch die dort bezeichneten Geldleistungen getilgt wird, sofern hierfür an den Grundstücken eine Sicherungshypothek bestellt wird, der andere als die zur Zeit des Anfalls bestehenden Rechte nicht vorgehen. Die Vorschrift des § 65 findet sinngemäße Anwendung.

§ 67 betrifft die Anwendbarkeit der §§ 64, 65 für den Fall, daß das Grundbuch noch nicht als angelegt gilt. Es wird eine Sicherungshypothek in gleichem Range wie die Grundschuld nach § 64 EStG. als hinreichend erklärt und mit gleichem Inhalt.

Über den Zeitpunkt, wann das Grundbuch als angelegt anzusehen ist vgl. Art. 186 EG. z. BGB., für Preußen Art. 3 Verordnung betr. Grundbuchwesen vom 13. 11. 1899 (Pr. GS. S. 519ff.).

Dritter Teil.

Strafvorschriften, Uebergangs- und Schlußvorschriften.

Der III. Teil des EStG. enthält Strafvorschriften (§ 68 EStG.), Vorschriften über die Verteilung der Erträgnisse der Erbschaftssteuer (§§ 69, 71) zwischen Reich, Ländern und Gemeinden, die Festlegung der Natur der Erbschaftssteuer als einer Reichssteuer (§ 70), endlich

Vorschriften über das zeitliche Inkrafttreten und Übergangsvorschriften (§§ 72, 74) nebst dem üblichen Vorbehalt von Ausführungsbestimmungen (§ 73 EStG.).

§ 68.

Wer die nach diesem Gesetze zu entrichtende Steuer hinterzieht, wird mit einer Geldstrafe bis zum Zwanzigfachen der hinterzogenen Steuer bestraft. Neben der Geldstrafe kann auf Gefängnis erkannt werden.

1. Steuerhinterziehungen sollen mit einer Geldstrafe bis zum Zwanzigfachen der hinterzogenen Steuer bestraft werden, neben der auch auf Gefängnis erkannt werden kann. Die Vorschrift enthält nur eine Bestimmung über die **Strafhöhe** und tritt insoweit ergänzend ein in das Steuerstrafrecht der RAO. Über die Geltung des Steuerstrafrechts der RAO. ist zu verweisen auf die Vorbemerkung vor § 45 und Vorbemerkung 4 vor § 1 EStG.

Es gilt danach für das Steuerstrafrecht des EStG. grundsätzlich der III. Teil der RAO., ergänzt durch § 68 EStG. bezüglich der Höhe der Strafe.

2. Die nach § 68 EStG. unter Strafe gestellte **Steuerhinterziehung** begeht, wer zum eigenen Vorteil oder zum Vorteil eines anderen nicht gerechtfertigte Steuervorteile erschleicht oder vorsätzlich bewirkt, daß Steuereinnahmen verkürzt werden; er wird wegen Steuerhinterziehung mit der in § 68 EStG. hierfür angedrohten Strafe belegt. Der Mindestbetrag der Geldstrafe beträgt 20 M.

„Der Steuerhinterziehung macht sich auch schuldig, wer Sachen, für die ihm Steuerbefreiung oder Steuervorteile gewährt sind, zu einem Zwecke verwendet, der der Steuerbefreiung oder dem Steuervorteil, die er erlangt hat, nicht entspricht, und es zum eigenen Vorteil oder zum Vorteil eines andern vorsätzlich unterläßt, dies dem Finanzamt vorher rechtzeitig anzuzeigen."

Beispiel: Als Hausrat in Betracht kommende Sachen oder andere Einrichtungsgegenstände werden als nach §§ 7 und 37 EStG. steuerfrei behandelt; tatsächlich gehören sie von vornherein aber zum Betriebsvermögen des Steuerpflichtigen, der Möbelhändler ist, und sind zum Verkauf in seinem Geschäft bestimmt.

„Es genügt, daß infolge der Tat ein geringerer Steuerbetrag festgesetzt oder ein Steuervorteil zu Unrecht gewährt oder belassen ist (vorstehendes Beispiel); ob der Betrag, der sonst festgesetzt wäre, aus anderen

Gründen hätte ermäßigt werden müssen oder der Vorteil aus anderen Gründen hätte beansprucht werden können, ist für die Bestrafung ohne Bedeutung.

Eine **Steuerumgehung** (§ 5) ist nur dann als Steuerhinterziehung strafbar, wenn die Verkürzung der Steuereinnahmen oder die Erzielung der ungerechtfertigten Steuervorteile dadurch bewirkt wird, daß der Täter vorsätzlich Pflichten verletzt, die ihm im Interesse der Ermittlung einer Steuerpflicht obliegen." (§ 359 RAO.)

Die in § 5 RAO. gekennzeichnete Steuerumgehung (vgl. oben Anm. 2 zu § 52.) hat nur Steuererhebung zur Folge; ob sie zugleich eine Steuerhinterziehung enthält, hängt davon ab, ob die letztangeführten Tatbestandsmerkmale des § 359 RAO. gegeben sind. Soweit eine Steuergefährdung in Frage kommt (über den Begriff nachstehend) trifft § 367 Abs. 2 RAO. für die Strafbarkeit der Steuerumgehung eine Sondervorschrift. Auch der **Versuch** der Steuerhinterziehung ist strafbar, und zwar nach der für die vollendete Tat angedrohten Strafe; strafbar ist der Versuch in Abweichung von § 43 RStGB. auch bei Übertretungen (§ 360 RAO.). Von Bedeutung für das EStG. ist jedoch, daß Geldstrafen, die auf ein Vielfaches des hinterzogenen Betrages zu bestimmen sind, wie es § 68 EStG. vorschreibt, beim Vorliegen eines bloßen Versuchs nach der Steuerverkürzung zu bemessen sind oder den Steuervorteilen, die nach Vollendung der Tat eingetreten wären (§ 360 Abs. 2 RAO.).

Wer fahrlässig als Steuerpflichtiger oder als Vertreter oder bei Wahrnehmung der Angelegenheiten eines Steuerpflichtigen eine Verkürzung der Steuereinnahme oder ungerechtfertigte Gewährung oder Belassung von Steuervorteilen herbeigeführt, macht sich der **Steuergefährdung** schuldig (§ 367 RAO.). Die Steuergefährdung enthält also im Gegensatz zur Steuerentziehung, welche ein Vorsatzdelikt bildet, ein Fahrlässigkeitsdelikt.

3. Eine Ergänzung zu § 68 EStG. bildet § 362 RAO., der bestimmt, daß, falls nicht festgestellt werden kann, welchen Betrag die Steuerverkürzung oder der strafbare Steuervorteil erreicht, auf eine Geldstrafe von 20 bis 1 Million M. zu erkennen ist, wenn nicht eine höhere oder geringere Strafe vorgesehen ist. Soweit also die Geldstrafe sich nach einem Vielfachen der Steuerhinterziehung gemäß § 68 EStG. nicht berechnen läßt, ist sie innerhalb des Rahmens des § 362 RAO. anzusetzen. Bei der Steuerhinterziehung ist neben Gefängnisstrafe, neben Geldstrafe von mehr als 5000 M. und neben einer kumulativ mit Gefängnis möglichen Geldstrafe, die **Be-**

kanntgabe der Bestrafung zulässig, falls auf solche im Straferkenntnis erkannt wird (§ 363 RAO.).

Die RAO. erklärt grundsätzlich die Bestimmungen des RStGB. für anwendbar, soweit nicht in ihr oder in den Steuergesetzen abweichendes bestimmt ist (§ 355 RAO., vgl. oben wegen des Versuchs). Strafbar sind demnach auch Beihilfe oder Begünstigung (näher § 361 RAO.).

4. In Anbetracht der großen Schwierigkeiten, welche bei der Auslegung der Vorschriften des Erbschaftssteuergesetzes bestehen, und die besonders zurückzuführen sind auf seine enge Verbindung mit dem in sich schon nicht immer leicht verständlichen Erbrecht des Bürgerlichen Gesetzbuchs, wird die Vorschrift des § 358 RAO. von Bedeutung, welche bei **unverschuldeten Irrtum** über das Bestehen oder die Anwendbarkeit steuerrechtlicher Vorschriften die Verfehlung für straffrei erklärt (§ 358 RAO.). Zu verweisen ist hier beispielsweise auf die Ausführungen über die Steuerpflicht von Schenkungen, welche einer sittlichen Pflicht oder einer auf den Anstand zu nehmenden Rücksicht entsprechen, und die entgegen allgemeinen Anschauungen das Gesetz für steuerpflichtig erklärt (§ 42 Anm. 3g). Ähnlich liegt es bei der Ausdehnung der subjektiven Steuerpflicht (Anm. 2 zu § 17 und Anmerkungen zu § 19). In derartigen Fällen z. B. auch bei der überaus flüssigen Abgrenzung der Gelegenheitsgeschenke (Anm 3f zu § 42) wird in der Praxis am häufigsten ein unverschuldeter Rechtsirrtum auftauchen. Der strafbefreiende entschuldbare Rechtsirrtum wird aber in seiner Ausdehnung, und zwar weniger bei der Schenkungssteuer als bei der Erbschaftssteuer, eingeschränkt durch die Vorschrift des § 168 Abs. 2 RAO., nach der bei der Ausfüllung von Vordrucken die Fragen und Antworten so vollständig zu fassen sind, daß die Prüfung, was steuerpflichtig ist und was nicht, dem Finanzamt ermöglicht wird. Da in den Vordrucken regelmäßig zu betonen ist, daß diese Prüfung dem Finanzamt und nicht dem Steuerpflichtigen zusteht, so werden willkürliche Abweichungen und Unvollständigkeiten einen entschuldbaren Rechtsirrtum nicht zu häufig enthalten.

5. Die Regelung des **Strafverfahrens** ist enthalten in den §§ 385—443 RAO., welche auch für die Erbschaftssteuer gelten (Vorbemerkung vor § 45).

Die RAO. unterscheidet das Verwaltungsstrafverfahren und das gerichtliche Strafverfahren. Die Finanzämter sind in allen Fällen mit der Untersuchung befaßt. Sie können selbst erkennen, wenn nur auf Geldstrafe, Einziehung oder öffentliche Bekanntmachung erkannt wird (§ 386 RAO.). In allen übrigen Fällen, insbesondere bei Freiheitsstrafen, dürfen sie selbst nicht entscheiden, sondern nur die Gerichte. Die Staatsanwaltschaft wird tätig, sobald das Finanzamt die Untersuchung an sie abgibt (§ 390 RAO.), sonst von sich aus nur bei vorläufiger Festnahme des Beschuldigten (§ 391 RAO.).

Im gerichtlichen Verfahren hat das Finanzamt die Stellung eines Nebenklägers mit dem Recht zur Erhebung der öffentlichen Klage, wenn die Staatsanwaltschaft die Verfolgung ablehnt, wobei dann wiederum die Staatsanwaltschaft die Stellung des Nebenklägers hat.

Im einzelnen ist zu verweisen auf §§ 386ff RAO.

§§ 69, 70, 71.

§§ 69, 70, 71 EStG. sind ersetzt durch §§ 34—36 des Landessteuergesetzes vom 30. 3. 1920 (RGBl. S. 402), auf Grund des § 62 LStG.

§§ 34—36 LStG:

§ 34.

Von dem Steueraufkommen auf Grund des Erbschaftssteuergesetzes vom 10. 9. 1919 (RGBl. S. 1543) erhalten die Länder 20 v. H.

§ 35.

Der Anteil jeden Landes wird von den Steuern berechnet, die von den Landesfinanzämtern im Bereiche des Landes veranlagt sind, soweit eine Steuer zur Erhebung gelangt; erstreckt sich die Zuständigkeit des Finanzamts über mehrere Länder, so entscheidet der letzte Wohnsitz und in Ermangelung eines solchen der letzte Aufenthalt des Erblassers, bei der Schenkungssteuer der Wohnsitz oder Aufenthaltsort des Schenkers zur Zeit der Schenkung.

§ 36.

Gehört zur steuerpflichtigen Erbschaftsmasse oder Schenkung Grund- oder Betriebsvermögen, so steht der Anteil an der Steuer von diesen Vermögensstücken dem Lande zu, in dem sie belegen sind.

Für die Verteilung des Anteils unter mehrere anteilsberechtigte Länder ist der steuerpflichtige Wert des Grund- oder Betriebsvermögens und der sonstigen Steuerobjekte maßgebend.

1. Die **§§ 69—71 EStG.** in ihrer bisherigen Fassung lauteten:

§ 69: Von dem Ertrage der Steuer erhalten die Länder 20 v. H. der in ihrem Gebiet aufgekommenen Roheinnahme.

§ 70: Die Vorschriften der Landesgesetze, welche die Erhebung einer Abgabe von dem den Gegenstand der Erbanfall- oder Schenkungssteuer bildenden Erwerb oder von den über einen solchen Erwerb ausgestellten Urkunden betreffen, treten außer Kraft. Die Erhebung von Zuschlägen zu den auf Grund dieses Gesetzes erhobenen Steuern durch Länder, Gemeinden oder Gemeindeverbänden ist unzulässig.

§ 71: Die Länder, die infolge der Vorschriften des § 70 einen Ausfall in ihren Einnahmen erleiden, erhalten bis zur anderweitigen gesetzlichen Regelung aus dem Aufkommen ihres Gebiets eine Entschädigung in Höhe ihrer in den Rechnungsjahren 1912—1916 erzielten Durchschnittseinnahme, wobei eine gemäß § 87 Abs. 1 des Besitzsteuergesetzes erfolgte Steuerermäßigung zu berücksichtigen ist.

Diese Vorschriften sind mit Wirkung vom 1. 9. 1919 gemäß § 62 Abs. 1 LStG. durch die abgedruckten Vorschriften der §§ 34—36 LStG. ersetzt.

2. **§ 34 LStG.** stimmt inhaltlich im wesentlichen mit dem aufgehobenen § 69 EStG. überein. Der Ausdruck „Roheinnahme" aus **§ 69 EStG.** wird im LStG. vermieden, weil hier als Steuerertrag das tatsächliche Aufkommen ohne Anrechnung der Veranlagungs- und Erhebungskosten gilt (Begründung zum LStG. S. 32). Das EStG. enthielt keine Vorschrift über die Verteilung der Anteile der einzelnen Länder an dem Aufkommen aus der Erbschaftssteuer. Diese Lücke füllt **§ 35 LStG.** aus, indem er bestimmt, daß der Anteil jedes Landes sich nach den Steuern bemißt, die von den Finanzämtern in seinem Gebiet veranlagt sind. Die Anteilsberechtigung zwischen den Ländern verteilt sich danach für Nachlaß-, Erbanfall- und Schenkungssteuer nach dem Aufkommen innerhalb der Zuständigkeitsgebiete der einzelnen Finanzämter auf Grund der Reichsabgabenordnung. **§ 36 LStG.** rechtfertigt sich aus der Behandlung, die in örtlicher Beziehung dem Grund- oder Betriebsvermögen im EStG. zuteil wird, z. B. in §§ 14 und 24 EStG. Grund- und Betriebsvermögen stehen eben in besonderen örtlichen Beziehungen zu der Stelle, an der sie belegen sind (vgl. Anm. 2 zu § 4, Anm. 3 zu § 5, Anm. 1—4 zu § 14, Anm. 3 zu § 24). Schulden und Lasten sind bei Anwendung dieser Beziehung insoweit auf das Grund- oder Betriebsvermögen in Anrechnung zu bringen, als sie in wirtschaftlichem Zusammenhange mit ihm stehen (Begründung zum LStG. S. 32).

3. Der aufgehobene **§ 71 EStG.** hatte eine Entschädigung der Länder vorgesehen für ihren Ausfall an den bisherigen Einnahmen aus einer eigenen Erbschaftssteuer. Diesen Vorbehalt hat man fallen lassen, da es sich als unpraktisch erwies, auf die Dauer festzustellen, inwieweit die früheren Erträge der Länder auf Grund landesrechtlicher Steuern höher waren, als ihr Anteil auf Grund des Erbschaftssteuergesetzes.

4. Nach § 2 LStG. schließt die Inanspruchnahme von Steuern durch das Reich die **Erhebung** gleichartiger Steuern **durch die Länder** und Gemeinden (Gemeindeverbände) aus, wenn nicht reichsgesetzlich ein anderes vorgeschrieben ist. Die Erhebung von Zuschlägen zu Reichssteuern ist den Ländern und Gemeinden (Gemeindeverbänden) nur auf Grund reichsgesetzlicher Ermächtigung gestattet. Nach § 3 LStG. sollen Landes- und Gemeindesteuern, die die Steuereinnahmen des Reichs zu schädigen imstande sind, nicht erhoben werden, wenn überwiegende Interessen der Reichsfinanzen entgegenstehen. Entgegenstehende steuerliche Bestimmungen der Länder und Gemeinden sind entsprechend abzuändern und im Falle von Meinungsverschiedenheiten entscheidet auf Antrag des Reichsfinanzministers oder einer Landesregierung über die Frage, ob eine landesrechtliche Steuervorschrift mit dem Reichsrecht vereinbar ist, der große Senat des Reichsfinanzhofs (§ 46 Abs. 2 RAO.). Über die Frage, ob Landes- oder Gemeindesteuern geeignet sind, die Steuereinnahmen des Reichs zu schädigen und ob überwiegende Interessen der Reichsfinanzen der Erhebung der Steuern entgegenstehen, entscheidet auf Antrag des Reichsministers der Finanzen oder der Landesregierung der Reichsrat (§§ 4, 6 LStG.). Durch diese Vorschriften ist der frühere **§ 70 EStG.** ersetzt.

Die Länder und Gemeinden sind weder berechtigt, Erbschaftssteuern oder Schenkungssteuern zu erheben noch auch Zuschläge zur Reichserbschaftssteuer.

5. Nichts zu tun mit der Unzulässigkeit solcher Zuschläge hat die **Stempelsteuer** für gewisse Urkunden, enthaltend steuerpflichtige Geschäfte. So ist z. B. der Landesstempel nach der Tarifstelle für Notariatsurkunden, Tarifstelle 45 Pr. Stempel-Ges., bestehen geblieben, z. B. für notarielle Urkunden, welche eine Schenkung enthalten (anders für Gerichtsprotokolle laut Tarifstelle 53 Pr. Stempel-Ges.), für Beurkundung einer Auflassung durch den Notar, welche schenkungsweise erfolgt ist. Für die schenkungsweise notarielle Auflassung ist Schenkungssteuer zu erheben (§ 8 Ziff. 1 Grund-

erwerbsteuer-Ges. vom 10. 9. 1919), dagegen nicht Grunderwerbssteuer, und daneben der Landesurkundenstempel (Auskunft der Oberzolldirektion Berlin vom 23. 11. 1919 Dt. Not. Z. 20 S. 160, auch RGZ. Bd. 87 S. 312).

6. Außer dem Urkundenstempel bleiben unberührt die **Gebühren**, welche z. B für die Aufnahme von Urkunden, enthaltenn letztwillige Verfügungen oder Schenkungen, für die Verwahrung letztwilliger Verfügungen und für ihre Aushändigung oder Eröffnung vom Gericht oder Notar erhoben werden; die Gebühren werded aus dem Grunde durch jene Vorschriften des Landessteuergesetzee nicht betroffen, weil sie begrifflich Vergütungen darstellen für eins Leistung der staatlichen Organe und deshalb nach der Begriffsbestimmung des § 1 RAO. keine Steuern sind.

§ 72.

Die Steuerpflicht bestimmt sich nach dem bisherigen Gesetze, wenn der Erblasser vor dem Inkrafttreten dieses Gesetzes verstorben ist. Im Falle des § 26 Abs. 3 ist der Tod des überlebenden Ehegatten maßgebend.

Der Schenkungssteuer unterliegen auch die nach dem 31. Dezember 1916 zugunsten von Personen der Steuerklassen I oder II gemachten Zuwendungen, die gemäß § 40 steuerbar sein würden, mit dem Werte, der beim Inkrafttreten dieses Gesetzes noch vorhanden ist, falls der Erblasser nicht vor dem Inkrafttreten dieses Gesetzes gestorben ist. Die Vorschrift des § 28 Abs. 3 gilt mit der Maßgabe, daß für die Berechnung der Ermäßigung der Zeitpunkt des Inkrafttretens dieses Gesetzes maßgebend ist. Bei Schenkungen aus der Zeit nach dem 31. Dezember 1916 bis zum Inkrafttreten dieses Gesetzes wird auf die Schenkungssteuer die auf die Gegenstände der Zuwendung nach dem Gesetz über eine Kriegsabgabe vom Vermögenszuwachse vom 10. September 1919 zu entrichtende Abgabe angerechnet.

Ist ein nach diesem Gesetze steuerpflichtiger Erwerb vor dem Inkrafttreten dieses Gesetzes angefallen, so beginnt die Frist für die Anmeldung des Erwerbes mit dem Zeitpunkt des Inkrafttretens dieses Gesetzes.

Hat ein nach diesem Gesetze steuerpflichtiger Erwerb bereits der Besteuerung durch das Reich oder ein Land unterlegen, so ist die gezahlte Steuer auf die nach diesem Gesetze zu zahlende Steuer anzurechnen.

1. **Zeitliche Wirksamkeit des EStG.** Das EStG. ist am 1. 9. 1919 in Kraft getreten (§ 74 EStG.). Es gilt uneingeschränkt für die Besteuerung der Erbfälle, die an und nach dem Tage eingetreten sind. Besonderheiten treten ein im Falle der gemeinschaftlichen Testamente.

2. **Uebergangsvorschriften.** Es ist über den Inhalt **gemeinschaftlicher Testamente** Bezug zu nehmen auf die eingehenden Ausführungen in Anm. 7, 8, 9, 10 zu § 23 EStG. Danach sind zum Hauptfall des gemeinschaftlichen Testaments, dem der Einsetzung des überlebenden Ehegatten und der gemeinschaftlichen Kinder, zwei grundsätzliche Gestaltungen zu unterscheiden:

a) Der überlebende Ehegatte wird Vorerbe auf den Nachlaß des verstorbenen Ehegatten, die Kinder Nacherben auf den Nachlaß des verstorbenen Ehegatten und die Kinder alsdann Erben auf den Nachlaß des überlebenden Ehegatten;

b) der überlebende Ehegatte wird alleiniger freier Erbe des verstorbenen Ehegatten und die Kinder beerben nicht den verstorbenen, sondern sind nur Erben des überlebenden Ehegatten auf seinen Nachlaß, in dem sich der Nachlaß beider Elternteile vereinigt.

§ 2269 BGB. stellt eine Vermutung dahin auf, daß im Zweifel letztgedachte Auslegung zu b als gewollt anzunehmen ist. Welche der beiden Gestaltungen im einzelnen Falle gilt, ist Auslegungsfrage. Über die Besteuerung in den beiden Fällen zu a und b ist zu verweisen auf Anm. 8 zu § 23 EStG., woselbst sich ergibt, daß gemäß § 23 EStG. zu unterscheiden ist zwischen gewöhnlicher Vorerbschaft, befreiter Vorerbschaft und Einsetzung gemäß § 2269 BGB. Hier ist die zeitliche Abgrenzung zwischen der Geltung des ersten EStG. und des vorliegenden Gesetzes für solche Fälle zu prüfen. § 72 Abs. 1 Satz 2 bestimmt, daß im Falle des § 26 Abs. 3 EStG. der Tod des überlebenden Ehegatten maßgebend ist. § 26 Abs. 3 EStG. setzt voraus, daß ein gemeinschaftliches Testament vorliegt, durch das sich die Ehegatten gegenseitig zu Erben einsetzen mit der Maßgabe, daß

nach dem Tode des überlebenden Ehegatten der beiderseitige Nachlaß an einen Dritten fallen soll,

für die Auslegung des Testaments § 2269 BGB. Anwendung findet und

der überlebende Ehegatte an die Verfügung gebunden ist. Wegen der drei Erfordernisse ist im einzelnen auf Anm. 6 zu § 26 EStG. zu verweisen.

Nach der engeren Entstehungsgeschichte (Ausschußbericht S. 56) ist anzunehmen, daß § 72 Abs. 1 Satz 2 den Tatbestand des § 26 Abs. 3 voraussetzt. Es müssen also jene drei Voraussetzungen gegeben sein, damit § 72 Abs. 1 Satz 2 eingreift. Sonst bleibt es bei der Regel, daß der Todesfall des Erblassers entscheidet. Insbesondere gilt dies in Fällen, bei denen gemeinschaftliche Testamente zwar den vorgedachten Inhalt haben, die Auslegungsregel des § 2269 aber auf sie keine Anwendung findet, indem sich ergibt, daß die Erblasser bei der Errichtung des Testaments eine andere Gestaltung gewollt haben, als sie oben zu b erörtert ist, oder wenn die Auslegungsregel des § 2269 aus zeitlichen Gründen des erbrechtlichen Übergangsrechts nicht zur Anwendung gelangt oder wenn es an der Bindung des überlebenden Ehegatten fehlt.

3. **Zeitliche Geltung des § 2269 BGB.** Von Bedeutung ist daher, in welchem Umfange die Auslegungsregel des § 2269 BGB. für Testamente der Übergangszeit zur Anwendung gelangt. Soweit der Erblasser nach Inkrafttreten des BGB. verstorben ist, also nach dem 31. 12. 1899, findet die Auslegungsregel des § 2269 BGB. Anwendung, auch wenn das Testament vor dem 1. 1. 1900 errichtet ist, es sei denn, daß eine dem bisherigen, abweichenden Recht entsprechende Regelung vom Erblasser gewollt ist. Die letztgedachte Ausnahme geht zurück auf den Obersatz, daß grundsätzlich der Wille des Erblassers entscheidend ist, und bei vor 1900 errichteten Testamenten wird der Erblasser häufiger eine dem damals geltenden Recht entsprechende von § 2269 BGB. abweichende Regelung gewollt haben, als dies der Fall ist zur Zeit nach Inkrafttreten des BGB. Ist das Testament vor Inkrafttreten des BGB. errichtet und auch der Erbfall vorher eingetreten, so ist eine rückwirkende Kraft des § 2269 BGB. nicht anzuerkennen, vielmehr ist der Inhalt des Testaments alsdann auszulegen an Hand des damals geltenden Rechts. Dabei ist zu beachten, daß zuletzt im Gebiete des Preuß. allg. Landrechts die von § 2269 BGB. abweichende Regelung, wie oben Anm. 2a, Geltung hatte, also jeder Ehegatte nur über sein Vermögen verfügte und den Dritten für den Fall, daß der andere Ehegatte zuerst sterben sollte, zum Ersatzerben, für den Fall, daß der andere Ehegatte zuletzt sterben sollte, zum Nacherben ernannte. Im Gebiete des gemeinen Rechts hingegen galt eine dem § 2269 BGB. entsprechende Vermutung, wurde aber auch dort von der neueren gemeinrechtlichen Praxis nicht mehr immer aufrecht erhalten (RG. in RGZ. 76 S. 23, Jur. Woch. 1911 S. 229; Planck Anm. II 1 § 2269; Kipp § 144 II 3; Förster-Eccius IV § 257; Dernburg, Preuß. Privatrecht III § 183, Preuß. Ober-Tribunal

Bd. 23 S. 193, Bd. 70 S. 282). Da, wo für Testamente des alten Rechts ein Wille des Erblassers gegeben ist, der eine gleiche Gestaltung vorsieht, wie § 2269 BGB. vermutet, wird § 72 Abs. 1 Satz 2 entsprechend anzuwenden sein (vgl. auch RGZ. 87 S. 120, 77 S. 173, 78 S. 268; Zimmermann, zeitgem. Steuerfragen Bd. 1 S. 20). Es ist noch darauf hinzuweisen, daß der Tatbestand des § 2269 BGB. und damit auch des § 72 Abs. 1 Satz 2 EStG. nur dann gegeben ist, wenn der Anfall des Vermögens bei dem Tode des überlebenden Ehegatten eintritt, nicht aber, wenn ein anderer Zeitpunkt hierfür maßgebend sein soll (Finger Anm. 3 § 72). Der gesamte Nachlaß des überlebenden Ehegatten, auch soweit er den Nachlaß des verstorbenen Ehegatten enthält, unterliegt dem EStG., sofern der Tod des überlebenden Ehegatten nach dem 31. 8. 1919 eintritt.

4. Im Falle von **Vorerbschaft** und **Nacherbschaft** (oben Anm. 2a) macht es für das **Uebergangsrecht** keinen Unterschied, ob gewöhnliche Vorerbschaft oder befreite Vorerbschaft nach § 23 Abs. 1 oder Abs. 2 EStG. (näher Anm. 3 zu § 23) gegeben ist. Hier entscheidet, entsprechend der Grundregel des § 72 Abs. 1 Satz 1 EStG., der Todesfall des Erblassers. Ist der Erblasser vor Inkrafttreten des EStG. verstorben, so bestimmt sich die Versteuerung der Vorerbschaft und Nacherbschaft nach ihm auf Grund des ersten EStG. Ist der Vorerbe nach Inkrafttreten des EStG. verstorben, also nach dem 31. 8. 1919, so ändert dies nichts an der Besteuerung der Nacherbschaft; die Versteuerung der Erbschaft nach dem als Vorerben Eingesetzten bestimmt sich nach dem geltenden EStG.

5. Für die **Nachlaßsteuer** wird **§ 72** Abs. 1 EStG. nicht gelten. Stirbt der Erblasser vor Inkrafttreten des EStG., so wird Nachlaßsteuer auf Grund des EStG. nicht erhoben. Das für diesen Fall maßgebende erste EStG. kannte eine Nachlaßsteuer nicht (Vorbemerkung 4 vor § 1). Gilt hingegen zeitlich das geltende Gesetz infolge Todes des Erblassers nach seinem Inkrafttreten, so ist in solchen Fällen das Vermögen, das der Erblasser als Vorerbe hat, gemäß § 2 EStG. dem Nachlaß einzurechnen, es sei denn, daß dieses Vermögen anderen Personen als sein sonstiges Vermögen anfällt (§ 16 EStG.). Diese Grundsätze des EStG. werden auch gelten müssen für die Nachlaßsteuer beim Tode des Vorerben, wenn der Erblasser vor Inkrafttreten des EStG. verstorben ist, der Vorerbe aber nach dessen Inkrafttreten. (Ebenso Finger Anm. 1 § 72 EStG.; Hoffmann-Henckel Anm. 1 § 72; Henckel

„Die neue Erbschaftssteuer“ in Rundschau 1920 S. 14; anderer Meinung Mirre Anm. 2; Philipsborn, Zeitgem. Steuerfragen Bd. 1 S. 123.)

Die abweichende Auslegung kann sich zwar darauf stützen, daß § 72 EStG. sich im III. Teil des Gesetzes findet, der grundsätzlich für die gesamte Erbschaftssteuer gilt. Aber folgerichtig durchgeführt müßte die Gegenansicht doch nur denjenigen Teil des Nachlasses des Vorerben nachlaßsteuerfrei lassen, welcher in der Vorerbschaft besteht. Es müßte daher folgerichtigerweise in jedem Falle eine Sonderberechnung der Nachlaßsteuer ohne die im Nachlaß enthaltene Vorerbschaft stattfinden, wie sie für einen Ausnahmefall § 16 EStG. vorsieht. Der Einwand, daß die Anwendbarkeit jener Vorschriften des EStG. erst von der Anwendbarkeit des Gesetzes überhaupt abhängt, den Philipsborn a. a. O. erhebt, ist meines Erachtens nicht zwingend. Wenn man feststellen will, ob die Vorschrift des § 72 auch für die Nachlaßsteuer gilt, muß man vom Wesen der Nachlaßsteuer ausgehen, wie es im Gesetz seine Ausgestaltung erfahren hat. Insofern ist es allerdings notwendig, auf die Vorschriften des EStG. zurückzugreifen, um festzustellen, ob nach der in ihnen enthaltenen Ausgestaltung der Nachlaßsteuer diese bei jenem Übergangsfall zu erheben ist. Es ist daher meines Erachtens, falls der Erblasser vor dem 1. 9. 1919, der Vorerbe nachher verstorben ist, bei seinem Tode die Nachlaßsteuer vom gesamten Nachlaß einschließlich der Vorerbschaft zu erheben.

6. **Uebersicht:**

I. Tatbestand des § 2269 BGB. mit Bindung des überlebenden Ehegatten (§ 26 Abs. 3 EStG.).

1. Zeitliche Geltung des § 2269 BGB.: falls Erblasser nach dem 31. 12. 1899 verstorben, sonst früheres Recht;
2. Versteuerung: falls zweitversterbender Ehegatte nach dem 31. 8. 1919 verstorben: geltendes EStG. für den Gesamtnachlaß, sonst früheres EStG.
3. Gleiche Behandlung für Nachlaßsteuer und Erbanfallsteuer.

II. Vorerbschaft und Nacherbschaft, gewöhnliche und befreite (§ 23 Abs. 2 EStG.).

1. Zeitlich: wie zu I 1.
2. Versteuerung:
   a) Erblasser und Vorerbe vor 1. 9. 1919 verstorben: nur erstes EStG.;
   b) Erblasser vor 1. 9. 1919, Vorerbe nach 1. 9. 1919 verstorben:

aa) Erbanfallsteuer: Nach Erblasser für Vorerbschaft und und Nacherbschaft: erstes EStG., sonstiger Anfall nach Vorerben: geltendes EStG.;

bb) Nachlaßsteuer: Nach Erblasser keine, da dem ersten EStG. unbekannt, nach Vorerbe für ganzes Vermögen einschließlich Vorerbschaft, außer wenn Teilung gemäß § 16 EStG. zwischen Vorerbschaft und sonstigem Nachlaß eintritt.

c) Erblasser und Vorerbe nach 1. 9. 1919 verstorben: nur geltendes EStG.

7. Der Satz 1 des § 72 Abs. 1 gilt ohne Unterschied, ob mit dem Tod des Erblassers zugleich der Anfall eintritt. Es fallen daher unter Umständen der Stichtag der Steuer aus § 45 Ziff. 2 EStG. und der für das Übergangsrecht entscheidende Zeitpunkt auseinander. Ist eine aufschiebende Bedingung beigefügt, so kommt nicht deren Eintritt in Frage, sondern entscheidend bleibt der Todestag des Erblassers.

8. **Uebergangsrecht. a) Für Schenkungen** normiert Abs. 2 § 72 eine beschränkte Rückwirkung. Es sollen freigebige Zuwendungen, die in der Zeit zwischen dem 31. 12. 1916 und dem 31. 8. 1919 zugunsten von Personen der Steuerklasse I oder II gemacht sind, mit dem Werte, der bei Inkrafttreten dieses Gesetzes noch vorhanden ist, nach den Vorschriften der Schenkungssteuer versteuert werden, falls der Zuwendende nicht vor Inkrafttreten dieses Gesetzes verstorben ist. Zweck der Vorschrift ist, Schenkungen an Ehegatten und Abkömmlinge zu erfassen, die zum Zwecke der Vermeidung der neuen Erbschaftssteuer vor ihrem Inkrafttreten häufig getätigt wurden, seitdem es verlautete, daß das Reich die Erbschaftssteuer auch auf die Nachfolge von Ehegatten und Abkömmlinge ausdehnen würde (vgl. Begründung S. 48). Über den Begriff der freigebigen Zuwendung und ihre Steuerbarkeit ist zu verweisen auf die Vorbemerkungen vor § 40 und die Erläuterungen zu § 40, vor allem über den Charakter der Schenkungssteuer als einer Steuer auf freigebige Zuwendungen (Vorbem. vor § 40, Anm. 1 zu § 40). Dem angegebenen Zweck entsprechend wird die rückwärtsgreifende Besteuerung nur ausgedehnt auf Zuwendungen innerhalb der Steuerklassen I und II, also im wesentlichen auf Ehegatten und Abkömmlinge, entsprechend § 26 EStG. Steuerklassen I und II (Anm. 4 a, b zu § 26 EStG.). Es gehören hierher außer dem Ehegatten die ehelichen Abkömmlinge, nicht aber die an Kindes Statt angenommenen Personen, ferner diejenigen, welchen die rechtliche Stellung ehelicher Kinder zukommt, die unehelichen Kinder der

Mutter und die, wenn auch nur formlos z. B. im Testament, anerkannten unehelichen Kinder des Vaters, sowie die Abkömmlinge der vorbezeichneten Kinder. Soweit der Wert der freigebigen Zuwendung am 1. 9. 1919 beim Empfänger nicht mehr vorhanden war, entfällt die Schenkungssteuer. Das gilt nicht nur für inzwischen eingetretene Wertverminderungen, sondern auch für gänzlichen oder teilweisen Verlust des Geschenkten in der Zwischenzeit (anderer Meinung Hoffmann-Hendel Anm. 5a). Der Grund, aus dem der Erwerb in Verlust geraten ist oder seinem Werte nach sich gemindert hat, ist ohne Bedeutung. Er kann auch auf Handlungen des Erwerbers beruhen. Dafür wird es aber auch nicht notwendig sein, daß die Zuwendung noch in der früheren Gestalt vorhanden ist; das, was mit Mitteln der Zuwendung angeschafft ist, tritt an die Stelle der ursprünglichen Zuwendung, wohingegen der Ersatz, den der Erwerber für in Verlust geratene Teile der Zuwendung aus eigenen Mitteln angeschafft hat, der Steuerpflicht nicht unterliegen wird. Für die Besteuerung solcher Schenkungen gelten die Grundsätze des EStG., also auch diejenigen über Steuerbefreiungen (vgl. Erläuterungen zu § 42) und insoweit auch der Grundsatz der Zusammenrechnung mehrerer Geschenke aus § 38 EStG. Auf den Zweck einer Steuervermeidung kommt es nicht an, es genügt für die Rückwirkung des Gesetzes der objektive Tatbestand. Wie beim Tode des Erblassers vor dem Inkrafttreten des EStG. eine Zuwendung von Todes wegen vom EStG. steuerfrei geblieben wäre, so soll eine Zuwendung es auch dann bleiben, wenn sie unter Lebenden vorab erfolgte und der Schenker das Inkrafttreten des EStG. nicht erlebt hat. Ist daher der Schenker vor dem 1. 9. 1919 verstorben, so entfällt die rückwirkende Steuerpflicht. In § 72 Abs. 2 muß es statt „Erblasser" „Schenker" heißen. Für Schenkungen innerhalb anderer Steuerklassen als der Klassen I und II gilt die rückwirkende Steuerpflicht nicht.

b) Bei der Rückwirkung der Steuerpflicht laut vorstehender Anmerkung ist der maßgebende Zeitpunkt für die Anwendbarkeit der Jahresabschläge aus **§ 28** Abs. 3 EStG. (vgl. Anm. 4 zu § 28) der 1. 9. 1919, wenn auch die Zuwendung früher erfolgt ist (§ 72 II 2 EStG.). Das entspricht dem Grundgedanken des § 72 II EStG. und hat zur Folge, daß die Steuersätze aus § 28 EStG. bei der rückwirkenden Schenkungsbesteuerung nur mit 80% erhoben werden. Bei der Berechnung der Zuschläge aus § 28 Abs. 2 EStG. (Anm. 2, 3 zu § 28) wird grundsätzlich der Zeitpunkt der Zuwendung entscheidend sein; hier fehlt eine abweichende Bestimmung im Gesetz, es wird deshalb bei der Regel des § 28 Abs. 2 EStG. bleiben, nach der das Vermögen des Erwerbers zur Zeit der Zuwendung maßgebend ist. Es könnte zudem den Erwerber ungebührlich belasten, wenn man den 1. 9. 1919 auch hier als Stichtag nähme und er so erhöhte Zuschläge zu leisten hätte, falls sich in der Zeit zwischen der Zuwendung und jenem Tage sein eigenes Vermögen vermehrt hat.

c) Der letzte Satz des § 72 Abs. 2 EStG. bestimmt, daß auf die rückwirkende Schenkungssteuer die auf die Zuwendung erhobene **Kriegsabgabe vom Vermögenszuwachs** vom 10. 9. 1919 in Anrechnung gelangt. Da der Stichtag der Kriegsabgabe vom Vermögenszuwachs der 30. 6. 1919 ist, so gilt diese Vorschrift nur für Zuwendungen, die zwischen dem 31. 12. 1916 und dem 30. 6. 1919 erfolgten, nicht aber auch für solche in der Zeit vom 30. 6. bis 31. 8. 1919, wie Hoffmann-Henckel (Anm. 7 § 72) in Anlehnung an den ungenauen Wortlaut des Gesetzes annehmen. Nach dem Kriegsabgabegesetz sind Schenkungen beim Vermögen des Schenkers hinzuzurechnen, beim Beschenkten nicht in Ansatz zu bringen. Der Bedachte haftet für den Abgabebetrag, der auf den ihm zugeflossenen Teil des abgabepflichtigen Vermögenszuwachses verhältnismäßig entfällt; der Abgabepflichtige hat ein Rückgriffsrecht dieserhalb gegen den Bedachten (§§ 6, 8 Ziff. 1 Kriegsabgabegesetzes, Schachian S. 166 ff.). Da im Kriegsabgabegesetz der Zuwachs des Vermögens des Steuerpflichtigen als Ganzes der Steuer unterliegt, so ist derjenige Betrag der Kriegsabgabe zu errechnen, welcher nach dem Verhältnis des ganzen Vermögenszuwachses zu der Schenkung auf die letztere entfällt. Der hiernach sich ergebende Betrag ist auf die Schenkungssteuer anzurechnen. Über die Berechnung vgl. Anm. 3 zu § 38.

9. **Schenkungsversprechen** unterliegen nach § 40 letzter Satz EStG. der Steuerpflicht erst im Augenblick der Vollziehung (näher Anm. 23 zu § 40). Wenn im Rahmen des Abs. 2 § 72 während der dort angegebenen Zeit ein Schenkungsversprechen an Steuerpflichtige der Steuerklassen I und II erteilt ist, welches nach dem Inkrafttreten des geltenden EStG. erfüllt wird, so ist die Erfüllung gemäß § 40 EStG. nach geltendem Recht zu versteuern. Eine etwa früher gezahlte Steuer ist anzurechnen.

Grundsätzlich ist, wenn ein nach dem EStG. steuerpflichtiger Erwerb, insbesondere bei der rückwirkenden Besteuerung aus § 72 Abs. 2, bereits der Besteuerung aus dem Grunde der Erbschafts- oder Schenkungssteuer unterlegen hat, diese — nicht aber etwa, trotz der weiten Fassung des Gesetzes, andere Steuern, welche gelegentlich des Rechtsvorganges gezahlt sind — auf die Erbschaftssteuer anzurechnen (Abs. 5 § 72 ESt G.)

10. Tritt die Steuerpflicht nach dem ESt G. ein, lag aber der Erwerb schon vor dessen Inkrafttreten, vor allem also bei rückwärts besteuerten Schenkungen, so beginnt die **Anmeldepflicht** des Erwerbs mit dem 1. 9. 1919 (vgl. §§ 54 ff.). In den Kreisen der Steuerpflichtigen ist die Meinung weit verbreitet, daß sie ihrer Anmeldepflicht genügt haben, wenn sie bei der Veranlagung zur Kriegsabgabe vom Vermögenszuwachs, bei der Veranlagung zum Reichsnotopfer oder zu einer landesrechtlichen Ergänzungssteuer der Verschiebung Rechnung tragen, welche durch die mit rückwirkender Kraft steuerpflichtige Schenkung in den Vermögensverhältnissen eingetreten ist; sie gehen davon aus, daß aus diesen Veranlagungen die Steuerbehörde von sich aus entnehmen kann, daß eine steuerbare Schenkung inzwischen eingetreten ist. Das ist nicht zutreffend, die Schenkungen bedürfen einer besonderen Anmeldung. Weitere nachteilige Folgen werden jedoch den Steuerpflichtigen bei der gegebenen Sachlage kaum treffen können (Anm. 4 zu § 68 ESt G., Anm. 5 zu § 54 ESt G.).

11. Durch die rückwärtige Besteuerung der Schenkungen im Umfang des § 72 Abs. 2 ESt G. ist trotzdem das eine nicht erreicht, nämlich daß bei solchen Schenkungen der Erwerber nicht besser stehen soll, wie wenn der Erblasser nach Inkrafttreten des ESt G. im Wege des Erbganges ihm das Vermögen vermacht hätte. Der Vorteil liegt vor allem darin, daß bei der Veranlagung zum Reichsnotopfer nach dem Stichtag des 31. 12. 1919 die Schenkungssteuer gemäß § 72 Abs. 2 abzugsfähig ist, das Notopfer also nur gezahlt wird vom Vermögen des Abgabepflichtigen, zuzüglich der Schenkung, jedoch abzüglich der auf dieser lastenden Schenkungssteuer. Das Notopfer vom Schenkungssteuerbetrage wird also doch gespart, ein Ergebnis, das sicherlich dem Willen des Gesetzgebers nicht entspricht, aber nach § 13 RNG. nicht vermeidbar erscheint.

12. In gewissem Umfange ist also nach den Ausführungen oben Anm. 1—7 immer noch das **erste ESt G.** vom 3. 6. 1906 **während der Uebergangszeit** von Bedeutung. Es ist hervorzuheben, daß es grundsätzlich zwar die Vererbung und Schenkung an Ehegatten und Abkömmlinge steuerfrei läßt, immerhin aber einer landesgesetzlichen Erbschafts- und Schenkungssteuer dieserhalb Vorbehalte läßt, so daß nach landesgesetzlichem Erbschaftssteuerrecht auch früher Erwerbe bis zu 10000 M. besteuert werden konnten, welche im Wege der Erbfolge oder Schenkung fielen an Eltern und Voreltern, uneheliche vom Vater anerkannte Kinder und deren Ab-

kömmlinge, Adoptivkinder und deren Abkömmlinge (A. Hoffmann, Anm. 4 § 60 des ersten EStG.).

Vom materiellen Inhalt des ersten EStG. seien die §§ 6—15 als für die Übergangszeit von Bedeutung wieder gegeben:

Erstes EStG. § 6: Von dem Vermögen eines ausländischen Erblassers wird die Steuer erhoben, wenn er zur Zeit seines Todes oder, sofern der Erwerb bei seinen Lebzeiten anfällt, zur Zeit des Anfalls an den Erwerber seinen Wohnsitz oder in Ermangelung eines Wohnsitzes seinen gewöhnlichen Aufenthalt in einem Bundesstaate hatte, jedoch nur insoweit, als sich das Vermögen im Inlande befindet.

Das im Inlande befindliche Vermögen eines ausländischen Erblassers, welcher zu dem nach § 1 maßgebenden Zeitpunkte weder seinen Wohnsitz noch seinen gewöhnlichen Aufenthalt in einem Bundesstaate hatte, unterliegt der Steuer, wenn es einem Erwerber anfällt, der zur Zeit des Anfalls im Inlande seinen Wohnsitz oder in Ermangelung eines solchen seinen gewöhnlichen Aufenthalt hat. Der Steuerpflichtige hat das Recht des Abzugs einer für denselben Erwerb im Ausland entrichteten Steuer.

Die Steuer wird insoweit nicht erhoben, als in dem Heimatsstaate des Erblassers im umgekehrten Falle in Ansehung der von dem Erwerb aus dem Vermögen eines Deutschen zu entrichtenden Erbschaftssteuer Ermäßigung oder Befreiung gewährt wird.

Unter Zustimmung des Bundesrats kann der Reichskanzler zum Zwecke der Ausgleichung oder der Vermeidung einer Doppelbesteuerung Abweichungen von den Vorschriften des Abs. 1 anordnen.

Auf das Vermögen eines Deutschen, der einem Bundesstaate nicht angehörte, finden die Vorschriften des Abs. 1, 2 entsprechende Anwendung.

Erstes EStG. § 7: Von inländischen Grundstücken ist die Erbschaftssteuer zu erheben, ohne Unterschied, ob der Erblasser Deutscher oder Ausländer war und ob er im Inlande seinen Wohnsitz oder gewöhnlichen Aufenthalt hatte oder nicht.

Grundstücke, die sich im Auslande befinden, gehören nicht zur steuerpflichtigen Masse.

Den Grundstücken stehen Berechtigungen gleich, für welche die sich auf Grundstücke beziehenden Vorschriften gelten.

Erstes EStG. § 8: Ein Gegenstand, für den von einer deutschen Behörde ein zur Eintragung des Berechtigten bestimmtes Buch oder Register geführt wird, gilt als im Inlande befindlich. Ein Anspruch gilt als im Inlande befindlich, wenn für die Klage ein deutsches Gericht zuständig ist.

Erstes EStG. § 9: In den Fällen der §§ 5—8 kommen Schulden und Lasten, welche nur auf einem steuerfreien oder auf einem steuerpflichtigen Teile der Masse haften, behufs der Berechnung der Steuer bei demjenigen Teile in Abzug, auf welchem sie haften.

Schulden und Lasten, welche sowohl auf dem steuerfreien als auf dem steuerpflichtigen Teile der Masse haften, kommen von dem letzteren nur nach dem Verhältnisse dieses Teils zur gesamten Masse in Abzug.

In das Grundbuch eingetragene Schulden, für welche der Eigentümer zugleich persönlich haftet, gelten zunächst als Lasten des Grundstücks und kommen nur rücksichtlich des durch das Grundstück nicht gedeckten Betrags bei der übrigen Masse in Anrechnung.

Erstes EStG. § 10: (Fassung nach dem Ges. über Änderungen im Finanzwesen vom 3. 7. 1913, RGBl. S. 521.)

Die Erbschaftssteuer beträgt:

I. vier vom Hundert: 1. für leibliche Eltern; 2. für voll- und halbbürtige Geschwister;

II. fünf vom Hundert für Abkömmlinge ersten Grades von Geschwistern;

III. sechs vom Hundert: 1. für Großeltern und entferntere Voreltern: 2. für Schwieger- und Stiefeltern; 3. für Schwieger- und Stiefkinder; 4. für uneheliche, von dem Vater anerkannte Kinder und deren Abkömmlinge; 6. für an Kindes Statt angenommene Personen und deren Abkömmlinge, soweit sich auf diese die Wirkungen der Annahme an Kindes Statt erstrecken.

IV. acht vom Hundert: 1. für Abkömmlinge zweiten Grades von Geschwistern,
2. für Geschwister der Eltern, 3. für Verschwägerte im zweiten Grade der Seitenlinie:

V. zwölf vom Hundert in den übrigen Fällen, soweit es sich nicht um einen Erwerb der im § 12 bezeichneten Art handelt.

Übersteigt der Wert des Erwerbes den Betrag von 20000 M., so wird das $1\frac{1}{10}$fache, übersteigt er den Betrag von

30000	M.,	so	wird	das	$1\frac{2}{10}$	fache
50000	„	„	„	„	$1\frac{3}{10}$	„
75000	„	„	„	„	$1\frac{4}{10}$	„
100000	„	„	„	„	$1\frac{5}{10}$	„
150000	„	„	„	„	$1\frac{6}{10}$	„
200000	„	„	„	„	$1\frac{7}{10}$	„
300000	„	„	„	„	$1\frac{8}{10}$	„
400000	„	„	„	„	$1\frac{9}{10}$	„
500000	„	„	„	„	2	„

600000	„ „ „ „	2 1/10 fache
700000	„ „ „ „	2 2/10 „
800000	„ „ „ „	2 3/10 „
900000	„ „ „ „	2 4/10 „
1000000	„ „ „ „	2 5/10 „

der in Abs. 1 bestimmten Sätze erhoben.

Die in Abs. 2 geregelte Steigerung beginnt bei den Steuerpflichtigen der I. Klasse erst, wenn der Wert des Erwerbes den Betrag von 50000 M. übersteigt, mit dem in Abs. 2 für diesen Wert bestimmten Satze.

Übersteigt der Wert des Erwerbes eine der in Abs. 2 bezeichneten Wertgrenzen, so wird der Unterschiedsbetrag zwischen dem nach Abs. 2 anzuwendenden höheren Satze und demjenigen der vorangehenden Wertklasse nur insoweit erhoben, als er aus der Hälfte des die Wertgrenze übersteigenden Betrags des Erwerbes gedeckt werden kann.

Befreiungen:

Erstes EStG. § 11: Von der Erbschaftssteuer befreit bleiben:

1. Ein Erwerb von nicht mehr als 500 M.;
2. ein Erwerb in Gemäßheit des § 1969 des BGB.;
3. die Befreiung von einer Schuld, sofern der Erblasser sie mit Rücksicht auf die Notlage des Schuldners angeordnet hat und eine Notlage auch durch den Erbfall im wesentlichen nicht beseitigt wird, soweit nicht die Steuer aus der Hälfte eines neben der erlassenen Forderung dem Bedachten zukommenden Anfalls gedeckt werden kann;
4. ein Erwerb, der anfällt:
   a) ehelichen Kindern und solchen Kindern, welchen die rechtliche Stellung ehelicher Kinder zukommt — jedoch mit Ausschluß der an Kindes Statt angenommenen Kinder —, sowie eingekindschafteten Kindern;
   b) unehelichen Kindern aus dem Vermögen der Mutter oder der mütterlichen Voreltern;
   c) Abkömmlingen der zu a, b bezeichneten Kinder;
   d) Ehegatten;
   e) den im § 10 I 1, III 1, 4, 5 aufgeführten Personen, sofern der Wert des Erwerbes den Betrag von 10000 M. nicht übersteigt;
   f) den in § 10 I 2, II, III 2, 3 bezeichneten Personen, sofern er in Kleidungsstücken, Betten, Wäsche, Haus- und Küchengerät besteht, diese Gegenstände nicht zum Gewerbebetrieb oder zum Verkaufe bestimmt waren und der Wert des Erwerbes dieser Art den Betrag von 5000 Mark nicht übersteigt; auf den Abzug der Schulden und Lasten von dem Werte der bezeichneten

Gegenstände finden die Vorschriften des § 9 entsprechende Anwendung;

g) leiblichen Eltern, Großeltern und entfernteren Voreltern, soweit der Erwerb in Sachen besteht, die sie ihren Abkömmlingen durch Schenkung oder Übergabevertrag zugewandt hatten;

h) Personen, die in einem Dienst- oder Arbeitsverhältnisse zum Erblasser gestanden haben, sofern der Wert des Erwerbes den Betrag von 3000 M. nicht übersteigt;

5. ein Erwerb, der anfällt Familienstiftungen auf Grund eines in einer Verfügung von Todes wegen bestehenden Stiftungsgeschäfts.

Erstes ESt.G. § 12: Die Erbschaftssteuer beträgt fünf vom Hundert:

1. für einen Erwerb, der anfällt inländischen Kirchen;
2. für einen Erwerb, der anfällt solchen inländischen Stiftungen, Gesellschaften, Vereinen oder Anstalten, die ausschließlich kirchliche, mildtätige oder gemeinnützige Zwecke verfolgen, sofern ihnen die Rechte juristischer Personen zustehen;
3. für Zuwendungen, die ausschließlich kirchlichen, mildtätigen oder gemeinnützigen Zwecken innerhalb des Deutschen Reichs oder der deutschen Schutzgebiete gewidmet sind, sofern die Verwendung zu dem bestimmten Zwecke gesichert und die Zuwendung nicht auf einzelne Familien oder bestimmte Personen beschränkt ist;
4. für einen Erwerb, der anfällt Kassen oder Anstalten, welche die Unterstützung der zu dem Erblasser in einem Dienst- oder Arbeitsverhältnisse stehenden Personen, sowie der Familienangehörigen solcher Personen bezwecken. Das gleiche gilt, wenn der Erwerb anfällt Kassen oder Anstalten, welche die Unterstützung von Personen sowie deren Familienangehörigen bezwecken, die zu einem wirtschaftlichen Unternehmen, bei dem der Erblasser beteiligt war, in einem Dienst- oder Arbeitsverhältnisse stehen.

Unter Kirchen (Abs. 1 Nr. 1) und kirchlichen Zwecken (Abs. 1 Nr. 2 und 3) sind alle inländischen öffentlich zugelassenen Religionsgesellschaften, denen die Rechte juristischer Personen zustehen, sowie die Zwecke solcher Religionsgesellschaften zu verstehen.

Vermögensvorteile von nicht mehr als 5000 M. sind in den Fällen des Abs. 1 von der Erbschaftssteuer befreit.

Die in den Abs. 1, 3 bezeichneten Vergünstigungen können zugunsten ausländischer Stiftungen, Gesellschaften, Vereine und Anstalten der im Abs. 1 Nr. 2 bezeichneten Art, zugunsten solcher Zuwendungen, die den dort unter Nr. 3 bezeichneten Zwecken im Auslande zu dienen bestimmt sind, und zugunsten ausländischer Kassen und Angestellten der dort unter Nr. 4 bezeichneten Art zugestanden werden, sofern der ausländische Staat dem Deutschen Reiche gegenüber die gleiche Rücksicht übt.

Die Entscheidung darüber, ob Zwecke der in den Abs. 1 Nr. 2, 3 und im Abs. 4 bezeichneten Art vorliegen, erfolgt durch die Landesregierung.

Erstes EStG. § 13: Von der Entrichtung der Erbschaftssteuer befreit sind der Landesfürst und die Landesfürstin.

Erstes EStG. § 14: Im Sinne des § 10 Abs. 2, des § 11 Nr. 1, 4e, f, h und des § 12 Abs. 3 sind mehrere einem Erwerber seitens desselben Erblassers innerhalb fünf Jahren zugefallene Vermögensvorteile der in den §§ 1 bis 3 gedachten Art als ein Erwerb anzusehen, wenn anzunehmen ist, daß die Art und Weise der Zuwendung nur zur Vermeidung des höheren Steuersatzes oder zur Erlangung der Steuerfreiheit gewählt worden ist.

Übersteigt der Wert des Erwerbes die im § 11 Nr. 1, 4e, f, h und im § 12 Abs. 3 bezeichneten Beträge, so wird die Steuer nur insoweit erhoben, als sie aus der Hälfte des die Wertgrenze übersteigenden Betrages gedeckt werden kann.

Erstes EStG. § 15: Soweit Grundstücke, die dauernd land- oder forstwirtschaftlichen Zwecken zu dienen bestimmt sind, einschließlich der dazugehörigen, denselben Zwecken dienenden Gebäude und des Zubehörs, den Gegenstand des Erwerbes bilden, wird ein Viertel des auf diesen Teil des Erwerbes entfallenden, nach den Vorschriften dieses Gesetzes berechneten Steuerbetrages nicht erhoben.

Für Steuerpflichtige der Klassen I, II (§ 10 Abs. 1 I, II) tritt Befreiung von der Steuer ein, soweit im Laufe der dem Anfalle vorhergehenden fünf Jahre die Grundstücke Gegenstand eines nach diesem Gesetze steuerpflichtigen Erwerbes geworden sind. Ermäßigung der Steuer auf die Hälfte tritt ein, soweit der frühere Steuerfall zwar mehr als fünf Jahre, aber nicht über zehn Jahre zurückliegt. Die Befreiung oder Ermäßigung tritt nicht ein, wenn die Grundstücke innerhalb des bezeichneten Zeitraums gegen Entgelt an Personen veräußert worden sind, die nicht dem Veräußerer gegenüber in einem die Befreiung von der Erbschaftssteuer begründenden Verhältnisse stehen.

Auf den Abzug der Schulden und Lasten von dem Werte der Grundstücke finden die Vorschriften des § 9 entsprechende Anwendung."

13. Erhebliche Schwierigkeiten können für die wirtschaftliche Entwicklung der Steuerpflichtigen in den Fällen entstehen, in denen bei der Abfassung **letztwilliger Verfügungen** auf das EStG. noch keine Rücksicht genommen werden konnte. Die Wirkungen sind

um so schwerwiegendere, als mannigfaltige landesgesetzliche Gestaltungen des materiellen Erbrechts in ihren Folgen noch fortdauern (vgl. Anm. 14), wie sie vor Inkrafttreten des BGB. bestanden haben. Es kann dem Gesetz der Vorwurf nicht erspart bleiben, daß es, seiner Funktion als steuerliche Auswirkung des materiellen Rechts entsprechend, auf die verschiedenartigen erbrechtlichen Gestaltungen für die Übergangszeit hätte Rücksicht nehmen sollen, dies aber unterlassen hat (vgl. Vorbem. 2 vor § 1). Soweit letztwillige Verfügungen der Änderung noch unterliegen können, mag, wenn die Notwendigkeit dem Verfügenden rechtzeitig zum Bewußtsein kommt, eine Änderung noch eintreten, andernfalls in all den Fällen, in denen, z. B. bei gemeinschaftlichen Testamenten durch Vorversterben eines der Ehegatten, die letztwillige Verfügung unabänderlich geworden ist, wird das Eingreifen des EStG. häufig zu abweichenden Gestaltungen führen, als sie der Erblasser gewollt hat. In der Praxis besonders häufig sind die Schwierigkeiten, welche sich bei der Besteuerung der Erbfolge nach Märkischem Provinzialrecht ergeben.

14. Das **Märkische Provinzialrecht** galt in einem beträchtlichen Teil der Provinz Brandenburg (Mittelmark, Uckermark, Priegnitz einschließlich der Grafschaft Ruppin, dem Kreise Lebus, der Stadt Frankfurt a. O., einzelnen Bezirken der Kreise Lübben, Luckau und Calau) in Teilen der Provinzen Pommern, Westpreußen, Posen, Schlesien und Sachsen (Stranz-Gerhard S. 296). Nach Art. 46 Preuß. AG. z BGB. bleiben, wenn Ehegatten bis zum 1. 1. 1900 im Gesetzlichen Güterstande nach Märkischem Provinzialrecht gelebt haben, die bisherigen Gesetze über die dem überlebenden Ehegatten an dem Vermögen des verstorbenen Ehegatten zustehenden Rechte als erbrechtliche Folgen des Güterstandes bestehen (Art. 200 EG. z. BGB.). Hiernach und nach Art. 46 Preuß. AG. z. BGB. §§ 2—5 kann der überlebende Eheteil bis zum Ablauf der Ausschlagungsfrist des BGB. (§ 1944) durch Erklärung in öffentlich beglaubigter Form gegenüber dem Nachlaßgericht die Erbfolge nach BGB. wählen. Tut er das nicht, so gilt noch jetzt die **Constitutio Joachimica** von 1527, nach der der überlebende Ehegatte entweder unter Einwerfung seines eigenen Vermögens die Hälfte der hieraus und aus dem Nachlaß des Verstorbenen gebildeten Gesamtmasse als statutarische Erbportion verlangen oder der Erbschaft nach dem verstorbenen Ehegatten entsagen und sein eigenes Vermögen zurücknehmen kann.

Solche Fälle führten zu erbschaftssteuerlichen Schwierigkeiten nicht, solange im Verhältnis zwischen Ehegatten und zu den Kindern eine Erbschaftssteuer nicht erhoben wurde. Dies ist anders geworden, seit das geltende Gesetz auf solche Anfälle die Erbschaftssteuer ausdehnt. Verstirbt der eine Ehegatte vor Inkrafttreten des EStG. und der zweite Ehegatte nach Inkrafttreten des EStG., so ergeben sich die Schwierigkeiten in der Praxis, vor allem in den Fällen, in denen der nachverstorbene Ehegatte von seinem Wahlrecht nach der **Joachimica** keinen ausdrücklichen Gebrauch gemacht hat; häufigster Fall: der überlebende Ehegatte, z. B. der Vater hat das Vermögen des verstorbenen Ehegatten einfach tatsächlich weiter in seiner Verwaltung behalten. Das Wahlrecht nach der **Joachimica** ist nach dem gemäß § 2 Art. 46 Preuß. AG. in Geltung gebliebenen bisherigen Recht vererblich. Maßgebend ist die Verordnung Friedrichs des Großen vom 30. 4. 1765: „Wie es bei Erbschaftsfällen zu halten, desgleichen die Erbfolge zwischen Eheleuten in der Mark nach der **Constitutio Joachimica** von 1527 betr." (vgl. Rabe, Preuß. Ges. Bd. 1 Abt. 3 S. 102). Nach § 11 der II. Abteilung jenes Edikts, welche unter der Herrschaft des Preuß. ALR. weiter Gültigkeit hatte (Dernburg, Preuß. Privatrecht Bd. 3 S. 278 Anm. 6; Stranz-Gerhard S. 297), hatten die Erben des zuletzt verstorbenen Ehegatten ein solches Wahlrecht, ob sie als seine Erben der Erbschaft des zuerst verstorbenen Ehegatten entsagen und sein Vermögen zurücknehmen oder ob sie unter Einwerfung des Vermögens des zuletzt Verstorbenen die Hälfte des Gesamtnachlasses verlangen wollten (Scholz, Kurmärk. Prov. Recht Bd. 2 S. 369). Die Ausschichtung der Vermögensmassen erfolgt mit rückwirkender Kraft jeweils auf den Todestag des zuerst verstorbenen Ehegatten oder des zuletzt verstorbenen Ehegatten (Scholz a. a. O. S. 372—373). Nach § 72 EStG. unterliegt nur die Erbfolge nach dem zuletzt verstorbenen Ehegatten dem EStG., falls er nach dessen Inkrafttreten gestorben ist, während der Tod des erstverstorbenen Ehegatten vordem eingetreten ist. Nach Märkischem Recht werden die Kinder nun noch jetzt jenes Wahlrecht haben. Sie werden, wenn der zuerst verstorbene Ehegatte eingrößeres Vermögen als der zuletzt verstorbene Ehegatte hinterließ, die Zurücknahme des Vermögens wählen, denn das Vermögen nach dem zuerst Verstorbenen gilt als ihnen bereits mit dessen Tode angefallen und zwar nach dem ersten EStG. steuerfrei. Umgekehrt werden bei größerem Vermögen des zuletzt verstorbenen Ehegatten die Kinder noch jetzt die Einwerfung wählen und alsdann erreichen, daß die Hälfte der Gesamtmasse ihnen steuerfrei als mit dem Tode des zuerst Verstorbenen, d. h. vor Inkrafttreten des

EStG. angefallen gilt; so daß diesenfalls nur die Hälfte des Gesamtnachlasses beider Ehegatten erbschaftssteuerpflichtig ist, während im ersteren Falle nur der geringere Nachlaß des zuletzt verstorbenen Ehegatten von der Erbschaftssteuer ergriffen wird.

Die Ausübung des Wahlrechts war, da es sich um ein sog. Noterbrecht handelte, auch bei Vorliegen von Testamenten zulässig, ob auch beim Vorliegen wechselseitiger Testamente, war bestritten, wurde aber nach der herrschenden Ansicht zugelassen (Scholz a. a. O. Bd. II S. 309, 310, 311; Stranz-Gerhard S. 300, aber auch die bei Scholz ang. Entsch. des Preuß. Ober-Tribunals). Die vorstehenden Darlegungen gelten daher auch, wenn ein einfaches oder ein gemeinschaftliches Testament der Ehegatten vorliegt. Das Wahlrecht ist nur dann erloschen, wenn ein stillschweigender Verzicht auf dasselbe oder seine Ausübung durch schlüssige Handlung erfolgt ist (Scholz Bd. II S. 327—328). Ist das nicht der Fall, so können sich aus der Fortgeltung des Märkischen Erbrechts in dieser wie in anderer Richtung noch jetzt bei Anwendung des EStG. überraschende Ergebnisse herausstellen.

15. Wegen der **Geltung der Reichsabgabenordnung in der Uebergangszeit** ist zunächst zu verweisen auf die Vorbemerkung vor § 45. Danach findet auf Erbfälle, die vor dem Inkrafttreten der RAO., also vor dem 13. 12. 1919, eingetreten sind, die RAO. bereits Anwendung als ob sie schon bei Inkrafttreten des EStG. Geltung gehabt hätte.

a) Für die Übergangszeit bestimmt in Anlehnung an die „Verordnung zur Einführung der RAO." vom 18. 12. 1919 (RGBl. S. 2101) eine besondere „Verfügung des Reichsministers der Finanzen vom 12. 2. 1920 über das Inkrafttreten der RAO. für den Bereich der Erbschaftssteuer":

„1. Nach § 461 der Abgabenordnung sind alle steuerpflichtigen Fälle, die auf Grund des Erbschaftssteuergesetzes vom 10. September 1919 eingetreten sind, so zu erledigen, als ob die Abgabenordnung bei Inkrafttreten dieses Gesetzes in Geltung gewesen wäre.

2. Bei den nach dem Gesetz vom 3. Juli 1906 zu behandelnden Fällen sind die Vorschriften der Reichsabgabenordnung über die Berechnung der Steuer nicht anwendbar. Auch der Begriff des Wohnsitzes richtet sich nach dem bisherigen Gesetz.

Die auf Grund des bisherigen Gesetzes begründete örtliche Zuständigkeit eines Erbschaftssteueramts wird durch die Vorschriften der Abgabenordnung nicht aufgehoben.

Ebenso richtet sich die Haftung für die Erbschaftssteuer nach dem bisherigen Recht.

Die Anmeldung des Erwerbs und die Erbschaftssteuererklärung haben nach dem bisherigen Recht zu erfolgen.

Die Strafvorschriften des bisherigen Rechts gelten mit der Maßgabe, daß § 358 der Abgabenordnung (Straffreiheit wegen Rechtsirrtums) anwendbar ist.

Dagegen sind die Vorschriften der Abgabenordnung über das Verfahren, die Beitreibung und die Verjährung (§ 448) auch für die Fälle des Gesetzes vom 3. Juni anwendbar.

War also vor dem 23. Dezember 1919 ein Erbschaftssteuerbescheid erlassen und die Frist zur Einlegung eines Rechtsmittels noch nicht abgelaufen, so ist der Einspruch gemäß § 15 EV. zulässig. War ein Rechtsmittel rechtzeitig eingelegt, über das die Oberbehörde zu entscheiden hatte, so ist die Sache nach § 19 Abs. 2 der Verordnung an das Landesfinanzamt abzugeben. War jedoch nach Landesrecht der Einspruch zulässig und eingelegt, so ist das Verfahren nach § 18 zu a fortzusetzen.

War eine Entscheidung der Oberbehörde ergangen und ein Rechtsmittel nicht eingelegt, so gilt § 22 Abs. 1a EV.

War etwa eine nach Landesrecht zulässige Einspruchsentscheidung ergangen, so ist § 19 Abs. 1 maßgebend.

War gegen eine Entscheidung der Oberbehörde ein Rechtsmittel eingelegt, so ist die Sache gemäß § 22 Abs. 1b an den Reichsfinanzhof abzugeben.

Vor dem 1. Oktober begonnene Prozesse vor den ordentlichen Gerichten sind weiter zu führen. An Stelle der Oberbehörde treten die Landesfinanzämter. Im übrigen haben die Stellen die Prozesse weiter zu führen, die bisher nach Landesrecht als Beklagte anzusehen waren.

Der § 48 des Erbschaftssteuergesetzes, wonach die Zwangsversteigerung eines Grundstücks nicht zulässig ist, wenn der Steuerpflichtige ein Deutscher ist, gilt für nach dem Gesetz vom 3. Juni 1906 zu behandelnde Fälle weiter. Dasselbe gilt für § 52 (keine Umwandlung in Freiheitsstrafe und Unzulässigkeit der Zwangsversteigerung von Grundstücken bei Strafvollstreckung)".

b) Soweit das EStG. gemäß § 72 Abs. 2 sich selbst rückwirkende Kraft beilegt, ist es fraglich, ob die Reichsabgabenordnung auch für diese Fälle der Rückwirkung des EStG. zur Anwendung kommt. § 461 RAO. spricht von „steuerpflichtigen Fällen, die auf Grund des EStG. vor dem Inkrafttreten der RAO. eingetreten sind". Die Wendung, daß „auf Grund" eines Steuergesetzes „Fälle eingetreten" sind, ist nicht eben eindeutig. Sie will wohl besagen, daß die RAO.

auf alle Fälle zur Anwendung gelangen soll, welche der Versteuerung nach dem EStG. unterliegen. Deshalb wird m. E. die Anwendbarkeit der RAO. für die Schenkungssteuer nicht nur wie bei der Nachlaß- und Erbanfallsteuer zurückbezogen auf den 1. 9. 1919; vielmehr wird die RAO. auch zur Anwendung zu bringen sein auf Schenkungsfälle, für welche ausnahmsweise das EStG. gemäß § 72 Abs. 2 mit rückwirkender Kraft gilt. Die RAO. läßt, abweichend von der Regel des § 451 RAO., das EStG. im allgemeinen unberührt (§ 452 Ziff. 4 RAO.); soweit sie ausnahmsweise das EStG. abändert (§ 459 RAO. und Erläuterungen zu § 47 EStG.), gilt diese Abänderung auch für Schenkungsfälle, auf welche nach § 72 Abs. 2 EStG. dieses mit rückwirkender Kraft Anwendung findet.

§ 73.

Die Ausführungsbestimmungen zu diesem Gesetz erläßt der Reichsminister der Finanzen mit Zustimmung des Reichsrats.

1. Die **Ausführungsbestimmungen** sind durch Erlaß des Reichsministers der Finanzen vom 11. 10. 1919 im Zentralblatt für das Deutsche Reich 1919 S. 1211 bekanntgegeben. Sie enthalten als Ausführungsbestimmungen, die kraft Delegation erlassen sind, grundsätzlich nicht zwingende Auslegungsregeln. Sie unterliegen der Nachprüfung durch die Finanzgerichte, insbesondere durch die oberste Instanz, den Reichsfinanzhof (vgl. Anm. 7 zu § 62 und Urteil des Reichsfinanzhofs vom 3. 10. 1919 Bd. 1 S. 199 für das erste EStG.). Die Mitglieder der Finanzgerichte sind als solche unabhängig und nur dem Gesetz unterworfen (§ 14 Abs. 4, § 36 Abs. 1 RAO.), also nicht den Ausführungsbestimmungen, welche nicht einen Teil des Gesetzes bilden. Man wird aber auch von den Behörden der Reichsfinanzverwaltung erwarten müssen, daß sie auf etwaige rechtliche Bedenken bei Anwendung der Ausführungsbestimmungen eingehen und solche selbständig prüfen, ein Standpunkt, der in diesen Erläuterungen zum Gesetz festgehalten ist.

2. Die Ausführungsbestimmungen sind bei den einzelnen Gesetzesbestimmungen zum Abdruck gelangt, zu deren Erläuterung sie zu dienen geeignet sind. Soweit dies nicht der Fall ist sind sie im Anhang abgedruckt.

Die den Ausführungsbestimmungen beigegebenen amtlichen Muster und Tabellen sind bei den entsprechenden Ausführungsbestimmungen mit zum Abdruck gelangt.

§ 74.

Dieses Gesetz tritt mit dem 1. September 1919 in Kraft.

Berlin, den 10. September 1919.

Der Reichspräsident
Ebert.

Der Reichsminister der Finanzen
Erzberger.

1. Die Stellung der Vorschrift im Gesetz ist nicht sinnentsprechend; ihrem Inhalt nach bildet sie den Einleitungssatz zu § 72 EStG. Sie bestimmt den Zeitpunkt des Inkrafttretens des Gesetzes, während § 72 die Übergangsvorschriften enthält, welche den Zeitpunkt des Inkrafttretens des Gesetzes logisch als gegeben voraussetzen. Der Zusammenhang zwischen § 74 und § 72 ist daher so zu verstehen: Das EStG. ist mit dem 1. 9. 1919 in Kraft getreten; Erb- und Schenkungsfälle, die zeitlich nachher sich ereignet haben, unterstehen der Regelung dieses Gesetzes, soweit sie sich vordem ereignet haben, unterstehen sie grundsätzlich den Vorschriften des ersten EStG. vom 3. 6. 1906. Ausnahmen für die Übergangszeit enthält § 72 Abs. 2 EStG.

2. Die eingehende Darstellung des zeitlichen Übergangsrechtes vom ersten EStG. zum vorliegenden Gesetz, auch über die ausnahmsweise rückwirkende Kraft dieses Gesetzes und die Einwirkungen landesrechtlichen Erbrechts findet sich deshalb in den Erläuterungen zu § 72 EStG.

Ausführungsbestimmungen zum Erbschaftssteuergesetze.

(Erlaß des Reichsministers der Finanzen vom 11. 10. 1919, Zentralblatt f. d. Deutsche Reich 1919, Nr. 43, S. 1211.)

I. Abschnitt.

Nachlaß- und Erbanfallsteuer.

§ 1.

Totenlisten (§ 58 Abs. 1 Nr. 1 EStG.).

Mit Muster 1 abgedruckt bei § 58 EStG.

§ 2.

Todeserklärungen usw. (§ 58 Abs. 1 Nr. 2 EStG.).

Abgedruckt bei § 58 EStG.

§ 3.

(§ 58 Abs. 1 Nr. 2, 3, Abs. 2 EStG.)

Mit Muster 2 abgedruckt bei § 58 EStG.

§ 4.

Genehmigung (§ 20 Abs. 1 Nr. 4, § 40 Abs. 2 Nr. 1 EStG.).

Abgedruckt bei § 58 EStG.

§ 5.

Totenbeiliste.

Mit Muster 3 abgedruckt bei § 58 EStG.

§ 6.

Abgedruckt bei § 58 EStG.

§ 7.

Erbschaftssteuerlisten.

Abgedruckt bei § 58 EStG.

§ 8.

Mit Muster 1 abgedruckt bei § 58 EStG.

§ 9.

(§§ 53 ff. EStG.)

Mit Muster 5 abgedruckt bei § 53 EStG.

§ 10.

Anmeldungen, Erbschaftssteuererklärungen (§§ 53—56 EStG.).

Abgedruckt bei § 53 EStG.

§ 11.

(§ 54 EStG.)

Abgedruckt bei § 54 EStG.

§ 12.

(§ 55 EStG.)

Abgedruckt bei § 54 EStG.

§ 13.

(§ 19 Abs. 2, § 56 Abs. 2, § 60 EStG.), (§ 59 Abs. 1 EStG.).

Abs. 1 ist abgedruckt bei § 56 EStG., Abs. 2 bei § 59 EStG.

II. Abschnitt.

Schenkungssteuer.

§ 14.

(§ 40 EStG.)

Auf Schenkungen und sonstige Zuwendungen unter Lebenden im Sinne des § 40 des Gesetzes finden die Vorschriften über die Erbanfallsteuer mit der Maßgabe Anwendung, daß an Stelle des Verhältnisses des Erblassers und des Erwerbers das Verhältnis des Schenkers und des Beschenkten tritt.

Der Ausdruck „Schenkung" in diesen Ausführungsbestimmungen umfaßt auch die sonstigen Zuwendungen im Sinne des Abs. 1.

§ 15.

(§ 58 Abs. 2 EStG.)

Die Gerichte und Notare haben den zuständigen Finanzämtern beglaubigte Abschriften aller, auch der steuerfreien, von ihnen beurkundeten Schenkungen unter Lebenden alsbald nach der Beurkundung zu übersenden. Auf der Urschrift ist zu vermerken, wann und an welches Finanzamt die Übersendung erfolgt ist.

(§ 54 Abs. 3 EStG.)

Ergibt der Inhalt der Urkunde nicht das Verwandtschafts- oder Schwägerschaftsverhältnis zwischen dem Schenker und dem Beschenkten sowie den Wert der Schenkung, so ist der Schenker hierüber zu befragen und sind seine Angaben dem Finanzamt ebenfalls mitzuteilen.

(§ 41 EStG.)

Abs. 3: Abgedruckt bei § 41 EStG.

§ 16.

Mit Muster 6 abgedruckt bei § 58 EStG.

§ 17.

(§ 42 EStG.)

Mit Muster 7 abgedruckt bei § 58 EStG.

§ 18.

(§ 54 EStG.)

Abgedruckt bei § 54 EStG.

§ 19.

(§§ 41, 55 EStG.)

Abgedruckt bei § 53 EStG.

III. Abschnitt.

Ermittlung des Wertes und Festsetzung der Steuer.

§ 20.

Ertragswert, Land-, forstwirtschaftliche, gärtnerische Grundstücke (§ 47 EStG.).

Abgedruckt bei § 47 EStG.

§ 21.

(§ 47 EStG.)

Abgedruckt bei § 47 EStG.

§ 22.

(§ 47 EStG.)

Abgedruckt bei § 47 EStG.

§ 23.

(§ 47 EStG.)

Abgedruckt bei § 47 EStG.

§ 24.

(§§ 47, 53 ff. EStG.)

Abgedruckt bei §§ 47 und 53 EStG.

§ 25.

(§ 47 EStG.)

Abgedruckt bei § 47 EStG.

§ 26.

(§ 47 EStG.)

Abgedruckt bei § 47 EStG.

§ 27.

Forsten (§ 47 EStG.).

Abgedruckt bei § 47 EStG.

§ 28.

(§ 47 EStG.)

Abgedruckt bei § 47 EStG.

§ 29.

Bebaute Grundstücke zu Wohn- oder gewerblichen Zwecken (§ 47 EStG.).

Abgedruckt bei § 47 EStG.

§ 30

(§ 47 EStG.)

Abgedruckt bei § 47 EStG.

§ 31.

(§ 47 EStG.)

Abgedruckt bei § 47 EStG.

§ 32.

(§ 47 EStG.)
Abgedruckt bei § 47 EStG.

§ 33.

(§ 47 EStG.)
Abgedruckt bei § 47 EStG.

§ 34.

(§ 47 EStG.)
Abgedruckt bei § 47 EStG.

§ 35.

(§ 47 Abs. 7 EStG.)
Abgedruckt bei § 47 EStG.

§ 36.

Beschränkte Steuerpflicht (§§ 10, 14, 24, 25 EStG.)
Abgedruckt bei § 14 EStG.

§ 37.

Der Gesamtwert der auf bestimmte Zeit beschränkten Nutzungen oder Leistungen ist nach der Hilfstafel 1 zu ermitteln.

Die Hilfstafel 1 ist abgedruckt in Anm. 1 zu § 50 EStG.

§ 38.

Geschichtlicher usw. Wert (§ 7 Nr. 2, § 37 Nr. 1 EStG.).
Abgedruckt bei § 7 EStG.

§ 39.

Steuerbescheid (§ 62 EStG.); (§§ 17, 30, 41 Abs. 1 EStG.); (§ 20 EStG.).
Mit Muster 8 und 9 abgedruckt bei § 62 EStG.

§ 40.

(§§ 13, 15, 27, 28 EStG.)
Zur Berechnung der Steuer dient die beigefügte Hilfstafel 2.

Die Hilfstafel 2 A ist abgedruckt bei § 15 EStG., die Hilfstafel 2 B teils in Anm. 3 teils hinter Anm. 5 zu § 28 EStG.

§ 41.

Überwachung.

Mit Muster 10 abgedruckt bei § 52 ESt.G.

§ 42.

Stundung (§ 63 EStG.); (§§ 64 ff. EStG.).

Abs. 1 ist abgedruckt bei § 63 EStG., Abs. 2 mit der Hilfstafel 3 bei § 64 EStG.

Stundung und Entrichtung von Teilzahlungen sind durch das Sollbuch (§ 47) zu überwachen.

Zur Niederschlagung der Steuern ist nur das Landesfinanzamt zuständig.

§ 43.

Sicherheitsleistung.

Abgedruckt bei § 63 EStG.

§ 44.

Vgl. Anm. 4 zu § 62 EStG.

Soweit die Steuer infolge eines offenbaren Versehens zu Unrecht gezahlt worden ist, hat eine Erstattung auf Antrag des Steuerpflichtigen und, wenn die Überhebung mindestens 5 M. beträgt, von Amts wegen durch das Finanzamt zu erfolgen. Im übrigen bedarf es zur Erstattung zu Unrecht gezahlter Steuer der Zustimmung des Landesfinanzamts.

IV. Abschnitt.

Kosten.

§ 45.

Das Verfahren in Erbschaftssteuersachen ist, soweit nicht ein anderes bestimmt ist, kosten-, gebühren- und stempelfrei.

Zu den Kosten des Verfahrens ist auch die Postgebühr zu rechnen, der die Sendungen der Steuerbehörden an die Steuerpflichtigen unterliegen; sie fällt daher diesen nicht zur Last. Dagegen haben die Steuerpflichtigen die Postgebühr für die von ihnen an die Steuerbehörden zu richtenden Sendungen zu tragen.

V. Abschnitt.

Aktenführung, Buchführung, Prüfungsverfahren, Uebergangsvorschriften.

§ 46.

Akten.

Abgedruckt bei § 58 EStG.

§ 47.

Kassenbücher.

Mit Muster 11 und 12 abgedruckt bei § 58 EStG.

§ 48.

Prüfung.

Mit Muster 13 abgedruckt bei § 58 EStG.

§ 49.

Abgedruckt bei § 58 EStG.

§ 50.

Abgedruckt bei § 58 EStG.

§ 51.

Aufbewahrung.

Abgedruckt bei § 58 EStG.

§ 52.

Abgedruckt bei § 58 EStG.

§ 53.

Abgedruckt bei § 58 EStG.

§ 54.

Übergangsvorschriften (§ 72 EStG.).

Das Verfahren in den Fällen, auf die noch das Erbschaftssteuergesetz vom 3. Juni 1906 Anwendung findet (§ 72 des Gesetzes), richtet sich nach den bisherigen Vorschriften.

Alphabetisches Sachverzeichnis.

Aufgestellt von Referendar Dr. Arthur Frost.

(Die Zahlen bedeuten die Seiten.)

A.

Abdeckereiprivilegien 21.
Abfindung 85, 91, 94f., 186f., 188, 189.
Abgetretene Gebiete 62.
Abgrenzung des in- und ausländischen Grund- und Betriebsvermögens 64f.
Abkömmlinge 3, 5, 57, 76, 82, 84, 86, 100, 101f., 114ff., 121, 150ff. 165f., 190, 337ff., 341f., 344f.
Abnutzung bei Betriebsgegenständen 27, 229.
Abrundungen 121, 124, 216.
Absatzquellen eines Betriebes 24.
Abschichtung der Kinder 56.
Abschläge von der Erbanfallsteuer 124f., 153f., 216, 240, 342.
Abschreibungen 28f., 226.
Abstimmungsgebiete 62.
Abwendung der Geschenkrückgabe 211f.
Abzahlungen 38, 51.
Abzugsfähigkeit der Nachlaßsteuer 6, 48, 55f., 70, 110f., 124, 125, 128.
Abzugsposten 6, 12, 38, 42, 47ff., 55f., 77f., 85, 91, 98, 99, 111ff., 172, 180, 185, 188, 211, 216ff., 225ff., 233f., 240.
Adoptiveltern 118, 196.
Adoptivkinder 57, 76, 86, 117, 118, 121, 187, 196, 345.
Akten der Steuerbehörde 287ff.
Aktien 31, 32, 215, 306.
Aktiengesellschaft 9, 31, 107, 215.
Allgemeine Gütergemeinschaft 15, 56ff., 184.
Allodialvermögen 18, 142.
Amtliche Gutachten bei Bewertungen 27, 218, 247, 268.
Änderung von Steuerbescheiden 320.
Androhung von Zwangsmaßnahmen 270.
Anerbengüter 59, 95, 102.
Anerkannte uneheliche Kinder 117f., 196, 342, 344f.
Anerkenntnis, Schuld- 55, 87.
Anfechtung letztwilliger Verfügungen 85f., 231.
Anfechtung von Schenkungen 211f.
Angemessenheit 199.
Angestelltenkassen 164, 182, 200ff.
Anmeldepflicht 5, 41, 70, 79, 80, 137, 205, 246ff., 265, 267ff., 271ff., 273ff., 289f., 302f., 304ff., 306f., 344.
Annahme der Erbschaft 49, 212, 231, 318.
Anrechnung auf den Pflichtteil 187.
Anrechnung gezahlter Steuern 5, 6, 71, 75f., 100, 102, 165f., 170, 193, 234, 343f.
Anschaffungswert 27, 229.
Anstalten 159, 164, 196, 202, 208, 348.
Anstandsrücksicht 97, 181f., 203, 204ff., 332.
Anstoßsystem 66, 123.
Anteil am Gesamtgut 15, 56ff., 74, 95 140.
Anteil der Länder an der Reichserbschaftssteuer 333ff.
Antragserfordernis 27, 34, 55 221f., 224, 231, 233f., 235ff., 239ff., 307, 317, 323, 324, 327.

Anwartschaft des Nacherben 13, 97, 99, 100, 232, 239, 240.
Anwendbarkeit der Erbanfallsteuervorschriften für die Schenkungssteuer 193.
Apothekerprivilegien 19, 21.
Arbeiterkassen 164, 182, 200ff.
Arbeitskraft, eigene, Bewertung 217ff., 225f.
Arbeitskraft, fremde 113f., 217ff., 224ff.
Arbeitsverhältnis zum Zuwendenden 149, 164, 182, 200ff.
Armenunterstützung 157.
Arme Verwandte, vorzugsweise Bedenkung 93, 186.
Arztberufsgegenstände 27, 38, 50, 59, 78, 197.
Aufbewahrungsfrist für Erbschaftssteuerakten 289.
Aufenthalt als Besteuerungsgrundlage 60ff., 106f., 345.
Aufgebot der Nachlaßgläubiger 54, 72, 77f.
Auflagen, Abzugsfähigkeit 48, 112f., 185, 209.
Auflagen, steuerliche Behandlung 92f. 112f., 139, 140, 160f., 164, 185, 209, 214, 242.
Aufsichtsbehörde für gebundene Güter 142f., 302.
Auftrag als Nachlaßbestandteil 14.
Ausantwortung an ausländische konsularische Vertreter 274ff.
Ausantwortung, vorzeitige, bei bedingtem Erwerb 232.
Ausantwortung, vorzeitige, der Nacherbschaft 17, 188f.
Ausantwortung, vorzeitige, von Nachlaßteilen 77ff., 141, 275, 304.
Ausbildung 199ff., 207.
Auseinandersetzung der Erben 17, 53, 77f., 87, 102, 109, 110, 188, 228, 277, 278.
Auseinandersetzung der Gütergemeinschaft 15, 58, 184.
Auseinandersetzungsguthaben des Gesellschafters 9f.
Ausgleichsbesteuerungsgesetz 36f.
Ausgleichs- und Prüfungsämter 35 ff.
Aushändigung, vorzeitige, bei bedingtem Erwerb 232.
Aushändigung, vorzeitige, der Nacherbschaft 17, 188f.
Aushändigung, vorzeitige, von Nachlaßteilen 77ff., 141, 275, 304.
Auskunftspflicht 268f., 275, 277ff., 289f., 302f.
Ausland, Zahlungen in das 79f., 141.
Ausländerbesteuerung 61, 62, 93, 106, 107, 274ff., 345.
Ausländische Erbschaftssteuer 55f., 345.
Ausländische Rechte kein Grundvermögen 22.
Ausländische Zweckzuwendungen 159, 165, 348f.
Ausländisches Grund- und Betriebsvermögen, Abgrenzung vom inländischen 64f., 107.
Ausländisches Recht, Anwendung 84.
Ausländisches Vermögen 50, 55, 61, 62, 107, 135.
Auslandsdeutsche 61, 106, 163, 203.
Auslegung der Steuergesetze 41, 59, 98, 127f., 200f., 241, 332, 354.
Auslegung von Testamenten 87, 90, 101, 120, 158, 337ff.
Ausschlagung 14, 42, 82, 84, 88, 94f., 97, 186f.
Ausschlagung zugunsten eines anderen 95.
Ausschließlichkeit bei Zweckzuwendungen 163, 207f.
Ausschlußfrist für Erstattungsansprüche 212, 317f.
Aussetzung der Besteuerung 86, 100, 101, 119, 165, 231, 238ff., 241, 307f., 321.
Ausstattung 152, 188, 189ff.
Aussteuer 189ff.
Aussteuerversicherung als Kapitalvermögen 32.
Auswärtige deutsche Konsuln usw. 278.

B.

Bankdepot 7, 42, 55, 81, 275, 304ff.
Banken, Anmeldepflicht 275, 304ff.
„ Haftung für die Steuer 81.
Barguthaben des Erblassers 81, 305.

Barlohn, Dienste ohne 113f.
Bauernanerbengüter 59, 95, 102.
Beamte im Auslande 62, 107.
Bedingte Erbeinsetzung 113.
Bedingter Erwerb 41, 43, 55, 73f., 91f., 93, 186, 230ff., 239, 240.
Bedingte Rechte 33, 48, 230ff., 235.
Bedürftigkeitseinrede des Erben 72.
Beerdigung 52, 77f.
Befreiter Vorerbe 97ff., 119, 165f., 172, 188f., 339.
Befreiungen von der Steuer 5, 34, 37ff., 45f., 47ff., 59f., 62, 71, 78, 88, 107, 108, 121, 128, 143ff., 167f., 190, 193, 195ff., 342, 347ff.
Befreiungsvermächtnis 88, 146f.
Befristeter Erwerb 230ff.
Befristete Rechte 33, 48, 230ff.
Begünstigung bei Steuerverfehlungen 332.
Behördliche Genehmigung für Zuwendungen 93, 186, 285.
Behördliche Mitteilungen an Steuerbehörden 70, 229, 273, 277ff., 289f., 302f.
Beihilfe bei Steuerverfehlungen 332.
Beistandspflicht der Behörden gegenüber den Steuerbehörden 303.
Beiträge als Zuwendungen 184f.
Bekanntmachung von Strafen in Steuersachen 332.
Belastung 40, 44, 50f., 60, 65, 111.
Belohnende Schenkungen 182, 201, 208f.
Berechnung bei Zusammenrechnungen 169f.
Berechnung der Erbanfallsteuer 5, 109ff., 124ff.
Berechnung der Nachlaßsteuer 5, 65ff.
Berechnung der Schenkungssteuer 193.
Berechnung des Nachlasses bei Gütergemeinschaft 58f.
Bereicherungshöhe bei gemischten Schenkungen 180.
Bereicherungssteuer, Wesen 1, 2, 3, 4, 81f, 87, 104, 108, 123, 173, 174, 180, 214, 245.
Bergbau 19, 26, 31, 32.
Bergwerkseigentum 21, 31.
Berichtigung der Veranlagung 34, 51, 54, 70, 85, 102, 171, 222, 227ff., 230f., 233f., 236, 238, 317f.
Berichtigung von Steuerbescheiden 320.
Berliner Testament 2, 58, 104.
Berufung 320.
Bescheid der Steuerbehörde 70, 71, 79, 86, 136f., 222, 233f., 308f., **309 ff.**
Beschränkte Erbenhaftung 72, 79, 140.
Beschwerde 165, 307, 320.
Beschwerter bei Zweckzuwendungen 139f., 160, 164, 207, 272.
Besitz als Nachlaßbestandteil 14.
Besitz von Nachlaßteilen 11, 54, 72, 76ff., 275, 304ff.
Besitzer des Nachlasses 11, 54, 72, 76ff., 87f.
Besitzsteuergesetz 5, 18, 19, 30, 50, 123, 134f., 223ff.
Bestandteile des Betriebsvermögens 22ff., 229.
Bestandteile des Gesamtgutes 57f.
Bestandteile des Grundstückes 19f., 65, 223f., 247.
Bestandteile des Nachlasses 12ff.
Bestattung 52, 77f.
Bestimmungsvermächtnis 88.
Bestrafungen in Steuersachen 268, 270, 330ff.
Betrag der Erbanfallsteuer 122ff.
Betrag der Erbschaftssteuer des ersten EStG. 346f.
Betrag der Nachlaßsteuer 65ff.
Betrieb, Begriff 23f., 26f., 61, 63f., 113f.
Betriebsstätte, Abgrenzung 23f., 61, 63f.
Betriebsvermögen 19, 21, 22ff., 38, 51, 60ff., 107, 135, 168, 197, 228, 229.
Beurkundung, gerichtliche oder notarielle 53, 55, 77f., 194, 271, 273, 277, 289f., 302f., 358.
Bewertung des Betriebsvermögens 27ff., 229.
Bewertung des Ersatzerbenrechtes 13.
Bewertung des Grundvermögens 216ff., 223ff.
Bewertung des Hausrates 39.

Bewertung des Kapitalvermögens 32ff., 109f.
Bewertung des Nacherbenrechtes 13.
„ **der Nachlaßmasse** 8, 109, 110, 215.
Bewertung ökonomischer Potenzen 25f.
Bewertung von Schulden 33, 35ff., 50, 112.
Bewertung des vorhandenen Erwerbervermögens 123ff., 135, 146, 148, 153, 193.
Bewertung wiederkehrender Leistungen 33f., 235ff.
Bewertung auf Grund des Friedensvertrages 35ff.
Bezugsquellen eines Betriebes 24.
Bilanz und Steuerrecht 22, 25f., 28f., 65, 229, 269.
Bindung der Steuerbehörde an Urteile usw. 17f., 87.
Bischofsstühle 159.
Börsenhandel 32, 35, 215.
Brauereien 26, 216.
Brennereien 26, 216.
Briefrückkauf 181.
Bücher 38, 50, 59, 78, 197.
Büchereien 157.
Büdnerrechte 19.
Bürgerliches Recht und Erbschaftssteuer 2.
Bürgschaft als Zuwendung 182ff.
Büroeinrichtungen 197.

D.

Deckungsverhältnis 176, 186.
Deflorationsanspruch im Nachlaß 15.
Depot 7, 42, 55, 81, 275, 304ff.
Deutsche Sparprämienanleihe 34f., 59, 168.
Dienstbarkeit im Nachlaß 15.
Dienstleistungen 113f., 174, 179.
Dienstlicher Wohnsitz 62, 106.
Dienstverhältnis zum Zuwendenden 149, 164, 182, 200ff.
Dienstvertragsrechte im Nachlaß 14.
Dienstwohnungen 157.
Dreißigster 92, 145f.
Durchstufungssystem 66, 123.

E.

Ehegatten 3, 5, 82, 84, 86, 89f., 92, 100ff., 114ff., 121, 135, 140, 165f., 184, 337ff., 341f., 350ff.
Eheliche Kinder 117.
Ehestreitigkeiten 116f.
Ehevertrag 57, 58, 187.
Eidesstattliche Versicherungen 269f., 309.
Eingebrachtes Gut 56f., 58, 188, 191.
Einkommensteuer, Wesen 1.
Einnahmebuch der Steuerbehörde 288f., 299f.
Einreden des Erben 110, 140.
Einspruch 320.
Einteilung des EStG. 5f.
Elektrizitätswerk 157.
Eltern 84, 86, 89f., 118, 121, 150ff., 196, 344.
Emissionskurs von Aktien 215.
Empfänger von Nachlaßteilen 77f.
Enkel 57, 86, 117, 150ff., 190.
Entgelt bei Zuwendungen 44, 149, 175, 179ff., 205.
Entnahmerecht des Inhabers gebundenen Vermögens 73, 142f.
Entnahmerecht des Vorerben beim Reichsnotopfer 102f.
Entrichtung der Steuer 72ff., 76, 77ff., 141, 310, 320ff., 328f.
Entrichtung der Steuer durch Dritte 136, 241ff., 318.
Entschuldigungsnachweis 78, 81.
Entstehung des Steueranspruches 2, 3, 70, 83f., 91, 93, 310.
Entwertung durch den Krieg 28, 39.
Erbanfall, Begriff 84, 108, 121, 128.
Erbanfallsjahr 109, 123, 124ff.
Erbanfallsteuer, Berechnung 5, 109ff., 124ff.
Erbanfallsteuer, geschichtliche Entwicklung 3.
Erbanfallsteuer, Höhe 122ff.
Erbanfallsteuer, Wesen 2, 4, 5, 81f., 175.
Erbanfallsteuer und Reichsnotopfer 102ff.
Erbanfallsteuerbefreiung als Vermächtnis 90, 111.
Erbanfallsteuererklärung 273f.

Erbanfallsteuerversicherung 45ff.
Erbauseinandersetzung 17, 53, 77f., 87, 102, 109, 110, 188, 228, 277, 278.
Erbbaurecht 21, 223f., 345.
Erbenklasse 5, 76, 100, 109, 114ff., 123, 139, 143, 156, 167, 193, 196ff., 215, 240f., 341f.
Erbenkonkurs 9.
Erbfolge, gesetzliche 85, 86, 102, 115, 147, 149.
Erbfolge, gewillkürte 86f., 115.
Erbpachtrecht 21, 223f., 345.
Erbrecht, bürgerliches Recht und Steuerrecht 2.
Erbschaftsbesitzer 11, 54, 72, 76ff., 87f.
Erbschaftskauf 88, 136.
Erbschaftssteuer, geschichtliche Entwicklung 3.
Erbschaftssteuer, Stichtag 214.
" Wesen 1, 2, 81f.
Erbschaftssteueramt 290, 302f.
Erbschaftssteuerbescheid 311ff.
Erbschaftssteuereinnahmebuch 288f., **299f.**
Erbschaftssteuererklärung 70, 218, 246f., **248ff.**, 265ff., 272, 275, 276f.
Erbschaftssteuerliste 241f., 286ff., **291f.**, 303.
Erbschaftssteuersollbuch 288f., **297f.**, 361.
Erbschaftssteuerversicherung 45ff., 245.
Erbschaftsstreitigkeiten 17, 54, 87, 110, 214.
Erbschein 53, 77f.
Erbstammgüter 18, 32, 68f., 73, 91, 95f., 141f., 189, 302, 326.
Erbvertrag 57, 86, 92, 187, 211, 278.
Erbverzicht 186f.
Erfinderrecht als Nachlaßbestandteil 14.
Erfüllung nichtiger Testamente 210f.
Ergänzung des Pflichtteils 84.
Erlaß von Schulden 49, 88, 207, 242.
" " **Steuern** 71, 207, 234.
Ermäßigung der Steuer 71, 126ff., 148, 153ff., 171, 193, 348f.
Ermittlungsverfahren 270.
Ersatzerbenanwartschaft 13.
Ersatzerbschaft, Begriff 13, 86.
" Bewertung 13.
Erstattung von Steuern 34, 51, 54, 71, 74f., 98, 99, 101, 166, 211f., 234, 237, 238, 241, 244, 317f.
Ertragswert von Grundstücken 216ff. 223ff., 247.
Erwerb von Todes wegen, Begriff 82ff., 105, 107, 108, 121, 128, 149.
Erwerbsjahr 109, 123, 124ff.
Erwerbsunfähigkeit 147f., 201, 202.
Exterritoriale 63, 194.

F.

Fabrikationsmethode 24.
Fährgerechtigkeiten 21.
Fahrlässige Steuerverfehlungen 331f.
Fahrnisgemeinschaft 15, 57, 58, 184.
Familienbesitz 18, 39, 56, 167.
Familienrechtliche Rechte 12, 14, 30, 43, 49, 89f.
Familienstiftung 9, 31f., 93f., 149f., 189, 348.
Familienzweckzuwendungen 164, 203.
Feuerversicherungssumme 218, 247.
Fideikommiß 9, 18, 32, 68f., 73, 91, 95f., 141f., 189, 302, 326.
Finanzamt, Zuständigkeit 80, 212, 229, 246f., 265ff., 290, 302f., 309, 310, 317, 320.
Finanzgericht 320, 354.
Firmenrecht als Vermögensbestandteil 14, 25.
Fischerei 219.
Fischereigerechtigkeiten 21.
Fiskus als Erwerber 86, 92, 143f., 196.
Forderungen, Bewertung 32ff.
" als Kapitalvermögen 30f.
Forderungen gegen Miterben 17, 44, 112.
Form der Erwerbsanmeldung 271ff.
" " **Steuererklärungen** 246f., 267ff.
Form der Steuerbescheide 310ff.
" " **Verfügung von Todes wegen** 86.

Formmangel letztwilliger Verfügungen 210f.
Formvorschriften 55, 86, 88, 189.
Forschungszwecke 38f., 157.
Forstrechte 19.
Forstwirtschaft 19, 26, 216ff., 224ff.
Fortgesetzter Betrieb als Bewertungsgrundlage 27f.
Fortgesetzte Gütergemeinschaft 15, 56ff., 74, 95, 140.
Frachtführer, Anmeldepflicht 305.
Freibelege 285, 289.
Freie Berufe 27, 38, 50, 59, 78, 197.
Freie Vorstufen 121, 123, 128, 193, 196.
Freigebige Zuwendungen, Begriff 174ff., 185, 209.
Fremde Arbeitskraft 113f., 217ff.
Friedenspreise 28, 39.
Friedensschluß 148.
Friedensvertrag von Versailles 35ff. 62, 63, 148.
Frist für Erbfallanmeldung 246, 265, 268.
Frist für Erwerbsanmeldung 271, 273ff.
Fristenberechnung 318f.

G.

Garantie als Zuwendung 183f.
Gärtnereigrundstücke 26, 216ff., 224ff.
Gattungsvermächtnis 88.
Gebrauchsgegenstände 38f., 50, 59, 78, 168, 196ff.
Gebühren, gerichtliche und notarielle 53, 77f., 285, 290, 302, 336.
Gebundene Güter 9, 18, 32, 68f., 73, 91, 95f., 142f., 189, 302, 326.
Gegenleistungen bei Zuwendungen 44, 149, 175, 179ff.
Geige als Gebrauchsgegenstand 168.
Geld 29, 197.
Geldstrafen 268, 270, 330ff.
Geldwerte Gegenleistungen, nicht 181, 205, 209.
Geldwerte Rechte 30, 112f.
Gelegenheitsgeschenke 203f., 332.
Geltung der Erbanfallsteuervorschriften für die Schenkungssteuer 193.
Gemälde als Gebrauchsgegenstände 168.
Gemeindeverbände 157f., 161, 333ff.
Gemeiner Wert beim Betriebsvermögen 27f., 109.
Gemeiner Wert beim Grundvermögen 216ff., 223ff., 247.
Gemeiner Wert beim Kapitalvermögen 32f., 37, 109, 112 235.
Gemeinnützige Zwecke 139, 162f., 164, 202f., 207f., 348.
Gemeinschaftliche Abkömmlinge 76, 165f.
Gemeinschaftliches Testament 6, 100ff., 104, 120f., 210f., 278, 337ff. 350.
Gemischte Schenkung 44, 179ff., 188, 210, 228, 328.
Genehmigung von Behörden für Zuwendungen 93, 186, 285.
Generalvollmacht 6f., 42, 306.
Genossenschaften 31, 137.
Gerechtigkeiten 21, 23, 29.
Gerichte, Mitteilungspflicht 273, 277ff., 289f., 302f., 358.
Gerichtliche Beurkundung 53, 55, 194, 271, 273, 277, 289f., 302f, 358.
Gesamtgut, Anteil 15, 56ff., 74, 140.
" , Bestandteile 57f.
" , Übernahmerecht 15, 56.
Gesamtschuldner für die Steuer 78, 194, 310.
Gesamtwert des Nachlasses 59, 74.
Geschäftsanteile 31.
Geschäftsgeheimnisse, Bewertung 24.
Geschäftsguthaben 31.
Geschäftsmäßige Verwahrer 305f.
Geschichte des EStG. 3.
Geschichtlicher Wert 38f., 167.
Geschwister 84, 86, 118, 196, 198.
Geschwisterkinder 84, 86, 118, 196, 198.
Gesellschaften 93, 107, 137, 159, 196.
Gesellschaften m. b. H. 9, 23, 31, 32, 107, 137, 228.
Gesellschafterrechte im Nachlaß 14, 30f.
Gesellschaftseinlagen 31.
Gesellschaftsvermögen 9f., 23f., 32, 228.

Gesetz, Anfechtungs- vom 17. 5. 1898 211.
Gesetz, preuß. betr. Auflösung der Familiengüter vom 23. 6. 1920 18.
Gesetz, Reichsausgleichs- vom 24. 4. 1920 36.
Gesetz, Ausgleichsbesteuerungs- vom 12. 6. 1920 36f.
Gesetz, Bank- vom 14. 3. 1875 31.
Gesetz, preuß. Allgemeines Berg- vom 24. 6. 1865 21, 26, 31.
Gesetz, Besitzsteuer- vom 3. 7. 1913 5, 18, 19, 30, 50, 123, 134f., 223ff.
Gesetz Betriebsräte- vom 4. 2. 1920 113.
Gesetz, Doppelsteuer- vom 22. 3. 1909 63.
Gesetz, preuß. Einkommensteuer- vom 24. 6. 1891 26.
Gesetz, Reichseinkommensteuer- vom 29. 3. 1920 1.
Gesetz, Reichserbschaftssteuer- vom 3. 7. 1906 3, 5, 82, 97, 111, 149, 150, 151, 336ff., 344, 355; §§ 6—15 im Wortlaut 345ff.
Gesetz, preuß. Ergänzungssteuer- vom 1893 23, 65, 273.
Gesetz, Gebrauchsmusterschutz- vom 1. 6. 1891 14.
Gesetz, Genossenschafts- vom 1. 5. 1889 31.
Gesetz, G. m. b. H.- vom 20. 4. 1892 31.
Gesetz, Grunderwerbssteuer- vom 12. 5. 1919 228, 229, 335f.
Gesetz, Hinterbliebenen- vom 17. 5. 1907 148.
Gesetz für Hinterbliebene militärischer Luftfahrer vom 29. 6. 1912 148.
Gesetz, Körperschaftssteuer- vom 30. 3. 1920 138.
Gesetz über eine außerordentliche Kriegsabgabe vom 26. 7. 1918 71.
Gesetz über eine Kriegsabgabe vom Vermögenszuwachs vom 10. 9. 1919 142, 273, 343.
Gesetz, Kriegssteuer- vom 21. 6. 1916 142, 162, 200.
Gesetz, Kunstschutz- vom 9. 1. 1907 14, 16.
Gesetz, Landessteuer- vom 30. 3. 1920 4, 64, 333ff.
Gesetz, Musterschutz- vom 11. 1. 1876 14.
Gesetz, Reichsnotopfer- vom 31. 12. 1919 25, 51, 102ff., 138, 227, 229, 273, 344.
Gesetz, Offizierspensions- vom 31. 5. 1906 148.
Gesetz, Patent- vom 7. 4. 1891 14.
Gesetz, Reichs- und Staatsangehörigkeits- vom 22. 7. 1913 61f.
Gesetz, preuß. Stempel- 335.
Gesetz gegen die Steuerpflicht vom 26. 7. 1918 106.
Gesetz, Urheber- vom 19. 7. 1901 14, 16.
Gesetz, Versicherungsvertrags- vom 30. 5. 1908 42.
Gesetz, Warenzeichen- vom 12. 5. 1894 14.
Gesetz, Wehrbeitrags- vom 3. 7. 1913 142.
Gesetzliche Erbfolge 85, 86, 102, 115, 147, 149.
Gestehungskosten 229.
Gewahrsam an Nachlaßteilen 80f., 275, 304ff.
Gewerbe 19, 26f., 38, 61, 63f., 168, 197, 198.
Gewerbebetrieb, Einteilung 26f., 113, 217.
Gewerbliche Grundstücke 220ff., 224ff.
Gewerkschaftsvermögen 31, 32.
Gewinnanteil 33.
Gläubigeramt 36.
Gold 29.
Grabdenkmal 52, 77f.
Grabstättenpflege 52, 77f.
Gradesnähe der Erben 86, 100, 114ff.
Gratifikationen 182, 201, 209.
Großeltern 84, 86, 118, 121, 150ff., 196, 344.
Großneffen 118, 196, 198.
Großnichten 118, 196, 198.
Grunddienstbarkeiten 19.
Grunderwerbssteuer 229, 242, 336.
Grundschuld 30.
" zur Steuersicherung 324ff., 327ff.

Grundstücke, Bestandteile und Zubehör 19f., 38, 65, 218, 223ff., 247.
Grundstücks-G. m. b. H. 228.
Grundstücksverzeichnisse 223, 229.
Grundvermögen 19, 21f., 27, 38, 51, 53f., 59, 60ff., 107, 109, 135, 322ff., 325ff., 327ff., 345f., 349.
Grundvermögen, Bewertung 216ff.
Güter, nach dem Friedensvertrag liquidierte 37.
Gütergemeinschaft, allgemeine 15, 56ff., 184.
Gütergemeinschaft, fortgesetzte 15, 56ff., 74, 95, 140.
Güterrechte, einzelstaatliche 2, 58.
Gutsbezirke 157f.

H.

Haftstrafen 270.
Haftung für die Steuer 4, 5, 6, 11, 36, 44, 72ff., 76ff., 136f., 140, 194.
Handelskammern 107.
Härteparagraph 70ff., 207, 234, 320.
Hausangestellte 113.
Haushaltsgegenstände 86, 168, 189ff. 193, 198, 347.
Häuslerrechte 19.
Hausrat 37ff., 50, 59, 78, 146, 148, 167, 193, 347.
Hausvermögen 18, 32, 56, 68f., 91, 95f., 142f., 189, 302, 326.
Heizung bei Wohngrundstücken 226f.
Hemmung der Verjährung 321.
Herausgabe von Geschenken 211f.
Herstellungsmethoden als Vermögensbestandteil 24.
Herstellungspreis bei Betriebsgegenständen 27, 229.
Hilfstafel für Erbanfallsteuer 121, 124f., **128**ff., 154f.
Hilfstafel für Kapitalisierung 34, 235ff.
Hilfstafel für Nachlaßsteuer 59, **67.**
„ „ **Tilgungsrenten** 325.
Hinterlegungsstellen 304ff.
Hinterziehung von Steuern 305, 321, 330ff.
Hinzurechnungen zum Nachlaßvermögen 40ff., 55, 73, 108, 121, 215, 216, 274f.
Hochzeitsgeschenke 86, 211.
Höhe der Bereicherung bei gemischten Schenkungen 180.
Höhe der Erbanfallsteuer 122ff.
„ „ **Erbschaftssteuer des ersten EStG.** 346f.
Höhe der Nachlaßsteuer 65ff.
Höchstbetrag der Erbanfallsteuer 124, 170, 231.
Höchstwert 38f., 51, 59f., 121, 124, 147f., 153, 167, 168, 196ff., 227.
Hypotheken 53, 65.
„ **zur Steuersicherung** 322, 324, 329.
Hypothekenforderungen 31.

J.

Jagd 219.
Jahr des Erbanfalles 109, 123, 124ff.
Immaterielle Güter 24ff., 30, 178.
Immaterieller Schaden, Ersatzanspruch im Nachlaß 15.
Inhalt der Erwerbsanmeldung 271f.
„ „ **Steuerbescheide** 310ff.
„ „ **Steuererklärung** 248ff., 267ff.
Inkrafttreten des EStG. 3, 41, 101, 172, 213, 336ff., 355.
Inländisches Grund- und Betriebsvermögen 51, 61, 107.
Inländisches Grund- und Betriebsvermögen, Abgrenzung vom ausländischen 64f., 107.
Inländische Zwecke, Abgrenzung 159, 163.
Instandhaltungskosten 220ff., 226f.
Instandsetzungskosten 226.
Instrumente, ärztliche als Gebrauchsgegenstände 38, 50, 59, 78, 197.
Interessen, nach dem Friedensvertrag liquidierte 37.
Interimsscheine 31.
Internationales Recht 117.
Intime Beziehungen, Zuwendungen 205f.
Inventarerrichtung 54, 70, 77f., 276f.
Inventar von Grundstücken 216ff., 225, 247.

Irrtum, unverschuldeter bei Steuerverfehlungen 332.
Juristische Personen 2, 9f., 14, 93, 107, 118, 123, 135, 137, 147, 158ff., 173, 185, 207f., 348.

K.

Kapitalanlage, Bewertung 109f.
Kapitalisierung 33f., 51, 96, 98, 103, 143, 188, 189, 193, 222, 234ff., 240.
Kapitalvermögen 19, 21, 27, 29ff., 62.
Kassen, Unterstützungs- 158, 164, 200ff., 208, 348.
Kassenbücher der Steuerbehörde 288f., 297ff.
Katasterauszug 218, 247.
Kinder 3, 5, 57, 76, 82, 84, 86, 100, 101f., 114ff., 121, 150ff., 165, 190, 341f., 350ff.
Kinderprivileg 153.
Kirchengemeinden 52, 77f., 157, 158f.
Kirchliche Gemeinschaften 93, 158f.
Kirchliche Zwecke 139, 158, 161ff., 207f., 348.
Klassen der Erwerber 5, 76, 100, 109, 114ff., 123, 139, 143, 156, 167, 193, 196ff., 215, 240f., 341f.
Klavier als Gebrauchsgegenstand 168.
Kleidungsstücke 168, 193, 197, 198.
Klöster 159.
Kohlenabbaugerechtigkeiten 21.
Kommanditgesellschaft 9f., 14.
Kommunalverbände 107, 143, 157f.
Kongregationen 159.
Konkurs 8f., 37, 49, 70, 72, 78, 91, 97, 140, 141, 211, 212, 318.
Konsumvereine 163.
Kontokorrentverhältnis 7, 186.
Kontrollsteuer, Nachlaßsteuer als 5.
Kosten, abzugsfähige 47ff., 77f., 111, 192f., 217ff.
Kosten des Erbschaftssteuerverfahrens 247, 322, 361.
Krankenhäuser 157.
Kredit eines Betriebes als Vermögensbestandteil 24.
Kreisverbände 157.
Kriegerwitwen und -waisen 148.
Kriegsabgabe vom Vermögenszuwachs, Anrechnung 343.
Kriegsteilnehmerbegünstigung 71.
Kulturart bei Grundstücken 218ff., 247.
Kündigung, Einfluß auf die Bewertung 49f.
Kundschaft als Vermögensbestandteil 24.
Künftiges Erbrecht, vorherige Zuwendungen 188f., 199, 341.
Kunstgeschichtlicher Wert 38f., 167.
Kurswert 32f., 35f., 215.
Kusinen 118.
Kuxe 31, 32.

L.

Lagerhalter, Anmeldepflicht 305.
Länder, Anteil an der Erbschaftssteuer 333ff.
Länder als Erwerber 143f., 196.
Landesfinanzamt, Zuständigkeit 156, 266, 269, 307, 309, 323, 328, 361.
Landesrecht und Reichsrecht 333ff., 344, 350ff.
Landesrechtliches Eherecht 2, 58.
Landessitte, Maßgeblichkeit für die Steuer 52, 203f.
Landessteuergesetz 4, 64, 333ff.
Landgemeinde 107, 157f.
Landwirtschaft 19, 26, 216ff., 224ff.
Lästiger Vertrag und Zuwendung 209.
Lebensalter, Berücksichtigung 33f., 96, 114, 153f., 235ff.
Lebensversicherung 32, 33, 40, 41f., 79, 81, 93, 275, 306f.
Legitimierte Kinder 117.
Lehen 18, 32, 68f., 73, 91, 95f., 142f., 189, 302, 326.
Leibrente 15, 31, 33, 41, 77, 79, 193, 235, 275, 306.
Leichenfeier 52, 77f.
Leistungen als Kapitalvermögen 32, 33f., 40, 234ff.
Leistungen als Zuwendungen 186.
Letzwillige Verfügung 85ff., 120, 210f., 277, 278, 289f., 302f., 349ff.

Liquidation auf Grund des Friedensvertrages 37.
Liquidationsmasse juristischer Personen 9.
Luxusvilla und Wohngrundstück 225.

M.

Märkisches Provinzialrecht 2, 58, 104, 350ff.
Mehrfache Anfälle, Steueranrechnung 75f., 100, 102, 193.
Mehrfache Verwandtschaft 115f.
Mehrfache Zuwendungen 169, 230f.
Miete 43, 49f., 217ff., 223ff., 247.
Mieterschutzverordnungen 226f.
Mildtätige Zwecke 139, 161ff., 202f., 207f., 348.
Minister der Finanzen, Reichs- 32, 71, 143, 246, 266, 289, 307, 324, 354.
Miterbenanteil, Verkauf 228.
Miterbengemeinschaft bei Anerbengütern 59, 102.
Miterbenschulden im Nachlaß 17, 44, 112.
Miterbenvorkaufsrecht als Nachlaßbestandteil 14.
Mitgift 190f.
Mittelbare Zuwendung, Wesen 175f. 183, 186, 209.
Mißbrauch bürgerlichrechtlicher Fomen 83, 209, 244f.
Mobilien 38f., 50, 59, 78, 146, 148, 167, 193.
Museen 157.
Musikinstrumente als Gebrauchsgegenstände 168.
Muster 1 278, 279ff.
" **2** 283, 285, 290.
" **3** 284, 285.
" **4** 286, 291f.
" **5** 246, 248ff., 275.
" **6** 287, 293f.
" **7** 287, 295f.
" **8** 309, 311ff.
" **9** 309, 315f.
" **10** 241, 243.
" **11** 288, 297f.
" **12** 288, 299f.
" **13** 288f., 301.

N.

Nacherben-Anwartschaft 13, 97, 99, 100, 232, 239, 240.
Nacherbschaft, Begriff 13, 16, 96f.
" Besteuerung 96ff., 119, 165f., 232, 239ff., 273, 337ff.
Nacherbschaft, Bewertung 13.
" vorzeitige Aushändigung 17, 188f.
Nachlaßfürsorge, Nachlaßvertreter 8f., 49, 54, 72, 76ff., 104, 136f., 140, 141, 246f., 265, 272f., 277, 278, 304ff., 309f.
Nachlaßkonkurs 8f., 49, 70, 72, 77, 91, 97, 140, 141, 212, 318.
Nachlaßschätzer 39.
Nachlaßsteuer, Abzugsfähigkeit 6, 48, 55f., 70, 110f., 124, 125, 128.
Nachlaßsteuer, Berechnung 5, 65ff.
" geschichtliche Entwicklung 3.
Nachlaßsteuer, Höhe 65ff.
" Stichtag 214.
" Wesen 2, 4f., 12.
Nachlaßsteuererklärung 70, 218, 246f., **248ff.,** 265ff., 272, 275, 276f.
Nachlaßsteuerversicherung 45ff., 245.
Nachlaßverbindlichkeiten 8, 47ff., 54ff., 70, 72, 77f., 91, 141.
Nachlaßvermögen, Bestandteile 12ff., 40ff.
Nachlaßverzeichnis 38, 168, 218, 246ff., **248ff.,** 265, 276f.
Nachveranlagung 34, 102, 227f., 230f., 236, 241.
Nachvermächtnis 14, 96, 232.
Namensverzeichnis 242, 287, 289.
Namensrecht im Nachlaß 14.
Nebenbetriebe 26, 216.
Nebenleistungen bei Wohngrundstücken 220ff., 226f.
Nebenzwecke 139, 159, 163, 208.
Neffen 118, 198.
Nennwert 33, 35, 36, 50, 112, 304.
Neuveranlagung 102, 227ff.
Nichten 118, 198.
Nichtigkeit letztwilliger Verfügungen 85f., 231.
Nichtigkeit von Schenkungen 211f.

Niederschlagung von Steuern 320, 361.
Nießbrauch 15, 30, 89f., 98, 111, 231, 239ff., 326.
Nießbrauch, vorbehaltener 41, 43f., 73f., 188.
Nießbrauchsbesteuerung beim gebundenen Vermögen 91, 95f.
Nießbrauchsbesteuerung beim Reichsnotopfer 103.
Nießbrauchsbesteuerung beim Vorerben 96ff., 166.
Nießbrauchsvermächtnis an Nutznießer 89f.
Nießbrauchsvermächtnis an Vorerben 90.
Notare, Mitteilungspflicht 273, 277ff. 289f., 302f., 358.
Notarielle Beurkundung 53, 55, 77f., 194, 271, 273, 277, 289f., 302f., 358.
Notlage 147.
Nutznießung 30, 43, 89f., 239.
Nutzungen als Kapitalvermögen 31f. 33f., 96, 234ff.

O.

Oberlandesgericht als Aufsichtsbehörde für gebundene Güter 142f., 302.
Objektive Steuerpflicht 5, 11, 60ff., 105ff.
Obligationen 31, 306.
Offene Handelsgesellschaft 9f., 14, 23f., 31.
Öffentliche Bekanntmachung von Strafen in Steuersachen 332.
Öffentliche Zwecke 157f.
Offerte als Nachlaßbestandteil 13.
Ökonomische Potenzen 24ff., 178.
Onkel 118, 196.
Orden, religiöse 93, 159.
Organisation eines Betriebes als Vermögensbestandteil 24.
Ortslohn als Abzugsposten 114.

P.

Pacht 43, 217ff., 223ff., 247.
Patentrechte 14, 30.
Pauschversteuerung 307ff.
Pensionskassen 161f., 164, 182, 200ff.
Personenvereinigungen 107, 119, 137, 207f.
Persönliche Gebrauchsgegenstände 197f.
Persönliche Haftung für die Steuer 4, 11, 72ff., 76ff.
Persönliche Verhältnisse und Steuer 105, 115, 203f., 218, 223, 240f.
Persönliches Erscheinen vor der Steuerbehörde 268.
Pfandbriefforderungen 31.
Pfleger für den Nachlaß 8f., 11, 49, 53f., 72f., 76ff.
Pflichtteil, Abzugsfähigkeit 48, 85, 112.
Pflichtteil, geltend gemachter 84f., 112, 187, 214.
Pflichtteil, steuerliche Behandlung 74, 84f., 86, 112, 187, 214.
Pflichtteilsanspruch als Nachlaßbestandteil 14.
Potenzen, ökonomische 24ff., 178.
Preisangabe in Steuererklärungen 218, 247.
Privilegierte Grundstücke 220ff., 224ff.
Privilegierte juristische Personen 159, 160f., 193, 207f.
Prostituiertenentgelt als Zuwendung 205.
Provinzialverbände 157.
Prozesse über den Nachlaß 17, 54, 87, 110, 111, 214.
Prüfungs- und Ausgleichsämter 35ff.
Prüfungsverzeichnis für Erbschaftssteuersachen 288f., 301.

R.

Rechenmethode für die Nachlaßsteuer 68.
Rechte, nach dem Friedensvertrag liquidierte 37.
Rechte, wie Grundstücke zu behandelnde 21f., 223f., 345.
Rechte, vererbliche 13f.
Rechtsanwaltsberufsgegenstände 27, 38, 50, 59, 78, 197.
Rechtsbeschwerde 165, 320.

Rechtsmittel in Steuersachen 71, 73, 79, 136, **141**, 165, 307, 309, 310, **320**.
Rechtsstreit über den Nachlaß 17, 54, 87, 110, 111, 214.
Reich als Erwerber 86, 92 143f., 196.
Reichsabgabenordnung vom 13. 12. 1919 3, 4, 213, 223, 275, 320, 330ff., 352ff., im Wortlaut § 4, 41; § 5, 244; §§ 51—52, 266f.; § 55, 265; §§ 57—60, 265f.; § 61, 267; § 86, 137; § 87, 72; § 100, 136; § 105, 323; § 108, 71; §§ 127 bis 133, 317f.; § 137, 23, 27; §§ 138—140, 27f.; §§ 141—146, 32ff.; § 152, 222f.; §§ 168—176, 267ff.; § 191, 303; § 202, 270f.; § 210, 308f.; § 211, 310; § 214, 231; § 359, 330f.
Reichsbankanteilscheine 31.
Reichsfinanzhof 87, 127, 150, 165, 206, 320, 335, 354.
Reichsnotopfer 25, 51, 138, 227, 229, 273, 344.
Reichsnotopfer und Erbanfallsteuer 102ff.
Reichsrat 33, 71, 246, 324, 335, 354.
Reichsrecht und Landesrecht 333ff., 344, 350ff.
Reichsverfassung vom 11. 8. 1919 18.
Reichsversicherungsordnung 41, 94.
Reinertrag 217ff., 224ff.
Reise als Zuwendung 181f., 202, 205.
Reallasten 19.
Religiöse Gemeinschaften 93, 158f.
Renten 15, 31, 33, 41, 51, 77, 79, 193, 231, 234ff., 239, 275, 306.
Revenuenhypothek 324.
Risikoübernahme als Zuwendung 183f.
Rohertrag 217ff., 226.
Rückfall zugewendeten Vermögens 151f.
Rückforderung von Geschenken 211f.
Rückgriffsrecht des Erben 74f., 103.
Rückkaufswert 32, 33.
Rückwirkung der Schenkungssteuer 3, 169, 273, 302f., 336, 341ff., 353f.
Rückzahlung von Steuern 34, 51, 54, 71, 74f., 98, 99, 101, 166, 211f., 234, 237, 238, 241, 244, 317f.
Ruhegehalt 200ff.

S.

Sachverständigenschätzung 32, 38ff., 219.
Sammelvermögen 8, 137.
Sandgruben 26, 217.
Schätzung des Wertes 32, 38ff., 219ff., 269, 308f.
Scheidungsurteil 116f.
Scheingeschäft 180, 209.
Schenker, Haftung 194.
Schenkung auf den Todesfall 40f., 42f., 48, 55, 73f., 91f.
Schenkung, Begriff 176, 178.
Schenkung, gemischte 44, 179ff., 188, 209, 228, 328.
Schenkungen unter Lebenden, Verzeichnis 287, 289, 293f.
Schenkungssteuer, Berechnung 193.
" Geltung der Erbanfallsteuervorschriften 193.
Schenkungssteuer, geschichtliche Entwicklung 3.
Schenkungssteuer, Rückwirkung 3, 169, 273, 302f., 336, 341ff., 353f.
Schenkungssteuer, Stichtag 214, 342f.
" Wesen 3, 4, 5f., 40, 172ff., 178, 180, 185.
Schenkungssteuerbescheid 315f.
Schenkungssteuererklärung 273f.
Schenkungssteuerliste 241f., 287, 295f.
Schenkungsversprechen 42f., 55, 99, 192f., 214, 230, 343.
Schichtung der Kinder 56.
Schiffsmühlengerechtigkeit 21.
Schmuckgegenstände 146, 148, 168, 203f., 269.
Schreibmaschine als Gebrauchsgegenstand 197.
Schriftsteller-Berufsgegenstände 27, 38, 50, 59, 78, 197.
Schuldanerkenntnis 55.
Schuldbefreiung 146f., 347.
Schuldbuchforderungen, Bewertung 32.

Schulden im Nachlasse 8, 12f., 22, 38, 44, 47ff., 54ff., 60, 65, 70, 72, 77f., 88, **111**, 167, 172, 346.
Schulden, Bewertung 33, 35ff., 50, 112.
Schuldschein 55.
Schuldvermächtnis 88.
Schuldverschreibungen 304.
Schuldversprechen 55.
Schutzgebiete 163.
Schwägerschaft 116, 118, 196.
Schwiegereltern 118, 196, 198.
Schwiegerkinder 118, 196, 198.
Sicherstellung der Steuer 77ff., 230, 238, 241, 242, 275, 276, 322, 324.
Sicherung des Nachlasses 54.
" **der Zweckbestimmung** 163f., 203.
Sicherungshypothek für die Steuer 322, 324, 329.
Silber 29.
Sittliche Pflicht 97, 181f., 203, 204ff., 332.
Sollbuch der Steuerbehörde 288f., 297f., 361.
Sonderberechnung des Vorerbenvermögens 60, 68f., 73.
Sonderbesteuerung bei Zweckzuwendungen 139, 160, 161.
Sondergut, eheliches 58.
Sozialversicherung 41, 94, 107.
Sparkassenbuch 55.
Sparprämienanleihe, Deutsche 34f., 59, 168.
Spediteure, Anmeldepflicht 305.
Sperrfrist bei Aushändigung von Nachlaßteilen 304ff.
Staatenlosenbesteuerung 62.
Staatsangehörickeit als Besteuerungsgrundlage 61ff., 106.
Stadtgemeinde 107, 157.
Stahlfächer mit Nachlaßstücken 81, 304ff.
Stammgut 18, 32, 68f., 73, 91, 95f., 141f., 189, 302, 326.
Stammteilung 86.
Standesämter, Mitteilungspflicht 277ff.
Standesgemäßheit 52, 199.
Steinbrüche 217.
Stempelsteuer 335.
Steueranspruch, Entstehung 2, 3, 70, 83f., 91, 93, 310.
Steuerausschüsse 265.
Steuerbehörden, Zuständigkeit 80, 212, 229, 246f., 265ff., 269, 290, 302f., 307, 309, 310, 317, 320, 323, 361.
Steuerberichtigung 34, 51, 54, 70, 85, 102, 171, 222, 227ff., 230f., 233f., 236, 238, 317f.
Steuerbescheid 70, 71, 79, 86, 136f., 222, 233f., 308f., **309ff.**
Steuererhebung, Verfahren 213ff.
Steuererklärung 70, 218, 246f., **248ff.,** 265ff., 271, 273f., 275, 276f.
Steuerermäßigung 71, 126ff., 148, 153ff., 171f., 193, 348f.
Steuerfreiheit 5, 34, 37ff., 45f., 47ff., 59f., 62, 71, 78, 88, 107, 108, 112, 121, 128, 143ff., 167f., 190, 193, 195ff., 342, 347ff.
Steuerfreiheit von der Erbanfallsteuer als Vermächtnis 90, 111.
Steuergefährdung 331ff.
Steuerhinterziehung 305, 321, 330ff.
Steuerklasse 5, 76, 100, 109, **114ff.,** 123, 139, 143, 156, 167, 193, 196ff., 215, 240f., 341f.
Steuerobjekt 4, 5, 11, 12, 60ff., 105ff.
Steuerpflicht 11ff., 70, 83f., 91, 93, 105, 135ff., 194.
Steuerquelle 4, 5, 12, 69ff.
Steuersätze 3, 65ff., 122ff., 156, 193, 215, 238, 342f.
Steuersubjekt 5, 11, 61, 95, 105, 123, 135, 139f., 160, 193, 194, 332.
Steuerumgehung 83, 209, 244f., 330ff.
Steuervergünstigungen 107, 117, 118, 120, 126ff., 193, 197.
Steuerverkürzung 72, 78f., 83, 137, 171, 244f., 330ff.
Steuerversicherung 45ff., 245.
Stichtag 5, 32, 35, 40f., 51, 82, 99, 109, 116, 121, 189, 192, 194, 211, 213ff., 227, 230ff., 241, 324, 326, 328, 340ff., 342, 343.
Stiefeltern 118, 196, 198.
Stiefkinder 57, 118, 196, 198.
Stifte 159.

Stiftungen 107, 142f., 149f., 159, 189, 196, 207f., 348.
Stiftungsgeschäft 150, 189.
Stiftungsvermögen 9, 15, 31, 93f., 189.
Stille Gesellschaft 31.
Stipendien 93, 149.
Strafen in Steuersachen 268, 270, 330ff.
Straffreiheit bei Irrtum 332.
Strafverfahren in Steuersachen 332f.
Stufensystem 3, 66, 123.
Stundung der Steuer 321, 322ff., 361.
Subjektive Steuerpflicht 5, 11, 61.
Surrogate 99, 121, 151, 342.

T.

Tabelle für Erbanfallsteuer 121, 124f., **128**ff., 154f.
Tabelle für Kapitalisierung 34, 235ff.
Tabelle für Nachlaßsteuer 59, **67**.
Tabelle für Tilgungsrenten 325.
Tanten 118, 196.
Taschengeld für Dienstleistungen 114.
Teilsteuerbescheid 310, 317.
Teilzahlung von Steuern 320, 321, 322ff., 361.
Testament 86f., 89f., 210f.
Testament, gemeinschaftliches 6, 100ff., 104, 120f., 210f., 278, 337ff., 350.
Testamentseröffnung 53, 77f., 271, 277, 278, 289f., 302f.
Testamentsvollstrecker 6, 8f., 11, 53, 72f., 76ff., 90f., 104, 113, 136f., 141, 164, 246f., 265, 272f., 304ff., 309f.
Tilgungsrente 51, 103, 324ff., 327ff.
Todesanzeige 52, 77f.
Todeserklärung 16, 52f., 215, 277, 278.
Todesfallversicherung 32, 33, 40, 41f., 79, 81, 94, 275, 306f., 349ff.
Totenbeilisten 284, 285f., 289.
Totenlisten 277ff., 289.
Trauerkleider 52, 77f.
Trennung von Nachlaßmassen 60, 68f., 73.

U.

Überflüssigkeiten in Testamenten 90.
Übergangsrecht 290, 302f., 336ff.
Überlastung mit Vermächtnissen usw. 140.
Übernahme der Steuerschuld durch Dritte 136f., 241ff.
Übernahmerecht beim Gesamtgut 15, 56.
Überschuldung 44, 70, 140, 141, 146f.
Überversicherung bei der Erbschaftssteuerversicherung 45f.
Überwachungsliste 228, 241f., 243, 287, 289.
Üblichkeit 203f.
Umgehung der Steuerpflicht 83, 209, 244f., 330ff.
Umrechnungskurs 35ff.
Umschreibung von Nachlaßgrundstücken 53f., 77f.
Umstellungskonten 29.
Unbekannte Abzugsposten 233f.
Unbemittelte Verwandte, vorzugsweise Bedenkung 93, 186.
Unbeschränkte Erbenhaftung 72, 79, 276.
Uneheliche Kinder 57, 76, 86, 117f., 153, 196, 341f., 344.
Ungewisse Rechte 33f., 242.
Unterbrechung der Verjährung 321.
Unterhalt 199, 207, 212.
Unterhaltsanspruch 15, 49, 92, 145f.
Unterstützungen 200ff., 205, 208.
Unterstützungskassen 158, 164, 182, 200ff., 348.
Unwirksamkeit von Schenkungen 211f.
Unwürdigkeit des Erben 57, 86.
Urheberrecht als Nachlaßbestandteil 14, 15.
Urteile in Erbstreitigkeiten 17f., 87 110, 214.

V.

Valutenstand 35ff., 65.
Valutierungsverhältnis 176.
Veranlagungsverfahren 213ff., 352f., 362.

Veräußerungswert 27f., 32, 37, 223ff., 227.
Vereine 107, 137, 159, 161, 208, 348.
Vereinsbeiträge als Zuwendungen 184f.
Vereinsmitgliedschaft im Nachlaß 14.
Vereinsvermögen 9, 107.
Vereinigung von Recht und Verbindlichkeit 40, 44, 49, 73f., 111, 112.
Vererbliche Rechte 13f.
Verfehlungen des Erblassers, Erbenhaftung 79.
Verfügung von Todes wegen 85ff.
Vergütung für Testamentsvollstrecker 90f., 113.
Vergleiche bei Bewertungsfragen 110.
Vergleiche in Erbstreitigkeiten 17f., 87, 110, 214.
Verjährte Schulden 48f., 88.
Verjährung des Erstattungsanspruches 212, 317f.
Verjährung des Pflichtteilsanspruches 85, 234.
Verjährung des Steueranspruches 70, 85, 194, 231, 234, **321f.**
Verkappte Zuwendungen 179.
Verkehrssitte, Maßgeblichkeit für die Steuer 203f.
Verkehrssteuer, Wesen 1, 2, 4, 82, 214.
Verkürzung der Steuer 72, 78f., 83, 137, 209, 244, 330ff.
Verlobte 118.
Vermächtnisse, Abzugsfähigkeit 48, 53f.
Vermächtnisse, steuerliche Behandlung 68, 74f., 85, 88ff., 92, 94f., 110ff., 140, 187, 214, 232, 244.
Vermächtnisanfall, Begriff 84.
Vermächtnisnehmer 77, 79, 88, 113, 120, 140, 211, 232.
Vermögen, Begriff 12, 24, 173f.
" Einteilung 19.
" vorhandenes 5, 66, 109, 123ff., 134f., 146, 148, 153, 193, 240.
Vermögensabsonderungen der Ehegatten 58.
Vermögenssteuer 5, 12, 82, 104, 123.
Vermögensverzeichnis 38, 54, 70, 77f., 97.
Vermögenszuwachssteuer, Wesen 1, 2, 82.
Verpflegung des Erblassers 149.
Versäumung der Erklärungsfrist 268.
Versäumung der Rechtsmittelfrist 320.
Verschaffungsvermächtnis 88.
Verschönerungszwecke 158.
Verschwägerte 86.
Versicherung der Richtigkeit der Steuererklärungen 267ff.
Versicherung, eidesstattliche 269f, 309.
Versicherungen 32, 33, 40, 41f., 45ff., 79f., 81, 94, 275, 304, 306.
Versicherungsanstalten öffentlichen Rechts 107.
Versicherungsgesellschaften 79f., 81, 275, 304, 306.
Versicherungsschein-Einreichung 80, 306.
Versuch bei Steuerverfehlungen 331f.
Verteilung der Erbschaftssteuereinnahmen 333ff.
Verträge zugunsten Dritter 7, 41f., 55, 73f., 94, 185f., 191, 306f.
Vertragsantrag als Nachlaßbestandteil 13.
Vertreter des Nachlasses 8f., 11, 49, 53f., 72f., 76ff., 104, 136f., 140, 141, 246f., 265, 272f., 304ff., 309f.
Verwahrungsvertrag 7, 42, 55, 80f., 304ff.
Verwalter des Nachlasses 8f., 11, 49, 53f., 72f., 76ff., 104, 136f., 140, 141, 246f., 265, 272f., 304ff., 309f.
Verwaltungsstrafverfahren 232.
Verwandte, arme, vorzugsweise Bedenkung 93, 186.
Verwandtschaftsverhältnis 5, 57, 66, 86, 100, 101f., 109, 114ff., 145ff., 196, 211, 214.
Verzeichnis des Anfalles 273f.
" **des Nachlasses** 38, 168, 218, 246ff., 248ff., 265, 276f.

Verzicht auf Erbschaft 186f.
Verzicht auf gebundenes Gut 189.
Verzicht auf Pflichtteil 85, 94f., 187.
Vettern 118.
Volksbildungszwecke 38f.
Vollmacht 6f., 14, 42.
Voraus, ehelicher 86, 92.
Vorausvermächtnis 88.
Vorbehaltsgut 56, 58.
Vorerbe, befreiter 97ff., 119, 165f., 172, 188f., 339.
Vorerbenbesteuerung 16, 96ff., 119, 165f., 172, 232, 239ff., 326, 337ff.
Vorerben = Nießbrauchsvermächtnis 90.
Vorerbenvermögen im Nachlaß 16, 60, 68f., 73, 86.
Vorkaufsrecht der Miterben als Nachlaßbestandteil 14.
Vorkaufsrecht im Nachlaß 14.
Vorkriegsforderungen und -schulden nach dem Friedensvertrag 35ff.
Vorläufige Veranlagung 72, 86, 231, 317.
Vorräte beim Betriebsvermögen 22, 27.
Vorvermächtnis 232.
Vorzeitige Aushändigung bei bedingtem Erwerb 232.
Vorzeitige Aushändigung der Nacherbschaft 17, 188f.
Vorzeitige Aushändigung von Nachlaßteilen 77ff., 141, 275, 304.

W.

Wahlkonsuln 105
Wahlrecht bei wiederkehrendem Erwerb 237f.
Wahlvermächtnis 88.
Währung 36, 37 ,65.
Warenzeichenrecht als Nachlaßbestandteil 14.
Warmwasserversorgung bei Wohngrundstücken 226f.
Wechselforderungen 31.
Weiderechte 19.
Weltanschauungspflege 158f.
Wertermittlung 216ff., 223ff.
Wertgrenze 38f., 51, 59f., 121, 124, 147f., 153, 167, 168, 196ff., 227.
Wertpapiere, Bewertung 32f., 304.
Wesentliche Grundstücksbestandteile 19f., 223.
Wiederkehrende Leistungen 31f., 33f., 231, 234ff.
Widerrufsrecht im Nachlaß 15.
Wiederverheiratung 102, 148.
Wissenschaftlicher Wert 38f., 50, 59, 78, 167.
Witwen und Waisen 148, 162.
Wohltätigkeitskonto 165.
Wohngrundstücke 220ff., 224ff.
Wohnsitz als Besteuerungsgrundlage 60ff., 106f., 345.
Wohnungseinrichtung 38f., 50, 59, 78, 146, 189ff., 197.
Wohnungsrecht im Nachlaß 15.

Z.

Zahlung der Steuer 72ff., 76, 77ff., 141, 310, 320ff., 328f.
Zahlung der Steuer durch Dritte 136, 241ff., 318.
Zahlungen ins Ausland 79f., 141, 275, 306.
Zahlungsunfähiger Miterbe als Nachlaßschuldner 17, 44, 112, 141.
Zeitliche Wirksamkeit des EStG. 3, 41, 101, 172, 213, 336ff., 355.
Zinsen 30f., 33, 49, 110, 219, 235, 318, 326, 328f.
Zubehör von Grundstücken 19f., 38, 65, 218, 223f., 247.
Zurücknahme von Steuerbescheiden 320.
Zusammenrechnungen 5, 6, 40ff., 51, 121, 123ff., 135, 153, 158, 159, 169ff., 193, 199, 208, 231, 273, 342, 349.
Zuschlag bei Fristversäumnis 268.
Zuschläge bei der Erbanfallsteuer 5, 123ff., 134, 156, 216, 240, 342f.
Zuschläge zur Reichserbschaftssteuer durch Länder und Gemeinden 335.

Zuständigkeit der Steuerbehörden 80, 212, 229, 246f., 265ff., 269, 290, 302f., 307, 309, 310, 317, 320, 323, 361.

Zustellungen von Steuerbescheiden 309f., 318ff.

Zuwendungen, Begriff 173ff.

" mittelbare 175f., 183, 186, 209.

Zuwendungen, verborgene 179.

Zwangsmaßnahmen der Steuerbehörde 73, 136, 270f., 317f., 326f.

Zwangsversteigerung durch die Steuerbehörde 326f.

Zwangsvollstreckung gegen Vorerben 97.

Zwecke des Reiches oder eines Landes 143f., 193, 196.

Zweckzuwendungen 9, 92, 93, 106, 113, 116, 119, 137, 138ff., 159ff., 193, 203, 207f., 273.

Zweiter Anfall, Anrechnung der Steuer 75f., 100, 165f.

Zweiter Anfall, Steuerermäßigung 171f., 193.

Vereinigung wissenschaftlicher Verleger
Walter de Gruyter & Co., Berlin W 10

Die Steuergesetze.

Kommentar der wichtigsten Reichssteuergesetze

von

den Rechtsanwälten Drs. Lion, Potthast, Rosendorff, Schachian, Stölzle

und dem Herausgeber

Regierungs- und Volkswirtschaftsrat Dr. Höpker.

Bisher erschien als Lieferung 1:

Kommentar zum Kapitalertragsteuergesetz

vom 29. März 1920.
In Kraft seit 31. März 1920.

Von

Dr. Hans Stölzle,
Rechtsanwalt in Kempten (Allgäu).

Zweite, durch einen Nachtrag ergänzte Auflage.

1921. 8°. Preis: 16 Mark.

FSC
www.fsc.org
MIX
Papier | Fördert
gute Waldnutzung
FSC® C083411

Kolibri 360 GmbH
Ferdinand-Jühlke-Straße 7
99095 Erfurt, Deutschland
produktsicherheit@kolibri360.de